Guerra De La Independencia: Historia Militar De España De 1808 a 1814, Volume 9

José Gómez Arteche Y De Moro

GUERRA

DE

LA INDEPENDENCIA

HISTORIA MILITAR DE ESPAÑA

DE 1808 Á 1814

POR EL GENERAL

D. JOSÉ GÓMEZ DE ARTECHE Y MORO

Individuo de número de la Real Academia de la Historia

CON UN PRÓLOGO

ESCRITO POR EL EXCELENTÍSIMO SEÑOR TENIENTE GENERAL

D. EDUARDO FERNÁNDEZ SAN ROMÁN

TOMO IX

MADRID

IMPRENTA Y LITOGRAFÍA DEL DEPÓSITO DE LA GUERRA

—

1895

CAPÍTULO PRIMERO

CÁDIZ

Dos atenciones embargaban el ánimo y la mente de nuestros gobernantes en Cádiz. Era la primera y más urgente la de la defensa de aquel punto que se proponían constituir en baluarte y propugnáculo inexpugnable de la independencia española. La segunda revestía caracteres de índole muy distinta, como que entrañaba nada menos que la organización de los poderes públicos que habrían de cambiar, así lo esperaban ya muchos, toda la manera de ser social y política de la Nación, acostumbrada al ejercicio de organismos que se tenían por caducos, ineficaces y hasta perniciosos para la mejor administración de los pueblos. Si las dos exigían gran atención, con efecto, y esfuerzos nada comunes para su más favorable éxito,

Cádiz.

según de críticas eran las circunstancias en que se hallaba la nación, así las militares como las políticas, no es de extrañar, sin embargo, que esa atención se dirigiese preferentemente á superar las primeras, ya que de ellas habría de depender el estado de libertad ó independencia necesario para entregarse á la tarea de salvar también las segundas.

Porque con ser urgente sacar al país del caos en que lo sumieran las variaciones á que en su gobierno se había visto entregado por la no pocas veces perturbadora acción de las juntas que en cada provincia dirigieron la sublevación, la débil de la Central que acababa de desaparecer envuelta en un descrédito realmente inmerecido pero innegable, y la apenas comenzada á ensayar de la Regencia que ofrecía esperanzas, pero esperanzas tan sólo, de afortunada; con ser urgente, repetimos, el establecer los fundamentos de una constitución que evitase los tan manifiestos defectos de la anterior, irremediables por la forma y la esencia de la administración que representaba, lo era aún más, porque salvaría de mayores é inmediatos riesgos, el acudir á la defensa de Cádiz, donde únicamente ya podría obtenerse la inmunidad indispensable para tan codiciados y preciosos fines. La presencia del enemigo habría necesariamente de inspirar tales pensamientos; y por acalorados que se hallaran en Cádiz los ánimos atribuyendo á la falta de un buen gobierno los recientes desastres de nuestras armas, no era para tanto como para olvidar que, de no atender con ánimo resuelto á aquel nuevo peligro, se iría á sufrir el mayor y tremendo de la pérdida de toda esperanza para la salvación de la patria. Así es que, si en la confianza de que

la rota de los franceses en Bailén sería escarmiento suficiente para que no volvieran á pisar el territorio an-
daluz, se habían descuidado los primeros trabajos de
fortificación que hubieran de poner á salvo la plaza de
Cádiz, tornaron á emprenderse con calor al llegar la
noticia de la triste jornada del 20 de enero de aquel
año de 1810 en Despeñaperros y, con mayor aún, al
saberse los disturbios de Sevilla, la dispersión de los
Centrales y el abandono de toda idea de resistencia en
la extensa y feraz comarca que baña el Guadalquivir.

Si ha de darse fe entera á los historiadores del sitio
de Cádiz, no sólo se habían descuidado los trabajos
emprendidos más de un año antes para impedir la
aproximación á aquella plaza con los de la famosa *Cortadura*, á que contribuyeron los gaditanos todos, desde
los más conspícuos por su posición y riqueza, hasta los
más humildes, menestrales ú obreros, sino que apenas
se había pensado en procurar la defensa de la Isla de
León, urgente, además de ineludible, para la del tan
importante como antiguo imperio fenicio y cartaginés.

Este, con la Isla, constituye, efectivamente, una
posición militar, cuyas condiciones nunca como en la
presente ocasión llegaron á revelarse y acreditarse. Esa
posición ofrece la figura de un gran triángulo, regular en cuanto al terreno que comprende la desde entonces llamada *Isla Gaditana*, á cuyo ángulo occidental está, sin embargo, unida una lengua de arena
dilatadísima, de dos leguas próximamente, acabando
en el promontorio de rocas cubierto por la ciudad y las
murallas de Cádiz (1). Los dos lados que forman ese

Descrip-
ción de la
Isla.

_____

(1)   Véase el atlas del Depósito de la Guerra.

ángulo están bañados por el Océano; el exterior, expuesto á las furias de sus procelosas ondas en toda la extensión que ofrece; el interior, dando abrigo con las tierras continentales á dos inmensas bahías, separadas entre sí por un angosto canal que, defendido con fortificaciones en uno y otro lado, impide la entrada libre y expedita á la segunda ó interior de ellas. El tercer lado del triángulo está separado del continente por un largo y profundo canal con el nombre de Río de Sancti Petri, que cruza el puente de Zuazo, por donde penetró en la Isla el ejército del duque de Alburquerque, quien, como ya hemos dicho, lo hizo cortar inmediatamente. Ese lado mide unas tres leguas, contando sólo poco más de una la distancia entre él y el ángulo en que toca el istmo arenisco ya mencionado. Fuera del río de Sancti Petri, formando también isla con los caños y pantanos que accidentan la parte exterior ya continental, terreno peligrosísimo para los que no conozcan perfectamente las veredas que lo cruzan, se encuentra el arsenal de La Carraca (1). La importancia de tal establecimiento, el primero entre los marítimos de nuestra costa peninsular, y bien abastecido de recursos militares aun en aquella época de penuria, movió, más que nada, á su defensa, y sus autoridades,

---

(1) Dice Galiano en sus *Recuerdos de un anciano* al dar cuenta de la aparición de los franceses: «No tardaron los franceses en acercarse al puente de Suazo. Entonces empezó á correr la noticia de que, adelantándose á reconocer las baterías, algunos pocos dragones hubieron de aventurarse á pisar el terreno de las salinas, en el que se hundieron caballos y hombres hasta quedar sepultados, lo cual se celebraba con risadas ponderándose el apuro que debieron tener al ir hundiéndose en el fango, con la ferocidad con que celebra la pasión la desventura de un contrario aborrecido.»

Quien describe mejor el terreno de las salinas y los peli-

como la de la plaza de Cádiz, lo mantuvieron siempre libre de la ocupación, siempre también ansiada, de los franceses. .

Las defensas, sin embargo, de tan magnífica posición, como la general de Cádiz, se habían levantado y se conservaban para resistir, mejor que un ataque por la parte de tierra, el tantas veces y de tan antiguo intentado ó puesto en ejecución por la del mar. Nuestros enemigos del continente habrían, viniendo de tan lejos, de superar tales obstáculos y necesitar tanto tiempo, que era, al menos así se consideraba, más que improbable su presencia al frente de aquella plaza: los que ostentaban su fuerza en los mares, los que de dos siglos atrás no reconocían contrapeso á su poderío naval eran los á quienes se había hecho preciso oponer todo género de reparos para defenderse con éxito de ellos. La historia de nuestras luchas, pocas veces interrumpidas, con Inglaterra en ese tiempo, habían hecho manifiesta ese necesidad de hallarse Cádiz siempre apercibida; y á tal precaución se debían las afortunadas defensas de la ciudad hercúlea en la última centuria. La vasta bahía exterior estaba dominada por fuertes y baterías que la cubrían de fuego desde Rota hasta El Trocadero, desde los castillos,

---

gros que se corren para su tránsito en las operaciones de la guerra, es D. Adolfo de Castro en su cuadro histórico, titulado *Cádiz en la guerra de la Independencia.* Por cierto que señala como asistiendo á Alburquerque «una persona, dice, práctica en aquellos lugares, D. Esteban Sánchez de la Campa, que se había presentado á servir en el cuerpo de Voluntarios de la Isla con siete hijos, todos uniformados y armados á sus expensas». Alvear utilizó mucho sus servicios así los de guerra en las salinas como sus avisos y consejos para hacerlos más fructuosos.

sobre todo, de Santa Catalina hasta el de Matagorda; aquél, frente á la plaza y defendiendo el principal fondeadero, y éste, además, cerrando con el de Puntales del lado opuesto, la entrada en la rada interior.

Para la defensa de ésta, la de mayor interés en el caso presente, estaban destinados el ya citado castillo de Puntales, el llamado Fort Luis en la parte del caño del Trocadero, opuesta á la de Matagorda, los que debían cubrir el establecimiento de La Carraca y las baterías levantadas para impedir el acceso á la isla. Con el fin de completar el sistema defensivo de Cádiz por la parte del mar, se habían de muy antiguo construído el fuerte de San Sebastián en el extremo occidental de la plaza, el de San Fernando en el centro del itsmo que la une á la Isla. Torregorda es el ángulo próximo de la misma, y el castillo, por fin, de Sancti Petri allí donde el río de igual nombre entrega al Océano sus aguas.

La proximidad del general Dupont, ya lo hemos dicho, y la conveniencia, por otro lado, de inutilizar la escuadra del almirante Rosilly, habían producido la construcción de nuevas fortificaciones, y, ya esas, con distinto objeto que las antiguas, con el de defender á Cádiz de un ataque por tierra y evitar la cooperación que pudieran ofrecerle las naves imperiales surtas en la bahía interior. El éxito asombroso de las armas españolas en una y otra de ambas jornadas, contribuyó á que también entonces se descuidaran las obras ya empezadas ó en proyecto, hasta que, al comenzar el año de 1810, la nueva invasión de Andalucía, la derrota de nuestros ejércitos en Sierra Morena y la rendición de Sevilla provocaron de nuevo el temor de

ataques más formales y quizás decisivos para Cádiz,
única esperanza ya de España en tan extremo riesgo y
en circunstancias tan aflictivas como las en que la encontraba aquel año.

Así es que los trabajos de fortificación se reanuda-
ron con un ardor proporcional al peligro; y una vez
señalada la Isla como la primera y más importante
posición, el verdadero antemural de Cádiz, en su mejor estado de defensa, cifraron los gaditanos la esperanza de su salvación. Estableciéronse, pues, baterías
allí donde podía temerse un ataque; y como no faltaba
artillería en establecimiento naval tan vasto, no tardaron en verse armadas tan pronto como, tomando á
su cargo la defensa el de Alburquerque, cifró en su resultado el complemento de la gloria que había adquirido días antes al penetrar en la Isla con su ejército.
Tuvo el Duque para todos aquellos trabajos un auxiliar que, no porque haya pasado desatendido de los
historiadores del sitio de Cádiz, deja su nombre de merecer fama tan pura como imperecedera. De tal gozaba
ya en Cádiz el capitán de navío D. Diego de Alvear y
Ponce por sus anteriores servicios, especialmente por
los prestados en la rendición de la escuadra de Rosilly,
que el 2 de febrero era nombrado Vocal de la *Junta de
gobierno, seguridad y defensa de la Isla de León*, acabada de crear, y, el día 4, Comandante general de artillería de mar y tierra, por hallar en él, decía Alburquerque de oficio, *los conocimientos necesarios para el
desempeño de este encargo* (1). En las memorias que de-

Nuevas for-
tificaciones.

---

(1) En 1891 publicó su hija D.ª Sabina Alvear y Ward un
notabilísimo libro que contiene la «Historia» de su padre, donde aparece haber éste nacido el 13 de noviembre de 1749 en

jó, publicadas recientemente por su hija, puede leerse:
«Muchas eran las fortificaciones que de castillos, fuertes, baterías y demás defendían á toda la isla de ataques por el mar que la rodea; *pero ahora se requerían
mayores aún* contra los que por tierra la atacarían, y
el primer cuidado de Alvear se dirigió á esto, construyendo nuevas baterías que aumentaran la defensa del
Puente Suazo, adonde llegó á colocar hasta *cien piezas
de artillería,* de gran calibre muchas; quedando cubiertas y 'defendidas con todas las reglas del arte, y
perfectamente fortificado aquel paso, acompañado y
sostenido por las que estableció también en el Portazgo, Salinas, Gallineras, Sancti Petri y otras menos
considerables que éstas, pero todas tan bien situadas
que dominaban todos los desembarcaderos y demás
puntos más expuestos á ser atacados. Contando siempre con que la principal y mejor defensa de la isla de
León son las numerosísimas salinas que la circundan
con tan ingenioso laberinto de caños, charcas y des-
aguaderos, que cuando se inundan queda la ciudad ro-

Montilla, de ilustre familia castellana, haber entrado á servir
en la Armada el año de 1770 y, después de largas é instructivas navegaciones, formado parte en las divisiones que fueron
enviadas á la demarcación de límites de las vastas colonias de
España y Portugal en la América Meridional. A su regreso de
misión que resultó tan útil para la patria como honrosa para
su autor, Alvear fué hecho prisionero en la *Medea,* una de las
cuatro fragatas españolas asaltadas en plena paz por los ingleses el 5 de octubre de 1804 junto al cabo de Santa María de
Portugal, no sin antes haber visto perecer á su esposa y siete
hijos al volarse la *Mercedes,* de la que se había él trasbordado
por razón de su cargo de Mayor General de la escuadra. Vuelto
de Inglaterra, donde contrajo nuevo enlace, en diciembre de
1805, fué en 1807 nombrado Comisario provincial de Artillería
de Marina y Comandante del Cuerpo de Brigadas en Cádiz,
hallándose en ese destino al tener lugar los sucesos que estamos refiriendo.

deada por un inmenso foso de agua de mar de más de
dos leguas de longitud por cerca de una de latitud,
quedando todo aquel terreno fangoso y encenagado y
de todo punto impenetrable aun para individuos aislados, como no fueran salineros muy prácticos, y con
mayor razón para cualquiera clase de tropa ó ejército
armado. Es una maravillosa defensa natural que tiene
aquella ciudad; si bien se requiere sumo cuidado y esmero en reparar de continuo los desperfectos para con-
servarlos en sus inundaciones completamente intransi-
tables para el enemigo; de lo que con una gran constancia se ocupó siempre el celoso comisario Alvear,
ahora como Comandante General, y luego después como Corregidor y Gobernador militar y político que fué
de la misma isla; por lo que nunca abrigó el menor
temor de que los franceses pudieran entrar en la isla de
León, que quedaba á su completa satisfacción, perfectamente asegurada y defendida por su extensa banda
oriental con éstas, y las tres líneas de baterías que para
sostenerlas se habían construído y tenía artilladas» (1).

---

(1) La señorita de Alvear tiene que hacer la apología de su
padre. Eso es lo más natural del mundo y mucho más mere-
ciéndolo el ilustre marino, tan entendido como valeroso. Pero
hay en sus elogios algo de injusto para otros que allí merecie-
ron, del mismo ó superior modo, bien de la patria. Sin negar
mérito á Alburquerque parece querérselo rebajar, y no poco,
en circunstancias precisamente en que se hizo sobresaliente, á
punto de formar la aureola de gloria que ha hecho inmortal su
nombre. Porque esos trabajos de Alvear, dígase lo que se quiera, son posteriores á la entrada del Duque en la Isla de León,
lo cual está comprobado no tan sólo por el testimonio de Castaños que, según tenemos dicho, halló el puente de Zuazo vigilado por un inválido, sino que por el del mismo Alburquerque
en su «Manifiesto» donde dice: «Quando yo llegué con mi pequeño exército á la Real Isla de León, estaba aquel punto, único, y verdadero antemural de Cádiz, en tal estado indefenso,
que á haberse atrevido las tropas francesas que nos seguían, á

Estas y otras obras de fortificación se empezaron, con efecto, al acercarse los franceses, al mismo tiempo que se desmantelaban las antiguas que defendían las bahías, para que no se valieran de ellas contra las fuerzas navales españolas ó inglesas, reunidas allí.

Refuerzos á la guarnición. Porque al poco tiempo de aparecer los enemigos al frente de Cádiz, el pequeño ejército de Alburquerque había recibido considerables refuerzos, ya de ingleses, como dijimos anteriormente, que se establecieron en la Isla; ya de nuestros compatriotas que la Regencia se apresuró á llamar de los puntos de la Península más próximos y acudieron inmediatamente; ya, por fin, de los gaditanos mismos que se organizaron en cuerpos, cuyos servicios dentro de la plaza fueron de la mayor eficacia y utilidad. Las tropas de todas armas que tuvo aquel ejército, parte entonces del de Extremadura, llegaron á formar en 1.º de abril tres divisiones de Infantería, de las que una de vanguardia, mandadas por los brigadieres Lardizábal, Latorre y Polo, y una de caballería, puesta á las órdenes, más tarde, del de igual graduación D. Santiago Whittingham. La suma total de fuerzas de línea, sin contar los ingleses admitidos en la isla, se elevó así, á la de 17.000 hombres y 1.700 caballos, con más, repetimos, los paisanos de Cádiz llamados *voluntarios distinguidos,* cuya

---

hacer un ataque denodado, la Isla hubiera caído en sus manos, y Cádiz no hubiera tardado en tener la misma suerte.» «Poseído, como yo estaba, continúa, del objeto de salvar á Cádiz, me vieron todos trabajar noche y día en hacer construir las defensas más indispensables.....»

Para éso, precisamente, se valió de Alvear; y cierto que no tuvo por qué arrepentirse según las muestras que le dió el Duque de consideración y aprecio y que constan en el libro, Historia de aquel Marino.

dirección obtuvo el citado Alvear, pero reduciendo en general su servicio al del interior de la plaza (1). En ese punto, Cádiz llevó su patriotismo á emular á las demás poblaciones, hasta entonces sitiadas, en la creación de fuerzas populares de todas clases y condiciones. Los prelados de religiones se ofrecieron con todos sus hermanos á formar un cuerpo que, con el título de *Brigadas regulares de honor*, se ocuparan en el servicio de la artillería, en la confección principalmente de cartuchos, á no ser en el caso de ser atacada la batería, en el que la defenderían también con las armas. Si hubo de aplazarse la organización de este que un historiador llama extravagante cuerpo de *Brigadas de honor*, no por eso dejaron muchos de los en él alistados de prestar sus personales servicios entre los demás defensores; y si, como dice otro, no puede afirmarse qué habrían hecho los gaditanos puestos en grande apuro y sujetos á los más duros rigores de la guerra, lo que les tocó hacer, añade, lo hicieron bien, portándose como buenos españoles. No les cupo la suerte de Zaragoza y Gerona, ni aun la de Astorga ó Ciudad Rodrigo, y eso por la posición de su ciudad, aislada y y capaz de recibir todo género de auxilios del exterior de su recinto; pero, no por eso debe ponerse en duda que se hubieran ofrecido á iguales ó parecidos sacrificios, á la misma fatal y cruenta suerte que ha hecho la gloria de aquellas insignes poblaciones.

De la Marina, ya hemos apuntado que había en las radas de Cádiz gran número de buques de guerra, así españoles como ingleses, con fuerzas sutiles, sobre todo,

---

(1)   Véase el apéndice núm. 1.º

las más propias para la defensa de la Isla. Mandaba la escuadra inglesa el almirante Purvis, y la española D. Ignacio de Alava; militando en ésta oficiales de gran mérito, de que había muchísimos en nuestra Marina de guerra y que acababan de hacer prueba de él, así en Trafalgar como en la defensa de Cádiz contra los peritísimos de la Gran Bretaña. La que pudiéramos llamar escuadrilla de cañoneras, bombardas y demás buques menores, destinados á impedir el paso de los franceses á los puntos más accesibles de la Isla y á amenazar y combatir á los enemigos que se situaran en el litoral de Rota á Puerto Real y Sancti Petri, estaba regida por D. Cayetano Valdés, infatigable en su tarea de hostilizarlos sin cesar (1).

Primeros ataques de Víctor. A las intimaciones de Víctor y del Intruso, tan enérgicamente contestadas por Venegas, Alburquerque y Alava, sucedieron intentos de ataque, dirigidos, como los primeros que eran, á abrirse los francéses paso

---

(1) Era incontestable el mérito de Alava, sobre todo desde la ocupación de Tolón por las escuadras española é inglesa en 1793. Su conducta, después, en Trafalgar le grangeó el aprecio de todos, así de sus compatriotas como de sus enemigos en aquel terrible combate.

Sobre Valdés hay un elogio merecidísimo en un libro que acaba de publicarse con el título de *Memoires et Souvenirs du Baron Hyde de Neuville*. Discurriendo sobre la de Trafalgar el legitimista francés al pasar por Cádiz en 1806, escribía: «Hacíanse sobre todo muchos cargos á su jefe de estado mayor (de Villeneuve) que, sin haber hecho un sólo disparo de cañón, abandonó la línea con cuatro navíos y fué á hacerse prender en el cabo de San Vicente, mientras que un capitán español, M. de Valdey (Valdés) que estaba á sus órdenes, volvió al fuego enviándole á decir que la orden del almirante en jefe estaba por encima de la suya y que, en el combate, él no veía otro camino que aquel que conducía al combate. Aquel bravo oficial hizo prodigios de valor, y todos reconocían que la flota española, regida por el almirante Gravina, secundó en cuanto le fué posible á Villeneuve: éste se mostró quizás excesivamente valeroso, pues que se le vió constantemente en el fuego.

por el único camino que existía para entrar en la Isla,
el del puente de Zuazo. Pero, no tan sólo fueron rechazados en ellos, sino que, adelantándose los nuestros
por el arrecife que seguía el enemigo, lograron alejarlo
lo bastante para poder desahogadamente establecer
una gran batería, la llamada del Portazgo, con que
pusieron aquella avenida al abrigo de todo ataque
para lo sucesivo. Uno de esos ataques, el más recio
quizás en aquellos días, tuvo lugar el 9 de febrero, y
debió ser el que mejor hiciera á los franceses comprender la inutilidad de repetirlos por aquella parte
del río de Sancti Petri. La artillería, regida y hasta
apuntada por Alvear, produjo tal estrago en los asaltantes del puente, que, retirándose decisivamente,
dieron ocasión para que, avanzando á su vez los españoles, lograran, según acabamos de decir, establecerse
entre las salinas, con lo que el río y La Carraca quedaron inatacables (1).

———————

(1) La hija de Alvear describe muy detalladamente aquella acción que no se ve citada del mismo modo en ninguno de
los historiadores del sitio de Cádiz. Un poco hiperbólica nos
parece la relación, lo cual, repetimos, no es de extrañar; pero,
coincidiendo en sus términos generales con la de los primeros
ataques de los franceses, es más que verosímil, sobre todo en
lo que atañe á los resultados conseguidos en aquellos días por
nuestros compatriotas.

Galiano dice en el interesante libro de sus Recuerdos: «No
sé por qué no le disputaron (los franceses á Alburquerque) la
posesión de tal punto. Ello es que, teniendo condiciones para
la defensa iguales á la del puente mismo, y además la ventaja
de ser punto más avanzado, se plantó allí una batería llamada
del portazgo, la cual no fué ni siquiera formalmente atacada
por el enemigo durante los treinta meses que siguió al frente
de aquella España en compendio, y el poder que se dilataba
hasta las riberas del Báltico hubo de respetar aquellas obras
de pobre aspecto pero de verdadera fortaleza.»

Geramb, un coronel húngaro que vino á Cádiz admirado
de la conducta de los españoles en aquella guerra, dice en un

Desde entonces y con tal escarmiento, redujeron los franceses á bloqueo un sitio que habían creído sería obra de poco tiempo y aun menos esfuerzo, los poquísimos que acababan de emplear en el paso de Sierra-Morena, por tan formidable considerado, y la conquista de Sevilla, en que temían encontrar otro Zaragoza ó Gerona. Y no es que no existiesen en la ribera de la rada interior puntos desde los cuales se pudiera hostilizar á los buques surtos en ella y á la ciudad misma, como sucedería luego estableciéndose en el Trocadero y en el fuerte desmantelado de Matagorda; pero no tenían los franceses á mano la artillería conveniente, ni la muchísima de que se habían

---

libro que después publicó en Londres: «Otro día, sabiendo que varios oficiales del Estado Mayor se habían adelantado con el Duque de Alburquerque á reconocer las posiciones del enemigo, monté á caballo y me coloqué cerca del Duque que estaba dando órdenes. Viéndole muy expuesto, le dije: *General, retiráos de aquí, os vais á hacer matar* Apenas había proferido esas palabras cuando una bala fría fué á herirle en la megilla y cayó en el cuello de su uniforme. *General*, me dijo con una serenidad admirable ofreciéndomela, *tomadla como regalo de un español que os estima. Pero tened cuidado, porque con vuestro uniforme de húsar y vuestras condecoraciones estáis más expuesto que yo*. No necesito, Milord, deciros que supe apreciar aquel regalo de un compañero de armas y admirar ese carácter caballeresco que no se halla más que en España y en las novelas.»

Galiano conoció á Geramb y lo describe como «uno de los entes más originales que se han visto de Europa, llamado con justo título ó sin él el barón de Geramb, el cual, llegado á Cádiz, fué hecho brigadier del ejército, y tomando esta gracia como insulto, por lo desproporcionada á su mérito, ascendió en seguida á mariscal de campo, pidiéndosele mil perdones por la cortedad del primer favor, aunque los servicios posteriores de personaje tan favorecido se redujeron á pasearse por Cádiz con un uniforme extravagante, lleno de calaveras, á hacerse seguir por los muchachos, á darse á conocer en las concurrencias por mil extrañezas y jactancias, pintándose casi como un rival de Napoleón y en irse en breve á Londres, donde publicó una obra con su retrato grabado al frente, contando de su estancia en Cádiz mil patrañas con estilo y lance de novela.»

apoderado en Sevilla tenía el alcance necesario. Hacía falta, además, una flotilla, siquier diminuta y de pequeñas barcas, ya para mantener las aliadas distantes de los puntos ocupados por el ejército sitiador, bien para acercarse, amenazar y hasta combatir las posiciones que los sitiados estaban fortificando cada día más sólidamente en la Isla y el istmo que la une á Cádiz. Con ninguno de esos recursos, en tal caso indispensables, contaba el mariscal Víctor hasta entonces, y ni aun con las tropas necesarias para el cerco de posición tan extensa y accidentada. ¡Gracias á que tuviera las suficientes para castigar las salidas que intentaran los españoles ó sus ataques por mar á los fuertes ó baterías y á los pueblos que él había ocupado en la costa! Tan lo comprendía así el duque de Bellune, que desde los primeros días no cesó de pedir al de Dalmacia marinos que pudieran manejar las cañoneras que se hicieran llevar de San Lúcar, artilleros que sirvieran las muchas piezas cuando se llevaran de Sevilla con sus municiones, por supuesto, y muchos más infantes de los que formaban su cuerpo de ejército. No estaba Soult de humor para facilitar tales recursos á su colega, cuya misión envidiaba, la de conquistar el último baluarte de la independencia española. Así es que Víctor se halló, por algún tiempo al menos, impotente para toda otra acción que la de mantener á los defensores de Cádiz dentro de su posición, de la que, sin embargo, no tardaron en dirigirse varias veces sobre la retaguardia y los flancos de las suyas, aunque no con el éxito decisivo que buscaban.

Parece que, restableciéndose, con todo eso, la confianza en Cádiz y manteniéndose vivo el agradecimien- Alburquerque y la Junta de Cádiz.

to de sus habitantes hacia el valiente ejército y su admirable jefe que los habían salvado de tan inminente y transcendental peligro, reinaría entre ellos, la milicia y el Gobierno supremo de la nación, una franca é inalterable concordia. Nada de eso.

Aquella Junta, cuyo espíritu calificaba de *venal* un historiador inglés, y cuyo patriotismo llamaba *judío* otro alemán, se había engreído á tal punto con la popularidad obtenida al tiempo de su instalación y con las facultades que la había dado la Regencia, que llegó á creerse suprema y hasta árbitra de los destinos de la nación, que consideraba hallarse pendientes de la suerte de Cádiz, puesta, creía ella, en las manos de sus vocales. Y hallando obstáculos para su gestión en las necesidades del ejército acogido á la Isla, falto de todo, vestuario, equipo y sueldos, que Alburquerque, como su general en jefe, reclamaba cual era de esperar, se irritó con el ilustre prócer, libertador de Cádiz, hasta desplegar contra él las iras todas del comerciante que cree se atenta á su dinero y el mandón advenedizo que teme el desprecio de su improvisada autoridad. La pugna se hizo tanto más grave cuanto que el Duque fué nombrado desde los primeros días de su llegada Presidente de la Junta; y aun cuando la Regencia, reconociendo los motivos por que Alburquerque no podría asistir con frecuencia á las sesiones por llamar preferentemente su atención los asuntos militares, le nombró un segundo, D. Andrés López Sagastizábal, que le substituyera, su personalidad eminente y sus cargos de Capitán general de los cuatro reinos de Andalucía y de Gobernador de la plaza tendrían que resentirse doblemente con la oposición que le ofrecieran sus cole-

gas de la Junta, tan por bajo de él en diversos conceptos. Tan de buena fe y con tal espíritu de conciliación
se conducía Alburquerque en sus relaciones con la Junta, que impetró de la Regencia la supresión de los cargos de intendente, contador, tesorero y de las oficinas
á ellos anejas en el ejército de su mando, y el nombramiento por aquella corporación de un comisionado en
clase de pagador que debería entenderse con los comisarios de las divisiones para las revistas y pago de las
tropas. ¿Se podía llevar á más la deferencia de autoridad tan alta hacia la Junta? Comprendía el Duque, y
motivos se le dieron para ello, que aquellos señores tenían empeño en manejar los caudales públicos para,
así, ejercer mayor influencia y mirar por el reintegro
y utilidad de los fondos que hubieran adelantado; y
á fin de darles cuantas seguridades apeteciesen á esos
fines, provocó y consiguió una resolución que, de seguro, repugnaría á su conciencia y deberes militares.

No bastaron, sin embargo, tantas complacencias
para calmar la susceptibilidad de aquellos señores, ne-
gociantes ante todo, ni satisfacer su vanidad, exalta-
da por las adulaciones de los gaditanos y las debilidades de la Regencia.

Era de entre sus deberes, si no el más urgente en
el Duque, puesto que habría de llevarse la preferencia
el de la defensa de la Isla, sí de una indispensable atención el de mantener el ejército en tal estado de entusiasmo y de disciplina que pudiera responder con la
satisfacción tan recomendada de sus individuos, á la
alta misión que se le había confiado, muestra, á la
vez, de la gratitud que se le debía. Y como no era ase-
quible ese estado si se le tenía desnudo, mal alimenta-

do y sin paga, Alburquerque tuvo que solicitar y muy luego exigir de la Junta con qué atender á tan perentorias necesidades, comprobándolas siempre con los informes y consiguientes demandas de los demás generales y jefes de cuerpos que no cesaban de recordar la miseria y desnudez en que se veía á sus subordinados. La Junta, con todo, se hacía la sorda y la ciega, no contestando á tan justas reclamaciones en espera, á veces, de mayores y más extensas facultades que ambicionaba y creía alcanzar con la demora de sus resoluciones en puntos que tanto interés inspiraban (1).

No tratamos de escatimar á la Junta popular de Cádiz los elogios que merece por no pocos de los servicios que pudo prestar á la ciudad hercúlea y á la nación española toda; pero de lo que nosotros debemos en justicia concederle á lo que sus panegiristas pretenden para su gloria, hay una gran distancia. Uno entre ellos, el Sr. Vargas y Ponce, marino ilustre y académico distinguido, ha llevado á tan alto la expresión de sus alabanzas á la Junta, que no parece sino que á ella sola se debe la independencia de España. Dice en uno de los párrafos de su libro *Servicios de Cádiz desde* MDCCCVIII á MDCCCXVI: «Lo que no se puede omitir es el indecible ardor con que la Junta gaditana arma de nuevo, paga con prontitud, viste con decencia, mantiene y alimenta sin escasez los campeones que acom-

---

(1) Dice el Duque en su manifiesto: «La desnudez de mi ejército estaba á la vista; más de un mes se había pasado, y ningún afán se veía por remediarla. ¿Quién creía que tenía la Junta de Cádiz detenidas setecientas piezas de paño, esperando á ver si les daban el manejo de los caudales públicos, para si no ganar ocho reales en vara?

pañaron al general Alburquerque y los muchos más que se fueron allegando. ¿Falta el caudal público? ¿Se mira de todo punto agotada y exhausta la Tesorería? Aquellos representantes apelan á las suyas propias, al fruto de su sudor, á la esperanza de sus familias. Representante hubo que en cierta estrechez acudió solícito con cien talegas de á mil pesos.»

¡No sin motivo concedían los gaditanos á Vargas el primer premio de los ofrecidos á los escritores de las glorias de la ciudad!

Pero ¿es verdad tanta belleza?

Porque los estados oficiales correspondientes á los días de marzo de 1810, en que la Junta daba á luz el *Papel* ó representación dirigida á Alburquerque rechazando sus asertos sobre las necesidades que sentía el ejército, están ahí por demostrar que esas faltas eran reales y no se había provisto hasta entonces á ellas (1). Para contestar al Duque victoriosamente según creía la Junta necesario si había de conservar inatacable la autoridad que se abrogara hasta sobre la misma Regencia, no sólo faltó á la exactitud que exigía la reputación de aquellos documentos, sino que, según dice

_____

(1) Sobre ésto dice Nápier: «El espíritu venal de aquella Junta, la apatía del pueblo, la debilidad de la Regencia, la miseria de las tropas, la grande extensión de las posiciones, el descontento de los marineros, la escasez de víveres y las maquinaciones de los franceses, que contaban con muchos partidarios suyos entre los hombres del poder, todo concurría á poner á Cádiz en peligro inminente.»

Pues sólo á la Junta podía achacarse la miseria de las tropas, el descontento de los marineros y la escasez de víveres, porque precisamente por aquellos días llevaron á Cádiz seis millones de duros procedentes de Méjico dos buques ingleses, el *Euthalion* y el *Undaunted*, y muy pocos después otros siete millones de duros, también, y 4.000 fusiles, los españoles *Algeciras* y *Asia* que venían de Veracruz y la Habana.

un gaditano, parte, de consiguiente, irrecusable en tal polémica y testigo de aquellos sucesos, traspasó los límites de la justicia, y más todavía, y de una manera escandalosa, los del decoro; llena (su carta) de groseras invectivas á un personaje digno de la más alta consideración, cuando no por su elevada clase, por sus servicios (1).

Con recordar que al entrometerse á dar consejos al duque de Alburquerque llegó la Junta á calificarse de *Cuerpo superior gubernativo*, se comprenderá á qué grado de altivez llevó sus pretensiones de mando, que ese mismo compatriota de sus vocales que acabamos de citar decía de ella: «Pero también es fuerza decir que con sus servicios creció su desafuero, aspirando á entrometerse en todo, y desmandándose cuando encontraba obstáculos á la satisfacción de su interés ó de sus pasiones.»

Y, con efecto, tal fuerza llegó á adquirir en Cádiz la tal Junta, que la Regencia, que había hecho recoger el citado *papel* por considerarlo *dictado por la imprudencia y la imprevisión*, acabó por admitir al Duque la dimisión, que la presentó, de todos sus cargos, nombrándole Embajador extraordinario en Londres (2). ¡A

---

(1) Memorias de D. Antonio Alcalá Galiano.

(2) Allí escribió su justamente celebrado *Manifiesto*, si rebosando en la ira que no podía menos de provocar en él la desatentada conducta de la Junta de Cádiz, lleno de datos y argumentos que nunca fueron satisfactoriamente refutados, y de rasgos de un patriotismo que ni comprender supieron sus industriales impugnadores.

Poco tiempo después moría el ilustre general extraviada la razón por tamaña ingratitud á sus eminentes, pero nada apreciados, servicios.

tal punto se rebajó el Gobierno supremo de la nación española ante una reunión de hombres elegidos por una ciudad sola y que no tardarían en merecer á nuestros mismos aliados los ominosos calificativos que con harta pena hemos consignado hace poco!

Mucho distrajo de tan desagradables incidentes el cuidado que imponía la presencia de los franceses sitiadores de Cádiz. Precisamente el 16 de marzo, día en que había visto la luz pública el papel de la Junta á que hemos hecho alusión, verificó el ejército una salida que, aun cuando con el nombre de *paseo militar*, acabó por parar en acción honrosa para las tropas españolas y en escarmiento para las de sus enemigos en las inmediaciones de la ría de Sancti Petri. Tomaron parte en esa acción varias divisiones, mandadas por los generales Girón, Copóns y Lacy, que apoyadas por los barcos y fuerzas del arsenal de la Carraca, que regía el jefe de escuadra D. Ramón Topete, desembarcaron sobre las salinas despejándolas de los franceses, que las ocupaban, hasta la casa del Coto, la Torrebarrera y el molino de San José, sin experimentar más bajas que las de un soldado muerto y cuatro oficiales y 91 individuos de tropa heridos, de los que 17 escoceses del regimiento núm. 79, que también tomó parte en el combate, al lado del 20.º portugués que no sufrió baja ninguna.

Aquella acción, reconocimiento ó paseo, que de las tres maneras puede llamarse, sirvió, á su vez, de lenitivo á la pena y á la preocupación que habían producido los estragos de un huracán que, empezando el 6 de aquel mismo mes, duró hasta el 9, desencadenado y terrible; tanto, que hizo á los gaditanos recordar

Acción del 16 de marzo.

Huracán del 6 al 9 de marzo.

el que sucedió á la gloriosa derrota de Trafalgar, al
que, si no en duración, superó en violencia.

Los buques surtos en la bahía exterior, anclados
allí para que no llegase á ellos el fuego de la artillería
francesa que los hubiera destruido de permanecer en
el puerto ó surgidero interior, hubieron de sufrir principalmente los efectos del temporal. Y como las naves
españolas, entre las que se contaron perdidos tres navíos, uno de ellos *La Concepción*, de tres puentes y el
de mayor porte entonces de nuestra escuadra, una
fragata, otra corbeta y varias mercantes, sufrieron
también las inglesas y portuguesas del almirante Purvis, perdiéndose completamente el navío *María* que
formaba parte de las últimas. Todas ésas, empujadas
por las olas y rotos los cables que las sujetaban, se
fueron á la costa, haciéndose imposible el socorrerlas,
tal y tan incontrastable era la fuerza que desarrolló el
viento (1). Y no paró en eso la desdicha de los infeli-
ces tripulantes de los barcos en su naufragio, porque los
franceses desde las baterías de la costa los cañonea-
ron sin cesar un momento en su fuego hasta con bala
roja, añadiendo á los efectos del temporal los más des-
tructores aún de un incendio imposible de sofocar
en circunstancias tan críticas y lamentables.

_____

(1) Dice un testigo presencial: «Hasta á los acostumbrados á escena tan aterradora como lo es la que presenta la
casi aislada Cádiz cuando, movidas las olas por un viento parecido, aunque no igual, al huracán, amenazan tragarse aquella tierra baja, expuesta á los efectos de su furia, horrorizaban
el ruído del mar y del viento, la atmósfera cargada de nubes,
la espuma marina cayendo á la par con la lluvia, los edificios
estremeciéndose á los recios embates á que oponían resistencia, al parecer, si bien no en realidad, por demás flaca y precaria. Á los venidos de tierra adentro hubo de ser objeto de
pasmo y terror espectáculo tan horrible y grandioso.

Aquel tristísimo suceso tuvo más consecuencias todavía, pues que enseñó á los franceses que yacían prisioneros en los pontones españoles, el camino de su
evasión en otras ocasiones que se les pudieran ofrecer
parecidas á aquéllas.

El del 16 de mayo y evasión de prisioneros franceses.

Entre los 4.000 próximamente que eran esos prisioneros, había más de 1.000 oficiales y muchos de
éstos marinos de los que se rindieron con la escuadra
del almirante Rosilly, expertos, de consiguiente, en la
manera de aprovechar, cuando no impedir los accidentes del mar. Así es que aleccionados, repetimos,
con lo sucedido en el temporal del 6 de marzo, acometieron en otro que acaeció el 16 de mayo la arriscada
empresa de, arrostrando la furia de las olas, aprovecharla en busca, siquier temeraria, de su libertad.
Veían enfrente y como dispuestos á ayudarlos á sus
camaradas y compatriotas; y puesta su confianza en el
esfuerzo propio y en la esperanza del auxilio que nunca habría de negárseles, se arrojaron á una aventura
que, si no nueva, pues la habían visto ejecutar á los
españoles, en el temporal que siguió á la jornada de
Trafalgar, ha pasado siempre por extraordinaria, tales
son los peligros con que amenaza. En lo más recio del
temporal los prisioneros encerrados en el navío *Castilla* sorprendieron á sus guardas y, cortando después
las amarras que lo sujetaban, dejáronse llevar del
viento que los condujo á la costa próxima al Puerto de
Santa María, donde, como esperaban, fueron acogidos
por los sitiadores de Cádiz con el mayor júbilo. Esto
era en la noche del 15 al 16 de mayo; y diez días después, corriendo el doble riesgo del mar y del fuego que
los demás barcos españoles é ingleses les hicieron al

verlos metidos en igual empresa que los del *Castilla*, la imitaban los prisioneros del *Argonauta* que, si no con la misma buena fortuna, la llevaron también á cabo. Estos dirigieron el navío hacia el Trocadero, perseguidos por las lanchas cañoneras de los aliados que los iban hostilizando. Defendíanse los franceses como podían desde las obras altas del navío, con tanto más ánimo cuanto que veían á sus camaradas de tierra acudir en su auxilio con lanchas que llevaban montadas en carretas. La marcha era lenta como la de todo buque desprovisto de aparejo, de modo que mucho antes de poder varar en la costa comenzó á incendiarse, con lo que la situación de los tripulantes se hizo sumamente precaria. Algunos pudieron salvarse en las lanchas francesas y otros arrojándose al agua y ganando la orilla á nado; pero muchos fueron muertos y no pocos se ahogaron.

Y he ahí de dónde arrancó el pensamiento de trasladar los prisioneros de Dupont y Rosilly á otro punto en que no ofrecieran los peligros ni la facilidad de fugarse que en Cádiz; no hallando el Gobierno español otro que reuniera mejores condiciones para ese doble objeto, que la isla de Cabrera en las Baleares, tan vigiladas entonces.

De esa traslación, de las condiciones en que se hizo y de la lamentable historia de los que la sufrieron, con tan tristes colores pintada y con no poca exageración, trataremos en lugar correspondiente sin que escaseemos las censuras que merezca, pero destruyendo también las más que injustas inculpaciones de que se hizo y todavía se sigue haciendo tema entre los historiadores enemigos nuestros en aquella contienda.

Los franceses prisioneros en los pontones de Cádiz hicieron lo que debían, ya que se les presentaba ocasión de conseguir su libertad, proporcionada por el temporal y favorecida por la tan inmediata presencia de sus compañeros de armas en la costa próxima; pero no se extrañe tampoco que la Regencia tomara medidas, siquier severas, para que no se repitiera una evasión que, como la del 16 de mayo de 1810, aumentaba el número de los que tenían puesto sitio á la que en tales días era metrópoli de la nación española y único baluarte de la independencia patria.

Entre uno y otro de aquellos accidentes había tenido lugar también, y con caracteres y resultados más graves para la defensa de Cádiz, la pérdida del fuerte de Matagorda, guarnecido por los ingleses desde su establecimiento en la Isla de León.

Pérdida de Matagorda.

Desde los primeros días del sitio comprendieron os franceses lo útil que les sería la ocupación de aquel castillo para acercar sus fuegos á la plaza, extenderlos á la Isla y la Carraca é impedir la, de otro modo, libre y expedita comunicación entre las dos bahías. Tenían dividida la inmensa zona del bloqueo desde Rota á Sancti Petri en tres grandes secciones. Una comprendía el terreno que se extiende entre el primero de aquellos puntos y el río de San Pedro con el Puerto de Santa María en su parte central, bien atrincherado como depósito el más importante del bloqueo y con el castillo de Santa Catalina y algunas baterías de costa sobre la gran bahía exterior. En el extremo opuesto de la línea, Chiclana era la base de todo el sistema de obras de ataque dirigidas contra la Isla, desde Torrebermeja, en que se apoyaba la izquierda de aquella posición, hasta el Zurraque, con todo su frente sobre las salinas á que antes nos referimos y en último término la ría de Sancti Petri en que aquel caño considerable y cien otros desaguan. La sección central contenía la vasta zona comprendida entre los ríos de San Pedro y Zurraque, donde se halla Puerto Real, que los franceses habían también atrincherado fuertemente como centro que iba á ser del ataque principal con que esperaban, si no la conquista de Cádiz, la de puntos de donde afligirla con sus fuegos y despejar quizás de las naves aliadas el puerto interior y bombardear la Carraca, inexpugnable por el lado de tierra. Porque delante de Puerto Real se encuentra la ancha lengua de tierra conocida por el nombre de El Trocadero, península arenisca ó cortada de caños, cuyo extremo occidental va á formar el paso de una á otra de las bahías con un saliente del istmo tantas veces citado entre Cádiz y la Isla. Esa península está dividida en dos partes casi iguales por un anchuroso y hondo caño que tiene su mismo nombre, el del Trocadero, en cuya desembocadura y sobre uno y otro lado se alzaban los dos castillejos de Matagorda y Fort-Luis, que podían cruzar sus fuegos entre sí y con una gran batería, la de Puntales, situada en el saliente del istmo á que hace un momento nos referíamos. Era, pues, el Trocadero una posición excelente para estrechar el bloqueo de Cádiz, y Matagorda un punto de acción tan útil para ese objeto á los franceses como peligroso para los españoles y para sus aliados, á cuyos barcos tanto podía dañarse desde él y, cuando no, estorbar sus operaciones en el puerto y la bahía.

Los ingleses lo habían conocido en cuanto obtu-

vieron la autorización de establecerse en la Isla; así es
que, aun estando como Fort-Luis desmantelado, lo
ocuparon el 22 de febrero, esto es, once días después
de su llegada. Los españoles lo habían abandonado
como todos los fuertes que se hallaban fuera del perímetro de la Isla, considerándolos, según tenemos
dicho, más propios para la defensa contra un enemigo
procedente del mar, que de quien hubiera de atravesar
toda la Península, cual entonces sucedía, para sitiar
por tierra á Cádiz. El general William Stewart, que
fué mandando las primeras fuerzas inglesas que acudieron en auxilio de Cádiz, vió las cosas de otra manera; y entre las varias posiciones de la Isla que hizo
fortificar, bien inútilmente por cierto, puesto que era
imposible su ataque, metió en Matagorda un destacamento de tropas de marina, otro de infantería y unos
cuantos artilleros que, la misma noche en que ocuparon el fuerte, dispusieron en él un alojamiento suficientemente sólido para resistir un ataque brusco (1).
Y lográronlo por el pronto. Los franceses, al observar
el establecimiento de los britanos en Matagorda, intentaron, con efecto, desalojarlos de él; pero siendo de
las de campaña las piezas con que rompieron el fuego,
y ayudando al de Matagorda los de Puntales y de algunos buques que anclaron á la inmediación, los
franceses dejaron para más adelante, para cuando
contaran con artillería de grueso calibre, el repetir el

_____

(1)   Stewart llegó de Lisboa á la Isla con 2.000 hombres el
11 de febrero. Pronto se le reforzó con otros 1.000 procedentes
de Gibraltar, y el 17 con un regimiento portugués, é inmediatamente con otras tropas británicas hasta formar entre todas
cerca de 5.000 hombres, con número también considerable de
artilleros.

ataque. Animados con eso, los ingleses pretendían extender las fortificaciones por el Trocadero, creyendo sin duda poder estorbar así el bombardeo de Cádiz y ayudando, á la vez, al establecimiento de los españoles en las salinas próximas al puente de Zuazo, por donde, se nos figura, podía amenazarse mejor la línea del bloqueo, así por verificarlo de flanco como por la comunicación que allí cabía conservar con las fuerzas que acudieran del campo de Gibraltar y la Serranía de Ronda (1).

Para cuando llegó de Sevilla al campo de los sitiadores la artillería de grueso calibre, tan abundante en aquella Maestranza, había pasado bastante tiempo que emplearon en tener en jaque el fuerte de Matagorda, ya que no podían combatirlo ejecutivamente. Los de-

_____

(1) Nápier que no ve de parte de los españoles más que torpezas por la de los generales y cobardía por la de los soldados, estampa en su libro las reflexiones siguientes:

«Los españoles, dice, sólo tenían algunas obras al otro lado de Sancti-Petri; y ésas estaban mal calculadas: sus baterías en las salinas estaban mal situadas, sus atrincheramientos en la lengua de tierra, en la embocadura del canal, por el lado del mar no tenían fuerza alguna; y la Carraca, que habían armado con ciento cincuenta piezas, hallándose llena de maderas de construcción, podía ser fácilmente incendiada. Las defensas interiores de la Isla estaban descuidadas por completo; y cuando abandonaban los importantes puestos de Matagorda y el Trocadero, avanzaban sus baterías hasta la unión del camino de Chiclana con la carretera en las salinas, es decir, á cosa de media legua más allá del puente de Zuazo, y por consiguiente aquellas baterías se veían expuestas, sin sostén alguno, á los ataques de flanco por tierra y agua.»

Si Nápier hubiera publicado el párrafo éste en aquellos días del sitio, tomaríase por un error, nada extraño en cálculos militares; pero dado á luz posteriormente, hay que tomarlo por torpeza insigne, porque la historia toda del sitio de Cádiz lo desmiente completamente. El establecimiento también de Víctor en Cihclana y la batalla que lleva el nombre de esa población, son la prueba más concluyente del ningún fundamento de las opiniones de Nápier en ese punto.

fensores no se descuidaron en fortificarse lo posible;
y ya que no podían aumentar las obras del recinto,
consistente en un cuadrado con luneta hacia el campo, en el que montaron siete piezas, únicas que en él
cabían, hicieron acoderar á sus flancos un navío de
á 74 y varias cañoneras que lo protegieran. En cambio los franceses construyeron al apoyo de las casas
del Trocadero algunas baterías que el 21 de abril
abrieron un fuego mortífero sobre el navío y la flotilla
hasta obligar á todos aquellos barcos á cortar sus amarras y retirarse. Entonces lo rompieron sobre el fuerte
que, sin socorro alguno, mal podía resistir la acción
de cuarenta y ocho cañones y morteros que destruyeron sus obras hasta no dejar en pie más que un débil
parapeto en que era imposible se sostuviera su flaca
guarnición. De 140 hombres que componían esa fuerza, quedaban fuera de combate 64, á las treinta horas
de haber comenzado el fuego; y el general Graham
que ya había relevado á Stewart en el mando de las
tropas inglesas de la Isla, envió algunas lanchas para
que recogiesen á los restantes y se volara el baluarte ó
rebellín que aún quedaba en estado de servir á los
enemigos.

Así cayó el fuerte de Matagorda en poder de los
franceses, á quienes no prestó su ocupación los servicios que de ella esperaban ni mucho menos los que
temía el general inglés que tanta importancia la daba.
En Cádiz no produjo ninguna alarma sino en los mo- Estado de
mentos del fuego ensordecedor á que dió lugar, como Cádiz. los ánimos en
no la había producido la fuga de los prisioneros franceses, tal era ya la confianza que se abrigaba en la
situación, defensas y recursos militares que poseía la

ciudad. Acudían, por otra parte, y de todas las de la Península, cuantos, dotados de medios para vivir con alguna independencia, repugnaban mantenerse bajo la férula del gobierno intruso y más aún todos aquellos que buscaban al calor de uno legítimo seguridades de todo género, tranquilidad de conciencia patriótica y hasta posiciones, empleos ó cargos que satisfagan su amor propio ó los alivien en los trabajos y escaseces que, de otro modo, hubieran de arrostrar.

Había, pues, en Cádiz, además de sosiego material, efecto de la seguridad de que nunca podría ser conquistada, el contento de verse allí reunidos los elementos políticos que constituyen el núcleo y la fuerza de un gobierno y los sociales también de la corte, ya que la esclavitud en que gemían los soberanos la quitaban su más brillante y característica representación. Allí además afluían extranjeros ilustres de las potencias enemigas de la Francia y de las mal avenidas con el predominio que pretendía ejercer sobre todas el emperador Napoleón, abundando especialmente los ingleses, tan interesados en la suerte de aquella posición, más que por nadie, ambicionada por ellos. Con todo eso la vida en Cádiz se había hecho agradable no escaseando las distracciones ni los objetos de otro lado indispensables para que fuese cómoda, ya que abundaban los comestibles á no altos precios y los artículos de toda clase y aun de lujo. Cuantos se hallaron en Cádiz durante el sitio ponen de manifiesto en sus escritos la animación continua en que se vivía; y aun cuando por los días á que nos vamos refiriendo no estaba abierto el teatro ni se habían hecho numerosas y frecuentes las tertulias, los asuntos de la guerra, los de la política, que muy luego absorberían la atención general y la multitud de amigos ó conocidos que se reunía en los puntos más señalados de la ciudad, la dieron el carácter, según acabamos de indicar, de una corte, si diminuta, en paz con el mundo entero (1). Como que entre los innumerables emigrados que ya albergaba Cádiz, tantos que la Junta oponía á veces serios obstáculos á la admisión de muchos en el puerto, había sobre 4.000 en que se contaban varios grandes de España y títulos, magistrados y ricos propietarios de Madrid y las provincias, seguidos de sus deudos y servidumbres, y los candidatos, por fin, á diputados de la asamblea que ya no podía tardar en abrir sus sesiones.

Esta era, con efecto, la preocupación que tenía á

_____

(1) «La calle Ancha, dice Galiano, por las mañanas, la inmediata plaza de San Antonio, cuando era posible pasear en ella al sol, ó según la frase española, que tanto golpe da á los extranjeros, tomar el sol, y la alameda, pobre y fea entonces, pero con deliciosas vistas, estaban atestadas de gente.»

Si eran pocas las casas en que se recibía á los forasteros, no faltaba alguna donde se reunieran los más influyentes en la suerte de aquella siempre hospitalaria ciudad. Véase lo que cuenta la señorita Alvear de las reuniones de la casa de sus padres. «El Ministro plenipotenciario de Inglaterra, Sir Henry (Enrique) Wellesley, hermano del Duque de Wellington, que el 6 de abril había presentado sus credenciales y renovado los testimonios de amistad de su Gobierno; Mr. Vaughan, su primer secretario y los segundos; el general en jefe de la división inglesa Sir Thomas Graham; Wittingham, que lo era de la caballería; los coroneles Maitland, Macdonald y otros; los almirantes y jefes de las escuadras inglesa y española; los generales Blaque, Eguía, Lacy, Copóns y todos los demás; los consejeros y altos empleados del Gobierno; los mismos Regentes y entre ellos muy especialmente don Javier Castaños; todos, en fin, se complacían en asistir á aquellas gratas reuniones que les ofrecía tan agradable solaz en medio de los continuos trabajos que les abrumaban, las penosas inquietudes que les asaltaban y la terrible incertidumbre en que vivían, por decirlo así.»

todos embargada la atención, esperando que si se
acertaba á imprimir una marcha conveniente á la gestión política en España, se animaría aún más el espíritu público contra los invasores, aun armados, como
decían ir, con el doble prestigio de sus victorias y de
las reformas políticas y sociales obtenidas por la Revolución.

Valiéndose también de aquella relativa tranquilidad que proporcionaba la confianza en que no sería
conquistado Cádiz por los franceses sus sitiadores, se
celebró con la mayor pompa el segundo aniversario
del Dos DE Mayo, con asistencia del Cardenal Borbón,
el Nuncio de su Santidad, los Regentes y cuantas autoridades, misiones diplomáticas y emigrados madrile-
ños albergaba la ciudad y su Isla, y se celebró, además, con una función marcial, haciendo las tropas
una salida por el puente de Zuazo, en que lograron
desalojar al enemigo de las trincheras que andaba
construyendo frente á Chiclana, y destruirlas, como
dice un cronista de aquellos sucesos, *por medio del hierro y del fuego.*

Con no menos pompa pero sí mayor ostentación
se celebró en Cádiz la fiesta onomástica del Rey Fernando. El día anterior, 29 de mayo, los Regentes,
que hasta entonces se habían mantenido en la Isla, se
trasladaron á la ciudad, alojándose en el gran edificio
de la aduana no sin que en el tránsito se les hicieran
los honores correspondientes á la dignidad real que
representaban. Su objeto, al verificar la entrada en
aquel día, había sido el de solemnizar el siguiente de
un modo que, lo mismo que á los gaditanos y á sus
huéspedes, españoles y extranjeros, hiciera compren-

der á todas las provincias del Reino y á las naciones
aliadas ó enemigas de Napoleón, que allí había un
gobierno representante legítimo de su cautivo soberano, y que no cejaría en su patriótico empeño hasta,
aunque á fuerza de los mayores sacrificios, llevar felizmente á cabo la misión restauradora que se le había confiado. Así es que el día de San Fernando desplegó la Regencia aun mayor boato que el anterior,
añadiendo á la formación de las tropas, á las salvas de
los fuertes y la escuadra, al empavesado de las naves
y al repique de las campanas, una solemnísima recepción ó corte á que concurrieron ministros, cuerpo di-
plomático, grandes, prelados y generales; cuanto encerraba Cádiz de más brillante y autorizado de la monarquía española.

Pero fuera de esas ocasiones verdaderamente extraordinarias, y de las que provocaban los ataques
parciales pero incesantes de los sitiadores á nuestros
puestos avanzados, y las salidas y reconocimientos que
hacían los sitiados, ya para adelantar sus puestos por
la parte de tierra ó para impedir con las fuerzas navales la construcción de las baterías enemigas ó destruir
las ya levantadas, en Cádiz reinaba la mayor efervescencia política. Y era, que no hechas aún las elecciones para diputados á Cortes, y á pesar de ignorarse la
fecha de su convocatoria y reunión, se presentaban ya
los síntomas de las divisiones y de los partidos que
habrían muy pronto de aparecer entre los que iban
probablemente á constituirlas, muchos de ellos residentes ya en Cádiz. Presentíase un partido francamente reformador que suponía las variaciones que se
introdujesen en el gobierno y la administración inte-

riores decisivamente influyentes para la prosecución y éxito de la guerra. Se descubría otro que, aun viendo en los principios democráticos la salvación de España como nación libre políticamente y culta, no pensaban fuera á triunfar del fiero conquistador que tanto la estrechaba con sus hasta entonces invencibles armas. Y se dibujaba también otro, el más numeroso en las masas populares, que creía el triunfo de la causa nacional que se disputaba en los campos de batalla, radicando tan sólo en el mantenimiento de las anteriores antiquísimas instituciones tan arbitraria, injusta y cruelmente atropelladas y disueltas por los, más que sanguinarios, salvajes fautores de la revolución francesa.

Cádiz, con tales elementos en su seno, se había hecho escenario de las controversias, mejor aún, de las disputas más acaloradas en las reuniones particulares y hasta en los cafés y las plazas, donde se quería preparar la opinión que en las Cortes, después, debiera prevalecer desde sus primeros acuerdos, decisivos, en concepto de muchos, para la gobernación del Estado en adelante. En aquellas polémicas discutíase la política general de Europa y hasta la del universo entero, influida por los sucesos que la ambición y las miras, tan avasalladoras como elevadas y aun fantásticas, del nuevo César habían provocado por doquier llevara sus armas ó el influjo de sus trastornadores cálculos. Los sangrientos atropellos recientemente cometidos en Suecia contra su legítimo y caballeresco monarca, el espectáculo de tanto soberano como parecía humillar su cabeza ante el tirano de la Europa esperando de él la gracia de su propia corona ó su destitución, y las generosas resoluciones, rebeldías que llamaban algunos, de otros que parecían esperar un momento favorable para sacudir tan humillante yugo, eran temas que servían en Cádiz para apoyar ó combatir las ideas de unos ú otros de esos partidos. Sólo se veía á España sublevada y resistiendo valiente y con una tenacidad sin ejemplo al Coloso; con tal fortuna, á la vez, que las demás naciones sólo en ella también ponían su esperanza para el día en que, cansados de tantos esfuerzos y tanta sangre como los que le costaba la temeraria empresa, como tan fácil considerada más de dos años antes, le obligaran á desistir de ella. Caídas, sin embargo, en poder de los franceses las mejores fortalezas; batidos los ejércitos sin lograr impedir la invasión de las Andalucías, único refugio de la independencia española, y á punto de verificarse la de Portugal, de donde se pretendía arrojar á sus únicos aliados de acción eficaz y salvadora, los hombres más ilustrados de los tres partidos iban á ensayar el nuevo elemento que pudiera activar aun más el fuego patriótico que temían acabara por apagarse con tantos reveses como los sufridos últimamente. Estas eran las ideas y las frases que se cruzaban en Cádiz dominando á los valientes y á los tímidos, á los que esperaban y á los desesperados, ansiosos todos de que no se retardara un acontecimiento como el de la reunión de las Cortes, decisivo, en su concepto, para la suerte de España. Lo mismo que en Cádiz se pensaba en toda Europa, en Inglaterra particularmente, donde, aunque libre por su posición y su fuerza marítima de igual peligro que el corrido en el continente, temíase que el bloqueo continental, haciéndose completo, concluyese por arruinar su industria, su comercio, su influencia, por fin, en el resto del mundo.

«Como el sistema de un mundo, dice un insigne historiador, está unido á Sirio, así la suerte de Europa y quizás la del globo estaba ligada á la de Cádiz; porque para la independencia de las naciones, la libertad de la civilización, del espíritu y la educación de los individuos, se miraba aquel punto con una muy temerosa expectación. ¡Y cuán grandioso y alto se mostraba allí al mundo aquel espectáculo! Pasarán siglos, millares de años antes de que Europa vea otro semejante. ¿Lo verá acaso jamás?».

Expedición á Ronda.   Pero sea que la arrogancia española no consintiera la duda siquiera de la causa de tal admiración; sea que los primeros y afortunados accidentes del sitio de Cádiz inspiraran una confianza que fuera de la Península se tomase por exagerada y sobradamente jactanciosa, lo cierto es que ni en la plaza ni en la Isla se abrigaba temor alguno de que ni una ni otra cayeran en poder de un enemigo que cada día aparecía más rudamente escarmentado y aun retraido de las operaciones más ordinarias de la guerra de un sitio. A tal punto se llevó esa despreocupación que, no satisfecha la Regencia con la seguridad que ofrecía Cádiz en cuanto á sus medios defensivos, se propuso hacer fuera de su recinto y el de la Isla excursiones que, llamando la atención de los sitiadores sobre la retaguardia y flancos de su línea, la debilitaran en su frente, el que ofrecía mayor peligro. Y guardando el mayor secreto para mejor sorprender al enemigo, salió de Cádiz el 17 de junio una división de tropas que el 19 desembarcaba en Algeciras, compuesta de poco más de

2.000 hombres de los regimientos de la Reina, Canarias é Imperiales de Toledo y el primer batallón de Guardias Españolas. Mandábala el general Lacy que, después de conferenciar con el gobernador de Gibraltar sin otro éxito en su pretensión de algún refuerzo de la guarnición inglesa de aquella plaza, que el de situar en Casares una fuerza de 1.000 infantes que, en unión con los del general Valdenebro, allí establecido, sirvieran así como de reserva ó apoyo suyo para el caso de haberse de retirar, se metió por la Serranía de Ronda, decidido á acometer á los franceses del general Girard que ocupaban Coín, Alhaurín y Mijas. En Gaucín supo Lacy lo considerable que era la fuerza que, al saber su jornada, se había encerrado en Ronda, guarnecida con unos 1.000 hombres de todas armas y varias piezas de artillería en su recinto y el del castillo, apoyada, además, por más de otros 3.000 que operaban hacia Grazalema y Ubrique contra las varias partidas españolas que ya indicamos en otro capítulo se habían levantado y recorrían todo aquel país. Esas partidas, en aumento cada día, ocupaban algunos puntos, decididas á defenderlos; y Lacy, reforzado, aunque escasamente, por tropa del provincial de Sigüenza, de la ligera de Valencia y Alburquerque y algunos patriotas de la Serranía, las animaba aconsejando, sin embargo, á sus jefes el repliegue en caso preciso sobre su posición de Gaucín.

La empresa sobre Ronda bien se veía como fracasada, ya que era imposible proseguirla con tan corta fuerza; por lo que Lacy hubo de limitarla á alentar la insurrección ínterin se ofrecía ocasión para, según el plan del general Serrano Valdenebro, citado también anteriormente, acometerla de nuevo con mejor esperanza de éxito. Consistía ese plan, al que se adhirió Lacy, en dividir la fuerza en tres cuerpos principales que, sin cesar en sus operaciones sobre el enemigo, no lo atacasen nunca en masa sino que, ocupando los puntos más fuertes, las asperezas y desfiladeros de aquel tan fragoso terreno, lo hicieran aisladamente ó en combinación hasta que, privado de medios de subsistencia y de comunicaciones, tuviera que abandonar Ronda, Grazalema y la Serranía de Villaluenga que, así, y sólo así podrían ocupar los españoles. Sería necesario también eliminar de la división elementos que pudieran perturbar el orden necesario en ella, licenciando todos aquellos paisanos que no se considerasen útiles en momentos oportunos; y trazando un proyecto de maniobras, más que de ataque, de reconocimiento sobre los puntos ocupados por el enemigo, que siempre aparecía concentrado, apoyadas en los montes y castillejos existentes junto á la costa, se mantendría siempre expedita por mar ó por tierra la comunicación con San Roque, base de todas las operaciones. Pero Lacy encontró el país en el mismo estado de división que cuando meses antes lo recorrían Becerra, Ruiz y tantos otros guerrilleros tan indóciles como valerosos; y comprendió la inutilidad de pensamiento alguno que tendiese á operar militarmente según él lo entendía necesario. Avanzó, sin embargo, el 24 hacia Ronda y Grazalema, de cuyo último punto se le había avisado salían los franceses; pero en el camino supo que, en vez de alejarse, caminaban los enemigos á Gaucín, donde él había dejado el batallón de Guardias custodiando posición tan importante, su cuartel general desde que penetrara en la Serranía. Ya estaban, con efecto, los franceses en Benadalid, y se supo que por otros caminos se dirigían también distintas columnas con el empeño de sorprender á Lacy y asestar un golpe decisivo á su división. Afortunadamente los Guardias lograron resistir valientemente, y el enemigo, envuelto, á su vez, por las tropas de Lacy, los patriotas que lo iban observando y el batallón de Valencia que, al retroceder de un reconocimiento sobre Grazalema, quedó naturalmente á retaguardia suya, hubo de retirarse apresuradamente á sus posiciones de Ronda. Con éso volvió Lacy sobre esta ciudad, á cuya vista se hallaba el 28 de aquel mismo mes, después de un violento combate en que el batallón de Valencia y Alburquerque, puesto siempre sobre la pista de la columna principal francesa, la obligó cerca de Bonoajan á precipitar su retroceso experimentando pérdidas de bastante consideración. En la proximidad ya de Ronda pudo Lacy convencerse otra vez de la inutilidad de sus esfuerzos para reconquistarla, y volvió á Gaucín, situando alguna de sus fuerzas en una posición intermedia y las partidas de patriotas en observación de las entradas de la Serranía, así para no ser sorprendido como para poderse dirigir sobre cualquier punto que amenazaran los franceses.

Si había fracasado el plan de la reconquista de Ronda, no así el de producir la alarma del ejército francés de Andalucía, que distrajo parte de sus fuerzas para atender á las de Lacy, cuyo número y combinaciones no le era fácil calcular y menos destruir. Y reforzadas las tropas francesas de Ronda con otras procedentes de Sevilla y con algunas de las del cuerpo del mando de Sebastiani en Málaga, que se dirigieron, aquellas á la Serranía también y éstas á la costa principalmente, todas ellas con sus combinaciones y maniobras obligaron á Lacy á, dejando asegurados algunos puntos, ya de por sí fuertes, embarcarse en Estepona y Marbella, al amparo de buques ingleses que lo transportaron, como á todos los suyos, al campo de San Roque. Ayudóle á verificar el embarco, sin premura ni ahogos, una diversión ejecutada sobre Jimena por el general Abadía, recientemente nombrado Comandante de aquel campo, quien, preocupado con la idea de que Lacy se mantuviera en Casares, punto que había elegido para la concentración de sus tropas, la hacía para llamar hacia sí la atención de los enemigos, denunciándole á la vez los peligros que correría de no retirarse prontamente á Gibraltar (1). El 12, pues, de julio daba Lacy al general Blake, que lo era en jefe de aquel ejército, parte de todas sus operaciones anteriores, y

(1) Le escribía: «Y creyéndome con un deber religiosísimo de manifestar á V. S. francamente mis ideas y sentimientos, no me es posible ocultar á V. S. que de decidirse por el partido de conservarse en la posición de Casares, sólo resulta una gloriosa defensa, propia de la digna opinión que V. S. se merece y de los valientes de esa división; mas al fin la patria perderá esos dignos brazos, y las justas esperanzas que tenga fundadas en ellos para tiempos más felices. Un vigoroso bloqueo de parte del enemigo lo condenará á V. S. desde el primer momento á privaciones de la mayor entidad, y á esto seguirá la fatalidad que es consiguiente, no pudiendo V. S. contar de modo alguno con fuerzas movibles que impongan al enemigo, y que protejan los convoyes y demás auxilios, sin los quales estarán V. S. y su división reducidos á una completa nulidad y condenados infaliblemente á la más humillante suerte de la guerra.»

el 17 desde la Venta de Guadiaro, á que volvió á avanzar, se lo daba de cuantas habían ejecutado sus subalternos y comandantes de las fuerzas sueltas y guerrillas que pululaban por toda la Serranía. Todas estas fuerzas, inspirándose en su patriotismo y en las instrucciones de Lacy, no habían descansado un momento para acosar á los enemigos establecidos en Ronda y en observar, agredir y envolver á los que en su marcha combinada sobre Gaucín se propusieron copar, como suele decirse, la división española toda que se había recogido en aquella población. No habían las columnas francesas seguido un camino cuyos flancos, montañosos todos, no encontraran ocupados por las partidas de los españoles que los acompañaban con su fuego, anunciador para Lacy del peligro que corría. El General elogia en ese parte la conducta de todos y en particular de D. Juan Becerra, citado anteriormente, y de otros jefes de guerrilla que no habían perdido nunca de vista las columnas de los franceses y acometídolas incesantemente (1). Y cierto que lo merecía el famoso

---

(1) Esa recomendación resultaba, sin embargo, pálida ante la que mereció el comportamiento de un simple soldado, cuya hazaña, verdaderamente extraordinaria por ella misma y por el desinterés revelado al ejecutarla, hemos tenido la fortuna de describir con todos sus detalles en otra parte para ejemplo y gloria de nuestras clases de tropa. Baste aquí reproducir las frases con que el general Lacy la anunció y luego la extendió la *Gaceta* por todos los ámbitos de la monarquía. Dice así el órgano oficial de la Regencia, correspondiente al 14 de agosto de 1810. «Al mismo tiempo tengo el honor y complacencia de recomendar por conducto de V. E. á S. M., la noble y valerosa accion del gastador del batallon de Canarias Felipe Gallardo, que, retirándose la tarde del 8 de avisar á una guerrilla del mismo cuerpo, se halló en el camino de Casares entre los dragones enemigos, de los quales hizo uno prisionero y lo conduxo hasta el mismo Casares. La generosidad y nobleza de este verdadero soldado español ha igualado á su valor, pues habiendo

partidario de la Serranía como otros varios, paisanos
distinguidos sucesores de los Ruiz y Juan Soldado, ó
militares como el coronel Valdivia, herido y prisionero junto á Marbella y el de igual grado D. Juan Antonio Barutell, comandante de los voluntarios de Valencia y Alburquerque que tanto se distinguieron en
aquella expedición.

Aún hubo Lacy de permanecer algunos días en
San Roque, hasta el 28 de julio, esperando las órdenes de su general en jefe, después de las manifestaciones que le iba, cada vez con más instancia, haciendo
de ser inútil su estancia allí; tanto por haber logrado
desbaratar los planes del enemigo, obligándole á llevar sus fuerzas, necesarias en otra parte, como por el
peligro que de ese modo correría la división expedi-
cionaria. Quizás pequen las comunicaciones de Lacy
de alguna exageración respecto á la inutilidad de su
permanencia al frente de la Serranía, donde iba á dejar abandonados á sus solos esfuerzos á los guerrilleros que en élla mantenían la lucha y á la guarnición del castillo de Marbella, de cuya heróica conducta daremos luego cuenta. Su priesa por volver
á Cádiz se pone, quizás también demasiado, de manifiesto; pero sería, y así nos lo hace suponer su actividad nunca desmentida, por verse agredido y acosado
en aquellos últimos días por tantas fuerzas de las lle-
vadas de Sevilla por los franceses, que se consideraría
ante ellas impotente para proseguir la diversión mili-

---

yo mandado se le diesen 8 onzas, ha hecho presente las agra-
dece, que se le permita no admitirlas, y que sólo apreciará una
distinción, que espero de la bondad de S. M. se le conceda en
obsequio de su verdadero mérito, publicándose para estímulo
de los demás.»

tar que se le había encomendado, conseguida, después de todo, en su concepto (1). Y la prueba mejor de la exactitud de esta nuestra apreciación está en que un mes tan sólo más tarde salía el mismo Lacy para otra expedición muy semejante en su objeto, el de distraer á los franceses de Andalucía de sus trabajos en el sitio de Cádiz y de su campaña en Extremadura, donde los generales Ballesteros y Copóns no daban tampoco punto á la tarea de impedir su acción sobre Badajoz y para establecer por los flancos sus comunicaciones con Cádiz y el ejército de Portugal.

La del Condado de Niebla.

La expedición al condado de Niebla fué aún más breve que la de Ronda.

Aquella junta de Sevilla que, al huir la Central á Cádiz, se había constituído de nuevo en suprema de la nación y dictado á toda España las órdenes más apremiantes para su defensa, repartiendo entre los generales que la componían, ó los en su concepto más hábiles, los ejércitos de operaciones, y que, al acercarse los franceses, se había salvado por Triana con las pocas tropas que quedaron á su devoción, buscó su refugio en Ayamonte, donde continuaba considerándose tan indiscutiblemente soberana como antes de haberse proclamado la Regencia. Pero aventada de allí también por Ahremberg, según dijimos, siguió su emigración hasta un establecimiento mezcla de político y militar, ya que élla lo ocupaba, donde reunió los únicos medios de acción de que aún podía disponer

---

(1) Schépeler atribuye esa priesa á que Lacy hallaba aquel teatro demasiado pequeño para él; y añade en nota harto maliciosa: «Le atraía á Cádiz igualmente una inclinación excesiva al bello sexo.»

con la que pudiéramos llamar su escolta al huir de
Sevilla. Ese establecimiento estaba formado en la isla
de la Canela, que con la Cristina y algunas otras are-
niscas ó insignificantes constituye el delta del Guadiana en la desembocadura de este río. La residencia de
la Junta en el islote atrajo á él muchas de las gentes
del país temerosas de los atropellos que cometían los
franceses; familias enteras que se apresuraron á construirse chozas y barracones, ya que no otra cosa, en
que albergarse; autoridades y soldados que naturalmente habían de necesitar con los nuevos huéspedes
almacenes de víveres, hornos y, por fin, depósitos de
armas y municiones. La isla de la Canela llegó así á
constituir un refugio para los patriotas que peleaban
en la provincia de Huelva, cuya única garantía, es
verdad, estaba en la falta de medios navales en los
franceses y en la vigilancia que por la parte del mar
ejercían las fuerzas aliadas y por la de tierra el general Copóns, que maniobraba en la raya de Extremadura así como de vanguardia de Ballesteros y del ejército de la Izquierda.

El general Lacy salió de Cádiz con unos 8.000
hombres en una escuadrilla de fuerzas sutiles españolas é inglesas regidas por nuestro capitán de navío
Don Francisco Maurelle y el británico M. Cockburn;
desembarcando el 23 de agosto entre las torres del
Oro y de la Arenilla, dos leguas próximamente de la
barra de Huelva. La operación se hizo de noche; y á
la una de la madrugada del 24 estaban nuestros expedicionarios en marcha sobre Moguer, acompañados á lo
largo del Tinto de varias lanchas en que pudieran cruzar uno de los afluentes de aquel río que corta el camino

y de algunos faluchos destinados á proteger á la división con el fuego de su artillería. También remontó
el Tinto Maurelle con otros faluchos para desalojar de
Palos el destacamento francés que lo ocupaba, el cual
fué atacado á la vez por la cabeza de la columna que,
despreciando el fuego de tres piezas que defendían la
población, lo arrolló y persiguió hasta Moguer, donde
entró confundida con los fugitivos, causándole bastantes bajas y haciéndole algunos prisioneros. Ahremberg llamó á sí á los franceses que tenía en San Juan
del puerto, no lejos de Moguer, y con ellos y la fuerza que conservaba intentó el desquite de su descalabro de la mañana; pero todos sus ataques fueron rechazados hasta que cerca del anochecer hubo de abandonar el campo y retirarse decididamente en dirección de Niebla y después hacia Sevilla. Copóns, á
quien no se había anticipado la noticia de aquella expedición, acudió, sin embargo, desde Castillejos, donde se hallaba, y ocupó Niebla, ya que no pudo llegar
á tiempo para envolver las posiciones francesas de
Palos y Moguer. Pero puesto Ahremberg, á quien equivocadamente se supuso herido de gravedad, en precipitada fuga á Sevilla, Lacy creyó, como en Ronda, haber
terminado con su misión en Huelva; y el 29, después
de una vana tentativa sobre San Lúcar de Barrameda,
estaba de regreso en Cádiz, defraudando así las esperanzas de los habitantes del Condado que, entusiasmados con la presencia de sus compatriotas en Moguer, se
habían comprometido no poco ayudándoles y celebrando su hazaña. Habíase, con todo, alcanzado el
objeto principal de la expedición, el de distraer á los
franceses de Andalucía del sitio de Cádiz en parte, y

de su campaña, en otra, de Extremadura, hacia la que los empujaban las órdenes de Napoleón.

Instalación de las Cortes. Todo eso, repetimos, demuestra la confianza en que se vivía dentro de Cádiz, en la de que los sitiadores carecían de medios para hostilizar la plaza, ni siquiera la Isla, que cada día iba recibiendo todo género de recursos defensivos, haciéndola puede decirse que inexpugnable. Así es que el movimiento de los ánimos se dirigía principalmente á las resoluciones políticas de que se esperaba por muchos, como veremos luego, la regeneración de la Patria, más afligida, en su concepto, de la manera de ser y hasta de los vicios de sus antiguos organismos que de la acción de las armas enemigas.

Y vamos á entrar en el examen de un período histórico, bien ageno á nuestras aficiones y del que hasta ahora hemos rehuido ocuparnos, según lo ponen de manifiesto las primeras declaraciones estampadas en este libro, movidos del pensamiento, casi exclusivamente militar, de referir las hazañas de nuestros padres en lucha tan excepcional y hacer el examen de las operaciones que con tan rara constancia, siquier con fortuna varia, llevaron á feliz y glorioso término sus generales. De tal manera, con todo, absorve la atención desde ese momento la acción política, reconcentrada en el seno del Congreso reunido en la Isla gaditana desde los últimos meses de 1810, que resultaría manca, según suele decirse, la presente historia si, negando á esa acción la importancia que entraña, se la negara también el amplio espacio que merece en ella. Nos referimos á la reunión de las Cortes, con tanta insistencia pedida por los pueblos y sus juntas desde el principio del alzamiento, acordada por la Junta Central y dispuesta por la Regencia al ser instituída ésta y dada á reconocer. La Central se había despedido en su decreto de 29 de enero disponiendo la celebración de las Cortes, según había antes anunciado en 1.º de marzo; encomendándola á la Regencia, *si la defensa del reino*, decía, *en que desde luego debe ocuparse, lo permitiere.* En consecuencia, se expedirían las convocatorias, así á los prelados y grandes que debieran formar el estamento de dignidades, como á los procuradores de las provincias de España y América que iban á constituir el popular. Después de varios considerandos dirigidos á demostrar las dificultades que la Junta había encontrado para no realizar antes sus deseos y los de la opinión pública, dábanse en aquel decreto instrucciones detalladas acerca del modo de expedir las convocatorias á que antes nos referimos, de las condiciones que habrían de reunir los llamados á las Cortes, la composición de las juntas electorales de los diputados de América y Asia que, por estrechez de tiempo, no pudieran ser elegidos en sus provincias respectivas, así como para los de España correspondientes á las localidades ocupadas por los franceses, la manera de ser admitidos en las Cortes, los procedimientos para preparar los trabajos en que éstas iban á ocuparse, y hasta de la designación de los que debían presidirlas en representación del Soberano, y los reglamentos, en síntesis, con que debieran regirse para sus tareas y discusiones (1).

---

(1) En el Apéndice núm. 2, puede verse íntegro aquel decreto.

No había la Regencia, elegida ya en tal fecha y tomando posesión dos días después, de respetar aquellas disposiciones en toda su integridad, y hasta procuró se olvidara su más importante objeto, el de la reunión de las Cortes, dando largas al asunto en los primeros meses de su administración ó procurando, al verse constreñida á ello por las reclamaciones de los patriotas más exaltados y de la Junta de Cádiz, demorarla con el pretexto de examinar y vencer los obstáculos que hallaba para realizarla debidamente y en las mejores condiciones. Ya consultaba al Consejo Real sobre si deberían ó no variarse algunas de las disposiciones dictadas por la Central en sus postrimerías; ya al de Estado que, como el anteriormente citado, votó también por el establecimiento de una sola cámara, desechando el Estamento de los privilegiados como contrario á las nuevas ideas y á lo que recomendaba la conducta de los pueblos en la guerra entablada contra Napoleón. Otras disposiciones del decreto de 29 de enero, recibieron, de igual modo, reformas importantes, la de las condiciones, por ejemplo, que deberían reunir los elegibles, lo cual venía á constituir un especie de sufragio universal, la de las facultades que habrían de ejercer, que llegaban hasta acordar y resolver cuanto se propusiese en las Cortes en cualquiera punto, con plena, franca, libre y general facultad, y la ampliación en el número de los diputados ultramarinos. Bajo esas bases se hicieron las elecciones en los pueblos libres de la ocupación francesa y aun en algunos á la vista misma del enemigo; y cuando eso no fué posible, se suplieron con las hechas en Cádiz para que no resultara ninguno de aquellos sin la debida representación.

Para con las colonias se adoptó un sistema parecido, ya que, aun cuando libres de la presencia de los franceses, tardarían los diputados elegidos en ellas en llegar á Cádiz y tomar parte en las deliberaciones de las Cortes.

Y refiriéndonos á aquella muestra de la absoluta fraternidad que se establecía entre los miembros todos de la familia española dando participación á las colonias, así como en la Regencia, en la confección de las leyes y, por consiguiente, en la soberanía que desde el primer día se atribuyeron las Cortes, decimos nosotros: «¿Era prudente esa medida en las circunstancias en que se hallaba España?» Al dar existencia política al nuevo mundo descubierto y traido á la civilización por la madre España, ¿creían los que la representaban aquí en la gratitud del hijo llamado á su emancipación al derrumbarse la casa paterna, dada ya al olvido por nueva familia, intereses creados también lejos de ella, y ambiciones suscitadas por la emulación y hasta el despecho de distinto estado y diversas costumbres? Que la medida era imprudente, vinieron luego los sucesos á demostrarlo con elocuencia abrumadora para los innovadores. Disculpáronla, sin embargo, y más en aquellos momentos, un equivocado espíritu de justicia y la conveniencia de satisfacer á la opinión, arraigada en las provincias de Ultramar, de que, si tanto contribuían á aliviar á la Metrópoli en sus apuros con los recursos que la enviaban, justo era que en cambio las hiciese partícipes en sus acuerdos para el igual reparto de derechos y garantías en la que se pretendía como necesaria regeneración política del país de que ellas decían formar parte integran-

Participación dada á las colonias.

te (1). De funesta ha sido calificada por algunos la presencia de los diputados americanos en las Cortes de Cádiz; y algo debe justificar censura tan severa el que se haya siempre negado tal concurrencia en Inglaterra, el país clásico del régimen parlamentario, y el que se haya hecho extensiva á España en los tiempos en que sólo se ha tratado de imitar los procedimientos harto igualitarios de los revolucionarios franceses en el período más álgido de sus extravíos. Estaban en España tan sobreexcitadas las pasiones con la falaz y atropelladora conducta de Napoleón que, si proclamaba la excelencia de los principios de 1789, era para mejor disfrazar el despotismo militar que ejercía, que nuestra juven-

---

(1) Nada tiene de extraño que Toreno aprobase tan delicada resolución, tomada por la Junta Central y después por la Regencia aunque con algunas modificaciones; pero, aun así, véase cómo discurre sobre tan transcendental asunto. «Ahora, dice, que los tiempos se habían cambiado, y confirmádose solemnemente la igualdad de derechos de todos los españoles, europeos y ultramarinos, menester era que unos y otros concurriesen á un congreso en que iban á decidirse materias de la mayor importancia, tocante á toda la monarquía que entonces se dilataba por el orbe. Requeríalo así la justicia, requeríalo el interés bien entendido de los habitantes de ambos mundos, y la situación de la península, que para defender la causa de su propia independencia debía grangear las voluntades de los que residían en aquellos países, y de cuya ayuda había reportado colmados frutos. Lo dificultoso era arreglar en la práctica la declaración de la igualdad. Regiones extendidas como las de América, con variedad de castas, con desvío entre éstas y preocupaciones, ofrecían en el asunto problemas de no fácil resolución. Agregábase la falta de estadísticas, la diferente y confusa división de provincias y distritos, y el tiempo que se necesitaba para desenmarañar tal laberinto, cuando la pronta convocación de Cortes no daba vagar, ni para pedir noticias á América, ni para sacar de entre el polvo de los archivos las mancas y parciales que pudieran averiguarse en Europa.»

Schépeler dice sentenciosamente: «El hijo, llegado á su crecimiento, se consideró fuerte y hermoso junto á su madre, ofreciéndole su brazo, y sin embargo, la infligió los golpes más rudos al ver que se tambaleaba.»

tud estimulada además por los secuaces de los filósofos
franceses, no se alimentaba de otros estudios ni se prometía resultados sino de la imitación de las teorías y
las prácticas de sus convecinos, los fogosos oradores
de la Convención. No hay escrito de aquel tiempo ni
luego se oiría en las Cortes de Cádiz discurso en que
no se aspirase á esa imitación, en no pocos impreme-
ditada é inconsciente, pudiera decirse, en algunos.

Con la censura por el llamamiento de los Ultrama- **Los suplen-** rinos á las Cortes, se relacionó la elevada en todas las **tes.**
esferas de la opinión contra los suplentes, cuya elección
resultó hecha á fin de, mejor que satisfacer á las provincias que no habían podido realizarla, elevar á la
altura de representantes de la nación personas que,
usando de manejos, á veces groseros, de humillación ó
de astucia, buscar en el Congreso el camino de los empleos y dignidades á que, por otro, nunca podrían ó,
al menos, deberían aspirar (1). Estos tenían contra sí,

_____

(1) Lardizábal, el regente, los calificaba «de jóvenes y de
hombres que ayer eran unos meros pretendientes sin experiencia alguna de mando, práctica de negocios, ni conocimiento
del mundo.»
«La Regencia, dice después, sabía muy bien que nadie, ni
aun el Rey, tiene facultad para nombrar diputados en Cortes,
sino las provincias ó pueblos que son partes integrantes de la
nación; y que, por consiguiente, nadie es ni puede ser representante de una provincia, ni obrar en su nombre legítimamente
de modo que la provincia quede obligada á mantener y cumplir lo que él haga, sino aquel á quien la misma provincia haya
dado sus poderes é instrucciones y obre conforme á ellas.....»
Y concluye así el párrafo: «¿Quién creerá que las provincias
que no han enviado sus diputados se han de conformar con reformas sustanciales y con una constitución hechas por hombres á quienes ellas no han dado encargo, facultad, ni poder
para hacerlas? Todo ese trabajo de las Cortes es el mismo que
el de quien se empeña en lavar á un negro.»
Al leer este panegírico de los suplentes nos ocurre preguntar: Qué era el Sr. Lardizábal cuando se convocaron las Cortes
con Ultramarinos y Suplentes? Pues regente.

no sólo á los desairados entre los mil aspirantes que
bullían en Cádiz al tiempo de las elecciones, sino que
también á los que cada día iban llegando de las provincias invadidas con iguales ambiciones, muchos con
mejor derecho por su autoridad ó influjo en ellas. Y si
de los americanos se dijo, *que se entendían con los revolucionarios de allá y que ciertas cosas que se promo-
vían en Cádiz no podían tener otra mira que la de exas-
perar los ánimos de sus paisanos para que saltaran y
engruesasen el partido de los insurgentes*, á los suplentes
se les negaba legitimidad alguna en su nombramiento
por no tener otro origen que la autoridad de la Regencia, que no la tenía para nombrar diputados á Cortes,
ya que ni el Rey podía atribuírsela. Pero estas ideas
emanando, como es de suponer, de los partidarios del
anterior régimen, si eran oídas no merecían sino el
desprecio ni provocaban más que la ira en los que, decididos por las reformas, no descansarían hasta verlas
planteadas. No faltaban, de consiguiente, ocasiones de
ardientes polémicas, lo mismo que en las tertulias, de
algunas de las que hemos hecho mención, en los sitios
más públicos y en la prensa, sobre todo, dividida ya
en los bandos políticos que luego se mostraron paladinamente en las Cortes. Y ¿cómo habían de faltar en
1810 cuando, transcurridos cerca de ochenta años de
régimen parlamentario, alternados con catorce ó más
de guerra tenaz y sangrienta en defensa de unos y otros
principios, todavía se andan proclamando los que parecían vencidos desde aquella remotísima fecha? Se han
hundido en el abismo de los sepulcros aquella genera-
ción y aun alguna de las sucesivas; la Europa en la casi totalidad de sus potencias ha aceptado y practica el

parlamentarismo cuando no los sistemas de gobierno más democráticos; la idea liberal se ha abierto paso por entre las más antiguas y aristocráticas instituciones, y se han creado intereses, pero muchos, de esos que parece debieran arraigarla hasta hacerla incontrastable; y, sin embargo de todo eso, se la combate con un encarnizamiento que demuestra, mejor que revela, que aún subsiste la de un absolutismo que debiera tomarse por tan absurdo como anacrónico.

Pero aquellas polémicas y los clamores que producían debieron acreditar la urgencia con que se solicitaba la apertura de las Cortes que, por fin, se decretó cinco días antes para el tan célebre desde entonces 24 de septiembre de 1810 (1). La ceremonia de la instalación fué todo lo solemne que verdaderamente merecía un acto de tal transcendencia para lo porvenir de España, y en cuanto cabía con los aún escasos medios de que era dado disponer en una posición sujeta á rigoroso asedio, corte improvisada por un puñado de patriotas con la esperanza, eso sí inextinguible, de su ingénito optimismo. Se había señalado para lugar de las sesiones el pequeño y pobremente decorado teatro de la Isla, en el que se reunieron los diputados después de préstar el juramento en la iglesia mayor de la villa de San Fernando. Las salvas de los fuertes y de la escuadra, las músicas de los regimientos y las aclamaciones del pueblo saludaron con su entusiasta estruendo ó sus

Apertura de las Cortes.

(1) Decía así la real orden de 19 de septiembre: «El rey nuestro Señor D. FERNANDO VII, y en su real nombre el Consejo de Regencia de España é Indias, ansioso por el venturoso momento de apertura é instalacion del augusto congreso de las cortes, ha resuelto que se verifique en el día 24 del corriente.» *(Gaceta del 20).*

armónicos acordes el advenimiento de una era que muchos esperaban sería la de la independencia nacional,
que tanta sangre iba costando, y de una felicidad social y política cual merecía nación tan gallarda y gene-
rosamente dedicada á obtener aquellos preciados bienes. El cardenal Borbón, único miembro allí, aunque
desheredado, de la dinastía reinante, celebró la misa
del Espíritu Santo, á la que siguió el juramento de los
diputados allí reunidos que, si en desacuerdo algunos
por sus exageradas ideas de independencia política y
su aspiración á las más radicales reformas, lo prestaron
al fin para no iniciar su intervención en los futuros
debates con una excisión que los demás creyeron pre-
matura, y funesta además, para las nuevas instituciones (1).

Pero no tardaron esos mismos, tan estrechos de conciencia política, en ensanchar sus corazones con la
longanimidad que observaron en sus colegas para aceptar las reformas que en su espíritu revolucionario á la
francesa llevaban ideadas.

Instalados en el desde aquel día célebre teatro de
San Fernando, de cuya sala se había hecho la de las
sesiones con la distribución conveniente de trono para
la Regencia, mesa para la presidencia y bancos para

---

(1) El juramento estaba así redactado: «Juráis conservar á
nuestro amado soberano el señor don Fernando VII, todos sus
dominios y en su defecto á sus legítimos sucesores, y hacer
cuantos esfuerzos sean posibles para sacarle del cautiverio y
colocarle en el trono?—Juráis desempeñar fiel y legalmente el
encargo que la nacion ha puesto á vuestro cuidado, *guardando
las leyes de España* sin perjuicio de alterar, moderar y variar
aquellas que exigiese el bien de la nación? Si así lo hiciéreis,
Dios os lo premie, si no, os lo demande.»

Las palabras subrayadas fueron las que no querían jurar
los arriba aludidos.

los diputados, como de los palcos, tribuna y lugar público de los pisos altos, el Obispo de Orense, como presidente del gobierno de Regencia, pronunció un breve discurso de apertura en que, á vuelta de hacer una pintura bastante triste del estado de alteración y desorden del tiempo en que se había instalado y de los obstáculos que hallaba para el logro de su gestión, dejaba á las Cortes la elección y nombramiento de su presidente y secretarios.

Y, como se dice en el certificado de aquel acto, expedido por el secretario de Gracia y Justicia, «quedaron instaladas las Cortes y se retiró el Çonsejo de Regencia á su palacio, habiéndose observado en todos esos actos la majestad y circunspección propia de la más noble, generosa y esforzada de las naciones, y un regocijo y aplausos en el pueblo muy difíciles de explicarse» (1).

Con este motivo, el Conde de Toreno, que diserta largamente sobre la mala voluntad con que la Regencia secundaba los deseos de la opinión para la celebración de Cortes, dice lo siguiente: «Sentados todos pronunció el Obispo de Orense, presidente de la Regencia, un breve discurso; y en seguida se retiró él y sus compañeros junto con los ministros, sin que ni unos ni otros hubiesen tomado disposición alguna que guiase al Congreso en los primeros pasos de su espinosa carrera. Cuadraba tal conducta con los indicados intentos de la Regencia; pues en un cuerpo nuevo como el de las Cortes, abandonado á sí mismo, falto de reglamento y antecedentes que lo ilustrasen y sirviesen de pauta, era

_____

(1) En ese mismo documento se incluye la lista de los diputados que asistieron á aquella primera sesión, por lo que hemos creído deberlo insertar íntegro en el apéndice núm. 8.

fácil el descarrío ó á lo menos cierto atascamiento en sus deliberaciones, ofreciendo por primera vez al numeroso concurso que asistía á la sesión, tristes muestras de su saber y cordura. »

¡Lo que ciega la pasión política! El Conde de Toreno, escritor tan atalentado y tan hábil en las lides parlamentarias, no sólo se queja de la mala voluntad de los regentes, que demasiado comprenderían el papel que se les iba á hacer representar y el destino que les aguardaba, sino que pretende que un obispo, refractario al sistema que se quería plantear, generales ocupados hasta entonces en el tráfago de las batallas en mar y tierra, y hombres, los otros dos, que el célebre historiador supone, como los demás, *ladeándose al orden antiguo,* se hagan maestros de los sabios, literatos y filósofos, fogosos todos y educados en la doctrina de los campeones de la libertad en Francia, en eso de emprender, implantar y garantir el establecimiento de la vida parlamentaria en España. Para que las quejas del Conde pudieran aparecer fundadas y justas sus amargas é inacabables recriminaciones, hubiera sido prudente no habernos hecho la descripción tan detallada que nos da de los personajes que componían la Regencia; que, de otro modo, deja descubrir que, si no la pasión, la habilidad política que le distinguía le lleva por camino tan tortuoso á ofrecernos el contraste de los nuevos diputados mostrándose en sus discursos y procedimientos como adalides formidables en la defensa de los nuevos principios constitucionales y de gobierno (1).

_____

(1) Pero esa censura de Toreno es dulce y tierna para la que estampa D. Agustin Argüelles en su obra del «Examen histórico de la Reforma Constitucional de España». No satisfecho el

Y no tardó en verse en las Cortes cuán fundados eran los recelos que deberían abrigar los regentes respecto á las aspiraciones de la nueva asamblea; porque ésta, en su primera sesión, sin esperar á otra, comenzó su labor reformista declarándose soberana y habilitando al Consejo de Regencia, pero sólo interinamente, con las responsabilidades todas de su ministerio y después de prestar un juramento que sabía muy bien habría de resistir alguno de sus miembros. Prevenida ya para eso, había la Regencia dejado al retirarse de las Cortes un papel, que se leyó en ellas al terminar las elecciones de presidente y secretario, presentando la dimisión de su cargo y haciendo ver la conveniencia de formar un gobierno conforme con las ideas que tuviera el Congreso respecto á su composición y faculta-

Sus primeras medidas.

Dimisión de los regentes.

---

insigne orador con poner de relieve en aceradas frases la pobreza del mobiliario del salón de sesiones, se extiende en consideraciones parecidas á las de Toreno sobre el abandono en que la Regencia dejó á las Cortes al retirarse el primer día de aquel recinto, sin exponer proposición alguna ni discurso señalando con claridad *los puntos de mayor urgencia y todo lo demás que conviniese tratar ó resolver sin dilación*. Y dice después: «Su salida y la de todos los ministros dejando una declaración en que al parecer se suspendía todo ejercicio de autoridad y gobierno; en que no se presentaba á la consideración de las Cortes ni de la nación ninguna idea de consuelo ó de esperanza que pudiera haber concebido mientras administró el reino; la publicidad misma de la sesión primera, tan poco conforme con los principios y doctrinas que profesó y siguió hasta aquel momento, todo conducía á aumentar las sospechas anteriores de mala fe contra las Cortes, y á hacer creer ahora, que el objeto de tan inexplicables omisiones y descuidos era comprometerlas desde su primer acto, para destruir el prestigio que había precedido á su tan suspirada reunión, con escenas de confusión y desorden, que sólo se evitaron por una especie de prodigio».

Aquí se olvida Argüelles de que la publicidad de las primeras sesiones fué exigida por las Cortes desde el segundo día y después á propuesta de su amigo el Sr. Oliveros, y que tuvo lugar en Suplemento á la *Gaceta* del 6 de octubre.

des. Pero en las Cortes dominaba una impaciencia tal
por demostrar de cuánto serían capaces sus representantes, así en su habilidad parlamentaria como en su
gestión política y administrativa, que habían apenas
ocupado sus sitiales el presidente D. Ramón Lázaro
de Dou diputado por Cataluña, y el secretario D. Evaristo Pérez de Castro, suplente por Valladolid, cuando
manifestándose tan sólo enteradas de la declaración de
la Regencia, se fijaban en la persona de D. Diego Muñoz Torrero, que se levantó á pronunciar el primer
discurso que habría de escucharse en ellas, resolvente
de las cuestiones más importantes y graves para la futura constitución de la Monarquía española (1). Su
discurso en apoyo de las proposiciones que iba á presentar á las Cortes, fué breve, elocuente y razonado.
Pero el papel que hizo leer en seguida á D. Manuel
Luján, su íntimo amigo, extendido ya en forma de decreto para convertirse á los pocos momentos en ley
mediante la aprobación que obtuvo, casi unánime,
hubo de dejar muy por bajo al discurso en lo substan-

----

(1) Toreno describe así á Muñoz Torrero, tan famoso desde
aquel instante en los fastos de la España liberal: «A nadie como á este venerable eclesiástico tocaba abrir las discusiones y
poner la primera piedra de los cimientos en que habían de es-
tribar los trabajos de la representación nacional. Antiguo rec-
tor de la Universidad de Salamanca era varón docto, purísimo
en sus costumbres, de ilustrada y muy tolerante piedad; y en
cuyo exterior sencillo, al par que grave, se pintaba no menos
la bondad de su alma, que la extensa y sólida capacidad de su
claro entendimiento».

Schépeler, le califica de «modelo de verdadera virtud cris-
tiana y hombre de una gran fuerza de razonamientos».

Galiano, en el tiempo ya de sus sinceridades, dice que Muñoz Torrero y Oliveros eran jansenistas.

cioso y transcendental. Aquello fué un huracán deshecho de proyectos que hoy hubieran necesitado toda
ñua legislatura, por lo menos, para ser discutidos, y
fueron aprobados en una sola tarde; demostrándose
así que obedecían á pensamiento muy de antemano
concebido, meditado detenidamente y resuelto en reuniones, si no en conciliábulos anteriores, y que no sin
razón ó motivo preocuparía á la Regencia.

«Los diputados que componen este Congreso, decía
el primer decreto, y que representan la nación española, se declaran legítimamente constituídos en Cortes
generales extraordinarias, y que reside en ellas la soberanía nacional.»

El castellano en que estaba redactado era malo, pero
el concepto no podía ser más significativo y contun-
dente aun para el segundo decreto, en que las Cortes
«reconocían, proclamaban y juraban de nuevo por su
único y legítimo rey al Sr. D. Fernando VII de Borbón», cuya cesión del trono en Bayona declaraban
nula, de ningún valor ni efecto.

Declararon después las Cortes no reservarse más que
el poder legislativo: de entre ese mismo, el ejecutivo
y el judiciario no convenía quedaran reunidos; haciendo responsables del uso de ese último poder á los en
quienes lo delegasen las Cortes en ausencia del Rey, y
habilitando para ello á los individuos que componían
el Consejo de Regencia, «interinamente y hasta que
las Cortes eligiesen el gobierno que más conviniera.»
Pero la Regencia, para usar de esa habilitación, habría
de reconocer la soberanía nacional de las Cortes y jurar obediencia á las leyes y decretos que emanaran de
ellas; y eso inmediatamente porque la esperarían pa-

ra aquel acto, manteniéndose en sesión permanente hasta que se verificase (1).

Las Cortes confirmaban en seguida todos los tribunales y justicias establecidas en el reino para que continuasen funcionando; así cõmo las autoridades civiles y militares de cualquiera clase que fuesen.

Y como para perfeccionar su obra de entronizamiento, las Cortes declararon «que las personas de los diputados eran inviolables, y que no se podía intentar por ninguna autoridad ni persona particular cosa alguna contra los diputados, sino en los términos que se estableciesen en el reglamento general que iba á formarse, y á cuyo efecto se nombraría una comisión.»

Por la última cláusula de la labor de aquel célebre día, las Cortes dispusieron, como ya se ha indicado, recibir el juramento que debía prestar inmediatamente la Regencia, verificándose, con efecto, la augusta ceremonia sin más incidente que el de la ausencia del obispo presidente que sus colegas disculparon con su ancianidad y achaques que le obligaban á recogerse temprano.

No bastaban los acuerdos tomados el 24 á satisfacer la arrogancia que se apoderó de los diputados al encontrarse de la noche á la mañana árbitros de los

---

(1) La fórmula del juramento sería: «¿Reconocéis la soberanía de la nación representada por los diputados de estas Cortes generales y extraordinarias? ¿Juráis obedecer sus decretos, leyes y constitución que se establezca según los santos fines para que se han reunido, y mandar observarlos y hacerlos observar? ¿Conservar la independencia, libertad é integridad de la nación? ¿La religión católica, apostólica romana? ¿El gobierno monárquico del reino? ¿Restablecer en el trono á nuestro amado rey D. Fernando VII de Borbón? ¿Y mirar en todo por el bien del Estado?»

¡Y se quejaba Toreno de la mala voluntad de la Regencia!

destinos de España; muchos de quienes habían obtenido tal posición merced al favor de la Regencia, que trataban al día siguiente de rebajar y hasta escarnecer al punto que acabamos de ver y lamentar. Y en la sesión del 25 declararon con la *mesura* y *nobleza* que les atribuye su más autorizado apologista de entonces, que el tratamiento de las Cortes sería de allí en adelante de *Majestad*, y de *Alteza* el del poder ejecutivo y el de los tribunales supremos, publicándose las decretos y leyes en nombre del Rey y en ausencia de éste por el Consejo de Regencia (1). Ordenaron también aquel día que los generales en jefe de todos los ejércitos, los Capitanes generales y las autoridades de cualquiera clase militares, civiles y eclesiásticas, hiciesen el reconocimiento y juramento de obediencia á las Cortes en los pueblos de su residencia, verificándolo las existentes en Cádiz en la sala de sesiones del Congreso. A ese decreto, por fin, acompañó otro de igual fecha mandándose proceder inmediatamente á publicar en España y América y demás dominios el decreto de instalación de las Cortes y el de la sesión siguiente del 25, así como á que se cantara un solemne *Te Deum*, se hiciesen salvas en celebridad de tan memorable acontecimiento, y rogativas públicas implorando el auxilio divino para el acierto.

No se dirá que las Cortes de Cádiz, se mostraran perezosas en sus primeros pasos, pues si se comparan

---

(1) Esta era la fórmula: «D. Fernando VII por la gracia de Dios, Rey de España y de las Indias, y en su ausencia y cautividad el Consejo de Regencia, autorizado interinamente, á todos los que las presentes vieren y entendiesen, sabed: que en las Cortes generales y extraordinarias congregadas en la real Isla de León, se resolvió y decretó la siguiente.»

las providencias que dictaron en las dos sesiones del
24 y 25 de septiembre, que acabamos de reseñar, con
las primeras también de los cuerpos legislativos que
las precedieron en Inglaterra y Francia, podrá observarse fácilmente los dejaron muy atrás en diligencia y energía. Y era que, eleccionadas con el todavía
reciente del francés é imbuidos muchos de sus diputados en las doctrinas que en él se habían exhibido y
desarrollado, se propusieron tomarlo por ejemplo haciendo del Congreso español uno como remedo de la
Convención, ya que no en sus sangrientos desafueros,
improcedentes en las condiciones en que se hallaba
nuestro país y el carácter y espíritu dominantes entre
nuestros compatriotas, sí en sus arranques de autoridad improvisada y en las ambiciones de dominación é
imperio, á pesar de, ¡augurio fatídico!, haberlas visto
tan rudamente castigadas por el nuevo y despótico
Dictador. Así las consideraron muchos al tiempo de
sus primeras determinaciones; que si, por el contrario,
los hubo que no se cansaban de elogiarlas con los dictados de sabias, enérgicas, inspirándose en el espíritu
reinante y hasta prudentes, fué por el atractivo que
ejerce siempre lo nuevo y todo aquello que parece dirigido á rechazar y destruir las artes y la violencia de
un enemigo establecido á las puertas del templo augusto de la Patria para reducir á sus defensores ó arrasar-
lo. Este último sentido es el que, por su nobleza y el
temple, eminentemente español, que revela, mayores
y más generales simpatías produjo á los legisladores
de Cádiz, más halagadoras, á la vez, en presencia de
un aliado que, desde 1215, pero desde 1640 sobre
todo, pasaba por el primero y genuino representante

del sistema liberal y parlamentario en la vieja Europa. El constituirse las Cortes y celebrar sus sesiones al fragor de la artillería francesa coreando las salvas con que se festejaba en Cádiz tan extraordinario y plausible acontecimiento, fué, con efecto, lo que las atrajo la admiración y los plácemes de propios y extraños en las tristes circunstancias en que se veían los enemigos de Napoleón, lo que dió á las leyes de allí emanadas la aureola de sabiduría y acierto que más tarde les negaron las generaciones posteriores.

Porque sin ese lauro y sin el con que coronaron á aquellas Cortes los prosélitos del prurito filosófico que tan en boga andaba aquellos días entre nuestros políticos por lo mismo de que había sido rudamente reprimido hasta poco antes, sus primeras providencias, las que acabamos de enumerar, hubieran causado el mal efecto de un gravísimo desacato á las seculares instituciones y á las costumbres que daban muy otro carácter á la nacionalidad española. Y no es que llevemos nuestras censuras hasta la de hallar inoportuno ni menos pernicioso el establecimiento de las Cortes y en la nueva forma, eminentemente popular, que se las dió al ser convocadas por la Regencia; es que se apresuraron tanto á alardear de su poder y lo exageraron á punto de producir desde el primer momento una división que no tardaría en dar los resultados más funestos. Es verdad que al adoptarse nuevas ideas y abrazarse causas diferentes de las practicadas y seguidas hasta entonces, se exageran aquéllas y se sirven éstas con el entusiasmo y el fervor del neófito; mas, para moderarlos, está la experiencia y no era poco elocuente la de la vecina Francia, los excesos y ruina de cuyas asambleas debía tener muy presentes la española. Hubo, por el contrario, de echarlos en olvido, por no temer, sin duda, que en España llegaran á tomar tales proporciones, ya que ni existían los motivos mismos, ni en nuestro carácter cabían violencias semejantes á las que, en el excesivamente fogoso de los franceses, había desatado la pasión política. Y, dejándose llevar del entusiasmo á que arrastran los primeros impulsos de un espíritu de libertad, hasta muy poco antes inesperada ya que no desconocida, fueron los diputados de Cádiz á las extremidades, á los límites más remotos del sistema que deseaban implantar, sin seguir los caminos y los procedimientos que la prudencia señala como los más acertados y en ciertos casos más expeditos. Eso de declararse y hacerse soberanas unas Cortes anunciadas por el Rey, aun cuando fuera condicionalmente, llamadas por la Junta Central, representante del poder real en su tiempo, y reunidas por la Regencia que no otra cosa representa que ese mismo poder en ausencia del monarca; lo de usar el título de *Majestad* y conceder el de *Alteza*, así como de limosna, á la Regencia unos señores, muchos de quienes ni diputados eran, puesto que suplían á los que iban á ser elegidos en sus respectivas provincias; todo eso es simplemente revolucionario y de un tinte democrático que, á pesar de las calurosas protestas de Argüelles en sesiones posteriores, calificaron de *convencional* y *republicano* algunos de nuestros aliados los ingleses, maestros en achaques de parlamentarismo. Porque lo mismo se deprime la dignidad real alzándose hasta ella, que rebajándola; y el presidente de las Cortes de Cádiz no sólo permanecía sentado al presentarse la Regencia hasta que ésta llegaba al pie de su escaño, sino que hacía ir á tomar sus órdenes á los comandantes de Guardias Españolas y Walonas como lo hacían del Rey, habiéndose opuesto las Cortes á que formaran su guardia una sola vez siquiera los cuerpos no privilegiados del ejército. Era la de las Cortes una conducta tan irregular y contradictoria que si por un lado revelaba el espíritu democrático dominante en sus diputados, ponía, por otro, de manifiesto, con la inexperiencia de la novedad, el orgullo creado por un grado de elevación, tanto más excesiva cuanto inesperada y sorprendente. A tal punto llegó en algunos ese orgullo que hubo diputado que apeló al retraimiento de las sesiones porque no se resolvía la destitución de la Regencia el día mismo en que le ocurrió proponerla, y pocos después se discutía dando por razón el disgusto de aquel sujeto. Y porque otro diputado proponía la presidencia de la nueva Regencia para el cardenal Borbón á fin de quitar al Gobierno el carácter antimonárquico que la opinión atribuía á las Cortes, se levantaba Argüelles á pronunciar uno de los más vehementes discursos con que llegó á obtener la fama de orador que no pocos le negaban después (1). Tan rebajada andaba toda autoridad, por legítima que debiera considerarse, no siendo la de las Cortes, que se discutía en ellas si el ministro de la Guerra y la Regencia misma podían disponer que generales que se hallaban en Cádiz volviesen á desempeñar sus cargos en los ejércitos de operaciones á que habían sido destinados.

---

(1) «Admirábamos poco á Argüelles, dice Alcalá Galiano en sus Memorias, y acaso le estimábamos en menos de lo que él merecía, notándose ya su falta de lógica, que aun en su mejor época rebajaba el mérito de su entonces indisputable elocuencia.»

La del Obis·
po de Orense.

Era así insostenible la situación de los regentes y urgente el nombramiento de otros que, al poco tiempo, se verían en la misma, si no peor; y no es, por tanto, de extrañar la conducta del Obispo de Orense desde el momento en que pudo comprender el giro que tomaba la marcha emprendida por las Cortes desde su primera sesión.

Ya hemos visto que no había asistido la noche del 24 de septiembre á prestar el juramento impuesto á la Regencia por las Cortes. Si era de esperar su falta de asistencia en aquella ocasión por lo intempestivo de la hora y la ancianidad y mal estado de salud del insigne prelado, también lo era su repugnancia á prestar el juramento en lòs términos que se fijaron para el de la Regencia, conocidas como debían ser sus opiniones sobre la autoridad real, en concepto suyo divina, indivisible, y las cláusulas no poco equívocas de la fórmula impuesta á los que la representaban en España. Decía Lardizábal en su manifiesto que mientras las Cortes no estableciesen otro gobierno, «el Consejo de Regencia debió subsistir en toda su fuerza y con toda su autoridad, porque las Cortes pudieron confirmarle, pudieron en el instante nombrar otro por cuyo mero hecho debía cesar el de la Regencia; pero sin hacer eso no pudieron destituírle en un momento para habilitarle interinamente en otro; y el Consejo de Regencia no debió darse por destituído, ni admitir una habilitación interina que no necesitaba ni las Cortes podían darle» (1).

---

(1) Tal, sin embargo, era el impulso dado á las Cortes en su empresa reformadora, que ese mismo Sr. Lardizábal y sus colegas, con excepción del Presidente, fueron la noche del 24 á prestar el juramento impuesto por las Cortes á la Regencia, *sin dudar*, decía ésta, *un sólo instante en prestarlo.*

El Obispo de Orense que, á pesar de cuanto entonces dijeron los que tantos encomios habían hecho de él en 1808, y de cuanto han dicho después sus detractores respecto á sus condiciones de talento, comprendió eso que Lardizábal sentaba años después como inconcuso principio de política y envió al día siguiente la dimisión de la presidencia y del cargo de diputado por Extremadura, su patria, con la solicitud también de permiso para retirarse á su diócesis. Como lo que deseaban muchos de los diputados era verse desembarazados de la influencia del Obispo en el gobierno, le pusieron, cual se dice vulgarmente, puente de plata, y le dejaron en libertad, sin exigirle juramento ni muestra alguna de acatar la soberanía que las Cortes se habían arrogado.

Parecía, así, haber concluído asunto tan delicado, con tanto más fundamento cuanto que en la sesión del día 26 se leía una comunicación en que los demás regentes consultaban la clase y el uso de las relaciones que habría de mantener el Consejo con las Cortes, los términos precisos de la responsabilidad á que se le sujetaba y el método que debería observar en las comunicaciones que necesaria y continuamente habría de tener S. M. (ya les daba el título) con él. No se hizo esperar la respuesta de las Cortes que, después de una deliberación detenida y varia en pareceres, contestó que no se habían puesto límites al poder ejecutivo en el decreto del 24 y que la responsabilidad que se exigía en él á la Regencia *excluía únicamente la inviolabilidad absoluta que corresponde á la persona sagrada del Rey*. Añadíase que mientras se hiciera el reglamento, usase la Regencia de todo el poder que fuese necesario para la defensa, seguridad y administración del Estado, y que en cuanto al modo de comunicación entre ella y las Cortes, se siguiese usando el método adoptado hasta que otra cosa se dispusiera.

Acabábase de dictar esa tan discutida resolución, tan embarazosa para la Cortes, perplejas todavía en sus determinaciones y en sus ambiciosas miras, como para la Regencia, sin prestigio ya para ejecutar bien aquellas ni fuerza tampoco para resistirlas, cuando surgió otra cuestión de muy diverso carácter, pero de una importancia también excepcionalmente transcendental. Nos referimos á la proposición presentada por el diputado Sr. Capmani para que se hiciese salir inmediatamente de Cádiz al duque de Orleáns que acababa de desembarcar pretendiendo un mando en nuestro ejército, según se le había ofrecido por la Regencia en el mes de marzo, cuando se encontraba en Sicilia. Pero lo menos en tal conflicto era el resolver si se conformaban ó no las Cortes con los propósitos anteriores de la Regencia, lo cual se decidió muy patriótica y prudentemente pasando un oficio al Consejo para que *con la posible brevedad, y con toda urbanidad y decoro,* se hiciera salir al Duque de los dominios de España. Lo más fué que al día siguiente, 30 de septiembre, se presentaba el después Rey de los Franceses á la puerta del alojamiento de las Cortes, solicitando entrar en él y dirigirlas un discurso explicando su presencia y los motivos y razones en que la fundaba.

Hijo del conocido en la historia con el nombre de *Felipe-Igualdad,* y educado en sus primeros años por Mme. Genlis, la célebre *moralista,* más teórica, sin embargo, que práctica al decir de un escritor compatriota suyo, había seguido la estela de su padre sirvien-

El Duque de Orleáns.

do á la Revolución con el calor de sus ideas y, lo que
era peor, con la fuerza de las armas. Distinguióse por
su denuedo en las primeras campañas de aquella era y,
elevado desde el mando de un regimiento de dragones
al de una y más divisiones, reveló verdaderos talentos
militares en las batallas de Quiévrain y Valmy, y hasta
decidió del éxito de la de Jemmapes, una de las mayores glorias de la Francia republicana. La muerte de
su padre le arrancó, sin embargo, de las filas revolu-
cionarias, acogiéndose con Dumourier á las de la coa-
lición, en las que ni él ni su jefe llegaron á servir, más
que por falta de voluntad, por la repugnancia que debía producir entre los soberanos aliados y los franceses
de la emigración la conducta de unos príncipes que tan
cruelmente se habían portado con el primero y más
augusto é infeliz representante de su familia en el trono. Trasladóse el príncipe á Suiza; y, después de largo
viajar hasta las regiones más septentrionales, paró en
Inglaterra donde se mantuvo siete años. Luego se fué
á Malta; y desde allí y Mahón, pero principalmente
desde Palermo, y ya casado en 1809 con la hija de los
reyes de las Dos Sicilias, la princesa Amelia, reprodujo pretensiones que, al estallar la guerra de España,
había manifestado para que se le diese el mando de
alguno de nuestros ejércitos. La Junta Central y más
tarde la Regencia vacilaron en sus resoluciones sobre
una demanda que podría ofrecer alguna complicación
si á la vez no era aceptada por los ingleses nuestros
aliados; pero llegando por entonces noticias de que en
el Rosellón tendría acaso eco el llamamiento hecho por
el duque de Orleáns á una restauración digna, le con-
sintió se pusiera á la cabeza de un cuerpo de tropas

sobre la frontera que toca á aquella provincia antiguamente española. Ó no agradó la cosa en Cataluña ó pareció al de Orleáns mejor continuar sus manejos en Cádiz donde podría aprovecharlos con más fruto cuando
tan mal parada andaba la Regencia en la opinión general; lo cierto es que en los últimos días de junio de 1810
se presentaba á nuestro gobierno con las mismas pretensiones, si no mayores y más exigentes (1). Tres meses
estuvo en Cádiz sin cejar de sus propósitos reclamando
la posición militar que decía habérsele ofrecido, sin que
los regentes se atrevieran á concedérsela, fuese por es-
crúpulos patrióticos ó, según algunos han dicho, temor
á los ingleses que parecían repugnarlo. Al tiempo de
su morada en las islas británicas, debió atraerse la
amistad del duque de Kent, cuarto hijo del Rey, porque se le vió después seguir con él una correspouden-
cia bastante frecuente, no lo desembozada, sin embargo, y clara en el asunto á que nos venimos refiriendo
para deducir de ella si el príncipe inglés favorecía ó no
los propósitos ambiciosos del francés. Que éste los per-
seguía resulta evidente, en otra del de Orleáns, de las
referencias que se hacen á un D. Nicolás de Broval,
comisionado por él junto á la Central y que le sirvió á
maravilla con su gestión cerca, sobre todo, de los señores Garay, Valdés y Jovellanos, á quienes entregó algunas memorias concernientes á la guerra en que pre-

---

(1) El diario *Manifiesto* de aquella Regencia significa que
el de Orleáns llegó á Cádiz el 20 en la fragata *Venganza*. Lord
Wellington en sus despachos dice le habían escrito que el 19.
«Nothing had occurred there deserving your Lordship's atten-
tion, escribía el 11 de julio al conde de Liverpool; excepting
the arrival of the Duc d'Orleans on the 19 th.»

tendía el príncipe tomar una parte activa (1). Para conseguir su objeto no perdonó medios; y durante su permanencia en Sicilia, apoyándose en las recomendaciones de la Reina Carolina, su suegra, y en sus expediciones por Malta y las Baleares, buscando la protección de ingleses y españoles, no cesó de trabajar por el tan ambicionado mando de un ejército, cuyos éxitos, que él esperaría, le llevaran á la gestión, más ambicionada aún, del gobierno de nuestro país. Se ha dicho que el de Inglaterra y el mismo Wellington se le mostraron contrarios á sus propósitos. Los despachos del Lord aparecen mudos en ese punto, no refiriéndose al duque de Orleáns más que en lo de su llegada á Cádiz y en una recomendación dirigida al general Graham conviniendo con él en las muestras de consideración dadas al príncipe, dice su despacho de 27 de julio, al presentarse en la Isla por insinuaciones del Gobierno español. Algo más explícito le veremos al tratarse de las pretensiones de la Infanta Carlota á la Regencia.

Pere he aquí, repetimos, que el 30 de septiembre se presenta el Duque á las puertas del alojamiento de las Cortes (2).

---

(1) Muchos de estos datos están sacados de la parte del diario de la Regencia que el lector podrá ver en el apéndice número 4, estampada en la obra del Conde de Toreno, que la incluye entre los de su tomo III.

(2) Es tan curiosa y auténtica la narración de Galiano en este punto que creemos debería transmitir á nuestros lectores: «Su venida (la del Duque) á la Península había sido, dice, misteriosa, casi negando haberle llamado los que le convidaron á venir, y no explicándose claro cuál había sido el objeto del convite; habiendo él á su llegada encontrado mal recibimiento en Cataluña, adonde primero aportó, según parecía, con la mira de encargarse allí del mando de un ejército, y causando recelos en algunos, en la hora de que voy tratando, su

No era flojo el compromiso en que se veían los diputados, algunos de los que se mostraban fuera de aquel recinto propicios á la idea de que se diera un mando importante al príncipe francés, pero que veían junto á ellos otros que, valiéndose de la fuerza que les daba la opinión, marcadamente hostil, de fuera, acabarían por imponerles miedo y silencio. Opusiéronse los últimos á que el de Orleáns entrara y hablase á las Cortes manifestando, éstas son las palabras del acta,

residencia en Cádiz, no fuera que se intentase darle parte en el gobierno de la monarquía española.»

«Sabían muchos que el ilustre Duque había tenido desabridas contestaciones con el ministro Bardají, quejándose aquél, no sin motivo, de la singular situación en que estaba, que los ingleses eran muy contrarios á sus pretensiones, y de que entre los diputados electos se había formado un partido de los que lo eran por las provincias americanas. Lo general era mirar con desvío al de Orleáns, ó porque era francés, aunque Borbón, ó porque había sido republicano, ó porque había dejado de serlo, ó porque tenía la calidad de príncipe de la regia estirpe, calidad no de gran recomendación para los parciales de las recién congregadas Cortes, cuando no republicanos, poco menos. Así es que en la calle, en aquel momento, convenían todos en desear que al duque de Orleáns se respondiese con una negativa desabrida y dura, si insistía en tener alguna clase de destino en España. Me acuerdo de que el entonces patriarca de la iglesia reformadora, el cual no había tenido entrada en las Cortes, pero desde afuera influía no poco en los negocios, dijo allí mismo, á las puertas del Congreso, que los *tiranuelos* extranjeros, nombre con el cual señalaba á los príncipes absolutos aliados de España por su parentesco con la real familia, y que siendo de poco poder aspiraban á ejercerle en el gobierno de más vasta monarquía, andaban solícitos con motivo de la reunión de las Cortes, viendo si podían lograr de ellas ser traídos á la Península á un lugar vecino al trono, ó al trono mismo. Sin duda era contado entre los tiranuelos el duque de Orleáns. Fuese como fuese, todos oíamos á Quintana con sumo placer, siendo desahogo de nuestro antiguo reprimido odio á un gobierno aborrecido, poder calificarlo en voz alta de tirano, aun aumentando á la voz desprecio, con usarla en diminutivo, á personajes á quienes estábamos precisados antes á mostrar veneración suma.»

«Seguíamos nuestras conversaciones, cuando oímos pisadas de caballos, y en breve vimos asomar montado en uno y seguido de dos ó tres personas, al mismo duque de Orleáns, que

«que no era consecuente recibir en las Cortes á un príncipe extranjero: que no había tampoco fórmulas establecidas de ceremonial, ni disposición en la sala para hacerlo convenientemente, y por fin, que como habría ya recibido la correspondiente comunicación del Consejo de Regencia para partir, su presentación tendría por objeto hacer quejas y representaciones que las Cortes nò debían oir ni admitir.» El marqués de Vi-

----

traía vestido el uniforme de capitán general español, con calzón corto de grana, media de seda y zapato con hebilla, incómodo equipo para un jinete. Apeóse el príncipe y entró en el edificio en que estaba junto el Congreso, por la puerta destinada á entrar los diputados, la misma por donde, siendo aquella casa teatro, entraban los actores. Tuvimos la injusticia de indignarnos de aquel paso, mirándole como un desacato á la majestad del pueblo español, representada en las Cortes. Pero se templó algo nuestro enojo cuando, echando la vista hacia la puerta á medio abrir, descubrimos los calzones de grana y las medias, manifestando que el duque de Orleáns estaba sentado en no menos decoroso lugar que en el banquillo ó la pobre silla donde, á la hora de la representación, solía ponerse el humilde sujeto que cuidaba de no consentir el paso por allí á otros que á los comediantes y á sus familias, y á los demás empleados en el servicio de la escena. Halagó nuestro mal orgullo ver en tal trance de humillación á un personaje de estirpe de reyes. Pasábase tiempo y seguíamos atisbando á modo de chicuelos traviesos y malignos, y siempre veíamos brillar el color encarnado de los calzones, denotando no haber mejorado de postura el que los llevaba.»

«Al cabo de largo rato se notó movimiento, pero siguió al instante abrirse la puerta y asomar en ella el príncipe, que iba á salir, como lo hizo, montando á caballo inmediatamente y alejándose hacia Cádiz, no sin saludar antes á la concurrencia, con rostro y ademanes en que iban mezclados la pena y la indignación con la dignidad y la cortesía. Vímosle ir con gusto, y nos retiramos, enterados de que aquel día no había de celebrar sesión pública el Congreso. Al siguiente me restituí yo á Cádiz, donde supe que aquel mismo día se había embarcado, por orden de las Cortes y del Gobierno, el duque de Orleáns, disponiéndose á salir para Sicilia, donde tenía por entonces su residencia. Hasta se había dado orden al general comandante de la escuadra de acompañarle sin perderle de vista, ínterin no estuviese á bordo, tomando así el tratamiento dado á persona tan ilustre, cierto carácter de prisión y de destierro.»

llafranca y los secretarios recibieron la misión de comunicar el acuerdo al duque de Orleáns, quien, después de insistir con aquellos señores en su empeño de hablar á las Cortes y de entregarles los documentos en que probaba su llamamiento por la Regencia, abandonó el edificio para el 3 de octubre embarcarse en la fragata Esmeralda que le condujo á Sicilia (1).

Impugnaciones del Obispo de Orense.

Este incidente, muy ruidoso, como es de suponer, en Cádiz y allí donde llegó á tenerse noticia de él, hubo, sin embargo, de perder luego su importancia al reproducirse el del Obispo de Orense, puesto en olvido por unos días. No satisfecho el Prelado de la facilidad con que las Cortes habían atendido á su ruego de dejar la Regencia y hasta su puesto del Congreso, ó, como creen algunos, aguijoneado por parciales de sus ideas queriendo hacer de él robusto ariete que echara por tierra el recién levantado edificio de la representación nacional, es el caso que el 3 de octubre, el día en que las Cortes recibían la noticia del embarque del de Orleáns, les llegaba otra comunicación del Obispo impugnando el establecimiento de las mismas y su declaración de residir en ellas la soberanía tal cual la habían proclamado. Si, como dice Toreno, á quien hacen coro no pocos historiadores, presumía el Obispo de entendido y difícilmente se le desviaba de la senda, derecha ó torcida que una vez había tomado, debe atribuirse aquel paso suyo, mejor que á artes y sugestiones de los que pretendieran hacerle instrumento de sus manejos

(1) En la Academia de la Historia se ha adquirido recientemente un legajo de cartas del entonces duque de Orleáns al de Kent, á Broval y otros, así como de la Reina de Nápoles, que, como antes hemos indicado, dan alguna, aunque poca, luz sobre este asunto. Las hay en inglés, italiano y francés.

liberticidas, á la obstinación que se le supone y á su empeño en demostrar la rectitud de sus intenciones y la razón de sus juicios en asunto que, fallado según el criterio de las Cortes, consideraba atentatorio á la autoridad real y disconforme con sus ideas de siempre. Las alabanzas que unánimemente se le habían dirigido cuando su respuesta á la invitación para formar parte de la magna junta de Bayona, alabanzas en que se muestra tan pródigo Toreno que le compara *con los oradores más egregios de la antigüedad sentando las doctrinas más sanas y los argumentos más convincentes de los derechos de la nación y de la dinastía reinante*, debían, con efecto, moverle á insistir en la defensa de esos mismos derechos que, en su concepto y en el de otros muchos, conculcaban las Cortes (1). Que en esta última representación usaba también de aquella ironía suave pero intencionada que era uno de los caracteres de su estilo y que motejaba á los regentes sus compañeros por haberse sometido al juramento; ¿pues no se había elogiado tanto aquella figura retórica en sus escritos y discursos, y no reconocieron la justicia de su censura los mismos que después confesaban no haber debido la Regencia colocarse en la necesidad y abatimiento de ir en la noche del 24 á hacer en las

---

(1) No sólo era de esa opinión Nápier, según hemos ya dicho, sino que Lord Wellington la expone en sus despachos, á punto de que, mostrándose desde el primer momento opuesto á la Regencia de la Infanta Carlota, escribe después á su hermano: «Respecto á la Princesa del Brasil, reconozco que he cambiado de opinión á consecuencia de mis preocupaciones por el espíritu democrático de las Cortes, y de su empeño en apoderarse del patronato y el ejercicio del poder del gobierno ejecutivo.»

Despacho del 21 de noviembre de 1810 á Sir H. Wellesley.

Cortes el juramento y reconocimiento que le prescribieron?

Pero se hallaban tan excitadas las pasiones y era tal la actitud que hizo tomar á los diputados el orgullo de su omnipotencia, que hasta los revestidos de carácter sacerdotal se levantaron para rechazar la representación y las pretensiones de su ejemplar prelado. Hubo uno, diocesano suyo, el canónigo de Santiago Don Manuel Ros, que, al discutirse la comunicación del Obispo, exclamó: «El Obispo de Orense hase burlado siempre de la autoridad. Prelado consentido y con fama de santo, imagínase que todo le es lícito, y voluntarioso y terco sólo le gusta obrar á su antojo; mejor fuera que cuidase de su diócesis, cuyas parroquias nunca visita, faltando así á las obligaciones que le impone el episcopado: he asistido muchos años cerca de su ilustrísima y conozco sus defectos como sus virtudes.»

Por ese arranque de ira política que parece imposible haya quien, con el menor instinto de disciplina dotado y celoso del decoro inherente á clase tan respetable, pueda aplaudir hasta llamar á su autor sacerdote y obispo, después, ejemplar, se comprende el estado de los ánimos en aquellas Cortes, el espíritu de dominación que las dirigía y el rebajamiento á que sometían á la que hasta entonces era tenida por potestad soberana en España. No es, pues, de extrañar que las Cortes mantuvieran su acuerdo de que el Obispo de Orense prestara el juramento; eso sí en manos del Cardenal Borbón al tenor de lo dispuesto en 25 de septiembre á todas las autoridades eclesiásticas, militares y civiles.

Su juramento.

Pero ¿á qué seguir la narración de incidente tan enojoso y que mantuvo en las Cortes excitación y di-

visiones que no tardarían en traducirse por violencias,
en un sentido, y debilidades perniciosísimas en otro?
El Obispo de Orense volvió á representar y con la acritud ya de quien tantas contrariedades encontraba
hasta para irse á su diócesis, á que se le prohibió
trasladarse.sin llenar la condición del juramento que
se le había impuesto; y tras de una polémica, medio
política y medio canónica, que duró cuatro meses, juraba el 3 de febrero de 1811 ante las Cortes que, así,
le permitieron retirarse de Cádiz. Repugnaba el señor
Quevedo la multiplicidad de juramentos; la ha censu-
rado después el Conde de Toreno refiriéndose á aquella misma ocasión, y la critican cuantos con ánimo
sereno la estudian y miden en el campo tan accidentado de la política; pero nadie la exige con más rigor,
y eso lo hemos visto en tiempos muy próximos, que
aquellos que se han hallado siempre dispuestos á que-
brantar los juramentos hechos para satisfacer sus insaciables apetitos de grandeza ó de poder.

Que los primeros decretos de las Cortes habían de **Sueños de**
causar disgusto marcado en muchos y producir des- **conjura.**
contentos, no hay para qué recordarlo, y en la sesión
ya del 28 de septiembre, esto es, á los cuatro días del
de la apertura, anunciaba un señor diputado habérsele
dado aviso reservado sobre tramarse en Cádiz una
conspiración contra las Cortes. Con esa noticia se nombró una comisión que tratase de averiguar su certeza
ó falsedad; y no pudiendo sacarse nada en limpio de
la tal conjura y resistiéndose dos de los nombrados á
formar parte de la comisión por compromisos personales, hubo de nombrarse otra en la sesión secreta del
día 30. En la del 7 de octubre otro diputado, á quien

apoyaron varios, «propuso, dice el acta, que se les había denunciado hacerse señales de noche, desde algunas casas de la Isla, á la línea enemiga.» La noticia causó sensación en varios: se aumentó al instante con no pocos detalles y comentarios; y Dios sabe á lo que hubiera llevado sin la entrada de los generales Conde de Noroña y Villalba que, desde la barandilla, hablaron para pedir reparación á la medida tomada por la Regencia para que en el término de ocho días saliesen de Cádiz á los destinos que se les tenía señalados.

¡El fantasma de la reacción ofreciendo siempre sus repugnantes rasgos á la vista y á la conciencia de los innovadores, envuelto en las sombras de las conjuraciones!

Y, con efecto, nadie volvió á dar noticia de la tal conspiración ni á ver las fatídicas señales que iban á abrir á los enemigos de la patria el camino y las puertas de aquél su único ya pero impenetrable propugnáculo. Eso que no tardó en ponerse á discusión la propuesta de trasladar á Cádiz el asiento de las Cortes, fundada, así en lo incómodo de la estancia de los diputados en San Fernando, como en el peligro que se corría de verse interrumpidas las sesiones hallándose tan próximo el enemigo (1). Acordóse la traslación, la cual, sin embargo, no pudo verificarse inmediatamen-

---

(1) Dice el acta de la sesión del 6 de octubre, doce días después de la de apertura: «Se dió principio á la discusión, que fué larga y en la que se hicieron muchas reflexiones sobre la incomodidad con que se estaba en la Isla, y sobre lo nada á propósito que era este sitio para residencia de las Cortes por la inmediación á los enemigos.»

Y se votó que se trasladasen.

te por ser necesario habilitar el nuevo local con algún mayor decoro que el del pequeño y pobre teatro que iba á desalojarse.

Discusiones, también, de importancia suma y urgentes por eso mismo, tuvieron en suspenso el ánimo y distraída la atención de los diputados. La Junta Central había declarado la igualdad de derechos entre los españoles residentes en las posesiones americanas y los de la Península y llamádolos á las Cortes, si bien en número inferior proporcionalmente al de éstos según las reglas que fijó para las elecciones. La Regencia extendió la cifra hasta hacer que en vez de un diputado por cada virreinato ó capitanía general, se eligiese uno por cada provincia, con lo que llegó á pesar mucho en las Cortes la fracción ultramarina en las discusiones, principalmente, que ofrecían interés á la región que representaba. Aun desde las primeras sesiones, en que eran suplentes los diputados que formaron esa fracción, se dejó observar la influencia que llegaría á tener la medida tan controvertida del llamamiento de los americanos al Congreso. Al día siguiente del de la apertura de las sesiones y al tratarse de la publicación de la anterior, del 24, se propuso por los diputados americanos que no se remitiese á Ultramar el decreto acordado en ella sin varias declaraciones en favor de aquellos habitantes; logrando que se nombrase una comisión que presentara á las Cortes su dictamen sobre cómo había de hacerse esa publicación en nuestras provincias de allende de los mares. Los diez de la comisión representaban á América y Filipinas; y es de suponer, por consiguiente, que no se descuidarían en pedir la unión al decreto del 24, de varias declaracio-

Igualdad con las Colonias.

neε como la·de igualdad de derechos de los de Ultramar con los españoles europeos, más numerosa representación y una amplia amnistía *á todos los extravíos,*
decían, *ocurridos en las desavenencias de algunos países
de América.* Los diputados europeos comprendieron la
gravedad de tal proposición que habrían debido prever el día antes, y hubieron de recurrir al expediente
de suspender la discusión y llevarla á las sesiones secretas, como lo propuso uno de los mismos americanos,
el señor Mejía, suplente por Santa Fe; á tal punto se
penetró de la conveniencia de no provocar medidas
que la mayoría manifestaba tener por intempestivas
por lo menos, si no perjudiciales, en tales momentos.
Porque los acontecimientos que por entonces tenían
lugar en algunas partes de América y de que no tardaremos en dar cuenta, aconsejaban gran prudencia
en las Cortes, para que, sin renunciar á sus propósitos
en favor de los moradores del Nuevo Mundo, quedase
en tal conflicto á salvo la dignidad de la nación.

El error cometido al nombrar la comisión llevando
así á las discusiones sobre asunto tan transcendental
una opinión unánime, sin el correctivo moderador de
las minorías ó de los votos particulares siquiera, dió las
consecuencias que eran de esperar y que, como hemos
dicho antes, debieron preverse. Un diputado, el señor
Tenreiro, á quien después se recusó por no ser natural
de la provincia de Pontevedra que representaba en las
Cortes, manifestó los inconvenientes que en su concepto podrían nacer de tomar en aquel punto una
medida precipitada y que pudiese estar en oposición
con los intereses de la madre patria; se leyó también,
y en la misma sesión del 9 de octubre, una represen-

tación del Regente Lardizábal, natural, ya lo hemos dicho, de Tlascala, pidiendo no se estableciera nada que alterase el gobierno y las leyes de las Américas hasta la llegada de los diputados propietarios de ellas; y el señor Capmany presentó una fórmula de decreto para la resolución que se buscaba. Tenreiro produjo con su proposición y las expresiones de que se valió en su lectura un grave alboroto; la representación de Lardizábal fué considerada como de no particular aprecio por no ser él diputado; y la fórmula de Capmany quedó para ser discutida en la sesión secreta del día siguiente. Y era que la propuesta de la comisión, siendo unánime, entrañaba una gran fuerza; la fracción americana podía hacerla valer al otro lado del Atlántico, y se temía exponer al público una discusión tan dada á interpretaciones y compromisos. ¡Debilidad manifiesta, fruto de la inexperiencia de las Cortes en aquel su primer paso para discusión de tal importancia!

En la noche siguiente se reprodujo, con efecto, la discusión y con el mismo calor y aduciéndose por una parte y otra datos y argumentos que, según la procedencia de los diputados, ofrecían caracteres de mayor interés, mejor dicho, de la pasión que no podía menos de inspirarlos. ¿Qué podían pedir los americanos que no les hubiera ya dado la metrópoli? «España, dice uno que intervino en aquella discusión, el Sr. Argüelles, dió á la América todo lo que le había quedado, sin hacer la menor reserva para sí. La misma legislación civil y criminal, la misma planta en el orden municipal de los pueblos, en el método administrativo de las provincias, el mismo plan de educación general, los mismos reglamentos de enseñanza pública, la misma participación en las dignidades y beneficios eclesiásticos de todas gerarquías, en las magistraturas, empleos y cargos supremos del estado, en los títulos, honores y condecoraciones que se usaron en todas épocas.»

Ejemplos mil se podrían aducir de exactitud en esos asertos del célebre orador que, de seguro, los ofrecería á la consideración de las Cortes, ejemplos que no hay lector medianamente instruído que no los tenga en su memoria. Pero aun hay más: los americanos, los indígenas particularmente, disfrutaban de privilegios no concedidos á los españoles en la Península. No eran sometidos á los tribunales del Santo Oficio; se estableció el juicio de residencia sobre la conducta de los virreyes y capitanes generales para que no quedaran ni ignoradas en España ni sin castigo las injusticias ó demasías que cometieran, y por garantía de una leal y acertada administración ultramarina se organizaron cuerpos consultivos y entre ellos el famoso del Consejo especial de Indias que, bajo una ú otra forma, se conserva todavía. Si en algo se puso cortapisa, siempre equitativa, á esas ventajas ó privilegios, fué en las cuestiones arancelarias; y eso para que el comercio de los frutos ó industrias americanos nunca llegara á lastimar los intereses peninsulares, auxiliándose, por el contrario, con justa y útil reciprocidad. Y la mejor prueba de esa paternal protección que las colonias españolas han obtenido siempre de la metrópoli, puede darse en la comparación con las extranjeras, cuya legislación dista mucho de la nuestra en lo imparcial y generosa (1). Armados de estos argumentos, los dipu-

_____

(1) El mismo Argüelles añade á sus acertadas observaciones la siguiente: «Acercándose, dice, á época, más próxima y me-

tados españoles se oponían al cúmulo de concesiones
solicitadas por los americanos, teniéndolas, sobre todo,
por prematuras, ya que en el estado de insurrección,
en su concepto injustificada, en que se hallaban algunas de las provincias del continente meridional, podrían aquellas concesiones tomarse por prueba de una
debilidad, nunca como entonces vituperable. Y por

---

jor conocida, compárense entre sí las colonias y la madre patria
al terminar el siglo XVIII. Examínese en América el número,
regularidad y hermosura de sus ciudades, los puntos militares
fortificados en su vasto continente y en sus islas adyacentes,
las comunicaciones y hasta los caminos que la atraviesan por
muchas partes, atendiendo á las extraordinarias dificultades
que oponían la inmensidad de las distancias, tantas montañas,
cordilleras, desiertos, lagos, ríos caudalosos y demás obstáculos naturales en un país tan dilatado, tan nuevo y peregrino; los
establecimientos civiles y eclesiásticos, los científicos y litera-
rios de todas clases, los de beneficencia, de agricultura, industria y comercio; el atrevido sistema para el beneficio y fomento
de sus minas, y volviendo después la vista á la España de Europa, dígase, desapasionadamente, si las provincias de Ultramar no eran una continuación de las de la metrópoli; si puede
llamarse opresor el que eleva, el que coloca á su propia altura
y nivel á los que trató y consideró siempre como sus iguales.»
Ya tenemos dicho que ningún pueblo, incluso el romano,
ha excedido al español en asimilarse los que ha llegado á vencer y dominar.
¡Cuán diferente se muestra en ese género de apreciaciones
D. Miguel Agustín Príncipe, aun siendo correligionario de Argüelles, en su libro de «Tirios y Troyanos!» Después de compa-
rar la colonia con el hijo de familia para su emancipación en
estilo verdaderamente troyano, dice: «¿Extrañaréis que la
emancipación suceda más temprano ó más tarde de la dependencia en que están las colonias respecto á sus metrópolis?
Pues aun lo extrañaréis mucho menos si la madre patria no
acierta á mostrarse en todo tal madre, ó da al hijo perniciosos
ejemplos para que se aliente á ser díscolo. Cumpliéranse en
España las leyes que debían haber presidido á la conservación
de sus Indias; esplotárase más el afecto, y menos el ansia del
oro; enviáranse gentes allá, no tanto á vejar y oprimir como á
proteger é ilustrar; fuera otro el gobierno interior; diérase otro
impulso, otro giro, otra dirección al comercio; evitárase añadir castas á castas para multiplicar los proscriptos, los parias
de aquellas regiones;.....»
Basta: esto no es ya ser progresista sino filibustero.

más tirante y hasta injusta y opresiva que se quisiera pintar la dominación española en América, siempre iba á aparecer prevaleciendo la rebeldía y aprovechándose del estado de desgracia en que se hallaba la madre patria para debilitarla más y más ante el poderoso enemigo que la oprimía con sus armas y malas artes en la Península.

A qué insistir en que los que como Argüelles discurrían en asunto de tal gravedad, debieran haber prevalecido; pero esas son las consecuencias de un primer error. El cometido trayendo á las Cortes gentes tan trabajadas por los extranjeros, enemigos de España del día anterior unos, los ingleses, y enemigos del presente los otros, trabajadas en su espíritu de independencia y en el de su amor propio, puesto que, aun cuando sin razón, se daban por desheredadas, y el no menos grave de ofrecerlas la facilidad de una primer opinión unánime y enérgica como la empezada á discutir en la sesión del 10 de octubre; ese error se hizo, desde el primer momento ya, irreparable. Así es que después de darse una verdadera batalla parlamentaria, tanto más reñida cuanto más corta, en una sola sesión, la del día acabado de citar, se declaró el asunto suficientemente discutido, dejando la resolución definitiva para la noche siguiente. En ésta surgieron nuevas opiniones sobre el modo de redactar el decreto; amplio, segun los americanos, y comprendiendo las cuestiones de comercio, de castas y de representación de ellas en el Congreso; restringido, según los europeos, y condicional en puntos de tal transcendencia. Argüelles logró se suspendiera la discusión para la próxima noche, en que, como en la del día 13, otros asuntos distrajeron de ella á las Cortes; pero en la del 14 se resolvió el decreto que después publicó la Gaceta del 18, que decía así: «Las Cortes generales y extraordinarias confirman y sancionan el inconcuso concepto de que los dominios españoles en ambos emisferios forman una sola y misma monarquía, una misma y sola nación y una sola familia: y que por lo mismo los naturales que sean originarios de dichos dominios, europeos ó ultramarinos, son iguales en derechos á los de esta península, quedando á cargo de las Cortes tratar con oportunidad y con un particular interés de todo quanto pueda contribuir á la felicidad de los de ultramar, como también sobre el número y forma que deba tener para lo sucesivo la representación nacional en ambos emisferios. Ordenan asimismo las Cortes que desde el momento en que los países de ultramar, en donde se hayan manifestado conmociones, hagan el debido reconocimiento á la legítima autoridad soberana que se halla establecida en la madre patria, haya un general olvido de quanto hubiese ocurrido indebidamente en ellas, dexando sin embargo á salvo el derecho de tercero.»

Luego veremos si esto dió resultados para la pacificación de América.

Con esa discusión, tan rápida y todo, habida en ausencia de los diputados propietarios, que pudiéramos llamar, de nuestras posesiones ultramarinas, alternaron, como es de suponer, otras de circunstancias del momento y, entre ellas también, la magna de la libertad de imprenta.

Libertad de imprenta.

En el tomo VII de esta obra hicimos ver cuál era esa libertad por nuestras propias citas de los periódicos, folletos y libros que salían á luz en la época de la Junta

Central y por el testimonio irrecusable é irrecusado de Jovellanos. `La proposición presentada entonces por D. Lorenzo Calvo dando ensanche á la libertad de imprenta, mejor aún, sanción oficial, se envió al Consejo y después á la comisión de Cortes, quedando luego sin resolución en el Gobierno. Pero ahora, reunidas las Cortes y presentada á ellas nueva proposición para declarar la imprenta libre, se nombró también una comisión que redactara un proyecto de ley que así atendiese á dar garantías á esa libertad como á reprimir los excesos que pudieran cometerse á su sombra.

Esto último es lo que deseaban los más prudentes, escarmentados con el espectáculo que ya ofrecía la imprenta aun sin haberse declarado legalmente su libertad y valiéndose de la licencia á que provocaba el desorden que en materia tan compleja reinaba como en muchas otras cosas, en las juntas de provincias, por su origen, y en la suprema Central por su debilidad. El clero, especialmente, cuyo influjo, en opinión de los liberales, debía parecerse mucho al del oro inglés en la de Napoleón, por lo provervial entre ellos, había sido objeto de las diatribas más acerbas. Reconociéndolo así aun algunos de los diputados entusiastas de la libertad de imprenta, el mismo Argüelles, ponente el más activo en la Comisión, trataron de establecer algún correctivo y, como tal, ninguno más eficaz que el de la previa censura; pero no estaban los tiempos para eso según se había visto hasta entonces, y fué desechado.

Comenzó la discusión el 14 de octubre, y aun cuando un diputado trató de impedir la lectura del informe de la comisión hasta que llegaran sus colegas de las provincias de Levante, ya se pudo entrar en la exposición general de las ventajas que habría de ofrecer una ley, primera garantía de la libertad política en el sistema constitucional. Los debates duraron hasta el 5 de noviembre y fueron sostenidos tan tenaz como brillantemente por los campeones de una y otra opinión, la de la libertad absoluta, que salieron triunfantes, y la de obstrucción completa á la emisión de las ideas políticas por medio de la prensa.

En esa lucha, presenciada por un concurso inmenso de personal desde las galerías del Congreso y en que, como decía Argüelles, «la agitación de los diputados pintada expresivamente en sus semblantes, y un silencio profundo en todos los demás, daban á conocer el grado de intensión con que estaban fijos los ánimos en un acuerdo del que parecía pendiente la suerte futura de la nación y la existencia y renombre de las Cortes»; en esa lucha, repetimos, apareció la división política en los dos partidos que después habrían de costar á la patria tanta sangre preciosa, sacrificios de todo género de intereses. Y se significó principalmente tal y tan funesta discordia porque se hizo de clases, y las enemigas de las reformas, viendo vulnerados sus privilegios y derechos, se valieron en las masas del pueblo del espíritu conservador que distingue al español y del sentimiento monárquico, más que nunca encendido entonces con el secuestro de un soberano cuyos defectos no le dejaron conocer la traición de que había sido víctima (1). Enardeció aun más esa lucha un incidente,

_____

(1) Dice Nápier: «El pueblo no combatía por la libertad, sino por el orgullo nacional y empujado por una influencia religiosa, la libertad no tenía atractivo alguno para los nobles,

parecido al del Obispo de Orense y que en las Cortes se tuvo por resultado de confabulación de los partidarios del prelado y de las ideas que substentaba.

Han dicho varios de los historiadores de aquella época que las inquietudes y disgustos que daba á las Cortes la Regencia que las había instalado, exigían la substitución de ésta con otra que observara conducta más humilde, por lo menos más dúctil con ellas. No tienen ó no quieren tener presente esos escritores que en la sesión secreta del 28 de septiembre, cuatro días después de abiertas las Cortes, el diputado Sr. Herrera pidió *que se mudasen las personas que tenían el Poder ejecutivo,* y eso sin levantar la sesión, tan urgente debía parecerle su relevo. También parecía serlo para otros, puesto que los hubo que anunciaron *peligros para la patria si no se mudaban inmediatamente los actuales Regentes.* Afortunadamente el catalán Capmany distrajo á los diputados del asunto con el del duque de Orleáns y, al volver al provocado por Herrera, logró una votación de «No ha lugar por ahora á mudar las personas que componen la Regencia». En la sesión del 8 de octubre, las Cortes, al recibir la renuncia que por cuarta vez hacían los Regentes de su cargo, volvió á discutirse la conveniencia ó no de que les fuera admitida, resolviéndose no admitirla, tomando, sin embargo, en consideración cuanto habían hecho presente en aquella ocasión. ¿Dónde está, pues, esa urgente ne-

---

los sacerdotes y los frailes, ni aun para los comerciantes; y suprimiendo las antiguas instituciones, violando formas y costumbres que había el tiempo consagrado, las Cortes hirieron intereses poderosos y las preocupaciones mismas que habían producido la resistencia.»

cesidad de substituir la Regencia por las inquietudes y disgustos que producía?

Hasta la noche del 15 de octubre, y entonces y tras de una larguísima y acalorada discusión, no se declaró tal urgencia para que en la sesión siguiente se resolviera por 62 votos el establecimiento de una Regencia de tres individuos, de los que uno habría de ser americano, contra 37 que fueron dados para la de cinco y uno que para la de un solo Regente. En sesiones posteriores se discutieron las cualidades de edad, conducta política y procedencia que deberían reunir los nuevos regentes, así como la declaración de su cometido y las responsabilidades á que quedaban sujetos, la manera, por fin, de su elección. Y sacándose, aunque incidentalmente, á plaza el nombre y las condiciones de la Infanta Carlota, hermana del Rey y princesa del Brasil, y negándose las Cortes á que se uniese al acta de la sesión el papel en que se había promovido ese asunto; retardando, aun así, la elección para que pudieran tomar parte en ella los diputados de las provincias de Levante, ya que se hallaba á la vista el barco que los conducía á Cádiz, é informados, por fin, éstos de cuantos antecedentes pudieran serles necesarios para formar opinión, quedaban la noche del 26 elegidos regentes el capitán general de ejército Don Joaquín Blake y el jefe de escuadra Don Gabriel Ciscar, por Europa, y el capitán de fragata Don Pedro Agar, por América.

Don Agustín Argüelles, al elogiar esa elección que, en verdad, fué poco disputada y mereció por el pronto la aprobación pública, dice en su citado libro: «El primero, aunque poco afortunado en la suerte de las ar-

[marginalia: Regencia Trina.]

[marginalia: Los Regentes.]

mas, era considerado entonces como uno de los jefes militares más sabios en el arte de la guerra, y no menos íntegro y capaz para los negocios; el segundo, á la reputación científica con que tanto se había distinguido siempre, unía mucha probidad y entereza; y el último no era menos estimado por sus luces y conocimientos, que por sus virtudes privadas» (1). Muy justa era esa reputación, que nunca después se ha desmentido, la de sabios, íntegros y patriotas de que los tres nuevos regentes gozaban en España. Aun con la fama de poco afortunado en la guerra, que, con razón, le atribuye Argüelles, el general Blake había demostrado condiciones nada comunes de organizador y en aquellos mismos días daba al ejército una constitución de los Estados Mayores, reveladora de prendas militares sobresalientes en su autor: Su respetabilidad con eso creció sobremanera y más en Cádiz donde se había visto recientemente á Blake ocuparse incansable en cuanto pudiera contribuir á dar consistencia y fuer-

---

(1)   De los anteriores regentes dice el mismo Argüelles 78 páginas antes: «A la verdad, un prelado venerable por la pureza de sus costumbres y su piadoso celo *(el de Orense)*; el general que había vencido en la gloriosa jornada de Bailén (*Castaños*); uno de los más celebrados hombres de estado de su tiempo (*Saavedra*); un ilustrado almirante de marina (*Escaño*), y un caballero americano, distinguido por sus destinos anteriores (*Lardizábal*), no podían menos de ocupar dignamente aquella elevada magistratura, si su administración, añade, no hubiese tenido tan contraria la opinión de sus contemporáneos.»
Y decimos nosotros «¿Qué se iba ganando?»
Toreno pinta así á los nuevos regentes: «De Don Joaquín Blake y de sus cualidades como general hemos hablado ya (bastante mal) en diversas ocasiones: tiempo vendrá de examinar su conducta en el puesto de regente. Los otros dos gozaban fama de marinos sabios, en especial Don Gabriel Císcar, dotado también de carácter firme, distinguiéndose todos tres por su integridad y amor á la justicia.»

za á los ejércitos de operaciones en tan ruda campaña.
De Císcar se tenía en aquel centro marítimo la más sobresaliente idea. Sus servicios en las operaciones navales ocurridas en la todavía reciente lucha con Inglaterra, sus conocimientos científicos y la práctica
para la instrucción en arte tan difícil como el de construir, armar y regir los barcos de guerra, y sus notables escritos, en que se ostentaba la ciencia de navegar
tan hermanada con las letras y hasta la poesía, le habían dado alto renombre de sabio como su conducta
en el gobierno de Cartagena preservando de las garras
de los franceses aquel emporio mediterráneo, se lo
había proporcionado de jefe previsor y valeroso, de
gran patricio, sobre todo, y hábil gobernante (1). Si
no tan brillante y sólida y general como la de Císcar,
la reputación de D. Pedro Agar era también fundada
por sus servicios en la mar, en el bloqueo de Gibraltar particularmente, y en la dirección de las Acade-
mias navales de los tres departamentos.

De las virtudes cívicas, militares y privadas que
les atribuyeron los hombres de su época y á que se refieren, según acabamos de ver, los señores Argüelles y
Conde de Toreno, nada hay que decir que no sea en
elogio de los tres nuevos regentes. Pero ¿bastan esas
cualidades morales y los servicios prestados en tierra y
mar, según su carrera, para hacer de ellos tres estadis-
tas, hombres de gobierno para el de una nación en las
circunstancias en que se hallaba España cuando se lo
confiaron las Cortes de Cádiz? Lograron, éso sí, mere-

_____

(1) Unas «Semblanzas de las Cortes de 1820 y 1821» calificaban á Císcar de *marino duro y valiente, de mirar fiero y de
genio revesado.*

cer el aprecio general á punto de ocupar el mismo puesto en otra Regencia posterior á la para que habían sido ahora elegidos; pero es necesario conocer su situación respecto á aquellas Cortes y las vicisitudes del tiempo en que ejercieron tan delicado cargo, y aún tardaremos en adquirir ese conocimiento, para rendir á los tres el homenaje de admiración que se les deba ó someterlos al juicio imparcial de la verdadera crítica histórica.

Aquella Regencia, aun antes de emprender el ejercicio de sus funciones, produjo un incidente, el á que nos referíamos hace poco, que, lo hemos dicho, enardeció la lucha entablada ya en las Cortes con motivo de la declaración de su soberanía, del juramento de los anteriores regentes y de la discusión sobre la ley de imprenta. Hallábanse ausentes dos de los regentes, el general Blake en Murcia, á la cabeza del pequeño ejército destinado á contener á Sebastiani en sus correrías sobre aquel reino, y Císcar en Cartagena quien, además, tendría que someterse á una no corta observación sanitaria por reinar en el puerto de su mando la fiebre amarilla, azote que amenazaba invadir todo el litoral levantino y hasta se suponía ya haber plantado sus reales en la ciudad hercúlea. Fué, pues, necesario nombrar quienes substituyeran á los ausentes, y la elección de las Cortes recayó en el general Marqués del Palacio y D. José María Puig, miembro del Consejo Real. Hubieron de jurar los tres en la sesión pública del 28 de octubre. Agar, como después Puig, lo hizo sin protesta ni observación alguna. No así el Marqués del Palacio que, al contestar á la fórmula interrogativa del acto, dijo que *sí juraba, sin perjuicio de*

El Marqués del Palacio.

los muchos juramentos de fidelidad que tenía prestados al Sr. D. Fernando VII. Prevenido por el Presidente de que debía jurar lisa y llanamente por *sí ó no*, quiso el Marqués dar algunas explicaciones de por qué insistía en su declaración. Todavía fueron más latas las explicaciones que dió desde la barandilla, obligado á presentarse en ella en calidad puede decirse que de reo ó de pretendiente; pero hubo de soltar en ellas una frase que encendió aún más, si cabía, los ánimos de los diputados. Dijo que *estaba pronto á jurar según la fórmula establecida si los Sres. Diputados sabios en materias teológicas que había en el Congreso hallaban que podía hacerlo sin escrúpulo ni reparo.* Fué en vano que concluyera confesando que su restricción se dirigía únicamente á asegurar más y más el temor del juramento, no dudando de la soberanía de la Nación reunida en Cortes, porque rugía iracunda y desencadenada sobre su cabeza la tempestad que habían provocado sus primeras palabras y era imposible refrenarla ya, ni menos reducirla á la calma. Fué el Marqués arrestado en un cuarto húmedo, y sin asiento siquiera alguno, del cuerpo de guardia de las Cortes; se pasó un oficio á la anterior Regencia explicando lo sucedido para que diera posesión á los dos nuevos regentes; y en la sesión siguiente y al permitir la traslación del preso á su casa, pero incomunicado, se dispuso que la Comisión de Justicia, examinándole, propusiera lo que le pareciese con la brevedad posible, atendiendo á la naturaleza y circunstancias del asunto.

Por supuesto que á aquel incidente se le dió en las Cortes y en Cádiz el carácter de una conjura tramada por los enemigos del nuevo poder legislativo, cuya primera manifestación hubiera sido la protesta del Obispo de Orense, presente todavía en la ciudad y agitando, según algunos, por medio de sus allegados y partidarios la opinión pública. Las consecuencias no se diferenciaron tampoco mucho de las que produjo el incidente del Obispo; pues el Marqués, después de repetir sus disculpas, en particular, á los jueces, y en público, por medio de un manifiesto profusamente repartido, acabó por prestar el juramento que se le había impuesto (1). Nombrado en su lugar el también general marqués de Castelar, que no opuso resistencia alguna al juramento, quedó la Regencia completa, siquier con los suplentes señalados, pues que sólo en 8 de diciembre y 4 de enero siguiente se presentaron en Cádiz el general Blake y el jefe de escuadra Císcar; con lo que puede empezarse á computar la vida y comprender la conducta de aquel segundo período de una institución que en todos ellos habría de ser instrumento y sólo instrumento de las Cortes de Cádiz.

Elogio de la primera Regencia. La primera Regencia que acababa de desaparecer de las esferas del Gobierno español tan arrebatada como imprudentemente por las iras de los que la debían en su mayor parte la potestad soberana que se habían atribuido, no era merecedora de tan negra ingratitud. Componíase de personas de cualidades y de servicios que no les podían negar sus contemporáneos ni les negará jamás con justicia la posteridad; tal fué

---

(1) Los jueces manifestaron «que el Marqués estaba en la obligación de volver á presentarse en las Cortes, y de jurar en ellas lisa y llanamente, así para satisfacer á aquel cuerpo, como á la nación, de cualquiera nota de desacato en que hubiese incurrido.»

la conducta suya en las por demás extraordinarias circunstancias que hubieron de arrostrar desde los primeros días de su mandato.

Al aceptarlo, se encontraba España atravesando la crisis más imponente en que se hubiera visto desde el principio de su gloriosa insurrección. Habían sido invadidas, y puede decirse que ocupadas sin resistencia, las provincias andaluzas, único reducto que se creía invulnerable desde la jornada de Bailén en todo el territorio nacional. Uno como milagro, debido á la diligencia del duque de Alburquerque y al valor de las tropas de su mando, había salvado á Cádiz de caer en las garras de las águilas imperiales, de vuelo tan raudo hasta entonces, de furia y ansia de destrucción nunca bastantemente satisfechas. Pero á pesar de tan favorable golpe de la fortuna, no es probable que la Regencia ni el pueblo, tampoco, de Cádiz esperaran en los primeros días verse libres de tamaño riesgo como el de la ocupación por sus enemigos del sólo punto que en tan angustiosos momentos representaba á España todavía soberana de sus destinos, independiente ante sus pueblos y ante las naciones todas no sometidas al poder, la autoridad y aun el capricho de Napoleón. Y de ahí la admisión de los ingleses en la Isla y en Ceuta; de ahí consentido el inesperado allanamiento de las fortificaciones del campo de San Roque, precio de una alianza sin la que no podía creerse á salvo la independencia nacional. Pero aun en circunstancias tan críticas la Regencia impidió la entrada en la plaza de Cádiz de esos mismos ingleses que pretendían guarnecerla con las intenciones, por supuesto, que eran de presumir en los detentadores de Gibraltar, como evitó con arte

la ocupación de Vigo y su incomparable bahía, á que
también aspiraban.

Era, aunque desgraciadamente necesaria, muy cara
la intervención inglesa en nuestra lucha con el poderío más formidable de Europa; y es, en parte, digna
de elogio la conducta de un Gobierno, puesto en tan
duro trance como el de disgustar á un aliado que, aun
cuando siempre por sus propios intereses, ofrecía un
apoyo y desplegaba unos esfuerzos de que tanto fruto
debía esperarse. Y, sin embargo, la Regencia no temió
disgustarlo negándole uno de los más codiciados intereses, el premio que con mayor ansia codiciaba, el de
que se le consintiera el comercio directo con nuestras
colonias á cambio de la garantía que le ofrecía el Gobierno británico para un empréstito, considerado como
indispensable. Es historia harto triste la de la protección inglesa á España en materia de subsidios, así de
armas como de equipos y dineros. Hemos tratado ese
asunto largamente en otro escrito y lo haremos en éste
en lugar más apropiado: bástenos ahora manifestar
que á los argumentos ofrecidos por el ministro inglés
Wellesley ponderando los sacrificios hechos por su país
en favor de España y pidiendo, en compensación, el
comercio directo desde sus puertos con nuestros dominios de Indias, se le contestó que «no se podría admitir la propuesta sin concitar contra sí el odio de toda
la Nación, á la que se privaría, accediendo á los deseos
del Gobierno británico, del fruto de las posesiones ultramarinas, dejándola gravada con el coste del empréstito que se hacía para su protección y defensa.» Y podía haber añadido el ministro Bardají, que redactó la
nota, «dejándola también gravada con el irreparable

perjuicio de aprovecharse los ingleses, en vez de élla, de los inmensos beneficios del comercio de las colonias con su metrópoli.»

Se han exagerado mucho los subsidios prestados á España por los ingleses en la guerra de la Independencia. Ni son exactas las cifras con que se los ha querido representar, según manifestamos en uno de los capítulos del 5.° tomo, ni la Inglaterra tenía medios para facilitarlos, sobre todo en los objetos que más necesarios y urgentes se hicieron, armas y dinero. Porque, lo hemos probado hasta la saciedad en otro escrito; de uno y otro de esos recursos carecía, aunque no lo crean muchos, el gobierno británico (1). Hacíamos ver en ese escrito que las juntas provinciales al principio de la guerra, y la Central después no recibieron más de 70 millones de reales, obtenidos, por supuesto, en calidad de préstamo y tan largamente satisfecho que, repetimos ahora, aquella corporación en su Manifiesto decía al disolverse que España había dado más tal vez de la que había recibido. La guerra, añadíamos, se sostuvo con los sacrificios pecuniarios que supieron imponerse las provincias españolas y principalmente con los donativos de América.

Así pudo España traspasar á Austria, durante la campaña de 1809, cantidades que le estaban destinadas, prueba inequívoca de que no le hacía falta el oro que dice Nápier derramaba aquí el gobierno inglés, y prueba de la generosidad de su alianza con el Imperio

---

(1) «De la Cooperación de los ingleses en la Guerra de la Independencia», discurso leído en el Ateneo de Madrid la noche del 19 de abril de 1887.

dorriano. Como que, al terminar la primera Regencia, llevaba España ingresados en sus Cajas más de 350 millones de reales, suma en aquellos tiempos de una importancia más que triplicada respecto á los actuales en que, por otra parte, los gastos de la guerra ascienden á cantidades relativamente enormes.

En cuanto á lo del oro inglés, ya lo hemos indicado, no era tan abundante en el Reino Unido como nos dicen Napier y otros de sus compatriotas y creen muchos todavía de los nuestros. Escribía Canning á su embajador en Cádiz al tiempo de la negociación á que antes aludimos, «por la circunstancia de entrar tanto metálico de América en España, *inducida la por fortuna independiente de la suerte y era militar, y especialmente por la escasez extraordinaria de dinero que sufría la Inglaterra haciendo que la extracción de la más pequeña suma se mirase allí como de la mayor importancia.»* Y lo que el célebre ministro inglés, lo decían también varios de su nación; y sin ir más lejos Londonderry, que entonces hacía la guerra en España, quien declara paladinamente en su libro sobre aquella lucha que ya en 1809 *carecían sus tropas de útiles de campaña, de calzado y de dinero, debiéndoseles varios meses de paga*, debía sumamente comprometida tratándose con soldados mercenarios. Y después añade que en 1810, esto es, en la época en que escribía lo ya transcrito Canning, lo que más afligía era la escasez de dinero, hallándose los cuerpos sin víveres y sin metálico en un país como Portugal donde no se podía adquirir nada si no se pagaba.

De modo que mal podía inundarnos de oro una nación que no lo tenía y menos confesando ó, por mejor decir, disculpando sus pretensiones comerciales con tenerlo nosotros en abundancia.

La prueba nos parece que no puede ser más concluyente (1).

De lo que, al tratar de este asunto, debe acusarse á la Regencia es de sus para siempre lamentables condescendencias con la Junta de Cádiz confiándole el recaudo de los fondos públicos por contribuciones, donativos ó préstamos y su distribución en pago de las obligaciones generales del Estado. En vez del desprendimiento, de que tanto alardeó en sus Manifiestos, y del rigoroso espíritu de justicia que debía dirigir sus actos, negó á los particulares dueños de fondos considerables venidos de América en nuestros convoyes, si no el derecho, la oportunidad de su entrega, y no hizo la de los necesarios al ejército para prestar los más ineludibles servicios á que estaba llamado en la terrible lucha que sostenía por la independencia de la patria. A tal grado elevó aquella junta sus pretensiones de superioridad y de arbitraria en sus actos malamente consentidos en la pugna que provocó con Alburquerque en la época de su instalación en Cádiz, que la Regencia hubo, al fin, de rescindir tan funesto acomodamiento en 31 de octubre.

A eso debió contribuir la apertura de las Cortes ante las cuales temerían los regentes caer en inmensa responsabilidad.

Ya se hubiera querido y hasta se intentó reformar otros ramos de la Hacienda con el fin de atender á to-

---

(1) De ésto y de la falta de recursos en Inglaterra trataremos largamente en otro tomo.

dos los servicios y con especialidad á los de la guerra;
pero los en que habrían de rozarse intereses de la
Iglesia, defendidos, como es de suponer, por el Obispo
Presidente de la Regencia, quedaron con la llegada de
éste á Cádiz, descartados de toda discusión. Aun en los
asuntos referentes al crédito público, se redujo la acción de aquel Gobierno á la de tantos otros en España,
al nombramiento de comisiones que, como generalmente
mente sucede, ú olvidaron su mandato, ó, si emitieron
dictamen, fué para que durmiese en las oficinas el sueño eterno.

En lo que no mostraron negligencia los regentes,
ya que en su mayoría eran militares ú hombres expertos en materias de organización de la fuerza armada,
fué en el aumento y concentración de las tropas que
constituían el ejército nacional. Promovióse el alistamiento en las filas regulares persiguiendo la deserción
y convidando á la juventud patriota y aun á los moro-
sos con proporcionar á los ejércitos de operaciones fondos y recursos para armar, vestir y mantener á las tropas que los formaban. Movía á ello la circunstancia de
hallarse los franceses distraídos de toda otra atención
que no fuese la de la expulsión de los ingleses de Portugal y la conquista de las plazas de guerra de Cataluña, y así se logró aumentar en más de 40.000 hombres
la fuerza efectiva de nuestros ejércitos y organizarlos
convenientemente para no sólo en Cádiz, cuya seguridad quedó muy pronto garantizada, sino también para
que en las regiones centrales de la Península no arrai-
gase la ocupación francesa. Apoyando á las guerrillas,
más crecidas también cada día, ó combatiendo al enemigo en sus proyectos de asegurar esa misma ocupa-

ción con la de poblaciones de importancia ó las líneas de comunicación con los ejércitos de operaciones, mantenían los nuestros vivo y en aumento el espíritu público entre los españoles, encendidos siempre en el fuego de su patriotismo (1).

Contribuyó no poco á esa acción, esencialmente militar, la organización del Estado Mayor, llamado con harto fundamento los ojos y el brazo de los generales en jefe para las grandes operaciones de la guerra. De orden de la Regencia organizó el general Blake, presente por entonces en Cádiz, el Estado Mayor General y los particulares de los ejércitos con tal acierto, que en las diferentes vicisitudes por que ha pasado tan útil institución y con cortas diferencias hasta estos últimos tiempos, ha logrado mantener las bases del reglamento que la dió en 9 de junio de 1810 con el título de «Apunta-

---

(1) En la «Exposición del Consejo de Regencia de España é Indias á las Cortes.....» se estampa el cuadro siguiente de la fuerza que llegó á reunirse en tiempo de aquel gobierno.

En Cataluña..............	37.761 hombres.	2.500 caballos.
Valencia..	16.000 »	1.300 »
Murcia...............	18.588 »	2.822 »
Isla y Cádiz...........	23.837 »	1.515 »
Extremadura..........	27.886 »	2.696 »
Galicia..............	22.000 »	850 »
División volante del brigadier Portier........	1.000 »	150 »
División del brigadier Bárcenas en Asturias.	2.000 »	» »
Aragón..............	3.600 »	150 »
Cuenca..............	3.000 »	200 »
Condado de Niebla.....	2.000 »	500 »
Campo de Gibraltar....	3.563 »	288 »
Serranía de Ronda......	850 »	» »
Ceuta................	1.777 »	» »
Presidios menores.....	600 »	» »
	164.406 infantes.	12.471 caballos

ciones sobre el establecimiento de un Estado Mayor. ›

Si tan antigua esa institución que se remonta á las clásicas organizaciones de la fuerza armada en Grecia y Roma; si en la Edad media, en aquellos tiempos de barbarie militar, se vislumbra todavía ejercida por personalidades clasificadas como importantes para la disciplina y dirección de las tropas; si más adelante, al iniciarse el renacimiento de la milicia en Italia y Flandes, se cuenta como el mayor elemento de orden y manejo de las armas la reunión de oficiales, los más expertos ó instruídos, bajo el mando de aquel maestre de campo general, cargo tan conocido y acreditado; si luego fué éste substituído por el de los cuartel-maestres y mayores generales, consignado en las Ordenanzas para tan preferente servicio, el general Blake con las Memorias además del gran Federico á la vista y la experiencia de las guerras de la revolución francesa y del imperio napoleónico, ideó una organización, repetimos, tan sabia y útil que es, acaso, la que constituye la mayor gloria del, por tantos otros conceptos, célebre paladín de la independencia española. Hemos dicho en otra parte refiriéndonos á este asunto: «Creóse el cuerpo como instituto completamente separado de los demás del Ejército, con jefes y oficiales que dejaron los suyos, atendiendo independientemente al desempeño de las vastas funciones que siempre han estado al cargo de los estados mayores, asignadas detalladamente en las Apuntaciones, y siguiendo una carrera nueva para sus recompensas y aspiraciones. El personal se dividió en ayudantes generales, con el empleo de brigadieres ó coroneles; primeros ayudantes, con el de tenientes coroneles; y segundos ayudantes, con el de capitanes, bajo la dirección de un jefe de Estado Mayor General encargado de su organización y de la reunión de cuantos elementos son necesarios en un centro común, asiento del gobierno, para la marcha general de las operaciones militares en una vasta escala. Aquel jefe tenía á su inmediación un número considerable de ayudantes del cuerpo formando una dependencia central, reunión de las hoy (1858) Direccion General y Depósito de la Guerra, con la que se entendían directamente los estados mayores de los ejércitos y, lo que es más, los mismos generales en jefe, por haber sido declarado el jefe de Estado mayor general *Organo del Gobierno Supremo*, así como del general en jefe el Estado mayor particular de cada ejército de campaña» (1).

Con el mismo acierto que esa organización del personal, se hizo la de los servicios, ya de todos conocidos, que incumbían al Estado Mayor; y si se estudian los escritos posteriores de los generales de mayor autoridad en el extranjero, se verá que después de muchos años de estudio y de experiencias no han hecho esos maestros, que por tales son tenidos de muchos, más que, aun cuando ignorándolo acaso, seguir los derroteros y el ejemplo dado en 1810 por nuestro ilustre compatriota.

La Armada obtuvo también, ya que no aumento, una reorganización proporcionada á las necesidades que, en tales circunstancias, estaba llamada á atender. Uno de los regentes era marino, el general Escaño,

---

(1) «Consideraciones sobre el Cuerpo de Estado Mayor del Ejército», publicadas en «La Asamblea del Ejército.»

acreditadísimo de mucho tiempo atrás por servicios, más en grande escala, prestados antes de la de Trafal·gar, pero semejantes; como que se referían á la habilitación de barcos, inútiles antes, disponiéndolos para luchas nuevas y de índole distinta. Los más averiados de los navíos surtos en nuestros arsenales obtuvieron destino acomodado á su situación en puertos donde no fuera necesario un servicio muy activo; otros, menos defectuosos, fueron á surcar el Mediterráneo para impedir á los franceses el cabotaje, y algunos el Océano para sostener nuestras comunicaciones militares y comerciales con los puertos de América; y las fuerzas sutiles, por último, aumentadas en lo posible y regidas, según ya dijimos al principio del presente capítulo, por un hábil jefe de escuadra, se dedicaron á defender la bahía de Cádiz, hostilizar los puntos de la costa fortificados por los sitiadores, é impedir los auxilios que pudieran proporcionarles los corsarios tripulados por los marinos que les enviaba Napoleón (1).

_____

(1) Escaño había sido ministro de Marina con la Junta Central; y en una *Exposición sobre las providencias generales dadas en su tiempo*, decía: «El armamento de faluchos, lanchas y barcos se redujo á algunos en el Ferrol, 8 en Vigo, 10 en la costa de Cataluña, 3 en Mallorca, 1 místico en Málaga, 2 jabeques en Valencia, 8 lanchas en Cartagena y Alicante, y 60 en la bahía de Cádiz, más 40 de éstas siendo barcos de tráfico, después de disponerlos de obra y armamento, guardándose éste en almacenes, continuaron en su comercio sin gravamen de la Real Hacienda.»

Pero es regente Escaño y en la «Exposición» antes citada descríbese así la situación de la Armada: «Determinóse, pues, que los navíos y fragatas que necesitaban entrar en dique ó no se podían armar, se destinasen á Mahón y á la Habana, donde se mantendrían más seguros, ó se repondrían con más faci-

El estado de las cosas públicas en que halló la Regencia envuelta á la nación y particularmente el que se ofrecía en su derredor con la entrada de los enemi-

---

lidad: Los capaces de habilitación se habilitaron con efecto, y se destinaron á varios puntos; unos fueron á Veracruz y Lima por dinero, otros á cruzar el Mediterráneo y el Océano, llevando auxilios de armas, víveres y caudales, trayendo tropas y marineros, y asegurando algún punto donde conviniese esta clase de defensa. Con las lanchas, místicos y faluchos y demás buques menores, se formaron dos escuadrillas sutiles que armadas de cañones de batir, obuses y morteros, mandadas por oficiales expertos y valientes, han contribuido de un modo muy acertado y poderoso á la resistencia que en esta parte se ha opuesto al enemigo. Una de ellas ha guarnecido la parte más interior de la bahía; ha impedido á los franceses su establecimiento en parajes perjudiciales, ha auxiliado y protegido nuestras obras de defensa, y atajado el paso por el laberinto de caños y anegadizos, que bien guardados hacen inexpugnable la isla. La otra escuadrilla contribuyó á la ocupación del fuerte de Matagorda en 21 de febrero, y á sostenerlo hasta el 23 de abril que se abandonó; cubre la bahía y toda la parte del E. de la ciudad; ronda infatigablemente por la costa para que el enemigo no se aproveche de un descuido que traería perjuicios incalculables; hace el servicio de convoyes, muelles y demás de este género, y en fin, se destinan de ella también buques á expediciones en las costas de Levante y Poniente ocupadas por el enemigo; á mantenerlo en un sobresalto contínuo, y á proteger los buques costaneros que contribuyen á la subsistencia de Cádiz. Constaban estas fuerzas sutiles á principio de febrero de 46 buques, y desde entonces se han armado y habilitado 72, sin contar en ella la división de reserva; corto número si se compara con la utilidad que resulta de esta arma y necesidad de su aumento; pero que no lo parecerá cuando se considere la escasez de medios que ha habido para proporcionárselos, y la actividad incesante de sus operaciones, que los expone á averías diarias, las cuales, obligando á la reposición, disminuyen los arbitrios y recursos para el aumento progresivo.»

gos en aquellas provincias y su presencia en toda la
costa próxima á Cádiz, tenía que debilitar la acción de
un gobierno nacido, por otra parte, en tal desorden y
con procedimientos que carecían de la regularidad y,
sobre todo, de la legalidad de antiguo establecidas. No
era, así, fácil que se impusiera á tanta voluntad erran-
te como habían provocado circunstancias tan excepcionales, á las ambiciones con eso dispertadas, y gracias que lograse contener la anarquía, más ó menos
mansa, que minaba desde su establecimiento á todo
gobierno que se nombrara. La gestión de la Regencia
tenía, en tales condiciones, que ser, tanto como vaci-
lante, difícil: y se reveló desde los primeros días en su
debilidad con la Junta de Cádiz, en el mantenimiento
de los Consejos, tan hostiles á ella como lo habían sido
á la Central y á las Juntas provinciales. En una de
sus más importantes medidas fué en la que, sin embargo, demostró una energía que la honra: en la de la
abolición de aquel tribunal de vigilancia y seguridad,
establecido por la Central en Aranjuez y de que tratamos en el tomo VI de esta historia.

En recompensa del patriotismo y desinterés que,
por lo menos, revelaron aquellos regentes, las Cortes
les ordenaron presentaran ante ellas, en el término de
dos meses, cuenta de su administración y conducta,
con la especificación y demostración necesaria para
juzgarlos. De esa providencia arranca la redacción del
«Diario de las operaciones de la Regencia desde 29 de
enero de 1810 hasta 28 de octubre del mismo año,
por D. Francisco Saavedra», que más tarde se publicó
en el *Elogio del general Escaño.* En ese diario se espe-
cifica, con efecto, y demuestra la conducta de la pri-

mera Regencia con los datos más minuciosos, justifi-
cándola, en nuestro concepto, de un modo irrebatible.
Las Cortes, no creyéndolo, sin duda, así, ó enojadas
con probársele lo inmerecido de sus censuras y procedimientos, providenciaron el extrañamiento de los regentes, cuya presencia en Cádiz debía serles enojosa,
aun cuando no fuera más que por aparecer todos los
días y á todas horas testigos, aunque mudos, de su atropelladora ingratitud.

CAPÍTULO II

TORRES-VEDRAS Y BADAJOZ

Mientras en Cádiz, libre ya del primer peligro y hasta aspirando, con las expediciones ya descriptas, á hacer levantar el apretado cerco en que la tenían los imperiales, se celebraba la que tantos creían regeneración de la nacionalidad española en sus más elocuentes manifestaciones políticas y sociales, ardía la guerra con más vigor que nunca en dos ángulos opuestos de

La guerra.

la Península, en Cataluña y Portugal. Allí había comenzado, con el sitio de Lérida, la serie de los que tal y tan justa fama habían de proporcionar al hasta entonces modesto general Suchet; en el otro extremo, junto á Lisboa, iba á eclipsarse, puede decirse, la estrella del que la fortuna había guiado siempre á la victoria. Eran aquellas dos campañas de índole militar muy distinta, ambas, sin embargo, tan instructivas como importantes en el curso general de una guerra que bien se veía haber alcanzado proporciones verdaderamente extraordinarias. Como que ni aun para expedición tan decisiva cual la encomendada á Massena, de cuyo éxito ó malogro habría de deducirse lógicamente la suerte de la guerra en España, ni aun para empresa cuyas dificultades no podían ocultarse á tan privilegiado talento como el del emperador Napoleón, se decidía éste á dirigirla personalmente, dejando á otros la responsabilidad, que pudiéramos llamar histórica, de un fracaso que no estaría lejos de temer en lucha tan larga, tan tenaz y sobre todo excepcional, fuera de todas las reglas deducidas del arte y de la experiencia militares. ¿Qué temor ó qué vaga preocupación había asaltado la mente ó el ánimo del nuevo César para que llegara á rehuir su presencia en un teatro á que no cesaban de llamarle sus más insignes generales, sus discípulos predilectos, convencidos ya de la impotencia suya contra los desorganizados españoles y sus poco numerosos aliados? Porque no era dable ya disimularlo: Napoleón hacía falta en España para vencer la resistencia incansable que se le oponía y mucho más si ésta se fundara, como él creía, en los auxilios que pudiera recibir de fuera de la Península.

¡Cuán otro hubiera sido quizás el resultado de aquella guerra!

Congratulémonos de ello los españoles.

Tal, con todo, debería ser la confianza que Napoleón tuviera de las condiciones militares de Massena y particularmente de su fortuna y de la autoridad que le daban ésta y sus extraordinarios servicios, que creería iban á ser suficientes para superar la resistencia de los ingleses en Portugal.

Dejamos la relación de esa campaña en el momento en que, desoyendo el consejo de algunos de sus tenientes, emprendía Massena la marcha desde Coimbra en seguimiento de Wellington por el camino de Lisboa. *Prosigue la campaña de Portugal.*

Esto era el 3 de octubre de 1810; y el 5 la vanguardia francesa, organizada con seis batallones de infantería, nueve regimientos de caballería, cinco entre ellos de dragones, y media batería de artillería ligera, se dirigía resueltamente sobre Leiria con el general Montbrun á su cabeza. Y apenas se había puesto en camino cuando sus descubiertas se encontraron á la vista de la retaguardia anglo-portuguesa que, aprovechando las quebradas del terreno, fué conteniendo la marcha de los franceses, con escasa pérdida por las dos partes, hasta Pombal, donde se establecía Massena el 7 con sus tres cuerpos de ejército. Pero si á su frente no descubría por el momento los insuperables obstáculos que luego iban á oponérsele, tenía lugar á sus espaldas un acontecimiento que debió prever y que, por lo funesto, contribuiría poderosamente al mayor fracaso de la empresa que se le había encomendado.

Había dejado, ya lo indicamos, en Coimbra los enfermos de la marcha y los heridos de Bussaco, con *Liberación de Coimbra.*

un grueso destacamento para que los custodiase en el convento de Santa Clara, y la recomendación á las autoridades populares para impedir cualquiera agresión que pudiera intentarse contra ellos. No contaba con que las fuerzas portuguesas que había rechazado días antes hacia el Duero, volvieran al Mondego, ya para ponerse sobre las comunicaciones del ejército francés con España, como para acosar su retaguardia ó ir ocupando los puntos que ella abandonara en su marcha. Así, el día 4 aparecían por Mealhada las tropas del coronel Trant en número más que suficiente con que, dominando las sierras próximas de Bussaco y de Murcella sobre las dos márgenes del Mondego, aislar Coimbra y amenazarla con su inmediata invasión. Debían unirse á Trant sus camaradas el general Miller y el coronel Wilson que, con otros cuerpos de las Milicias portuguesas, operaban como él en las provincias del Norte. Pero, tardando en juntársele, Trant acometió solo la empresa de penetrar en Coimbra; verificándolo en la mañana del 7 con éxito completo (1). Arrollado y copado un corto destacamento francés que estaba de observación en el camino de la inmediata aldea de Fornos, los portugueses, á cuya cabeza iba el regimiento de Milicias de Coimbra anhelante su tropa de vengar los atropellos cometidos por los imperiales en su ciudad, salvaron á la carrera el puente, no, sin embargo, con tanta presteza que dejara de adelantársele un escuadrón de caballería que, recorriendo las

---

(1) Fririón consigna en su Diario que la entrada de Trant en Coimbra fué el 4, pero es una equivocación manifiesta. La fecha del 7 se halla confirmada en todos los escritos ingleses y portugueses.

calles principales á galope, se dirigió á interceptar la comunicación de los de Santa Clara con el ejército de Massena. La resistencia de los franceses fué débil y no podía alargarse, por la desigualdad de fuerzas y por la preocupación que debía producirles la suerte de tanto herido como estaban encargados de custodiar. Así es que, á las pocas horas y sin pérdidas de consideración de una parte y otra de los combatientes, el hospital quedó en poder de los portugueses, y sus defensores, como los heridos y enfermos, fueron hechos prisioneros de guerra para poco después ser, los no imposibilitados de ponerse en marcha, conducidos á Oporto (1).

Todo eso fué efecto de una imprevisión que se hace inconcebible en hombre de la experiencia militar de Massena. Y no tardaron en sentirse los efectos que causó en el ejército, en el ánimo, sobre todo, de los

---

(1) Da Luz Soriano dice: «Trant computó el número de los prisioneros en el de 5.000 hombres, 4.000 de los que se pusieron en marcha para Oporto, inclusa una compañía entera de la guardia marina del Emperador. Se cogieron 3.500 fusiles, casi todos cargados, señal de que sus dueños estaban en estado de hacer con ellos servicio. Esas armas fueron distribuidas entre las ordenanzas del país. No se halló artillería, pero se cogió una gran cantidad de bueyes y carneros que fué de grande importancia para el mantenimiento de las tropas de Trant. Entre los prisioneros se contaron 80 oficiales, incluyendo en ellos M. Haudrín, que hacía de gobernador. Fué muy difícil contener la ira de los paisanos armados que saquearon á los prisioneros que caían en sus manos, no pasando, sin embargo, de seis ú echo las víctimas de su resentimiento.»

«Tous ces malheureux prisonniers furent trainés plutôt que conduits á Oporto», dice Fririon al conmemorar aquel revés. Pero existe una carta escrita en Oporto á Trant por varios de los oficiales franceses prisioneros, dándole todo género de satisfacciones por su humanidad para con ellos, y manifestándole que esperaban que su solicitud se extendería á que, ausente y todo, no dejaran de continuar recibiendo sus beneficios.

Firman la carta el Doctor Fallot, el coronel Catelot y el comisario de marina H. Delahaye.

soldados que, como decía después su jefe de estado mayor, no razonan sino por los golpes que les hieren, jamás por las causas que hayan podido motivarlos. Todos acusaron á su general en jefe de la desgracia de sus camaradas de Coimbra y de la incomunicación en que quedaban, augurando mal prematuramente del resultado que obtendrían sus esfuerzos en campaña de tales y tan tristes y estériles comienzos.

Choque en Alcoentre. El ejército francés continuó su marcha en seguimiento de los anglo-portugueses que se retiraban lentamente y no sin hacerle á veces cara para escarmentar, si le era dable, la audacia de las tropas de Montbrun, que ya hemos dicho iban de vanguardia. El día 8, por ejemplo, el general Sainte-Croix, que marchaba á la cabeza, encontró en Río-Maior un destacamento de caballería inglesa que se retiró á su vista hasta la proximidad de Alcoentre. Encontrándose allí con fuerza para resistir á sus perseguidores, el general Slade, receloso de que la batería que le acompañaba pudiera caer en manos de los jinetes franceses que impetuosamente se dirigían sobre ella después de arrollar á los de su mando, hizo que los cargaran los regimientos Royal y 16.º de línea que, efectivamente, los rechazaron. Pero llegó á su vez la infantería francesa, trabándose en seguida un reñidísimo combate con varias alternativas, y que concluyó con la retirada de los ingleses á espaldas de Alcoentre, no sin pérdidas por una y otra parte de alguna consideración, proporcionales á su fuerza respectiva.

El de Moinho. También el día 9 hubo cerca de Moinho-do-Cubo una fuerte escaramuza entre la misma vanguardia francesa y otro destacamento de los aliados, al que

apoyaba un regimiento de húsares de la legión alemana y otro de dragones ingleses. Montbrun los hizo
cargar por el general Lamotte con el 3.º de húsares
mientras él le apoyaba con el 15.º de Cazadores, arro-
llándolos por fin, hasta que, acogiéndose en Moinho á
otros regimientos de su nación y azotados los imperiales por el fuego de una batería también inglesa, hubo
que esperar á que llegase la brigada Soult, ante la
cual los britános abandonaron sus posiciones.

Esto, sin embargo; por mucha que fuera la energía
de Montbrun y no escasa su habilidad, la marcha del
ejército francés tenía que ser más lenta de lo que deseaban sus generales y soldados, impacientes por alcanzar á los ingleses antes de que lograran acogerse á
las líneas fortificadas de que ya sabían desde Coimbra
ó Leiria haberse construído para cubrir la posición de
Lisboa (1). La dificultad para el racionamiento de
fuerzas tan numerosas en un país abandonado de sus
habitantes, que se habían llevado consigo cuantos víveres pudieran existir en él, tenía que retardar la marcha por grande que fuera el empeño de su General en
jefe de batallar en campo abierto con su prudentísimo
adversario. Los tres cuerpos que regía Massena marchaban, pues, lo suficientemente distanciados para

Siguen los franceses la marcha.

***

(1) Sobre el sitio en que Massena obtuvo noticia de las líneas de Torres-Vedras, dice Fririón en una de las notas de su
Diario: «M. Belmás y el general Pelet en el cuaderno anexo al
volumen XXI de *Victorias y Conquistas*, que han publicado,
dicen ambos que fué en Leiria únicamente donde supo el Mariscal (Massena) la existencia de las líneas. El general Fririón
ha asegurado siempre lo contrario, y atribuía al conocimiento
de aquellos inmensos trabajos el día primero de su entrada
en Coimbra, la precipitación con que el Mariscal abandonó la
ciudad con la esperanza de alcanzar al enemigo y darle la batalla antes de que se encerrara en sus atrincheramientos.»

atender á tal y podríamos decir insuperable dificultad (1).

Dos caminos eran los por que podían dirigirse á
Lisboa; los dos, abiertos en las descendencias de la
sierra de Estrella, bastante suaves allí y hasta la costa
del Atlántico para no ofrecer obstáculos á la marcha
de las tropas por ellos. El uno, el más próximo á la
sierra divisoria con el Tajo, el más alto de consiguiente, es el que siguió la vanguardia francesa por
Pombal, Leiria y Río-Maior, relacionado con la margen derecha de aquel río en Thomar, Gollegâ y Santarem. El otro es el de la costa que, desde Leiria,
dirige á Alcobaça, Caldas, Obidos y Torres-Vedras;
cruzando, como el anterior, el Liz, el Alcoa, el Danâo,
el Arnoia, el Maceira y, por fin, el Zizandro, foso en
parte de la primera de las famosas líneas á cuya conquista se encaminaban los franceses. Si suave es el terreno, tampoco ofrecen obstáculo poderoso los ríos men-
cionados; así es, que ninguno hallaría Massena para ordenar la marcha de sus tropas por cualquiera de
aquellos caminos ó por los dos á la vez. Si D. Juan I
de Castilla encontró en 1385 el insuperable y tremendo de Aljubarrota por el camino de la costa, á otras
causas hay que atribuir aquel desastre que á la del

---

(1) Londonderry dice á propósito de esto: «A pesar, sin
embargo, de las dificultades que desde entonces se le presen-
tarían y sin temor á las muchas privaciones que amenazaban
sobrevenirle en país tan exhausto, Massena continuó su marcha empujándonos hacia nuestros fuertes, nuestros recursos,
almacenes y provisiones, mientras iban, su ejército sufriendo
contínua disminución, y sus comunicaciones con retaguardia
haciéndose por días más y más inseguras.» «La verdad es,
añade, que ambas partes (de los beligerantes) se hallaban em-
peñadas en un juego desesperado.»

terreno. Lord Wellington lo cruzó en 1808 sin oposición hasta Vimieiro; y ahora, lo hallaría Massena despejado y libre. El alto ofrecía la ventaja de sus dominaciones y de flanquear y aun envolver cualquiera reacción que se atreviese á intentar su rival por el bajo de la costa.

Massena, preocupado siempre con la idea de una batalla que Wellington podría presentarle, para lo que necesitaba llevar unidas sus fuerzas, harto disminuídas desde la de Bussaco, siguió el camino alto, hallándose el día 11 en Alcoentre con el 8.º cuerpo de Junot. A Moinho-do-Cubo llegó el 6.º de Ney, y el 2.º de Reynier á Alcoentre también y Sobral, cerca ya de Torres-Vedras, con la vanguardia de Montbrun que lanzó la brigada Soult sobre el Tajo para ocupar Castanheira, Povos y Villa-Franca, á la vista ya de Alhandra, punto extremo de las líneas á que se acogían los restos del ejército anglo-portugués (1). Cuantos reconocimientos hicieron Montbrun y Soult demostraron á Massena que de allí no podría pasar; y los últimos choques con los destacamentos ingleses de retaguardia le hicieron ver también que de allí en adelante no era con ellos sino

Situación de Massena.

_____

(1) El entonces capitán de Artillería Granville Eliot escribía en su libro sobre la *Defensa de Portugal*, publicado meses después: «Durante la retirada del ejército combinado desde Bussaco, los destacamentos de la caballería británica que formaban la retaguardia, tuvieron varios encuentros con las avanzadas de igual arma del enemigo, en todos los cuales obtuvieron éxito, cogiendo bastantes prisioneros y á veces matando ó hiriendo á otros. Un destacamento de la guarnición de Peniche, en una salida dispuesta por el gobernador, brigadier-general Blunt, tuvo también la fortuna de hacer prisioneros además de los que fueron muertos en el choque. El teniente coronel Waters hizo también algunos prisioneros.»

Fririón no habla de estas dos acciones y se nos figura que tuvieron lugar después.

con fortificaciones sólidas y formidables con las que
tendría que habérselas, imposibles de vencer sin más
fuerzas ni otros recursos que los que tenía, al menos por
el momento, á su disposición. Otro desengaño sufrió
además al observar la firmeza que mostraban los ingleses en la defensa de las primeras posiciones que se acercó á reconocer; el de que no parecían en ánimo de
reembarcarse para volver á su país. Tal era la convicción que Massena abrigaba de que ése era el propósito
de Wellington, después, sobre todo, de lo de Bussaco,
que á ella se atribuye el abandono en que dejó á sus
heridos en Coimbra y el ningún cuidado que puso en
formar por el camino los depósitos de víveres que, de
otro modo, habría de necesitar. A eso también hay que
atribuir el que no se hiciera seguir de artillería
alguna de sitio, cuando tanta había tenido á su
disposición para los de Ciudad Rodrigo y Almeida.
No dejaba de tener fundamento, y sólido, esa convicción en Massena. Según expusimos en el tomo anterior al describir la situación del ejército inglés tras la
pérdida de las plazas que acabamos de nombrar, no
sólo en sus filas sino que en el mismo Reino Unido y
hasta entre algunos de los miembros de su gobierno,
se abrigó la duda de si podría mantenerse la guerra
peninsular ante las numerosísimas fuerzas con que se
presentaba decidido á acabarla el célebre lugartenien-
te del Emperador de los franceses. Este debía abrigar
la misma idea, instruido por Savary de cuanto se escribía y aun pensaba en Londres; y de ahí las órdenes
apremiantes para que se atacase inmediata y ejecutivamente á los ingleses, de cuyo número tenía, por otra
parte, noticias muy imperfectas é inexactas, creyéndo-

lo mucho más pequeño que el verdadero. En cambio eran tanto ó más inciertas las que se referían al ejército francés de Portugal, cuyas bajas no podía ó no quería saber ni calcular; y como tampoco tomaba en cuenta las fuerzas españolas y portuguesas unidas á las de Wellington, fuese por ignorancia ó por desprecio, suponía que Massena, á la cabeza de 60.000 hombres, no hallaría dificultad alguna para obligar á 25.000 ingleses á reembarcarse (1). Pero ya lo dijimos también, Lord Wellington, imponiéndose á sus subordinados y convenciendo á su gobierno, consiguió la continuación de la guerra en España y recursos para hacerla con el éxito más glorioso.

Después de algunas tentativas de los generales de la vanguardia dirigidas á preparar los reconocimientos que los comandantes en jefe de los cuerpos que constituían el ejército habrían de ejecutar y ejecutaron efectivamente, los tres tomaron las posiciones siguientes. El 8.º cuerpo se estableció con su cuartel general en Sobral, no sin antes reñir una fuerte acción en que el mariscal Ney se apoderó del pueblo, situado en posición ventajosa frente á la sierra D'Oteiro donde habían hecho los ingleses construir las obras más robustas de la primera línea. El 6.º colocó su 3.ª división en una meseta próxima á Moinho-do-Cubo, la 2.ª en Otta, donde quedó el cuartel general del cuerpo, y la 1.ª en Villa Nova. El 2.º cuerpo campó á derecha é

_____

(1) En su despacho de 19 de septiembre decía á Berthier: «que sería ridículo el que 25.000 ingleses pesaran en la balanza lo que 60.000 franceses; que no tanteándolos sino atacándolos decididamente después de haberlos reconocido, se les haría experimentar grandes reveses.»

izquierda de Carregado entre el Tajo y Alenquer, pueblo en que se situó Massena con el cuartel general del ejército. La vanguardia, ya lo hemos indicado, ocupaba la región próxima al Tajo con dos batallones delante y en las alturas de Villa Franca, apoyados en un regimiento de línea establecido á espaldas de aquella población, la brigada Soult, mas á retaguardia, y las de Lamotte y Sainte-Croix con varias piezas de artillería en Castanheira (1). Estos cuerpos necesitaban ejercer vigilancia suma sobre el río, de donde se veían flanqueados por una escuadrilla de lanchas cañoneras que tenían armada los ingleses precisamente con ese objeto y el de asegurar la posición de Alhandra, punto extremo, ya lo hemos dicho, y el mas vulnerable, sin eso, en la derecha de su primera línea. De ahí la desgracia del general Sainte-Croix que, reconociendo los accidentes del terreno que forman la margen derecha del Tajo en aquella parte, fué alcanzado por una bala de cañón procedente de las lanchas y derribado muerto del caballo. En el perdió el ejército francés uno de sus más brillantes jefes de caballería, tan recomendable por su pericia en el dificilísimo mando del arma como por su valor personal y su incansable actividad. Así fué tan sentida su muerte en el ejército, lamentándola también sus mismos adversarios los ingleses, entre cuyos cronistas no hay uno que no haga mención del general Sainte-Croix para elogiar sus excelentes condiciones militares.

Muerte de Sainte-Croix.

---

1   Véase para esto y para el conocimiento general de las líneas de Torres-Vedras el mapa grabado en el Depósito para su atlas de aquella guerra.

Y .vamos á describir las tan celebradas líneas de
Torres-Vedras.

La primera se extendía desde Alhandra, tocando, según ya hemos indicado, al Tajo hasta la desembocadura del río Zizandro en el mar por espacio de 48 kilómetros, y siguiendo las crestas de las ondulaciones del terreno, bastante accidentado, de uno al otro extremo. En el de levante, las faldas de los montes que se elevan sobre Arruda y Sobral aparecían escarpadas con inclinaciones todo lo más próximas en lo posible á la vertical, resultando casi todas inaccesibles. En el occidental, servíanlas además de foso el Zizandro y el Torres-Vedras, en aquellos días muy abundosos por empezar las lluvias y encauzados también y provistos de presas y exclusas para que no les faltara nunca agua.

La segunda línea comenzaba asímismo en la margen del Tajo junto á Ribamar y Quintella; y, cruzando á una distancia de 9 á 15 kilómetros de la primera por Bucellas, Cabeça de Montachique y Mafra un terreno tanto ó más accidentado, llegaba también al mar junto á la desembocadura del río de Santa Lorença en una extensión de unos 44 kilómetros. Esta línea superaba mucho en fuerza á la primera, fuese por la naturaleza de las posiciones que la constituían, ó bien por aparecer éstas más concentradas y poderse, de consiguiente, prestar más rápido y eficaz apoyo. Así es que parece no haber estado Lord Wellington lejos de mantener la primera línea solo así como de observación sobre el ejército francés y para que, rompiéndose éste en sus primeros ataques, no se hallase con fuerza suficiente para vencer la resistencia que se le opusiera en las posiciones de la segunda línea. La fortaleza natural de esas posiciones, la artificial con que procuró esmeradamente se aumentase y lo propio de las avenidas que á ellas conducían para su mejor defensa al ser atacadas, daban á aquella línea notable preferencia en concepto del general en jefe británico. La tardanza, sin embargo, de Massena en llegar al frente de las líneas, dando tiempo á que adelantasen más y más las obras de fortificación, y la coincidencia de, con el principio del otoño, comenzar también las lluvias que harían intransitable el Zizandro asegurando, así, toda la parte izquierda de la primera línea, ya que las posiciones inmediatas á Alhandra se cubrieron hasta hacer inaccesible la derecha, produjeron en Wellington la resolución de aprovechar tan excelentes condiciones, fortificando sólidamente el centro que era, al parecer, el más vulnerable. Hizo, pues, de Sobral y Monte Agraço ese centro de sus operaciones defensivas en la primera línea, estableciendo su cuartel general en la quinta del barón Manique, inmediata á la hasta entonces pequeña aldea de Pero Negro, cerca, á su vez, de Enxara dos Cavalleiros (1).

La segunda línea, como menos extensa, repetimos, y más próxima á Lisboa y á los parques y depósitos necesarios para su defensa, ofrecía, con efecto, ventajas que habría forzosamente de apreciar el hábil general inglés, dándola una marcada preferencia respecto á la primera para en ella reconcentrar sus recursos más

---

(1) Véase el atlas del Depósito de la Guerra.

Para la mejor inteligencia de la situación y obras de aquellas líneas, llamamos también la atención sobre el apéndice número 5, sacado del libro, magistral en ese punto, del coronel de Ingenieros inglés M. John T Jones.

lantes y sus medios más eficaces. Pero por si no
ran para el éxito de una operación que, aun apa-
1do como de mera defensa, podría resultar deci-
m lucha tan descomunal como la entablada en la
1sula entre los dos imperios rivales seculares en
pa, el francés y el británico, Lord Wellington
á retaguardia de aquellas líneas un vastísimo re-
) de seguridad en derredor de la torre de San Ju-
punto el más propio por su posición inflanquea-
y la facilidad del embarque para, sin peligro
e, abandonar Lisboa, su puerto y, de consiguiente,
rritorio portugués. Ese reducto de San Julián es-
cido entre Belem y Cascaes, torre y población tan
cidas en la desembocadura del Tajo, constituía la
llamada tercera línea de las de Torres Vedras, destinada exclusivamente al abrigo y reembarque de las
tropas británicas. Consistía en tres recintos concéntri-
cos, fortificados con grandes y sólidos reductos, capaces de tal y tan prolongada resistencia que daría tiempo sobrado para, en último caso, verificar la retirada
de todo el ejército, primero al fuerte y, en todo apuro,
á otros puntos de la Península como opinaban los
más optimistas, ó á las islas británicas acaso, lo cual
sería tanto como ceder completamente el campo al
emperador Napoleón.

Ni aun así considerábase asegurada posición tan
excepcionalmente robusta como la de Lisboa; y en el
temor de que pudiera ser atacada, temor inconcebible
teniendo tan formidable escuadra en el Tajo, por la
margen izquierda de aquel río, se formaron otro campo
atrincherado en derredor de Setúbal, único puerto de
donde pudiera arrancar una agresión formal, y una

serie de fuertes en íntima comunicación para evitar otra hostilidad que se intentase sobre los barcos ingleses y aun sobre Lisboa mismo. distante sólo 2.000 metros del promontorio de Almada. El mariscal Beresford y un gran golpe de marinos de la escuadra inglesa estaban destinados á la guarnición y defensa de aquellas obras, así como á prevenir allí y en las avenidas todas del Alemtejo el peligro de cualquiera expedición de los franceses llamados de Extremadura y Andalucía en ayuda, primero, y en auxilio, después, del ejército de Portugal.

Ejército aliado y llegada de Romana. Para cubrir de fuerza aquel inmenso campo de la derecha del Tajo, modelo que pudiera considerarse de los actuales con que se procura defender las zonas fronterizas de las grandes potencias en el centro de Europa, contaba Lord Wellington con tropas y material de guerra más que suficientes. El ejército inglés reunía sobre 30.000 hombres, todos de fuerzas regulares, probadas ya en los varios combates de aquella guerra; otros tantos, por lo menos, de las portuguesas, también acreditadas en las mismas acciones, á las órdenes, regularmente, de los generales británicos, y cerca de 10.000 españoles que el 25 de aquel mes de octubre se establecían en las líneas con el marqués de la Romana á su cabeza (1).

---

(1) No es fácil fijar en absoluto el número de esas fuerzas, porque lo dan distinto cuantos lo han señalado en sus despachos oficiales ó en sus relaciones históricas.

Lord Wellington, que es quien parece que debía saberlo mejor, no lo marca hasta la ocasión en que tiene que disculparse de no tomar la ofensiva desde sus posiciones. Entonces atribuye al ejército inglés 29.000 hombres de todas armas, sin contar dos regimientos que tiene en Lisboa y Torres-Vedras; á la división española, sobre 5.000, y á los portugueses 24.615; lo

Lord Wellington estableció en las líneas un servicio que, como dispuesto por él, satisfacía á todas las exigencias de posición tan importante y de circunstancias tan críticas. En la primera línea, la división Hill ocupaba la derecha apoyada en el Tajo, vigilado por la escuadra, y en Alhandra que guarnecía un batallón también de la marina británica. Pictón guarnecía el centro y tenía su izquierda en Torres-Vedras y el Zi-

---

cual hace un total de 58.615. Además dice que hay diferentes cuerpos de milicia, infantería y artillería en las líneas, pero no les señala fuerza.

Nápier, otro de los que debieron tener noticia exacta de la fuerza encargada de la defensa de aquellas líneas, la evalúa en nada menos de 130.000 combatientes, de los que más de 70.000 de tropas regladas, enteramente disponibles, dice, y libres para operar.

Camden la limita á 110.000 hombres de los que 35.000 ingleses, 25.000 portugueses de línea, 40.000 de milicia y 10.000 españoles.

Inútil el recuento que los demás historiadores ingleses hacen de las tropas aliadas establecidas en las líneas de Torres-Vedras: todos vienen á hacer el mismo.

Thiers dice que Wellington tenía á sus órdenes 30.000 ingleses, 30.000 portugueses de tropas regulares, 8.000 españoles y número infinito de milicianos portugueses, pueblo etc., etc.

Toreno le señala 130.000 hombres, de los que 70.000 de tropas regulares dispuestas á obrar activamente; y *Victorias y Conquistas* le atribuye la fuerza de 36.000 ingleses, 35.000 portugueses, 10.000 españoles y 13.000 de milicias del país.

Da Luz-Soriano, por fin, asigna á la guarnición de las líneas una fuerza *superior seguramente á la de 100.000 hombres*, después de recordar la que consignan Thibaudeau, Londonderry y otros.

La incorporación de Romana al ejército inglés fué acremente censurada por Napoleón, cuyo jefe de E. M. escribía á Soult: «S. M. se ha disgustado de que, tratándose de disposiciones tan importantes como las que tienden á la seguridad de su ejército de Portugal, hayáis dejado al general la Romana trasladarse al Tajo sin hacerlo perseguir de cerca (l'épée dans les reins). Si el ejército del Príncipe de Essling fuese batido, señor Duque, comprenderéis qué importancia tendría éso para los del Emperador en Andalucía y lo comprometidas que quedarían. El mismo movimiento de Romana demuestra que lo que sucede en Portugal es la cosa más importante para los asuntos de España.»

zandro. El total de aquellas fuerzas·ascendió á unos 10.000 hombres, á los que luego se agregaron los españoles, ganoso el marqués de la Romana de establecerse en los puntos del primer peligro en concurrencia con nuestros aliados.

En la segunda línea campaban sobre 15.000 hombres de las tropas portuguesas, bien de la Milicia, bien de las urbanas de Lisboa y de la Extremadura.

El fuerte de San Julián y sus obras avanzadas estaban guarnecidas por el que Nápier llama soberbio cuerpo de marinos enviado de Inglaterra.

Pero si ya esas fuerzas debían bastar para la defensa de las líneas, vista su superioridad numérica respecto á las francesas, se las estableció además en posiciones, según acabamos de decir, fuertes por su naturaleza y más todavía por su preparación defensiva y, sobre todo, por haberlas cubierto de baterías y reductos en tal número y con artillería tan abundante que bien podían considerarse como inconquistables para quien sólo la llevaba escasa y de campaña. Hasta se tomó la precaución de que la artillería más defectuosa de los portugueses, establecida en la primera línea, tuviera montajes los más antiguos para que, si llegaban á caer en poder de los franceses los fuertes, no pudieran volverse las piezas sobre las tropas aliadas que se retirasen ni contra las fortificaciones de la segunda línea. Con decir, por último, que eran más de 100 esos fuertes y más de 1.000 las piezas en ellos emplazadas, se comprenderán todas las dificultades con que habría de luchar el ejército francés para cumplir con la misión que le había encomendado su Emperador de arrojar á los ingleses al Océano.

Todo ese vasto sistema de fortificaciones para la defensa de Lisboa y más aún para asegurar el reembarque del ejército inglés, estaba muy de antemano ideado y puesto en ejecución. La esterilidad de la batalla de Talavera en los efectos que debían esperarse de tal triunfo, fortificaron en Lord Wellington su pensamiento de limitar la acción de las tropas británicas á la defensa, pero única, exclusiva, de Portugal, según lo había expuesto al general Cuesta y á nuestras juntas Central y de Extremadura. Y comprendiendo ó temiendo que con tan reducido ejército, ni con el portugués, no organizado todavía, ni el español, que le merecía tan mezquino concepto, podría defender frontera tan extensa como la de aquel Reino, resolvió elegir junto á Lisboa una posición que nunca pudiera ser envuelta por el enemigo y conservarse para siempre expedita la comunicación de sus tropas con la Gran Bretaña. A éso se añadiría, fortificando bien esa posición, el formar una gran plaza de armas en que pudieran concentrarse todas las fuerzas defensivas de Portugal, campo, además, de instrucción en que esas fuerzas obtendrían la cohesión, la disciplina y el espíritu de que carecían hasta entonces, y donde, lo mismo que las inglesas, sus aliadas y protectoras, se hallarían perfectamente provistas de cuanto necesitaran, víveres y material de guerra, ya que jamás habría de faltarles la comunicación libre y expedita por el mar. Con esa idea, repetimos, fija en la mente de Wellington y creciendo su preocupación durante la estancia de las tropas británicas en la cuenca del Guadiana en octubre todavía de 1809, se trasladó, tan solamente acompañado del coronel Murray y del ingeniero Flet-

cher. á Lisboa. cuyas posiciones avanzadas r...
detenidamente mandando levantar los planos de t
el terreno en que consideró debería establecer el un...
campo atrincherado á que pudiera acogerse con ...
tropas en el caso por su admirable instinto militar pr...
visto. Crecieron sus temores al formarse el ejer...
francés de Portugal á las ordenes de Massena: en...
que volvió Lord Wellington á Lisboa para dar sus ...
timas órdenes respecto á la construccion de las forti...
caciones, los planos de cuyo establecimiento y obra
sabiamente calculados, le presentó Fletcher que. co
otros ingenieros. Ross. Jones. Mulcaster, Stanway.
Forster y Thomson, se dispuso á ejecutarlas inmediatamente. Así es que al terminar su retirada el general
británico á las posiciones tan previsoramente estudia-
das, las halló en el estado formidable que hemos visto
y puede calcular el lector á pesar de lo sucinto y defectuoso de nuestra descripción.

**Reconoci-
mientos de
Massena.** ¿Qué haría Massena ante el nuevo y formidable espectáculo que se ofreció á su vista en los reconocimientos practicados momentos después de su llegada al
frente de las líneas? El del 16 de octubre. tan detenido
y minucioso que. llamando la atención de los enemigos, le hizo blanco de la artillería inglesa y puso en
peligro su vida, convenció al célebre mariscal de que
no le bastarían las fuerzas y el material que llevaba
para hacerse dueño de posiciones tan excelentes y tan
perfectamente guarnecidas y armadas (1). Érale, pues.

---

(1) Le dispararon un cañonazo desde una de las baterías
cuyo proyectil dió en la tapia en que Massena apoyaba el an-
teojo, de la que se apartó saludando á los ingleses con el som-
brero. Jones dice que, al disparar, no habían tenido la inten-

necesario reunir medios muy superiores á los con que
contaba, y organizar de todos modos el bloqueo á que
por el pronto tendría que reducir sus operaciones para
que el ejército salvara la situación de penuria en que
estaba, tan estrecha que se veía atenido á un cuarto de
ración por hombre. ¡A tal punto habían sido eficaces
las disposiciones de Wellington para la retirada de los
habitantes del país invadido con sus familias, enseres
y comestibles! (1). «La situación del ejército, dice Fririón, se hacía más y más crítica cada día: se hallaba
aislado en los confines de Portugal, con una barrera
infranqueable por delante y un vasto desierto detrás,
recorrido por bandas enemigas tan sólo. Ningún cuerpo francés pensaba en ir en su ayuda; el conde de Er-
lón (Drouet) estaba todavía en Salamanca y el duque
de Trévise (Mortier) no había cruzado el Guadiana
para invadir el Alemtejo.»

Massena no era, sin embargo, hombre que perdiera
tan pronto la esperanza de su hasta entonces siempre
brillante y favorable fortuna. Esa esperanza, no conocía á su adversario, se fundaba en que Wellington,
viéndole con fuerzas tan escasas, se consideraría en
estado de obtener una victoria tan decisiva como fácil

Espera equivocadamente una batalla.

----

ción de herirle sino la de invitarle á que se retirase, pues, en
otro caso, le hubieran dirigido más tiros. Thiers, y se nos figura que sigue á Jones, asiente á esta opinión y supone que
Massena tomó el cañonazo por un aviso cortés al que correspondió saludando.

(1) No es Thiers de esa opinión en absoluto, porque supone que no escaseaban á ese punto los víveres en aquella parte
de Portugal, no habiendo tenido los habitantes tiempo para
destruirlos todos en su retirada. «Podíase, pues, dice, subsistir
algunas semanas y tomarse tiempo para reflexionar antes de
tomar un partido sobre lo que debería hacerse.»

y abandonaría sus posiciones para combatirle en campo abierto. No pensaba el general inglés en tal aventura. Considerándose perfectamente seguro en aquellas posiciones, su intención era la de mantenerse en ellas hasta que el hambre obligara á sus enemigos á alejarse, para lo que no cesaba de dirigir órdenes á los cuerpos volantes que operaban en el Mondego y el Zézere para que mantuvieran á los franceses en una completa incomunicación con sus camaradas de España y privados de todo recurso (1). Llevó la previsión y sus precauciones á tal punto que, consultado por el gobierno sobre si se podría retirar la escuadra de transportes surta en el Tajo y que costaba 75 millones de francos al año, contestó que, á pesar de considerarse perfectamente seguro en sus posiciones de Torres-Vedras y de no oponerse en absoluto á que se retirara la escuadra, no creyéndose perdido con tal medida, la suponía poco conforme con las reglas de la prudencia pues que de un momento á otro podría ser reforzado el ejército francés con las tropas existentes en Castilla la Vieja y Andalucía, y que teniendo á su frente tal general como Massena y soldados como los que mandaba, aun no siendo probable un desastre, él se guardaría muy bien de responder del éxito. La prudencia de tal consejo era de respetar y continuó en el Tajo la

_____

(1) Escribía al conde de Liverpool el 3 de noviembre: «La guarnición de Peniche y la de Obidos, plaza que ha ocupado recientemente el capitán Fenwick al servicio de Portugal, bajo la dirección del brigadier general Blunt de la caballería británica, continúa en su destructora lucha sobre la retaguardia de la derecha enemiga, mientras el camino alto de Coimbra por Leiria está ocupado por el destacamento del coronel Wilson. También dice que el general Silveira ocupa los caminos de Almeida á Trancoso, Celórico y Guarda.

escuadra de transportes destinada al reembarque del ejército inglés.

Pero no sólo entonces, cuando recién llegado Massena á la vista de las líneas pudo aparecer más temible, puesto que, aun vencido en Bussaco, se le dejaba llegar á ellas, sino después, al tomar los franceses posiciones á retaguardia con más carácter de defensivas ó de observación que de otra cosa, Wellington se disculpaba de no acometerlos con razones que sólo el éxito tardío, pero feliz, y su conducta posterior á la campaña lograron acreditar de prudentes y fundadas. Porque reconocidas, según ya hemos dicho, varias veces y detenidamente las posiciones de la primera línea, y con noticias, ya seguras, de cuantas obras constituían la segunda, la fortificación de Lisboa y el reducto de San Julián, Massena redujo las proporciones que antes se había propuesto dar á su empresa, tan decisivas como grandiosas, á las de un especie de bloqueo, ínterin le llegaran los refuerzos que creía necesitar, dedicándose entretanto á mantener su ejército lo mejor provisto posible y dominar la región alta del Tajo portugués y las avenidas más importantes de Lisboa.

Con efecto, si al pronto podía mantenerse el bloqueo por el impulso dado á las tropas francesas y el cuidado en el general inglés para organizar las de tantas procedencias que tenía á sus órdenes, no era de esperar que durase mucho situación tan anómala y comprometida. Y tan lo comprendió así el hábil mariscal francés, que desde los primeros días envió al general Montbrun á Santarem con siete regimientos de dragones, un batallón de Marina y siete piezas de artillería, que el día 16 ocupaban aquella ciudad, Porto

Frustrado ese intento, toma posiciones.

de Mugen y las inmediaciones de Alcoentre. Se hacia urgente procurarse allí un paso seguro á la izquierda del Tajo y un hospital; y así como para el establecimiento del hospital en Santarem se envió al general Lazowski que debía reparar los molinos destruídos por los portugueses y construir los hornos indispensables, fué el general Eblé á disponer cuantos materiales hallase para la formación de otro puente también sobre el Zézere junto á Punhete con el objeto de extender las operaciones del ejército á Abrantes y buscar nuevas vías de comunicación con la frontera española. Nada se escatimó al general Eblé en cuanto á personal de herreros y cerrajeros, carpinteros y aserradores, y se le autorizó á aprovechar los materiales en madera y hierro que creyera le pudieran proporcionar las casas de Santarem, destruyéndolas si era preciso. Pero aun así y á pesar de la gran práctica que poseía aquel notable artillero en su arte, no satisfecho Massena en las impaciencias que le producía su crítica situación, enviaba cinco días después, el 25, á su jefe de Estado Mayor á inspeccionar todos los trabajos emprendidos en Santarem, lo mismo los correspondientes á la construcción del puente mandado echar allí, que los dirigidos á reunir los víveres que pudieran hallarse en las aldeas próximas, no bien explotadas todavía (1).

_____

(1) Sobre este último punto se extiende Schépeler á dar noticias y hacer reflexiones de donde cabe deducir el estado miserable á que redujeron los merodeadores franceses aquel desgraciado país. El desorden impidió las pesquisas en busca de víveres y, aun siendo á veces afortunadas, las inutilizó por los excesos cometidos en el merodeo que, más que á otra cosa, se parecía á una bacanal tan sangrienta como embriagadora. «Lo mismo, dice el historiador alemán, que los europeos y los filibusteros buscaban en los siglos xv y xvi tesoros y mataban

El general Eblé había reunido cuantos materiales encontró para construir el puente, así lo reconocía Frrión; pero éranle necesarias herramientas, y hubo de emplear en su fabricación el hierro que pudo extraerse de las puertas y ventanas de las casas de Santarem, y, por consiguiente, el tiempo que tan largo se le hacía á su general en jefe. Tan impaciente estaba por asegurar el racionamiento de las tropas y sus comunicaciones con España, lo mismo por el Alemtejo que por la Beira; tan preocupado con su situación

----

á los indios, los soldados franceses recorrían las soledades de Portugal; semejantes á las hienas de los desiertos, destruían las sepulturas y saqueaban la morada última de los muertos en busca de sus tesoros. El martirio de los habitantes del campo servía de varita de adivinación para descubrir sus ocultas riquezas, y gran número de aquellos desgraciados espiraban en medio de los tormentos más horribles porque no tenían nada ó no sabían nada. Si era una mujer la que caía en las manos de aquellos malvados, la desgraciada, desvanecida regularmente, servía por el pronto para satisfacer su brutalidad y moría en sus sangrientos brazos.»

. . . .

«La oscuridad espantosa de las cavernas ofrece refugio á los fugitivos; un grupo de bárbaros enemigos se precipita á ellas. A la entrada, un anciano les implora la vida de rodillas y cae destrozado á bayonetazos. Hombres envueltos en andrajos y en desorden los cabellos, semejantes á salvajes, tratan de salvar dentro mujer é hijos, pero en vano; el infierno los sigue lanzando horribles carcajadas, la sangre mancha la roca y el sexo más débil es presa, así, segura. Un sacerdote huído con sus feligreses, se acerca á ofrecer á los moribundos sus últimos consuelos, y sigue á las víctimas al otro mundo. ¡El crimen, entonces, se ceba en las mujeres, y la saciedad conduce frecuentemente el brazo que rodeaba á la víctima á darla la muerte! ¿Por qué gritan esos niños? Matadlos. No, grita un demonio, dejad morir esa piara en el desierto.»

Schépeler continúa por espacio de cinco páginas describiendo escenas semejantes. «Esos cuadros añade son hechos históricos y aconteció por eso que los portugueses, viejos y jóvenes, atacaban con la mayor rabia á los enemigos como si fuesen bandidos.»

El color de esos cuadros es fuerte, y verdaderamente no parece de paleta alemana.

por más que en sus despachos á Berthier aparezca
tranquilo respecto á una salida de las líneas por parte
de Wellington, que el día 29 se trasladaba á Santarem
para apresurar el establecimiento del tan deseado
puente y, por si las circunstancias lo exigiesen, cubrir
la gran posición militar de entre aquella ciudad y el
Océano por su principal comunicación de Río Maior,
ocupando las alturas de Aveiras (1).

De modo que, diga lo que quiera en sus despachos
y digan lo que mejor les parezca sus panegiristas,
Massena buscaba una posición defensiva á fin de, asegurando los caminos de su retirada, que debía calcular
como próxima, esperar los tan repetidamente solicitados refuerzos, sin los que se haría inevitable.

Las instrucciones que dejó á su jefe de Estado Mayor decían: «El 2.º cuerpo, abandonando sus puestos
de Villa-Franca se situaría en batalla sobre el camino
de Villa-Nova, y las tropas que ocupan á Arruda se-
guirían el movimiento del 8.º cuerpo que evacuaría
Sobral para no dejar descubierto su flanco izquierdo.
Terminado aquel movimiento general, el 2.º cuerpo
ocuparía la nueva posición con todas sus tropas, la
izquierda en Villa-Nova con la caballería, y su derecha
en las alturas frente al molino que está sobre el río de
Alemquer. El 2.º cuerpo no comenzaría el movimiento

---

(1) Escribía después á Berthier: «Mi posición es difícil, y
lo repito, atacar tres líneas de trincheras y á un enemigo que
tiene dos veces más fuerzas que yo, y á sus espaldas todos los
medios necesarios para su reembarque, no me ha parecido conveniente en bien del servicio de S. M. Me he decidido, pues,
por el partido de ponerme á la defensiva esperando las órdenes del Emperador y el resultado de las disposiciones que
tomo.»

de Carregado sino después de asegurarse de que el 8.º
hubiera evacuado totalmente Alemquer y se hallara en
la carretera de Alcoentre. Su caballería debería estar
siempre en observación del enemigo. El general Reynier practicaría cortaduras en la carretera y pondría
fuego á Villa-Franca y Castanheira si lo juzgaba necesario para contener la marcha del enemigo.»

«El 8.º cuerpo se retiraría; su 1.ª brigada sobre la
2.ª y sucesivamente hasta la división Loison, defendiendo todas las eminencias. Una vez á la altura de
Alemquer, tendría cuidado de establecer tropas en los
desfiladeros de aquella población á fin de dar tiempo
á la artillería para retirarse por el camino de Moinho-
Novo. Habiendo pasado la artillería, aquel cuerpo se
retiraría por las alturas á espaldas de Alemquer sobre
Moinho-do-Cubo para ir á ocupar los altos de Aveiras,
con su izquierda frente á la confluencia del Otta y el
Guerchino. El duque de Abrantes cuidaría, al princi-
piar su movimiento retrógrado, de enviar á su parque,
que está en Moinho-Novo, la orden de retirarse detrás
de Moinho-do-Cubo.»

«La división Marchand del 6.º cuerpo, que está en
Villa-Nova, en cuanto sepa que el 2.º cuerpo hace su
movimiento retrógrado, se dirigirá á Alcoentre por la
carretera. La división Mermet, segura de que el 8.º
cuerpo se ha retirado y que está á la altura de Moinho-
do-Cubo, hará su movimiento para ir á situarse en
Nuestra Señora de Mexoeira. La división Loison en
cabeza del 8.º cuerpo, irá á tomar posición de batalla,
con su derecha á la izquierda de la división Mermet.»

«La caballería del general Treillard permanecerá
siempre en Alcoentre.»

Esta es la primera muestra que dió Massena de reconocerse sin medios para forzar las líneas de Torres-Vedras, declarando su impotencia militar ante ellas para con el Emperador y el ejército de su mando. Y para, al mismo tiempo, cubrirse de la acción de las tropas portuguesas que, dueñas de Coimbra y del alto valle del Mondego, irían á atacar á sus destacamentos y avanzadas por el Zézere, apoyados en el Tajo desde Abrantes, dirigió de nuevo á Montbrun sobre Punhete, que el célebre general, uno de los más consumados en el arte de manejar la caballería, no logró ocupar sino con algunas, muy pocas compañías de dragones y una de infantería, por la crecida que sobrevino en las aguas de aquel allí ya caudaloso río. Se hizo, por lo tanto, preciso echar un puente que en los primeros días de noviembre fué, con efecto, establecido sobre el Zézere; y no bastando para cubrir otras atenciones, la del racionamiento entre ellas, se subieron de Santarem algunas barcas para cruzar el Tajo por cerca de Tancos.

Situación del ejército francés. La situación general que hacen presumir las instrucciones transcritas y los movimientos sobre el Zézere y Abrantes, ¿era, si no muy urgente, necesaria en absoluto para la salud del ejército francés de Portugal?

Si Wellington hubiera sido un Napoleón, no sólo se habría hecho preciso sino que urgentísimo el adoptarla inmediatamente. La fuerza del ejército francés se encontraba reducida el 31 de octubre á poco más de 46.000 hombres, inclusa la oficialidad de todas las armas é institutos. Hallábase, además, esa fuerza esparcida en una extensión de terreno, lo considerable que hacen suponer las operaciones dirigidas á la provisión de víveres en país tan esquilmado y á procu-

rarse la comunicación con España, tan distante por cualquiera de los caminos que llevan á ella. Ni noticia había de que se dirigieran al ejército ni menos se le acercaran los refuerzos que deberían llegarle de Castilla y Extremadura. Y, por último, faltaba artillería de sitio, el primero y más eficaz elemento para acometer la empresa de atacar las obras del vasto campo atrincherado que el arte polémica, ayudada de toda la fuerza de un material inmenso, había acumulado en las líneas que lo constituían.

Esto en cuanto á la fuerza, que por lo que se refiere á la disposición de las tropas, era tan defectuosa como hábil la de las inglesas destinadas á resistir su empuje. Las posiciones ocupadas por el 8.° cuerpo francés á la inmediación de Sobral, podían ser envueltas fácilmente sobre todo desde los altos de Arruda, con la ventaja principalmente por parte de los ingleses de serles fácil la concentración de una gran masa de fuerzas que lo separase del 2.° cuerpo establecido en la margen del Tajo. Cualquier socorro que se tratase de enviar á Junot, tendría que dar un gran rodeo y entretanto corría aquel general el riesgo de, ó verse envuelto ó de retirarse apresuradamente, abandonando así las posiciones que parecían amenazar de más cerca y con probabilidades de mayor éxito á las de los ingleses. Y como por su retaguardia las distancias al cuartel general, que se hallaba en Alemquer, esto es á más de 30 kilómetros y al de Ney, establecido en Otta, á 22, y la dispersión de la fuerza obligada á extenderse para reunir víveres, eran tan considerables, debía abrigarse el temor de que, atacado el 8.° cuerpo, podría muy bien hallarse sin refuerzos por sus espaldas antes

Esta es la primera muestra que dió Massena de
reconocerse sin medios para forzar las líneas de Torres-
Vedras, declarando su impotencia militar ante ellas
para con el Emperador y el ejército de su mando. Y
para, al mismo tiempo, cubrirse de la acción de las
tropas portuguesas que, dueñas de Coimbra y del alto
valle del Mondego, irían á atacar á sus destacamentos
y avanzadas por el Zézere, apoyados en el Tajo desde
Abrantes, dirigió de nuevo á Montbrun sobre Punhete,
que el célebre general, uno de los más consumados en
el arte de manejar la caballería, no logró ocupar sino
con algunas, muy pocas compañías de dragones y una
de infantería, por la crecida que sobrevino en las aguas
de aquel allí ya caudaloso río. Se hizo, por lo tanto,
preciso echar un puente que en los primeros días de
noviembre fué, con efecto, establecido sobre el Zézere;
y no bastando para cubrir otras atenciones, la del racionamiento entre ellas, se subieron de Santarem algunas barcas para cruzar el Tajo por cerca de Tancos.

**Situación
del ejército
francés.**
La situación general que hacen presumir las instrucciones transcritas y los movimientos sobre el Zézere
y Abrantes, ¿era, si no muy urgente, necesaria en absoluto para la salud del ejército francés de Portugal?

Si Wellington hubiera sido un Napoleón, no sólo
se habría hecho preciso sino que urgentísimo el adoptarla inmediatamente. La fuerza del ejército francés
se encontraba reducida el 31 de octubre á poco más
de 46.000 hombres, inclusa la oficialidad de todas las
armas é institutos. Hallábase, además, esa fuerza esparcida en una extensión de terreno, lo considerable
que hacen suponer las operaciones dirigidas á la provisión de víveres en país tan esquilmado y á proca

rarse la comunicación con Espa

cualquiera de los caminos que lleva

había de que se dirigieran al ejérci

acercaran los refuerzos que deberían li

lla y Extremadura. Y, por último, faltaba

sitio, el primero y más eficaz elemento pa

la empresa de atacar las obras del vasto car

cherado que el arte polémica, ayudada de toda

za de un material inmenso, había acumulado

líneas que lo constituían.

Esto en cuanto á la fuerza, que por lo que se refiere
á la disposición de las tropas, era tan defectuosa como
hábil la de las inglesas destinadas á resistir su empuje.
Las posiciones ocupadas por el 8.° cuerpo francés á la
inmediación de Sobral, podían ser envueltas fácilmente sobre todo desde los altos de Arruda, con la ventaja principalmente por parte de los ingleses de serles
fácil la concentración de una gran masa de fuerzas
que lo separase del 2.° cuerpo establecido en la margen del Tajo. Cualquier socorro que se tratase de enviar á Junot, tendría que dar un gran rodeo y entretanto corría aquel general el riesgo de, ó verse envuelto ó de retirarse apresuradamente, abandonando así
las posiciones que parecían amenazar de más cerca y
con probabilidades de mayor éxito á las de los ingleses.
Y como por su retaguardia las distancias al cuartel
general, hallaba en Alemquer, esto es á más
de 30 ki y al de Ney, establecido en Otta, á
22, y la de la fuerz da á extenderse
para reu eran ta bles, debía abrigarse el ue, a cuerpo, podría
uy bie n ref us espaldas antes

Esta es la primera muestra que dió Massena de reconocerse sin medios para forzar las líneas de Torres-Vedras, declarando su impotencia militar ante ellas para con el Emperador y el ejército de su mando. Y para, al mismo tiempo, cubrirse de la acción de las tropas portuguesas que, dueñas de Coimbra y del alto valle del Mondego, irían á atacar á sus destacamentos y avanzadas por el Zézere, apoyados en el Tajo desde Abrantes, dirigió de nuevo á Montbrun sobre Punhete, que el célebre general, uno de los más consumados en el arte de manejar la caballería, no logró ocupar sino con algunas, muy pocas compañías de dragones y una de infantería, por la crecida que sobrevino en las aguas de aquel allí ya caudaloso río. Se hizo, por lo tanto, preciso echar un puente que en los primeros días de noviembre fué, con efecto, establecido sobre el Zézere; y no bastando para cubrir otras atenciones, la del racionamiento entre ellas, se subieron de Santarem algunas barcas para cruzar el Tajo por cerca de Tancos.

Situación del ejército francés. La situación general que hacen presumir las instrucciones transcritas y los movimientos sobre el Zézere y Abrantes, ¿era, si no muy urgente, necesaria en absoluto para la salud del ejército francés de Portugal?

Si Wellington hubiera sido un Napoleón, no sólo se habría hecho preciso sino que urgentísimo el adoptarla inmediatamente. La fuerza del ejército francés se encontraba reducida el 31 de octubre á poco más de 46.000 hombres, inclusa la oficialidad de todas las armas é institutos. Hallábase, además, esa fuerza esparcida en una extensión de terreno, lo considerable que hacen suponer las operaciones dirigidas á la provisión de víveres en país tan esquilmado y á procu-

rarse la comunicación con España, tan distante por cualquiera de los caminos que llevan á ella. Ni noticia había de que se dirigieran al ejército ni menos se le acercaran los refuerzos que deberían llegarle de Castilla y Extremadura. Y, por último, faltaba artillería de sitio, el primero y más eficaz elemento para acometer la empresa de atacar las obras del vasto campo atrincherado que el arte polémica, ayudada de toda la fuerza de un material inmenso, había acumulado en las líneas que lo constituían.

Esto en cuanto á la fuerza, que por lo que se refiere á la disposición de las tropas, era tan defectuosa como hábil la de las inglesas destinadas á resistir su empuje. Las posiciones ocupadas por el 8.º cuerpo francés á la inmediación de Sobral, podían ser envueltas fácilmente sobre todo desde los altos de Arruda, con la ventaja principalmente por parte de los ingleses de serles fácil la concentración de una gran masa de fuerzas que lo separase del 2.º cuerpo establecido en la margen del Tajo. Cualquier socorro que se tratase de enviar á Junot, tendría que dar un gran rodeo y entretanto corría aquel general el riesgo de, ó verse envuelto ó de retirarse apresuradamente, abandonando así las posiciones que parecían amenazar de más cerca y con probabilidades de mayor éxito á las de los ingleses. Y como por su retaguardia las distancias al cuartel general, que se hallaba en Alemquer, esto es á más de 30 kilómetros y al de Ney, establecido en Otta, á 22, y la dispersión de la fuerza obligada á extenderse para reunir víveres, eran tan considerables, debía abrigarse el temor de que, atacado el 8.º cuerpo, podría muy bien hallarse sin refuerzos por sus espaldas antes

Esta es la primera muestra que dió Massena de
reconocerse sin medios para forzar las líneas de Torres-
Vedras, declarando su impotencia militar ante ellas
para con el Emperador y el ejército de su mando. Y
para, al mismo tiempo, cubrirse de la acción de las
tropas portuguesas que, dueñas de Coimbra y del alto
valle del Mondego, irían á atacar á sus destacamentos
y avanzadas por el Zézere, apoyados en el Tajo desde
Abrantes, dirigió de nuevo á Montbrun sobre Punhete,
que el célebre general, uno de los más consumados en
el arte de manejar la caballería, no logró ocupar sino
con algunas, muy pocas compañías de dragones y una
de infantería, por la crecida que sobrevino en las aguas
de aquel allí ya caudaloso río. Se hizo, por lo tanto,
preciso echar un puente que en los primeros días de
noviembre fué, con efecto, establecido sobre el Zézere;
y no bastando para cubrir otras atenciones, la del racionamiento entre ellas, se subieron de Santarem algunas barcas para cruzar el Tajo por cerca de Tancos.

Situación
del ejército
francés.

La situación general que hacen presumir las instrucciones transcritas y los movimientos sobre el Zézere
y Abrantes, ¿era, si no muy urgente, necesaria en absoluto para la salud del ejército francés de Portugal?

Si Wellington hubiera sido un Napoleón, no sólo
se habría hecho preciso sino que urgentísimo el adoptarla inmediatamente. La fuerza del ejército francés
se encontraba reducida el 31 de octubre á poco más
de 46.000 hombres, inclusa la oficialidad de todas las
armas é institutos. Hallábase, además, esa fuerza esparcida en una extensión de terreno, lo considerable
que hacen suponer las operaciones dirigidas á la provisión de víveres en país tan esquilmado y á procu-

rarse la comunicación con España, tan distante por cualquiera de los caminos que llevan á ella. Ni noticia **había** de que se dirigieran al ejército ni menos se le acercaran los refuerzos que deberían llegarle de Castilla y Extremadura. Y, por último, faltaba artillería de sitio, el primero y más eficaz elemento para acometer la empresa de atacar las obras del vasto campo atrincherado que el arte polémica, ayudada de toda la fuerza de un material inmenso, había acumulado en las líneas que lo constituían.

Esto en cuanto á la fuerza, que por lo que se refiere á la disposición de las tropas, era tan defectuosa como hábil la de las inglesas destinadas á resistir su empuje. Las posiciones ocupadas por el 8.° cuerpo francés á la inmediación de Sobral, podían ser envueltas fácilmente sobre todo desde los altos de Arruda, con la ventaja principalmente por parte de los ingleses de serles fácil la concentración de una gran masa de fuerzas que lo separase del 2.° cuerpo establecido en la margen del Tajo. Cualquier socorro que se tratase de enviar á Junot, tendría que dar un gran rodeo y entretanto corría aquel general el riesgo de, ó verse envuelto ó de retirarse apresuradamente, abandonando así las posiciones que parecían amenazar de más cerca y con probabilidades de mayor éxito á las de los ingleses. Y como por su retaguardia las distancias al cuartel general, que se hallaba en Alemquer, esto es á más de 30 kilómetros y al de Ney, establecido en Otta, á 22, y la dispersión de la fuerza obligada á extenderse para reunir víveres, eran tan considerables, debía abrigarse el temor de que, atacado el 8.° cuerpo, podría muy bien hallarse sin refuerzos por sus espaldas antes

Esta es la primera muestra que dió Massena de reconocerse sin medios para forzar las líneas de Torres-Vedras, declarando su impotencia militar ante ellas para con el Emperador y el ejército de su mando. Y para, al mismo tiempo, cubrirse de la acción de las tropas portuguesas que, dueñas de Coimbra y del alto valle del Mondego, irían á atacar á sus destacamentos y avanzadas por el Zézere, apoyados en el Tajo desde Abrantes, dirigió de nuevo á Montbrun sobre Punhete, que el célebre general, uno de los más consumados en el arte de manejar la caballería, no logró ocupar sino con algunas, muy pocas compañías de dragones y una de infantería, por la crecida que sobrevino en las aguas de aquel allí ya caudaloso río. Se hizo, por lo tanto, preciso echar un puente que en los primeros días de noviembre fué, con efecto, establecido sobre el Zézere; y no bastando para cubrir otras atenciones, la del racionamiento entre ellas, se subieron de Santarem algunas barcas para cruzar el Tajo por cerca de Tancos.

Situación del ejército francés. La situación general que hacen presumir las instrucciones transcritas y los movimientos sobre el Zézere y Abrantes, ¿era, si no muy urgente, necesaria en absoluto para la salud del ejército francés de Portugal?

Si Wellington hubiera sido un Napoleón, no sólo se habría hecho preciso sino que urgentísimo el adoptarla inmediatamente. La fuerza del ejército francés se encontraba reducida el 31 de octubre á poco más de 46.000 hombres, inclusa la oficialidad de todas las armas é institutos. Hallábase, además, esa fuerza esparcida en una extensión de terreno, lo considerable que hacen suponer las operaciones dirigidas á la provisión de víveres en país tan esquilmado y á procu-

rarse la comunicación con España, tan distante por cualquiera de los caminos que llevan á ella. Ni noticia había de que se dirigieran al ejército ni menos se le acercaran los refuerzos que deberían llegarle de Castilla y Extremadura. Y, por último, faltaba artillería de sitio, el primero y más eficaz elemento para acometer la empresa de atacar las obras del vasto campo atrincherado que el arte polémica, ayudada de toda la fuerza de un material inmenso, había acumulado en las líneas que lo constituían.

Esto en cuanto á la fuerza, que por lo que se refiere á la disposición de las tropas, era tan defectuosa como hábil la de las inglesas destinadas á resistir su empuje. Las posiciones ocupadas por el 8.° cuerpo francés á la inmediación de Sobral, podían ser envueltas fácilmente sobre todo desde los altos de Arruda, con la ventaja principalmente por parte de los ingleses de serles fácil la concentración de una gran masa de fuerzas que lo separase del 2.° cuerpo establecido en la margen del Tajo. Cualquier socorro que se tratase de enviar á Junot, tendría que dar un gran rodeo y entretanto corría aquel general el riesgo de, ó verse envuelto ó de retirarse apresuradamente, abandonando así las posiciones que parecían amenazar de más cerca y con probabilidades de mayor éxito á las de los ingleses. Y como por su retaguardia las distancias al cuartel general, que se hallaba en Alemquer, esto es á más de 30 kilómetros y al de Ney, establecido en Otta, á 22, y la dispersión de la fuerza obligada á extenderse para reunir víveres, eran tan considerables, debía abrigarse el temor de que, atacado el 8.° cuerpo, podría muy bien hallarse sin refuerzos por sus espaldas antes

bal, aumentáronse las fortificaciones de estos puntos hasta hacerlos lo inexpugnables posible. Con esos trabajos, todos importantísimos y admirablemente ejecutados por el capitán de ingenieros Goldfinch, coincidieron los que debían poner á salvo de todo ataque la ciudad de Abrantes, abandonada hasta hacía poco, en la que á la precaución de convertirla en plaza de guerra con las obras que con tal objeto se construyeron en ella, se añadió la de no dotarla de artillería de mayor calibre que el de á 12 para que, una vez ocupada por el enemigo, no pudiera aprovecharla contra Lisboa, ya que el estado de los caminos de la frontera no consentía el transporte de las piezas de sitio.

No se dirá que Lord Wellington descuidaba detalle alguno para asegurarse en sus posiciones y esperar tranquilo el resultado de una invasión que, bien se veía, iba destinada á arrojar el ejército inglés de Portugal y hacerle desistir de su intervención en la defensa de toda la Península, única parte entonces de la Europa Continental que se negaba á someterse al Imperio Napoleónico.

¿Qué pasaba entretanto en el ejército francés, y qué era lo que paralizaba su acción y produciría luego su retirada definitiva á España?

Foy en París.

Recordará el lector que Massena había comisionado al general Foy para enterar á Napoleón de los sucesos de Portugal desde que, sometidas Ciudad Rodrigo y Almeida, había, al penetrar en aquel reino, perdido las comunicaciones con Francia. El hábil general, salvando felizmente los obstáculos que pudieron oponérsele en su aventurada marcha, llegó, con efecto, á París donde encontró al Emperador disgustado de las operaciones ejecutadas en Portugal y prevenido contra Massena. Por más que Foy defendió al Mariscal, su jefe, así en cuanto á la dirección que dió á las tropas en su entrada en Portugal como en su conducta en Bussaco y después de aquella sangrienta é inútil batalla, Napoleón se mostró, si muy enterado de las necesidades de aquel ejército y de la importancia de sus éxitos, pues que de ellos dependía el término de la guerra general europea, quejoso también de operaciones que, después de todo, habían respondido á sus instrucciones y mandatos. Sin embargo, comenzó en seguida de sus conferencias con Foy á dictar órdenes para que las fuerzas que operaban en ambas Castillas y en Andalucía y Extremadura acudiesen inmediatamente en auxilio de las de Portugal, dándole copia de las más importantes y el *Moniteur* del 26 de diciembre con las noticias de cuanto pasaba el 2 en Lisboa, adquiridas, como todas las que tenía hacía mucho tiempo, de los periódicos de Londres y de sus agentes en la misma metrópoli del Reino Unido. Y aquel día le enviaba también á Bayona más nuevas de idéntica fuente, en que aparecían consignados sucesos que ya hemos relatado, acontecidos en las líneas de Santarem, y el de un pequeño choque habido entre los portugueses de Silveira y la vanguardia de Gardanne. Porque Foy, encontrando al salir de Portugal á aquel general, encargado de mantener desde Ciudad Rodrigo las comunicaciones con Massena, le había ordenado emprendiese la marcha por el camino que acababa él de seguir hasta unirse al ejército. Pero, no habiendo podido reunir más allá de unos 3 á 4.000 hombres de los 6.000 con que contaba, procedentes de los hospitales de aque-

Expedición de Gardanne.

lla plaza y la de Almeida, se vió muy pronto asaltado de todas partes por las tropas de Silveira y las Milicias del país que, aun no siendo lo numerosas que era de esperar, produjeron un pequeño revés á su vanguardia que le hizo abultarse el peligro que corría y retroceder, temiendo verse sin salida posible entre el Zézere y el Tajo antes de reunirse al Mariscal en Santarem (1).

Las órdenes de Napoleón á que venimos haciendo referencia, iban dirigidas á cuantos generales operaban en España á fin de que, manteniendo despejadas las comunicaciones con Portugal ó procurando dominar el curso del Tajo, se unieran al ejército de Massena para con la masa total de tantas tropas dar el golpe de gracia á Wellington y apoderarse de Lisboa, único lugar en que pudiera ofrecerse resistencia á las armas francesas. El siguiente despacho dará idea del empeño con que tomó el satisfacer los deseos de Massena transmitídosle por Foy en su viaje á París. «Primo, le decía á Berthier el 6 de febrero de 1811, creo

---

(1) Escribía, y muy modestamente por cierto, el general Silveira pocos días después: «Desde el día 27 del mes pasado (diciembre de 1810) no he podido participar á Vd. lo que ha sucedido aquí.

«Habiendo pasado después el Coa una división enemiga, se adelantó hasta el pie de Celórico. El día 30 ataqué con bastante felicidad y ventaja; duró el fuego más de seis horas; dejó el enemigo más de 150 muertos, dos oficiales; según dicen los desertores fué grande el número de los heridos entre los cuales hubo seis oficiales. El enemigo se retiró á Trancoso, que es plaza antigua con murallas donde todavía se mantiene. Sírvase Vd. participar esta noticia al Excmo. Sr. General Mahy, pues no tengo tiempo para hacerlo.»

D. Manuel de Uría y Llano, á quien fué dirigido ese pliego, persona apostada en Verín por Mahy, añadía que si no hubiera sido porque se dispersaron dos regimientos de Milicias de los que llevaba Silveira, la derrota de los franceses habría sido completa.

que debéis enviar el *Moniteur* de hoy al duque de
Dalmacia, al duque de Treviso, al general Belliard, al
duque de Istria, á los comandantes de Ciudad Rodrigo
y Almeida, al general Thiebaut y á los generales Dorsenne, Caffarelli y Reille. Escribid al duque de Istria,
enviándole el *Moniteur*, para anunciarle que en él en-
contrará las últimas noticias que tenemos de Portugal
que deben ser del 13 (enero); que todo parece tomar
un rumbo ventajoso; que si se ha tomado Badajoz en
enero, el duque de Dalmacia ha podido dirigirse al
Tajo y facilitar el establecimiento del puente al príncipe de Essling; que es de la mayor importancia cumplir cuantas disposiciones he dictado yo, á fin de que
el general Drouet, con sus divisiones, pueda ponerse
enteramente á la disposición del príncipe de Essling.
Escribid al mismo tiempo al duque de Dalmacia dándole á conocer la situación del duque de Istria y reite-
rándole la orden de ayudar al príncipe de Essling en
su paso del Tajo; que espero que en todo enero habrá
sido tomada Badajoz y que hacia el 20 de enero habrá
verificado en el Tajo su unión con el príncipe de Essling; que puede, si lo considera necesario, retirar las
tropas del 4.º cuerpo, y que, en fin, todo está en el
Tajo. »

No se puede, pues, dudar de que, si en presencia *Órdenes*
del general Foy, pretendía Napoleón escatimar á Mas- *para reforzar*
sena mérito y servicios, si ponía en duda su acierto en *á Massena.*
las operaciones ejecutadas fuera de su alcance soberano y sabio, consideraba luego como de absoluta necesidad el acudir en su ayuda para que llenase por completo la ardua misión que le había confiado.

Al mismo tiempo exigía la mayor premura para la

organización en la frontera de fuerzas que se unieran á las de Castilla que gobernaba el duque de Istria, á quien enderezaba una severa reprimenda por suponer en su Emperador la ignorancia de la superioridad de los regimientos *definitivos* sobre los *provisionales*, que se veía obligado á crear con los reclutas y los destacamentos de los de *depósito*. Y como Bessiéres se hubiese, sin duda, disculpado de su falta de acción militar con la incansable de las guerrillas españolas, le hacía decir en un despacho de 8 de marzo de 1811: «Dad orden al duque de Istria de que haga que el general Seras ataque á las fuerzas insurgentes que operan entre Astorga y Villafranca. Sólo tomando una iniciativa enérgica con los brigantes, se pueden esperar resultados: para acabar con ellos, se necesita hacerles una guerra activa y vigorosa.»

Se revela en toda su correspondencia la ira que producía en Napoleón el fracaso de la campaña de Portugal porque, ni aun tratándose de las tropas puestas al mando inmediato de su hermano, disimulaba el enojo por no coadyuvar al éxito de la empresa encomendada á Massena. Había hecho dirigir á José una amarga queja por haber relevado al general Belliard del gobierno de Madrid, y hasta exigió que se le repusiera en él, y dos meses después, el 22 de marzo, le hacía saber su disgusto por la en su concepto falsa dirección dada á las operaciones del ejército del Centro enviando á Cuenca 3.000 hombres que debió agregar á la columna del general Lahoussaye, destinada á situarse entre el Tajo y Badajoz y ponerse á las órdenes de Soult que sitiaba aquella plaza. Porque Napoleón cifraba sus esperanzas más halagüeñas respecto al éxi-

to de Massena, y con razón, en la marcha de Soult sobre el Alemtejo, fuese para unirse al Príncipe de Essling y operar con él directamente contra Wellington
en las líneas de Torres-Vedras, fuese para ayudarle
con una diversión por la izquierda, hasta ponerse frente á Lisboa y hacer que la escuadra inglesa evacuase
la inmensa y segura ensenada del allí anchuroso y
hondo Tajo (1).

Era aquel precisamente uno de los períodos en que
el carácter dominante de Napoleón ó el tantas veces
manifiesto descontento de José tenían á los dos hermanos contrapunteados. Ya en noviembre de 1810, y
con motivo de los rumores que habían corrido de tra-
tos entre el gobierno del Intruso y las Cortes de Cádiz,
Napoleón se había desatado en improperios contra su
hermano, por invocar éste las resoluciones de 1808 en
Bayona, en pro de su soberanía é independencia. Después de recordar la historia del reinado de José en
aquel año y los sucesivos, el Emperador escribía al
conde de Laforest, su embajador en Madrid: «El rey
de España sería muy poca cosa si no fuese hermano
del Emperador y general de sus ejércitos. Sería tan
poca cosa que no habría aldea de 4.000 almas que no
fuera más fuerte que cuantos partidarios puede él tener
en España. Su guardia misma es toda francesa. Ni un
solo oficial español notable ha derramado su sangre

(1) Hacíale decir que era indispensable: 1.º, que el ejército
del Centro dirigiese á Sevilla reunidos todos los destacamentos
pertenecientes al del Mediodía; 2.º, que enviase un cuerpo, todo lo fuerte posible, entre el Tajo y el duque de Dalmacia para ayudarle en el grande plan de comunicar con el ejército de
Portugal por la izquierda del Tajo y favorecer así sus operaciones.»

por el Rey.» «Su Majestad, continuaba, no tiene para qué decidirse en los asuntos de España por las negociaciones de Bayona. Esas no han sido ratificadas por la nación española. Su Majestad las considera nulas, como no acordadas. Lo ha manifestado, creo yo, así al entrar en Madrid y ha hecho saber que, si el país no se le entregaba, tomaría para sí la corona de España.»

¡Cómo en los momentos de aquellas iras olímpicas que constituían el fondo de su .carácter revelaba el cruel desengaño que había sufrido en su tan poco meditada empresa de España! ¡Y cómo asomaba á sus labios aquel triste pensamiento que en Santa Elena le hacía decir confesando sus errores: «Esa desgraciada guerra de España me ha perdido...» «Los españoles despreciaron su interés para no ocuparse más que de la injuria; se indignaron á la idea de la ofensa, se sublevaron á la vista de la fuerza y todos corrieron á las armas. Los españoles en masa se condujeron como un hombre de honor.»

En esa filípica, además de tener de su parte la razón el Emperador, siquier nadie como él debía lamentarse de haber provocado tan desatentada guerra, se descubría la ninguna concordia que reinaba entre los dos hermanos. José nunca se mostró agradecido al cariño, los cuidados, los favores y grandezas, ni aun al trono que le había regalado Napoleón. Si el de España le produjo tantos disgustos, el de Nápoles no le había llevado á ver en su hermano el protector de la familia, de quien ésta se hallaba en la obligación de respetar sus determinaciones y sufrir con evangélica paciencia la exuberancia oriental de sus caprichos y genialida-

des. Sin detenernos en desmenuzar ahora las muestras
de ingratitud que obtuvo Napoleón de José y de la
mayor parte de los individuos de su numerosa familia,
bástenos poner de manifiesto, como creemos haberlo hecho ya, el desacuerdo en que no tardó el flamante rey de España á colocarse con quien, si cediendo á
sus propios cálculos para realizar su vasto plan continental, nunca dejó de dirigirle los más sabios y cari-
ñosos consejos. Dominantes y todo, hasta tiránicos podrían ser los preceptos que le dirigía; cabía pudieran
traducirse sus amonestaciones por amenazas que no es-
caseaba ciertamente el Emperador á sus tenientes y
subordinados al tratarse del cumplimiento de sus órdenes; pero rebosaba el cariño en sus cartas y pocas veces
olvidó que José era su hermano mayor. Se envaneció
éste con llevar ceñida á su frente la corona de España
y supuso que, aun no contando para mantenerla segura
sino con las fuerzas que le prestaba su hermano, fuerzas
del prestigio, del miedo universal que imponía, y materiales de sus invencibles legiones, supuso, repetimos,
que se bastaba á sí mismo para ser querido de sus súbditos y respetado de todos. Su arrogancia en ese punto
era tal que se atrevía á escribir á su hermano estas palabras: «España no puede ser feliz sin mí» (1). No lo
creía así Napoleón y todos sus discursos y escritos de

---

(1)   «El rey José, dice S. Girardin en sus *Journal et Souvenirs*, no se recataba de manifestar, quizás demasiado, el contento que le producía el verse rodeado de la brillante corte de
Carlos IV y tener á sus órdenes tantos títulos, cubiertos de
bordados los más expléndidos y de diamantes de gran valor.»
     Ha visto recientemente la luz pública un curiosísimo libro,
cuyo sólo título, «Napoleón íntime», revela estar dedicado á
exponer las condiciones de carácter del Grande hombre. La

entonces y después demuestran que, por el contrario, más le servía José de estorbo que de auxiliar en la ejecución de sus vastos planes. Bien terminantes son las frases que acabamos de copiar del despacho de 7 de noviembre de 1810 para probarlo.

Drouet se reune á Massena. Sólo en Drouet halló Napoleón quien le secundara en su empeño de sacar á Massena airoso de la dificilísima situación en que se hallaba frente á las líneas de Torres-Vedras. Nombrado comandante del 9.º cuerpo de ejército del de España en septiembre, y reuniendo las fuerzas existentes en Castilla la Vieja, debía operar á fin de mantener sujetas Almeida, Ciudad Rodrigo, Salamanca y Astorga, para lo que se le confirió autoridad sobre Kellermann, Seras y cuantos jefes franceses ocupaban toda aquella zona. Así y con la división Claparède y la de Conroux, varios cuerpos de la de reserva de las provincias vascongadas y otros que se le enviaron de Bayona, Drouet pudo en octubre organizar una fuerza, si no todo lo numerosa que necesitaba Massena, la precisa sí para asegurar las comunicaciones del ejército de Portugal con España. Para obtener este resultado lo antes posible, Napoleón quería que Drouet destacara desde la frontera una fuerza de 6.000 hombres que, puesta á las órdenes de Gardanne ú otro general, abriese aquellas comunicaciones, pero se conoce que mejor para tener prontas y seguras noticias que

---

pintura que hace de la familia imperial ostenta los colores más tristes; y, contemplándola, no puede menos de admirarse la sangrienta frase de Napoleón III cuando uno de sus más próximos parientes le acusó de no tener nada de lo de su tío.

No se hizo esperar la contestación, tan oportuna como lacónica:

«Sí, dijo, desgraciadamente tengo su familia.»

por considerarla como auxiliar eficaz de Massena. Porque confiando en las que tenía de sus agentes de Londres, y teniendo, sin duda, por verídicas las que él mismo hacía estampar en el *Moniteur*, Napoleón abrigaba la ilusión de que no tardarían los ingleses en realizar su embarque; esperanza que le hacía mandar el 3 de noviembre á Drouet la orden de que no penetrase en Portugal y á lo más se estableciera entre Almeida y Coimbra. El 20, sin embargo, del mismo mes comprendía el Emperador lo difícil, ya que no crítico, de la situación de Massena, y daba instrucciones para apresurar la reunión de las tropas del cuerpo de Drouet y para que se ejecutasen las órdenes que había dictado anteriormente.

Ya hemos visto que Gardanne procuró unirse al ejército de Portugal siguiendo el camino que en sentido inverso había recorrido Foy. Al retroceder, encontró la división Conroux de Drouet, á cuya vanguardia se puso y volvió por el valle del Mondego á Ponte de Murcella y Venda de Moinhos para, en seguida, ponerse el 26 en comunicación con Ney, situado, según dijimos, en Thomar y Cabaços. Así pudo Massena extender su derecha hasta Leiria y Alcobaça, asegurando á la vez su comunicación más directa y fácil, tanto tiempo cortada desde que había perdido de vista la frontera española.

Esto sucedía á principios de enero de 1811, en los días precisamente en que Lord Wellington andaba tanteando las posiciones francesas, tanto para reconocerlas y contar el número de sus defensores, como para ver de establecerse en alguna que, amenazando el flanco de los enemigos, los obligara á emprender, por fin, deci-

Combate de Río-Maior.

didamente su retirada. Río-Maior parecía ser el punto
que con preferencia observaba el inglés; y Massena
ponía, por lo mismo, gran esmero en cubrirlo. Así fué
que no podía retardarse mucho por allí un choque entre las tropas de uno y otro ejército; choque, con efecto, que tuvo lugar el 19 de enero con pérdidas no considerables en cuanto al número, pero sí en la calidad,
puesto que de entre los franceses salió de la refriega
herido el duque de Abrantes, á quien relevó Clausel
en el mando del 8.° cuerpo.

Ese combate de Río-Maior puso en guardia á Massena respecto á las intenciones de Wellington, razón
del movimiento impuesto á Drouet para fortificar su
posición por la derecha hacia la costa misma del Océano. Todavía no creyó haber evitado los peligros que le
amenazaban mientras no le llegasen refuerzos más considerables, los de Andalucía, sobre todo, que le permitirían tomar sobre las líneas inglesas una actitud
ofensiva imposible con 45.000 hombres que, aun con
los de Castilla, le quedaban el día último del año 1810.
Así es que el 21 de enero siguiente enviaba á Napoleón nueva embajada en solicitud de tropas con el mayor Casa-Bianca, ayudante suyo, quien debió cruzarse
en el camino con el general Foy que llegaba al campo
francés el 5 de febrero, escoltado por 1.752 infantes y
110 caballos que, como es de suponer, quedaron también incorporados al ejército. Y, entretanto, se hacía
tomar á éste nuevas posiciones que le permitieran esperar con relativa tranquilidad los refuerzos que pudiesen llegarle y los acontecimientos que le abligaran
á decisivas y acaso supremas determinaciones. Si el
enemigo atacase, el ejército se concentraría, estable-

ciendo el 2.º cuerpo en Gollegâ con su izquierda en el
Tajo y la derecha en Torres-Novas; el 8.º, después de
hacer saltar el puente de Pernes, se retiraría á Torres-
Novas y posiciones inmediatas; el 9.º y la reserva de
caballería se replegarían sobre Ourem y Thomar; el
6.º, debía situarse en esta última población, tomando
el mando también del 9.º el mariscal Ney, así como el
de la caballería, con cuyas fuerzas habría de cubrir
una vasta extensión de terreno, principalmente hacia
Atalaia, adonde iba á trasladarse el gran cuartel general. Todos estos movimientos como el mantenimiento de la división Loisón en Punhete, dependían de los
del ejército inglés al que, á pesar de eso, debería resis-
tirse lo posíble en las posiciones anteriores, si, como
era de temer, eran vigorosamente atacadas.

Con el mapa á la vista y esas instrucciones en la
memoria, se comprende que Massena se preparaba á la
retirada que, con efecto, no tardaría en emprender,
perdida ya la esperanza de que el mariscal Soult se de-
cidiera á unírsele.

Si se necesitara alguna prueba más de la debilidad
de Napoleón para con sus generales, nos la suminis-
traría, aun sin las que ya hicimos notar respecto á
Soult en sus manejos de Oporto y al retirarse indebidamente de Galicia, la que dió lugar á su conducta en
la ocasión á que nos vamos refiriendo. Cuando se leen
los exagerados conceptos de Taine, respecto al carácter, podríamos decir que despótico y hasta brutal, de
Napoleón para con sus subordinados, hay que protes-
tar como el autor de *Napoleón íntime* diciendo con él:
«¡Ay! por el contrario: la falta de carácter de Napoleón
en su papel de jefe fué la causa, si no la inicial, la efi-

Napoleón y sus marisca- les.

ciente á lo menos de sus mayores reveses, por no haber
sabido imponer una autoridad inflexible á los que de
más cerca le rodeaban, por no haber tenido valor para
romper brutalmente las resistencias sordas ú ostensi-
bles de aquellos á quienes había hartado de riquezas y
de honores, por no haber, en fin, sabido confundir,
pisotear, aplastar y ahogar.»

¿Sería que de sus antiguos camaradas, educado y hecho hombre, puede decirse, en su marcial y desenvuelta
sociedad, encumbrado á tan gran altura y majestad
por ellos, así al menos lo creían y proclamaban, no se
tendría por todo lo que era, tan grande por su genio
como por su colosal fortuna? No somos de los que suponen que si se hubiera mostrado más severo, más
intransigente y cruel con sus mariscales, no le hubieran éstos abandonado al eclipsarse su brillante estrella. No; que ésta nuestra pobre, mezquina y envidiosa
naturaleza ha impuesto al hombre la miserable y abo-
rrecible conducta tan gráficamente comentada por el
poeta latino, la de la adulación al poderoso y el alejamiento del abandonado por la suerte.

Conducta
de Soult.

Al organizar Napoleón el ejército de Portugal y
ponerlo en campaña había contado, como tantas veces
hemos dicho, con la cooperación de una parte de las
tropas conquistadoras de Andalucía, creyéndola completamente sometida, pues que Cádiz no tardaría en
rendirse á sus armas. Soult, en consecuencia, debía
dirigirse á Extremadura para acabar la obra impuesta
en un principio á Mortier, y dueño, como era de esperar, inmediatamente de Badajoz, entrar por Alemtejo
y unir sus esfuerzos á los de Massena para, cayendo
sobre Lisboa, arrojar á los ingleses por siempre de la

Península. Pero ya porque la tarea fuese superior á los medios con que contaba el duque de Dalmacia, que no veía tan próxima la rendición de Cádiz; ya por la indolencia en que le hicieran caer las delicias de Sevilla, el desdén con que miraba al Intruso y la envidia que sentiría de la fama y autoridad atribuídas al héroe de Zurich, Rívoli y Wagrám, lo cierto es que no se observaban en él intención ni ánimo para ayudar á su colega, ni aun calculando, por las que había experimentado en su campaña de 1809, las inmensas dificultades que hallaría aquél en su empresa sobre Lisboa.

Irritaban al Emperador las dilaciones impuestas por Soult á sus órdenes, y aumentóse su descontento al saber qué grueso destacamento había llevado á Wellington el marqués de la Romana, sacándolo del ejército de Extremadura, prueba irrefragable de no temerse en Badajoz un ataque formal de las tropas francesas de Andalucía (1). Más tarde, el 6 de febrero y en una correspondencia de que ya hemos dado cuanta, encargaba Napoleón se reiterase á Soult, á quien se suponía

---

(1) El despacho de 14 de noviembre á Berthier es tan terrible como fundado: «Primo, dice, manifestad mi desagrado al duque de Dalmacia por la poca energía que despliega en sus operaciones; porque el 5.º cuerpo en vez de seguir á la Romana que, según se dice, ha hecho un destacamento sobre Lisboa, y así amenazar la margen izquierda del Tajo al frente de aquella capital para impedir á los ingleses conservar todas sus fuerzas en la derecha, se ha replegado vergonzosamente á Sevilla; porque miserables rumores tengan en jaque al ejército francés y que 10.000 desgraciados españoles, sin valor ni consistencia, defiendan ellos solos la isla de León.»

Lo que más le irritó fué que no se cumpliese su orden de seguir la pista (talonner) á Romana é impedirle su marcha á Lisboa.

Schépeler pone, sin querer, un correctivo á ese despacho y

dueño de Badajoz en el transcurso de enero, la orden de favorecer á Massena trasladándose al Tajo, orden que el 8 de marzo se tenía ya por cumplimentada. De modo que no es por falta de instrucciones y de estímulos por lo que el Emperador no lograra de todos los ejércitos franceses de España y principalmente del regido por Soult la cooperación que había ofrecido al general Foy entre los reproches que, hipócritamente sin duda, le dirigió respecto á la conducta de Massena en aquella campaña.

El mariscal Soult tenía, es verdad, bastante á que atender con la resistencia que hallaba en Cádiz, la sublevación de la Serranía de Ronda y la incesante hostilidad de los cuerpos avanzados de Extremadura en Niebla y Huelva. Pero también es cierto que, más que esas atenciones, le retenía en Sevilla la de unos expolios que no tienen ejemplo si no se apela al recuerdo de los ejecutados en Málaga por Sebastiani. Tales fueron, que Sotelo, prefecto entonces en Jerez, no quiso autorizarlos y fué enviado el conde de Montarco para satisfacer las miserables ambiciones de Soult. Las contribuciones extraordinarias impuestas por vía de con-

---

de manifiesto, luego, la causa que ya hemos indicado de la indolencia de Soult. «El mariscal, dice, podía acaso excusarse con que el bloqueo de Cádiz no estaba definitivamente establecido, no formado todavía el tren para el sitio de Badajoz, el ejército sin equipo para una operación de tal importancia y sin dinero en sus cajas; pero quien con tan cortos medios salió de Galicia para Portugal, podía mejor con los que le proporcionara la rica Andalucía amenazar á Extremadura. Es perdonable en Soult la idea de que, apurado Massena para maniobrar con éxito, podría él hacerlo con su propia y sola fuerza; porque lo cierto es que sólo en noviembre y diciembre, en que se hizo crítica la situación de Massena, fué cuando preparó la jornada en su auxilio.»

quista se elevaron á sumas para entonces enormes, y las que se inventaron para lo que se decía sostenimiento ordinario de las cargas públicas y el ejército, se hicieron insoportables. No se diga de los arbitrios por razón del comercio y la industria, porque, con atribuir origen inglés ó ultramarino á los géneros en venta, se cohonestaban los atropellos más excesivos. «Tal barbarie dice un historiador alemán, si hubiera durado habría expuesto en pocos años á los españoles á la desnudez del paraiso.» Los objetos adquiridos con un recargo exhorbitante, hasta con el 60 por 100, eran al día siguiente decomisados por ingleses, y las visitas domiciliarias hechas con ese fin, revestían los caracteres de brutalidad más ultrajantes. Se hacía pagar á las poblaciones más importantes fiestas inventadas en conmemoración de las derrotas sufridas por sus compatriotas, la de Ocaña, por ejemplo, celebrada en Sevilla por Soult el 19 de noviembre de 1810; y hasta en las de menos vecindario los generales subalternos se hacían obsequiar, con dinero por supuesto, por cualquier ventaja militar que alcanzaran cerca de ellas. El gasto del baile dado por Soult en Sevilla el 2 de diciembre en recuerdo de la coronación del Emperador, se pagó con una derrama de tres millones que se impuso el día 5 siguiente, suplementada, si se nos permite el verbo, con un tanto por ciento sobre los fondos públicos, tan elevado que las autoridades españolas manifestaron que se cumpliría la orden del mariscal, pero que su ejecución sería imposible. Con esas y otras, muchas más, exacciones no quedó nada que vender en Sevilla, vajillas, cuadros, objetos sagrados, cuanto constituye el esplendor de las grandes ciudades y el de las casas particulares más notables, cuyos dueños, para librarse de los vejámenes con que se les amenazaba, los regalaban á sus opresores ó los cedían al precio que á ellos se les antojaba.

¿Cómo, así, había de pensar en operación alguna lejana el general que llegó á reunir en París la colección artística más preciada de Francia?

A fines de 1810 es cuando, terminados los trabajos indispensables para el bloqueo de Cádiz y aseguradas las comunicaciones de Sevilla con Madrid y Málaga, emprendió Soult la marcha á Extremadura con la disposición de ánimo que hemos hecho notar en él, pero obligado por su propia honra, y mejor por las órdenes del Emperador, á acometer la jornada de Badajoz, lo cual le daría ocasión para eludirlas ó tiempo para que se resolviese en uno ú otro sentido el árduo problema de la campaña de Portugal (1). Llevaba sobre 20.000 hombres de los que 2.000 de caballería y un tren de sitio con 60 piezas acompañado de un inmenso bagaje de municiones, víveres y enseres de campamento, tan numeroso que se hizo preciso escoltarlo con

---

(1) Thiers halla muy disculpable la conducta militar de Soult: «En España, dice, había que perseguir por el pronto los grandes objetivos, y de los grandes pasar á los menores. Por no hacer eso, el ejército de Andalucía, desfallecido de cansancio, arruinado por las enfermedades, extendiéndose, es verdad, de Cartagena á Badajoz, pudiendo tener por sometida Andalucía, pero no logrando impedir que la asolasen las guerrillas, no se había apoderado de Cádiz ni de Badajoz, estaba incapaz de prestar ayuda á nadie y, por el contrario, reducido á reclamar refuerzos considerables. El mariscal Soult acababa, en efecto, de solicitar de Napoleón á fin de año 25.000 infantes, 1.000 marinos, otros tantos artilleros y una flota. Con esos medios se prometía conquistar Cádiz bien pronto, así como todo el mediodía de la Península desde Cartagena á Ayamonte».

Y dejar á los ingleses, los enemigos más formidables, campando por sus respetos.

una división entera, la del general Gazán, perteneciente, como la otra de Girard, al 5.° cuerpo del mariscal Mortier. Con eso, corría el ejército francés de Andalucía el peligro de dejar desguarnecido Sevilla; y aun cuando Napoleón había dispuesto que Sebastiani cubriese con el 4.° cuerpo las avenidas de aquella capital y sirviera como de reserva al de Víctor, ocupado en el sitio de Cádiz, fué necesaria toda la confianza que abrigaba Soult en la condición pacífica de los sevillanos para que dejara allí al general Daricau con un muy corto presidio de rezagados, convalecientes y partidas sueltas de los regimientos que operaban en las provincias de aquel reino.

Así como el mayor peligro para los sitiadores de Cádiz amenazaba desde la Serranía de Ronda, el de la guarnición de Sevilla habría de proceder del Guadiana, de Niebla, sobre todo, y Huelva donde se hallaban Ballesteros y Copóns maniobrando en la confianza de tener segura retirada á Extremadura y la esperanza de recibir algún refuerzo de Cádiz por las expediciones que el gobierno central hacía salir de vez en cuando, de algunas de las cuales hemos dado cuenta anteriormente. Pero á fin de contrarrestar la acción de Ballesteros, envió Soult al condado el coronel Remond con un cuerpo de tropas, suficiente, en su concepto, para garantir á Sevilla de un ataque de los españoles por aquella parte.

Tomadas esas precauciones y con la noticia de que el general Lahoussaye cubría el Tajo y aun se había extendido á Trujillo con 3.000 hombres del ejército del Centro, Soult creyó, y no sin causa, que podría emprender el sitio de Badajoz y de las plazas españolas y

portuguesas próximas al Guadiana, disimulando así á
la vez su repugnancia á correr en auxilio de Massena
sino en último extremo, el en que pudiera recoger una
gloria que de otro modo recaería siempre en su colega
jefe del ejército de Portugal. Érale, sin embargo, necesario aventar las fuerzas de Ballesteros antes y las de
Mendizábal luego, que desde los primeros pasos de la
marcha encontraría en su camino; y Girard se dirigió
contra aquél, situado con parte de su gente en Gua-
dalcanal, y la caballería de Latour-Maubourg se puso
sobre la pista de Mendizábal que fué por Mérida en
busca de abrigo en la orilla derecha del Guadiana, no
sin antes haber defendido el terreno en Cazalla, donde
fué sorprendido un fuerte destacamento francés por la
caballería española. Ballesteros, á su vez, rechazó á las
gentes de Girard en Calera, retirándose luego á Frege-
nal para, días más tarde, burlar la vigilancia de Gazán,
que se había establecido en Hinojales con objeto de
impedirle la vuelta al condado, y correrse á Aroche y
Zalamea la Real. Con eso y sintiéndose apoyado á sus
espaldas, Copóns salió al encuentro del coronel Remond; y no solamente le hizo retroceder por San Bartolomé y Trigueros, sino que iba, persiguiéndole, á
intentar la entrada en Sevilla, centro de las operaciones del ejército francés de Andalucía, cuando fué
llamado á Cádiz, dejando el 25 de enero á Ballesteros sus jinetes y un regimiento de infantería, el de
Barbastro. Voló Gazán en socorro de Remond con la
mayor parte de su fuerza, sobre 5.000 peones y 700
caballos, y dió con Ballesteros en la excelente posición
de los Castillejos, que había ocupado el general español con unos 3.000 infantes, establecidos en dos líneas,

y 700 caballos también sobre su flanco derecho en un terreno bastante suave, propio para el uso del arma. Allí se dió una batalla, si de cortas proporciones, no, por eso, dejando de revelar la solidez de nuestras tropas, la mayor parte asturianas, y la hábil dirección que su general supo imprimirlas (1).

Dáse el nombre de los Castillejos, por los dos que lo coronan, á un alto collado ramal importante de la sierra de Andévalo, bastante escarpado en varios de sus accidentes y en cuyas faldas asientan dos pueblos, Almendro y Villanueva, este último con el nombre también de los Castillejos. Ballesteros situó, según acabamos de indicar, su tropa en dos líneas, la primera en batalla y la segunda formada por batallones en masa, con la caballería á su flanco. Recia fué la arremetida de los franceses que con el apoyo de ocho piezas de artillería de campaña se empeñaron en romper la línea española; pero ésta consiguió resistir sin quebrantarse hasta la caida de la tarde, tan inmediata y rápida en los últimos días de enero. Mas se hacía temerario esperar al siguiente, 26, vista la superioridad numérica de los enemigos y la tan eficaz como moral de sus cañones y proximidad de sus reservas; por lo que Ballesteros emprendió al anochecer la retirada en escalones con el mayor orden y el éxito más feliz hasta San Lúcar, donde repasó tranquilamente el Guadiana para, por territorio portugués, volver á conti-

---

(1) Toreno, como asturiano también, no quiere que pase desatendido ese detalle. «Así sonaban, dice, en la hueste los nombres de Lena y Pravia, de Cangas de Tineo, Castropol y el Infiesto; á que se añadía el provincial de León.»

nuar su campaña en Extremadura (1). Ya Gazán había roto la marcha para reunirse á Soult, dejando en Encinasola y Frejenal, después de haberlas ocupado, algunos destacamentos que Ballesteros, en su regreso á España, rindió el 16 de febrero con gran ventaja en caballos, prisioneros y equipajes.

Ballesteros sigue sobre Remond y lo bate. Ya en Frejenal, y hasta con aires de vencedor, Ballesteros se vió perplejo sobre la dirección que daría á sus operaciones. Llamábale, por un lado, la situación en que iba á verse la masa principal del ejército de Extremadura con Soult al frente de las plazas de Olivenza y Badajoz, y por otro, la ambición de, campando sólo é independiente según sus inclinaciones de siempre, arrojarse de nuevo sobre Remond para, por lo menos, hacerle evacuar el condado de Niebla. Resolvióse, al fin, por esta expedición; y tan feliz fué en ella que el 2 de marzo batía cerca de San Lúcar la Mayor á Remond, que necesitó abrigarse á un cuerpo de 1.600 infantes con algunas piezas de artillería á cuyo frente había salido el general Daricau de Sevilla, donde los llamados Josefinos se alarmaron á punto de preparar sus equipajes para emprender la fuga á sitio menos expuesto á la furia de nuestros leales compatriotas. Ballesteros comprendió sin duda que era superior á sus fuerzas la empresa de apoderarse de ciudad tan populosa y en que ya tenía algunas raíces la ocupación

---

(1) Fueron considerables las pérdidas de uno y otro lado, lo cual prueba lo reñido del combate. Ballesteros evaluó las suyas en 400 muertos ó heridos y las de los franceses en 1.500; y aun cuando esta última cifra parece exagerada, la hace verosímil lo obstinado del asalto y la parsimonia después de Gazán para no seguir de cerca la retirada de los nuestros.

francesa; y aun cuando volvió á avanzar sobre ella desde Veas, adonde se había retirado, batiendo el 9 otra vez á Remond y cogiéndole varios prisioneros y dos piezas, temió verse puesto entre dos fuegos y repasó el Tinto para marchar á unirse á los suyos en las márgenes del Guadiana.

Con efecto, necesitábanse allí fuerzas para contrarrestar la acción del mariscal Soult que, con todas las sacadas de Sevilla, se preparaba á la conquista de las plazas fronterizas del Guadiana central, tantas veces rivales y entonces aliadas para su defensa contra el enemigo común que se dirigía á su expugnación. La primera que iba éste á encontrar en su camino era la de Olivenza, española desde 1801, como único girón del suelo portugués que se había logrado recoger en la guerra de aquel año, irónicamente juzgada por las naranjas que cogieron nuestros soldados en los fosos de Elvas. El inmenso convoy que acompañaba al ejército francés, retrasado en su marcha por el temporal de lluvias, natural en aquella estación, dió motivo, además, á que Soult antepusiera el sitio de Olivenza al de Badajoz, suponiéndolo obra de poco tiempo, el suficiente, sin embargo, para que llegasen las gruesas piezas necesarias para el segundo. Por otra parte, Olivenza, que muy acertadamente se había propuesto Romana destruir, le serviría, después de conquistada, de plaza de depósito hasta que pudiera utilizar la de Badajoz con igual objeto y en la grande escala que iban á exigir los vastos é importantes planes impuestos por el Emperador para la realización y éxito de la campaña de Portugal.

Se halla Olivenza situada en una meseta que domi-   Situación de la plaza.

na, aunque de lejos, el curso por allí del Guadiana y de
los arroyos que á él se dirigen, de acceso, con todo, fácil
por sus faldas meridionales, siendo su fortaleza, por lo
mismo, más española que portuguesa, y digna, así, del
obstinado empeño que puso nuestro gobierno en adqui-
rirla al discutirse en 1801 el tratado de Badajoz. Las
fortificaciones se hallaban en muy mal estado, en el de
abandono que caracterizó la época anterior á aquella
guerra. Consistían en un heptágono irregular con nueve baluartes, siete de ellos en los ángulos, de muros revestidos, foso bastante anchuroso, medias lunas de distintas dimensiones y camino cubierto. Uno de los
baluartes, el más occidental, llamado de San Pedro,
conservaba todavía las señales de la brecha en él abierta
el año de 1801, aun cuando reparada hasta la tercera
parte de su altura con revestimiento y después con un
parapeto de tierra al nivel tan sólo del terraplén. A
corta distancia, unos 300 metros del frente meridional
de la plaza y en la pendiente de una altura que la
domina, existía una luneta, que debió considerarse
tan inútil para la defensa general que, á la llegada
de los franceses, la encontraron éstos abandonada y
pudieron sin obstáculo alguno apoderarse de élla. La
guarnición era numerosa, como que, además de la
ordinaria de unos 1.000 hombres, hizo el general
Mendizábal entrar en la plaza otros 3.000 que, como se verá, no sirvieron más que para aumentar la
cifra de los prisioneros al rendirse. La artillería contaba con 18 piezas, de las que 10, las de mayor calibre,
eran de hierro; las municiones escaseaban; y con decir
que los fusiles de que se apoderaron los sitiadores no
pasaron de 2.500, se comprenderá que no todos nues-

tros infantes se hallaban armados (1). Era gobernador
de la plaza el mariscal de campo D. Manuel Herck, tenido por soldado enérgico y de quien, á pesar de su edad
avanzada y mal estado de su salud, se esperaba una
defensa capaz de obligar al enemigo á detenerse algún tiempo ante los muros de Olivenza, dándolo para
mejorar las condiciones polémicas de Badajoz.

Y así pareció sucedería al conocerse la digna respuesta que dió á la intimación del mariscal Mortier
que, al establecer el sitio, le invitó á que evacuara la
plaza ofreciéndole la salida de las tropas con los honores de la guerra, á lo que Herck contestó se defendería
hasta el último extremo.

Mortier, con eso, formó el bloqueo de la plaza si- Primeras
operaciones.
tuando tropas en todas las avenidas á fin de intercep-
tar los socorros que pudieran dirigirse á ella, la caballería de Latour-Maubourg, especialmente, sobre el
camino de Badajoz. Los generales Girard y Brayer se
establecieron á derecha é izquierda del frente, inmediatamente elegido, del baluarte de San Pedro, y el
capitán de ingenieros Vainsot se dirigió sobre el fuerte
destacado á que hicimos referencia, que, hallándolo,
según también hemos dicho, abandonado, lo ocupó
definitivamente (2).

No tenían los franceses á mano artillería de sitio,

---

(1) La guarnición pertenecía á los regimientos de Navarra
y Truxillo y á los batallones de Voluntarios de Barbastro, Mérida y Monforte. Había 94 húsares de Extremadura, sobre
150 artilleros, 100 zapadores y 40 inválidos.

(2) No necesitaron ahora los franceses hacer reconocimientos muy detenidos, puesto que el año anterior y al intimar la
entrega de Badajoz, los habían verificado y recordaban la situación y defensas de aquel fuerte.

detenida con frecuencia en la marcha por los tempo-
rales y el detestable estado de los caminos, malos ya
de por sí ó inundados con la lluvia que durante aquel
mes no cesó de caer á torrentes. Así es que comenzaron los primeros trabajos del sitio con pocos elementos para el de zapa en la primera paralela; y las baterías que se levantaron en la noche del 11 al 12 de
enero, hubieron de artillarse con piezas de campaña
de las de dotación del cuerpo de ejército de Mortier. Y

Se rompe el fuego.

tan activos anduvieron en esas obras los trabajadores,
que á medio día del 12 rompió el fuego la batería de
cuatro piezas de á 8, construída en el saliente de la
luneta destacada, y se había adelantado mucho la construcción de otra de dos piezas de igual calibre frente
al entrante del camino cubierto del baluarte que se
iba á atacar.

No merece el sitio de Olivenza que nos detengamos á enumerar los trabajos ejecutados por los franceses en las noches del 12 al 22 de aquel mismo mes,
interrumpidos á veces, más que por el fuego de la plaza, por las inundaciones que les obligaban á abrir
zanjas y pozos de gran profundidad para desviar las
aguas ó sumirlas en la tierra. Bástenos decir que los
sitiadores formaron una gran trinchera paralela al
frente de ataque, apoyada á su derecha en la luneta
exterior tantas veces citada, y á su izquierda en una
gran batería, trinchera de que se hizo arrancar la noche del 17 otra en dirección del baluarte de San Pedro
para, inmediatamente después, establecerse en la cres-

Se rinde la plaza.

ta del camino cubierto. Muy pronto y en seguida se establecieron dos baterías de brecha; una á cada lado del
saliente del camino cubierto, otra en el ángulo, de dos

morteros, piezas todas recientemente recibidas en el campo sitiador, con las que se hizo gran estrago en las caras del baluarte; y cuando iba á atacarse á la mina la contraescarpa para el paso del foso, se rindió la plaza á discreción, habiéndose negado Mortier á hacer las concesiones que había ofrecido al comenzar el sitio.

Los defensores no opusieron á los franceses ninguno de los obstáculos que el arte ofrece: el único trabajo por ellos ejecutado fué el de un través en el eje del baluarte para neutralizar el fuego de flanco y rebote de las baterías enemigas, pero nada de salidas, defensa de las obras exteriores y menos de la brecha.

Con eso toda la guarnición hubo de rendir y entregar sus armas en el *glacis* de la fortaleza; siendo después conducida, en calidad de prisionera de guerra, á Córdoba y Francia. Fueron exceptuados de esta medida el general Herck, por sus achaques, los inválidos y más de cien cabezas de familia á quienes se había obligado á servir y que Soult permitió continuaran en Olivenza bajo la vigilancia de sus nuevas autoridades (1).

No hallaría Soult en Badajoz las facilidades que en Olivenza para el cumplimiento de sus propósitos militares. Es verdad que la plaza tenía otras proporciones y medios superiores de defensa; pero principalmente

Sitio de Badajoz.

---

(1) Por cierto que Soult, en su parte á Berthier, dice que esas bajas en el número de los prisioneros, que ascendía al de 4.161, se compensarían con otros 200 militares españoles de todos grados cogidos en los últimos choques, y «se aumentaría aún á su paso por Córdoba y Andújar con los prisioneros de los depósitos de Sevilla y Granada que había mandado se le incorporaran.»

Se conoce que Soult ignoraba todavía lo que hacían los prisioneros españoles en su marcha á Francia.

Con efecto; al llegar á Córdoba, de los 4.000 y pico sólo quedaban 1.400 en poder de los franceses.

uń gobernador del temple de los que en aquella guerra proporcionaron á España las glorias más puras y
la importancia defensiva y el respeto que nadie en el
mundo la niega desde entonces.

No, por eso, vaya el lector á creer que la plaza de
Badajoz reunía las circunstancias de una de primer
orden por su situación, el buen estado de sus defensas
ni el del material con que contaba. Nada de eso. Si su
importancia ha sido siempre grande eś por lo estratégico de su situación en la frontera y frente á las plazas
portuguesas de Elvas, Estremoz y Campo-Maior, por
hallarse en la comunicación general de Lisboa á Madrid
y en el saliente del Guadiana que domina la zona flu-
vial de mayor interés militar desde los tiempos más
remotos, los en que con la fundación de Mérida lo revelaron los entonces maestros del arte de la guerra en
su concepto más elevado, en el de la conquista y ocupación de un país. Pero más aún que esas circunstancias que acabamos de señalar, aunque teniendo su
origen en ellas, ha dado importancia á Badajoz su
historia, la de sus innumerables sitios y la de las solemnes ocasiones en que ha servido de base para nuestras jornadas sobre Portugal, como una, que ha sido
considerada, de las puertas más expeditas de aquel
Reino.

No es este lugar para recordar tanto y tanto suceso
importante como presenció Badajoz en otras edades,
que harto nos dará que hablar la á que nos referimos
ahora, siendo, como·fué, su fortaleza blanco de operaciones de la mayor transcendencia entre los ejércitos
beligerantes desde febrero de 1811 á abril de 1812.

Estado de   Álzase Badajoz en un llano rodeado de alturas sua-
la plaza.

ves sobre la margen izquierda del Guadiana que la baña en su lado Norte, sobre el punto también en que une á ese río sus aguas la corriente, no muy considerable, del Ribillas que limita la plaza en un gran espacio por su parte oriental. Precisamente en ese ángulo, donde se confunden uno y otro río, se eleva una eminencia de rocas, si escarpada en sus faldas convidando á ser asiento de una fortaleza, gran apoyo de la ciudad aun formada con muros medio evales, y reducto de seguridad ahora para los defensores de la plaza al ser ésta asaltada por los enemigos.

El recinto, desde allí y con muros y torres, también antiguas, en todo el lado que baña el Guadiana, muy anchuroso é invadeable, se extiende después por la llanura formando un polígono que, al volver al punto de su arranque en el castillo, constituye ocho frentes fortificados á la moderna, con baluartes de diversas elevaciones, ni robustos, empero, ni bien conservados. Esos frentes se hallan cubiertos por otras tantas medias lunas sumamente imperfectas, de tierra, aunque abrigadas por un camino cubierto, lo mejor, quizás, de la fortificación general de la plaza. En el frente oriental, limitado, como hemos dicho, por el cenagoso y profundo Ribillas, y á la distancia de unos 200 metros, existe en sitio poco elevado una obra exterior llamada el fuerte de *la Picuriña*, que consiste en una luneta cuyo camino cubierto la liga á otra mucho más pequeña que hace oficio de cabeza de puente del de comunicación con la plaza á través del Ribillas. En el frente meridional y en su centro próximamente hay otra fortaleza exterior, una media corona de regulares dimensiones, distante sobre 300 metros de la plaza, si admi-

rablemente situada para cubrir el recinto en gen·
del llano, de poca altura en su escarpa dotada de
estrecho y poco profundo foso, y con su gola abierí
mal entendida.

Todo este sistema se halla dominado, aunque
distancias en aquel tiempo tácticamente inofensivɩ
por una serie de alturas que abrazan todo el llano ·
que asienta la plaza, entre las que descuellan por ·
elevación y puesto la llamada del *Viento* y la de *&*
Miguel, muy propias para el establecimiento de ɩ
campo de donde partir directamente al ataque de Pa⁚
daleras y cubrirse de las salidas que el sitiado pudieɾ
verificar en toda aquella zona de las dos márgenes dɛ
Ribillas.

En la derecha del Guadiana, anchuroso allí, segúɪ
ya hemos dicho, á punto de distar 300 metros de una
á otra las orillas, había también dos fuertes, la cabeza del puente dando cara á Portugal, pequeño hornabeque con foso y camino cubierto, y el llamado de
San Cristóbal, cuadrilátero abaluartado, si también de
cortas proporciones en todas sus partes, situado en un
monte escarpado y dominando el campo próximo al
puente y el castillo de la plaza hasta poder cubrirlos
completamente con sus fuegos (1).

Era suficiente el material de artillería, ascendiendo
al de 170 el número de las piezas de todos calibres
montadas en las fortificaciones ó guardadas en reserva
de las necesidades del sitio. Ni escaseaban tampoco las
municiones, comprendiendo el gobierno que un día ú
otro llegaría el enemigo á formalizar sus ataques, ya

_____

(1)   Véase el plano en el atlas del Depósito de la Guerra.

ño anterior y después de la rota de Mede-

ía intentado más que apoderarse de Bada-

del pánico que el resultado de aquella ba-

era podido inspirar á sus presidiarios. Y

omunicación con la orilla derecha del Gua-

daría expedita mientras lograra mantenerse

. núcleo todavía existente del ejército de Ex-

ra que, en ausencia de Romana, regía el ge-

endizábal, no escasearía tampoco Badajoz de

rsos militares y de los abastos procedentes de

da, que pudiéramos llamar portuguesa. Para

conseguir este importantísimo objeto, Mendizá-

abía recibido instrucciones inspiradas por Lord

ngton á Romana (1). Y debió ser así porque,

to pocos días después nuestro insigne compatrio-

ta, el general inglés, á quien tanto llamaría la aten-

ción la marcha de Soult hacia Portugal con el fin,

para él indubitable, de unirse á Massena, no cesó de

aconsejar á Mendizábal el establecimiento de un cam-

po fortificado en San Cristóbal de donde mantener

expedita la comunicación de Badajoz con la región

toda de la derecha del Guadiana, á cubierto de aquel

castillo, del Gévora, la cortadura de cuyo puente reco-

mendaba con frecuencia, y de las plazas de Elvas y

Campo-Maior en su retaguardia. Si alguna duda pu-

diera abrigarse sobre lo consumado de la prudencia de

Wellington en sus operaciones defensivas, aun toma-

da en cuenta la que reveló en Torres-Vedras, la des-

vanecería el solícito cuidado que sus *Despachos* ponen

---

(1) Véase en el apéndice núm. 6 el *Memorandum* dirigido
á Romana el 20 de enero con cuantos detalles pueden desearse
en ese punto.

...en marcha y próximas a unirse a Medina
... de aquellas últimas fuerzas, sin su jefe, empero, que a desgracia de España, irreparable en este
caso, le arrebató cuando más necesarios se habían hecho sus servicios.

Soult señaló el fuerte de Pardaleras como primer objetivo de las operaciones del sitio, porque, aun siendo más fácil el ataque de la plaza por los baluartes próximos al Guadiana, en los dos lados podían las obras ser impunemente hostilizadas desde la orilla derecha y ser cogidas de revés. Pardaleras ofrecía además la ventaja de flanquear casi todo el recinto desde el Ribillas al Guadiana inferior por lo saliente y adelantado de su emplazamiento, y su ataque la de poderlo sostener fácilmente desde los altos del Viento y de San Miguel que hizo, repetimos, base de sus más importantes operaciones. La noche, pues, del 28 al 29, comenzó sobre la derecha y á 500 metros de Pardaleras la construcción de una gran batería de seis cañones y cuatro morteros, destinada á batir de revés la gola del fuerte de la Picuriña. Al mismo tiempo se estableció en el cerro del Viento otra batería de seis piezas y en lo alto de San Miguel una grande obra con dos baterías de tres piezas cada una de las que, aun cuando muy distantes, debían apoyar la derecha del futuro ataque á Pardaleras. Nuestros cazadores, saliendo del camino cubierto, trataron de estorbar estos trabajos; pero los del enemigo, abrigados en zanjas y pozos que abrieron á vanguardia de los zapadores, los contuvieron ya que no lograron batirlos. Tan fué así, que á las diez de la mañana del día 29 verificaron los nuestros una salida sobre la batería nombrada en primer lugar, en la que, aun abierta en roca, habían los franceses conseguido cubrirse; retirándose al llegar á ella por encontrarla guarnecida de suficientes fuerzas enemigas. Con eso, los sitiadores pudieron continuar la noche siguiente sus trabajos hasta dejarlos, puede decirse, que terminados con su entrega á los artilleros que procedieron inmediatamente al armamento de las baterías.

Entretanto se reñía en la derecha del Guadiana una acción que debió presagiar las más felices consecuencias. Gran parte de la caballería francesa había cruzado el Guadiana' y luego el Gévora con el objeto de observar la hispano-portuguesa que Soult tuvo noticia haber llegado á Elvas á vanguardia de las divisiones La Carrera y Virues que desde las inmediaciones de Lisboa acudían en socorro de Badajoz. Al conocerse en Portugal la expedición de Soult á Extremadura y con el temor de que se dirigiera contra Olivenza y Badajoz, el marqués de la Romana dispuso que sus dos divisiones, las de O'Donnell y La Carrera, se encaminaran al Guadiana, las cuales, con efecto, emprendieron la marcha el 20 de enero. Pero una vez rendida Olivenza, acometió al general Mendizábal la duda de si los franceses continuarían sus operaciones sobre Badajoz ó, cruzando el Guadiana por Jurumenha, se internarían en Portugal para reunirse á Massena, según era de suponer si el duque de Dalmacia secundaba los planes, no ignorados, de Napoleón. En esa duda, Mendizábal ordenó á O'Donnell y Carrera se detuvieran en su marcha á esperar sus instrucciones para continuar, en el segundo caso, cooperando á la acción de Wellington en las márgenes del Tajo, ó seguir rápidamente, en el primero, al socorro de Badajoz. En esos días, como luego veremos, murió Romaña, y Wellington, que conocía perfectamente sus planes, creyó, para mejor secundarlos, deber entenderse directamente con aquellos generales, no fuera, de otro modo, á perderse un tiempo, precioso en tales circunstancias. Les recomendó, pues, que sus divisiones se establecieran en el camino, de modo que pudieran atender á los dos supuestos de Mendizábal; la de Carrera en Monte Môr o Novo y la de O'Donnell en Vendas Novas. En esas posiciones deberían esperar las órdenes de su general en jefe, retirándose á Aldea Gallega si, con efecto, el enemigo cruzaba el Guadiana para invadir Portugal. A la vez escribió á Mendizábal, así para hacerle conocer esas disposiciones como para manifestarle la imposibilidad de enviarle más caballería que la de Madden y recordarle, en suma, la conveniencia de seguir los consejos dirigidos al marqués de la Romana en el *Memorandum* de que hemos dado ya noticia para la mejor defensa de Olivenza y Badajoz.

Conocido, por fin, el proyecto de Soult contra esta última plaza, las divisiones españolas de Portugal continuaron su marcha á Elvas, adonde llegaban el 29 de enero á las órdenes del general D. José Virues que tomó el mando de ellas en Estremoz por haberse dado otro á O'Donnell en Cataluña. Al mismo tiempo se les unieron en la plaza portuguesa la caballería española de D. Fernando Butrón y la que regía el inglés Madden, que fué la que representó el primer papel en la función á que nos hemos referido al anunciar el reconocimiento hecho por los sitiadores de Badajoz en la derecha del Guadiana (1). Cerca de la plaza portuguesa los jinetes franceses fueron rechazados, y el gobernador de Badajoz, al oir el continuado fuego que

(1) La fuerza de Madden ascendía á la de 972 caballos pertenecientes á los regimientos portugueses números 3, 5 y 8 del arma.

se hacía por aquella parte, destacó al teniente coronel Soto para que con los pocos caballos de que podía disponerse observara á los enemigos y aun escaramuceasе con ellos. Hízolo así Soto y con bravura y felicidad, aunque sin todo el resultado apetecido; pero lo consiguió, ya lo hemos indicado, la caballería aliada que, ayudada de la infantería de las referidas divisiones, rechazó á la francesa junto al Caya, haciéndola repasar, primero el Gévora y luego el Guadiana mismo, en cuya margen izquierda volvió á reconcentrarse.

Primeras salidas de la plaza. Los sitiadores continuaron el 30 sus obras comensando la paralela al frente y á 180 metros de Pardaleras. Los sitiados para estorbarlas hicieron una salida que dirigió el coronel de voluntarios catalanes Don Juan Bassecourt, partiendo del mencionado fuerte, al mismo tiempo que otros 200 hombres de Sevilla lo verificaban desde la Picuriña con el capitán Igarriza á su cabeza. El ataque fué violento; los nuestros arrojaron de sus trincheras á los enemigos; pero, reforzados éstos, hubieron aquellos de volver á los fuertes de que habían salido. Sin embargo, horas después otra salida ofreció ya caracteres más graves y decisivos. Serían las tres de la tarde cuando Bassecourt con 600 hombres, dos piezas de campaña y algunos caballos se lanzó sobre las obras enemigas más próximas á Pardaleras y las del Viento (1). La paralela del centro fué asaltada con la mayor energía; los granaderos franceses que la custo-

---

(1) En el estado de fuerza se habrá observado que las había de caballería, pero desmontada. Para la salida á que nos estamos refiriendo montaron caballos de los paisanos de la ciudad y de jefes ú oficiales de los demás cuerpos de la guarnición.

diaban hubieron de abandonarla á pesar de estar ayudados en la defensa por los trabajadores, todos ellos armados. Pero después de un combate sumamente encarnizado con un batallón de infantería y cuatro compañías de zapadores con que acudió el general Girard en socorro de los suyos, los nuestros cedieron la trinchera y se retiraron á Pardaleras con graves pérdidas y la irreparable del heróico Bassecourt, muerto en lo más recio del combate.

Los jinetes españoles ganaron al galope la altura del Viento, en cuyas obras el comandante de ingenieros Cazín y el capitán Vainsot trataron de defenderse; pero muerto el primero y herido gravemente el segundo, sus gentes se pusieron en huida hasta que, reforzadas sobradamente, lograron rechazar á los españoles que, como sus camaradas los infantes, se acogieron también á la plaza (1).

El sistema de las salidas sobre las obras de los sitiadores será siempre el más eficaz para la defensa; pero usado con fuerzas más numerosas, con las suficientes para mantenerse en las trincheras asaltadas el tiempo necesario para destruirlas. Y en Badajoz no faltaban

---

(1) El Diario de Menacho dice: «El enemigo fué completamente arrollado, desalojado y perseguido. Su pérdida debe haber sido terrible, porque el fuego jamás dexó de ser mortífero; la nuestra podrá calcularse en 50 hombres, entre ellos muchos oficiales heridos, y lo más sensible de todo ha sido la muerte del coronel D. Juan Bassecourt, que mandaba la acción, que impuso tanto á los enemigos, pues tardaron poco en reforzar á los suyos con unos 2.500 á 3.000 infantes.»

Belmás sólo confiesa la pérdida de 9 muertos y 49 heridos en la Paralela. Se conoce que echaron pronto á correr. En la altura del Viento no cuenta las bajas; sólo recuerda la de los ingenieros citados, á pesar de haber dicho que los franceses *firent des prodiges de valeur pour repousser les assaillants; mais, accables par le nombre, ils succombérent.*

tropas, ya lo hemos dicho, las que, puestas en acción el
31 de enero, hubieran podido detener, por lo menos,
mucho tiempo al enemigo en su ataque á la plaza. ¿Por
qué Menacho en aquel día, en que por mucha gente
que lanzara al campo no debía abrigar ningún temor
respecto á los fuertes, no verificó la salida con más
fuerzas que quizás hubieran exigido la concentración
de todas ó la mayor parte de las francesas?

Luego demostraremos que este juicio no es del todo
aventurado.

Era costumbre entre los franceses, costumbre de
que parece verdaderamente extraño no desistieran en
España, comenzar los sitios bombardeando. Así creían
imponer á los habitantes de cuya actitud esperaban
dependía la defensa de nuestras plazas. En esa confianza, una de las primeras baterías que montaron después de la salida á que acabamos de referirnos, era de
morteros, y en las noches del 1.° y 2 de febrero armaron otras dos de morteros y obuses. Si no rompieron
el fuego hasta el 3, fué por haberlo impedido las torren-
ciales lluvias que caían en aquéllos y exigieron el
desagüe preliminar de todas las obras ya construídas ó
en construcción. Pudo también contribuir á éso otra
salida de los sitiados, pero se hizo con fuerza tan exigua que no tardó en volver á la plaza. Es verdad que
los sitiadores recibían en aquellos momentos el considerable refuerzo de la división Gazán, tan considerable que, al decir de Belmás, «reanimó al ejército
inspirándole la esperanza de ver el sitio en vías de
una ejecución vigorosa.» Ocasión, pues, más desfavorable para otra salida no podía presentarse; y
la de la tarde de aquel mismo día 3, ejecutada por

el camino de Valverde con los infantes y por el de Olivenza con los jinetes, si afortunada en su arranque, irresistible al parecer en todas ellas, encontró fuerzas de todas armas para obligarla á retirarse, azotada por la artillería de todas las baterías ya montadas por los franceses.

El bombardeo no causó estragos en la ciudad aun dirigido, como iba, contra la catedral y los almacenes de pólvora, ni, por más que digan otra cosa los cronistas franceses, impuso á los habitantes que entonces, como antes y después, mostraron el patriotismo más elevado y una generosidad para con las tropas de la guarnición de que ofrece pocos ejemplos la historia. La plaza estaba poco abastecida, en la confianza de conservar libres las comunicaciones con la derecha del Guadiana; pero el vecindario *franqueaba*, esta es la expresión de Mendizábal, *cuantos auxilios podía para la tropa*, al mismo tiempo que la ayudaba en sus trabajos sin arredrarse por los estragos que pudieran producir las bombas (1).

Las salidas de la plaza servían á los sitiadores de guía en sus trabajos, ya que no para la marcha técni-

Bombardeo

---

(1) Con eso y con haber nuestra caballería de Elvas despejado de enemigos la vía de Portugal en el Caya, Menacho podía decir en su relación del día 4: «La subsistencia se encuentra en abundancia, y si los molinos no estuviesen aguados (por la inundación sin duda), habría pan de sobra, pues el vecindario todo lo ha franqueado.»

La comunicación con Elvas y Campo-Maior, permitió que el día 5 entrara en Badajoz un convoy con 10.000 raciones de galleta.

El número de las bombas arrojadas por los franceses las noches del 3 y el 4, fué de 114; 34 en la primera y 80 en la segunda. Y lo que sucede casi siempre en los bombardeos, más imponentes que peligrosos, las víctimas fueron sólo una ó dos.

ca del ataque, sí para completar el bloqueo cerrando las vías por donde intentaran los españoles romperlo en la izquierda del Guadiana. Así es que emprendieron inmediatamente después de la salida del 3 la construcción de dos baterías y un gran atrincheramiento para cerrar los caminos de Valverde y Olivenza. Demasiado comprendía Soult que, batida su caballería en la derecha del Guadiana y puestas en comunicación las divisiones españolas de Elvas con la plaza, se hacía necesario estorbar la salida de fuerzas considerables que pusieran en peligro las obras de sitio ya hechas y hasta la permanencia de su ejército al frente de la plaza. De modo que el día 6 había construidas ó en construcción, ya muy adelantada á pesar de las lluvias que no cesaban y del fuego de la plaza que nunca se interrumpía, hasta once baterías; unas contra Pardaleras y La Picuriña, ya para el ataque directo del primero de estos fuertes, ya para batirlos de rebote sobre sus flancos, y otras para apoyar la paralela ó cubrir las trincheras de las salidas de los sitiados (1). A tal punto se llevó en esto último la precaución, que esas baterías que podríamos llamar de apoyo, fueron cerra-

---

(1) Los franceses, siempre aficionados á dar carácter de originalidad á sus cosas, señalaron en el sitio de Badajoz las baterías con los nombres de los institutos que tomaban parte en el sitio, siquier no tuvieran éstos conexión con las obras á que se les aplicaban. Así, por ejemplo, la batería primera levantada contra La Picuriña, se llamaba de *Granaderos*; la más avanzada sobre Pardaleras, de *Carabineros*, y seguían las de *Voltigeurs*, *Cazadores*, *Zapadores*, *Minadores*, *Granjeán*, *Húsares*, *Artilleros*, *Fusileros*, *Dragones*, etc., etc.

Los ingenieros, Belmás por ejemplo, siempre las dieron á conocer por sus números, estableciendo así, puede decirse, su órden cronológico.

Lamare las señala en su magnífico plano con las letras mayúsculas del alfabeto.

das por sus golas, constituyéndolas en verdaderos reductos de seguridad, uno de los cuales se levantó en el camino de Talavera, *con el objeto*, decían los ingenieros franceses, *de apoyar la línea de contravalación que debía construirse por aquel lado.* ¿Se quiere mayor prueba de los eficacísimos resultados que debían esperarse de las salidas de la plaza en las circunstancias, sobre todo, en que se hallaba la de Badajoz?

Sí; aun puede darse otra, la de la salida del día 7, que hubiera resultado una importante victoria sin el lamentable descuido en que se cayó de no llevar en las primeras columnas de ataque artilleros destinados á inutilizar las piezas de los reductos enemigos. Salida del 7 de febrero.

Puestas ya las divisiones procedentes de Portugal á las puertas de Badajoz, se formaron dos columnas que deberían salir de las de la Trinidad y el rastrillo de San Vicente. La segunda de aquellas columnas, compuesta de una muy corta fuerza de infantería y la caballería portuguesa de Madden, debía amenazar la altura y trincheras del Viento; y la primera en que formaban sobre 5.000 infantes y la caballería española, se dirigió á asaltar los tres fuertes franceses más próximos y las alturas de San Miguel y el Almendro, cuyas obras, ya lo hemos dicho, servían de apoyo á aquéllos. Como encaminado el ataque del cerro del Viento á llamar la atención tan sólo del sitiador y obligarle á reunir fuerzas para rechazarlo, no ofreció grandes peripecias ni produjo resultados de importancia en una ni otra parte de los contendientes. La salida por la puerta de la Trinidad al apoyo de La Picuriña y San Roque, tuvo ya los caracteres casi de una acción campal; tan enérgicos é insistentes fueron los ataques de las cuatro columnas en que formó nuestra infantería, tan eficaz el ayuda de nuestros jinetes y tan nutrido y acertado el fuego con que los apoyó la artillería de la plaza desde los fuertes y baluartes de aquella parte de su recinto (1).

Las cuatro columnas marcharon en escalones sobre los puestos enemigos; la casa fuerte de Tinoco cayó inmediatamente en su poder y momentos después las baterías de San Miguel y el Almendro, conocidas entre los franceses por sus números 1, 2 y 9, eran asaltadas á la bayoneta, sin disparar un tiro á pesar del horroroso fuego que de ellas se hacía (2). Pero ocupadas tan valientemente las baterías se hacía necesario inutilizar las piezas con que estaban armadas; y he ahí que no parecen los artilleros que debían clavarlas y que á duras penas se logra romper el montaje de una de ellas cuando acuden los enemigos reforzados por numerosas tropas regidas por el general Girard. Cinco batallones atacan á los nuestros de frente mientras otros, mandados por los coroneles Veiland y Chassereaux, y una batería á caballo los opri-

---

(1) Belmás dice que mandaba estas fuerzas el general La Carrera. No; las mandó D. Carlos España, brigadier entonces.

(2) Belmás dice: «Les Espagnols, qui déjà s'étaient formés en quatre colonnes par èchelons en avant de la lunette de Picurina, attaquèrent les redoutes núms. 1, 2 et 9 avec une vivacité telle que les troupes qui les dèfendaient furent contraintes de les abandonner. Le capitaine d'artillerie Cazeau, le capitaine Lemut du quarantième, et le lieutenant de sapeurs Bruchon, y furent tués.»

Por su lado escribía Mendizábal: «El brigadier España á la cabeza de su división y otros batallones, avanzó arma á discreción en dos columnas, sin disparar fusil, á la batería del cerro de San Miguel que está á tiro de cañón de la plaza; y tomó la trinchera por asalto, despreciando el fuego de cañón y fusil de la batería, y el que le hacían de bala rasa y de granada por los flancos.»

men de flanco, maniobra que les valió recuperar los
fuertes. No desmayaron por eso los nuestros, sino que,
rechazados y todo, volvieron á la carga con el mismo
brío de antes y sin perder la esperanza de vencer de
nuevo. Pero la situación había cambiado completamente, y como no habían sido inutilizadas las piezas
de las baterías, con ellas mismas arrojaron los franceses una lluvia terrible de sus proyectiles sobre los asaltantes (1).

Resultado: que la salida no produjo el importantísimo que de ella se esperaba, y sí el más triste aún
de que no se obtuvo por falta de orden para el ataque,
por no llevar á la mano, como dijimos, el material necesario para deshacer la artillería enemiga, y por la
falta táctica de no apoyar el ataque con fuertes reservas que lo secundaran y, en caso preciso, renovasen
el combate en condiciones eficaces. Cerca de 10.000
hombres tenía ya Mendizábal en el cuerpo de ejército
de socorro. Si hubiera echado en la balanza de aquel
importantísimo combate el peso de 5 ó 6.000 hombres
más, no hubiera sido difícil escarmentar á los franceses y hacerles levantar el sitio. Schépeler explica eso
perfectamente, aun con su especial laconismo. «Los
españoles, dice, formando de nuevo sin reserva, volvieron á tomar las baterías en un segundo ataque. En
ese tiempo los franceses recibieron el refuerzo de dos

---

(1) Los historiadores franceses suponen que las columnas
españolas llevaban reserva, á cuyo favor debieron poder verificar aquella reacción. No es cierto, fué la constancia militar
de nuestros compatriotas, la confianza en que iban y las exhorta-
ciones de sus jefes y oficiales la causa de aquel nuevo empuje;
que, de haber llevado reservas, no habrían quizás perdido su
conquista.

batallones, muchos otros estaban en marcha y cuando se replegaron los españoles, el enemigo rompió otra vez un fuego mortífero con la artillería que halló intacta» (1).

Las pérdidas de un lado y otro fueron considerables. Los franceses dicen que las suyas consistieron en 54 muertos y 362 heridos. Menacho las hace elevarse á 600 entre unos y otros y 13 prisioneros. Las de los españoles, dice que no pueden compararse con las del enemigo. El historiador alemán asegura que fueron de 650, y de 400 las que tuvieron los franceses (2).

Reconocimiento en la derecha del Guadiana. Aquella acción preocupó indudablemente á sitiadores y sitiados; comprendiendo aquéllos que alguna de tantas salidas podría poner en peligro su empresa si se hacía con toda la fuerza posible ó mayor habilidad, y los españoles la precisión de impedir el acceso del enemigo á su punto de ataque, ya que no lograban escarmentarlo por la gran distancia, sin duda, que debían recorrer en sus salidas, distancia que le daba

(1) El general Lamare, comandante de Ingenieros allí y de cuya relación del sitio han tomado las suyas los historiadores franceses, dice: «Mendizábal debió no dejar sino 6.000 combatientes en la plaza, mantener el campo con las demás tropas suyas en la izquierda del Guadiana, llamar á sí á Ballesteros, que mandaba 3 ó 4.000 hombres, ocupar los desfiladeros de la sierra y operar sobre nuestra retaguardia para interrumpir nuestra línea de operaciones con Sevilla. Esta maniobra era tanto más segura cuanto que la superioridad numérica de sus fuerzas y los recursos que podía esperar del patriotismo de los habitantes le ofrecían las garantías posibles de éxito. En esa hipótesis, el duque de Dalmacia se hubiera visto obligado á dividir su pequeño ejército y á enviar un fuerte destacamento para contenerlo (á Ballesteros), y quizás, no sólo á moderar el sitio de Badajoz, sino hasta á renunciar del todo á la empresa.»

(2) Entre los nuestros fueron ligeramente heridos España y su segundo Benedicto, pero gravemente el coronel de Ingenieros Fuentepita que por fortuna curó luego.

tiempo para preparar la defensa de sus obras y posiciones. La escasez de municiones, por otro lado, del de los franceses, les obligaba á no esforzar el bombardeo para hacerlo tan frecuente y eficaz como deseaban y era necesario, así como á marchar lentamente en sus obras de aproximación y ataque á las del sitiado de que se habían propuesto ir haciéndose dueños. En tal situación, Soult pensó que mientras Badajoz pudiera contar con un ejército de socorro á sus puertas y la comunicación con Portugal y las plazas inmediatas, se haría imposible su conquista y se decidió á hacer un gran esfuerzo sobre la derecha del Guadiana á fin de arrebatarnos tan importantes ventajas. El día 9 tenían los franceses establecido el paso del río á unos 4.000 metros agua arriba de la plaza en un grupo de islas cuyos canales disminuían el caudal de aguas, facilitando así su tránsito.

Cruzábase fácilmente el primer canal: para ganar la segunda isla había establecida una gran barca; y algunas lanchas ó botes, de los llevados de Sevilla, hacían también practicable el paso á la margen opuesta donde trataban de operar. Para mayor seguridad y para aumentar el transporte de tropas de todas armas, principalmente desde la segunda isla á lo que pudiéramos llamar tierra firme, se prepararon puentes de caballetes en reemplazo de las lanchas, y otra gran barca en el brazo mayor del río por si no bastase la anterior para la magna operación que se proyectaba.

Pero aun inacabados esos trabajos por sus obreros marinos, aquel día, el 9 anteriormente citado, lanzaron los franceses á la derecha del Guadiana unos 800 caballos que en su arrogancia creerían suficientes para ahorrarles nuevas obras en mayores proporciones proyectadas y emprendidas. Esa masa de caballería cruzó en seguida el Gévora y amenazaba cortar las comunicaciones de Elvas y Campo-Maior cuando, comprendiendo Mendizábal el riesgo, hizo salir la caballería suya hispano-portuguesa y alguna de las divisiones de infantería, á cuya vista se retiraron los franceses á su campo de la izquierda del Guadiana en espera, sin duda, de ocasión mejor. Nuestra caballería, puesta en seguimiento de la francesa, debió llegar hasta el punto en que ésta había verificado el paso del Guadiana, retirándose luego, no sin que los pontoneros franceses la saludasen con el fuego de sus carabinas (1).

Pérdida de Pardaleras.

Eso hizo comprender á los franceses la necesidad de trabajos más sólidos y amplios para el paso del Guadiana si el ejército habría de operar en la margen derecha; y mientras los ejecutaban, se dirigieron al ataque y ocupación del fuerte de Pardaleras. El día 11 tenían hechos todos sus preparativos, y á las cuatro de la tarde rompían el fuego sobre el fuerte con tal violencia que no fué posible á los de la plaza contrarrestarla, y tanto acierto que al poco tiempo quedaba inutilizada la artillería toda que en él se había montado.

---

(1) Lamare no dice una palabra sobre ésto; y Belmás, al recordar las obras que los franceses andaban ejecutando para el paso del Guadiana, sólo añade que los pontoneros hicieron una descarga á los españoles que se presentaron para reconocerlas. Pero Mendizábal en sus partes y el Diario de Menacho, muy particularmente, mencionan aquella maniobra que, sino se tradujo en un hecho de armas, fué por haberlo rehuido los franceses retirándose á sus anteriores posiciones. Tan urgente era para los españoles la operación cuanto importante, puesto que aquella misma tarde recibió así la plaza un gran convoy de víveres salido de Campo-Maior, y la suma nada menos que de dos millones de reales que se hallaban detenidos en Elvas.

Preparado así el asalto, ya que no por la brecha, que no estaba practicable, ejecutáronlo los franceses con un golpe de mano que los defensores por una torpeza, por un descuido que sólo tiene su semejante en el de no llevar á mano cuatro días antes los medios de clavar la artillería de San Miguel y el Almendro, hicieron posible y del feliz resultado á que aspiraban los enemigos.

Estos organizaron, de noche ya, dos columnas de unos 800 hombres, infantes y zapadores, en la paralela; y, saliendo de ella á las nueve, tomaron la dirección de la capital del fuerte hasta la cresta del ángulo saliente del camino cubierto. Allí, y siempre en el mayor silencio y valiéndose de la profunda obscuridad que reinaba, se dividieron, partiendo una por la derecha y otra por la izquierda en busca de la gola del fuerte que sabían estaba tan sólo cerrada con una valla de madera (1). La columna de la derecha perdió el tino y, en vez de correrse alrededor del glacis, cayó en la plaza de armas entrante de la cortina, y hallándola desierta descendió al foso por la escalerilla de comunicación. Y ¡qué desgracia! mejor dicho ¡qué abandono! ¡qué fatalidad!: la poterna que daba acceso al interior del fuerte junto al ángulo flanqueado se encontraba entreabierta, sin centinela ni vigilante alguno (2). El capitán de zapadores que dirigía la columna penetró por aquella puerta que ya bajaba á cerrar un oficial de la guarnición á quien hirió; y, seguido de su fuerza, logró

---

(1) «laquelle, dice Lamare, par une imprévoyance extrême, n'était fermée que par un simple rang de palissades.»

(2) Sechépeler dice que había en el foso un oficial que sorprendido y amedrentado denunció la poterna.

Las autoridades de la plaza nada comunicaron sobre eso.

subir al parapeto de donde á los pocos momentos daba en señal de triunfo y como aviso á sus camaradas de fuera el grito de ¡Vive l'empereur!

La columna de la izquierda siguió el rumbo que se le había señalado y, llegando á la gola del fuerte, la hizo destruir con las hachas que llevaban los zapadores, quienes no tuvieron que esforzarse mucho, pues la guarnición se había ya salido, abandonándoles así Pardaleras para refugiarse en la plaza.

Grave pérdida era la de aquel cuerpo avanzado de la plaza; y, sin embargo, el General Menacho decía en su diario lo siguiente: «Los enemigos en la toma de Pardaleras encontraron su ruina, pues al ser de día los cinco cañones que se montaron en la cortina del Pilar, rompieron un fuego terrible que desbarató la mayor parte del fuerte, é introduxo la muerte en los enemigos, en términos que no se atrevió á presentarse por aquella parte, y con dicho motivo arrojaron á la plaza 34 bombas y muchos tiros de cañón y obús.»

Es verdad; y los cronistas franceses confirman la aseveración del gobernador de Badajoz manifestando que ni el día 12 ni en varios de los siguientes lograron formar un establecimiento medianamente sólido en Pardaleras, que quedó reducido á un montón de escombros. Eso que el entonces comandante Lamare se ocupó toda la noche en prepararlo con materiales aprovechados del mismo fuerte y con las fajinas que también habían llevado los asaltantes (1) Sería tarea interminable la de ir describiendo los trabajos que día

_____

(1) Dice Belmás: «En menos de dos días, el fuerte de Pardaleras, constantemente batido por la plaza, no presentó más que un montón de escombros.»

por día iban ejecutando los franceses para crear en Pardaleras un puesto de donde partir al ataque de los baluartes de Santiago y San Juan en aquel frente de la plaza. Si fuéramos á comunicar á nuestros lectores los datos, ya que no de otros, los de Lamare en su extenso trabajo histórico de los intentos por mucho tiempo infructuosos que él mismo quiso llevar á la práctica en aquella ocasión que tanta honra le proporcionó entre sus compatriotas, no haríamos sino alargar inconsideradamente el nuestro sin el fruto á que debe aspirarse en los de su naturaleza. Baste decir que todos esos intentos del célebre ingeniero francés fracasaron ante la energía de los sitiados y la habilidad de los artilleros que servían el número considerable de piezas que Menacho hizo emplazar en los baluartes y las cortinas de aquel frente después del día 23, en que ya no cupo duda de lo inútil y peligroso de tal proyecto, los trabajos de aquel ataque central, tomaron otro rumbo prescindiendo de Pardaleras para á su abrigo, eso sí, construir, como luego veremos, por sus flancos los ramales de trinchera y las baterías que condujesen al ataque del cuerpo de la plaza.

No contribuyó poco tan enérgica y feliz defensa á que el mariscal Soult persistiera en el pensamiento de privar á la guarnición de Badajoz del eficaz apoyo que la prestaba el ejército español desde las alturas de San Cristóbal, apoyo material tomando parte activa en la defensa de la plaza y en sus salidas, moral sobre todo, por lo que de él podía esperarse y por las comunicaciones que mantenía expeditas con la derecha del Guadiana.

El mariscal Soult iba á emprender una operación **Batalla del Gévora.**

de las más temerarias que registra la historia de la guerra. Cabe el acometerla y con éxito probable cuando
se cuenta con un ejército que pueda atender á todas
las contingencias que de ella se deriven, cuando por
lo menos las localidades, queremos decir, los accidentes del terreno en que se opere no sirvan de obstáculo
á la unión inmediata de todas las partes de la fuerza y
á las combinaciones rápidas necesariamente para
que no se interrumpa la acción uniforme y homo-
génea á que se destinan. Pero cuando, como en el caso
á que vamos á referirnos, no puede mantenerse esa
unión y, al menos por un espacio de tiempo considerable, han de sufrir esas combinaciones entorpecimientos muy difíciles de evitar ó corregir, es una verdadera
temeridad el arrostrar los peligros que entraña una
acción en tales condiciones emprendida. Y, sin embargo, el duque de Dalmacia los arrostró y con resultados
que sólo pueden prometerse ante torpezas como las
que en tan solemne ocasión cometieron el bravo general Mendizábal y el por tantos otros conceptos ilustre
gobernador en aquellos días de la plaza de Badajoz.
Se comprende perfectamente el reconocimiento ó, si se
quiere, el golpe de mano intentado el día 9 por la caballería francesa en la derecha del Guadiana. Nada
perdía la causa del sitiador con su fracaso y ganaba el
distraer la atención de las tropas españolas de su principal objeto, el de la defensa de la plaza, hacia sus comunicaciones y la seguridad de su campo de San Cristóbal, donde, fuertemente establecido, nada tenía que
temer en ninguna de estas imprescindibles atenciones.

Porque sabemos perfectamente que mejor que en
aquella posición, aun excelente como es, se defendía á

Badajoz maniobrando sobre los flancos y retaguardia de los sitiadores, interceptando sus comunicaciones con Sevilla y amenazándoles noche y día con caer sobre ellos al tiempo de cualquiera salida de los de la plaza. Mas hay que contar con tropas muy maniobreras y con un general tan hábil como emprendedor. Por éso, sin duda y como antes hemos dicho, aconsejaría Wellington el establecimiento del campo de San Cristóbal ó de Santa Engracia, como también le llamaban muchos por una ermita próxima dedicada al culto de la egregia virgen y que debía quedar dentro del perímetro de las fortificaciones con que se reforzara aquella culminante posición. El general británico no pensaría en las maniobras á que acabamos de aludir, bien por no entrar en su sistema de guerra eminentemente defensivo, bien por, como aseguraba él en todas sus correspondencias y recuerdan sus admiradores, no inspirarle confianza las tropas españolas (1). Pero sea de eso lo que quiera, no cabe duda de que Mendizábal debió fortificar la posición cuya derecha, mirando á España, quedaba asegurada con el fuerte de San Cristóbal, cu-

Posición de San Cristóbal

(1) Escribía á Lord Liverpool el 2 de febrero de aquel año: «Los varios sucesos de la guerra os habrán hecho ver que no puede echarse ningún cálculo sobre las operaciones en que hayan de tomar parte las tropas españolas.»

Eso de que falte la injuria en los labios ó la pluma de Wellington al tratarse de los españoles, es una quimera: siempre receloso de que el mundo y la historia pudieran atribuirles el grandioso éxito de la guerra. Hay, sin embargo, que concederle en este caso la generosidad de atribuir á Romana el proyecto de que se fortificara la posición de San Cristóbal. En su despacho de 9 de febrero á Liverpool dice: «El general Mendizábal no ha adoptado el plan que le trazó La Romana antes de morir y que aseguraba la comunicación con Elvas antes de que las tropas fueran lanzadas sobre la izquierda del Guadiana.»

Esta es una de tantas pruebas como dió Wellington de la predilección que siempre le mereció el marqués de la Romana.

yos centro é izquierda lo serían haciendo algunas obras, siquier de campaña, en derredor de Santa Engracia y estableciéndose sólidamente en el cerro de la Atalaya, puestos apoyados aunque de lejos por Elvas y Campo-Maior, y cuyo frente, en fin, pudo prepararse holgadamente para oponer una enérgica y feliz resistencia al paso del Gévora por los enemigos que lo acometiesen.

Ataque de los franceses. Los franceses no cesaron en su trabajo de hacer practicable el paso del Guadiana para un cuerpo considerable de tropas hasta el día 18 de febrero, en cuya noche empezaron á llevar artillería y varios regimientos á la orilla derecha. Mortier, á quien Soult confió la dirección de aquellas operaciones, tenía así en la mañana del 19 fuera ya de la cabeza de puente acabada de construir, 9 batallones de infantería, 13 escuadrones, 12 piezas de artillería con varias compañías de esta arma, una de ingenieros y otra de obreros de la marina.

La infantería formó una gran columna en dirección al puente del Gévora, llevando á su flanco izquierdo á los zapadores y algo detrás de éstos la artillería. La caballería, parte de la que se hallaba establecida de días antes en Montijo, acudió á la cita, y se formó sobre la derecha de la columna, extendiéndose, además, por el terreno inmediato, mientras otra parte, la de reserva, que cruzó el Guadiana por un vado, se dirigió rápidamente aun más á la derecha á interceptar el camino de Badajoz á Campo-Maior.

Estos movimientos no fueron vistos por los españoles á causa de una niebla espesísima que los encubrió hasta más de las ocho de la mañana en que el sol logró romperla. De modo que el 2.º de húsares franceses, que iba descubriendo, pudo caer sobre las avanzadas españolas establecidas en la derecha del Gévora, mientras la infantería de vanguardia lo hacía sobre las inmediatas al puente. Con haber sido éste roto días antes, aguardaba sin duda Mendizábal que los enemigos no intentarían el golpe de mano de que en tal momento era objeto el ejército de su mando. Como el Guadiana, cuyas aguas habían decrecido á punto de hacerse su caudal el ordinario, había el Gévora reducídose al exiguo que permitía su tránsito por varios puntos. Así, en tanto que la caballería francesa podía, por lo rápido de sus movimientos, remontar el río hasta flanquear la posición española en su ala izquierda, la infantería aprovechaba un vado que existía agua abajo del puente para ganar la altura de San Cristóbal é interponerse entre este fuerte y el resto de nuestra posición. Porque los franceses habían observado que, al cañonear el 13 con piezas de grande alcance aquellas alturas, nuestros compatriotas eludieron el fuego dejando un claro considerable hacia Santa Engracia; claro al que, mantenido el 19 por aquel mismo violento fuego de su artillería, se dirigirían inmediatamente que hubieran franqueado la corriente del Gévora (1).

Y con efecto, para cuando, vueltas de su sorpresa

---

(1) En el parte de Soult se dice: «El general Bourgeat, comandante de la artillería, recibió el día 18 orden de romper contra el campo enemigo el fuego de bombas y de granadas del diámetro de 8 pulgadas, disparándolas por encima de la ciudad y del fuerte de San Cristóbal, á fin de obligar á las tropas que se hallaban en aquel campo á alejarse de allí, y á situarse fuera del alcance de los fuegos del fuerte. Esta operación salió perfectamente, pues los españoles recogieron al mediodía sus tiendas y las colocaron á 1.200 toesas más adelante, estableciendo un nuevo campamento.»

las tropas españolas, trataban apresuradamente de formar en lo alto de su posición, los franceses, por entre los que iban Soult y Mortier dirigiéndolos, animándolos con el recuerdo de sus triunfos y con la solemnidad de la ocasión en que se hallaban, habían salvado el Gévora y disponíanse á asaltarla (1). Eran, repetimos, las ocho de la mañana cuando se disipó la niebla que dejó ver á los españoles el peligro de su situación y pudieron romper el fuego sobre las tres columnas enemigas que les acometían, fuego que, poco certero por el apresuramiento con que se había organizado y la extrema rapidez con que aquéllas se movían, no las impidió el acceso de la montaña. Una de esas columnas, la de la izquierda, puesta á las órdenes del general Girard, valiéndose de todos los accidentes del terreno que va recorriendo para evitar la acción del castillo de San Cristóbal, trepa al desdichado claro de que venimos hace rato tratando, y una vez en él, despliega perpendicularmente y rompe el fuego sobre el flanco derecho de la línea española. Las otras dos columnas francesas, regidas por Mortier y el general Philippon, jefe de la brigada que las componía, y una batería ligera, se dirigen al centro español al tiempo mismo en que doce escuadrones de los de Latour-Maubourg, que ya hemos dicho avanza-

(1) Escribe Lamare: «El general en jefe, queriendo animar todo con su presencia, recorría las filas de las diferentes armas, recordaba á los oficiales y á los soldados su antiguo valor y los éxitos que los habían llevado hasta las extremidades de la Península, los vastos y hermosos países que habían atravesado, el número de ciudades y de provincias que habían dejado á sus espaldas después de sometidas á su poder; y añadía, que otra victoria iba á asegurarles la conquista del principal baluarte de Extremadura, así como que el menor revés les obligaría á volver á Andalucía.»

ban por la derecha, se lanzan á galope sobre nuestra extrema izquierda para, como la columna de Girard, flanquear la línea española, si no envolverla, para así destruirla de una vez y completamente.

Por mucha que fuera la priesa que se dieron los españoles para formar su línea de batalla, no lograron establecerse en ella con la solidez que exigía el ataque impetuoso y, sobre todo, imprevisto, de sus enemigos los franceses. La confianza que inspiraba á Mendizábal su posición, confianza que le había hecho descuidar el fortificarse debidamente, cual se lo habían aconsejado y prevenido Lord Wellington y Romana, le hizo también descuidar la vigilancia necesaria ante un ejército tan emprendedor como el regido por Soult; y á las deficiencias defensivas de su posición y á las orgánicas y de instrucción de las tropas que mandaba, bisoñas muchas, añadió la indisculpable de no tenerlas apercibidas y convenientemente situadas aquel día. *Derrota de los españoles*

Así es que, al coronar los franceses la meseta cuyos extremos ocupan el castillo de San Cristóbal, de que se apartó para evitar el fuego de las baterías de sitio del enemigo, y el cerro de la Atalaya, y en cuya parte central sólo había comenzadas las imperfectas obras de la ermita de Santa Engracia, y al verse nuestras tropas flanqueadas si no, como antes hemos dicho, envueltas, no hallaron otro camino de salvación que el de formar dos grandes cuadros que Mendizábal creería tan afortunados como los de Alba de Tormes. Pero las condiciones eran muy distintas; y por mucho valor que demostraron nuestros infantes, las armas de que se vieron asaltados eran otras más eficaces. La ca-

ballería hispano-portuguesa no supo resistir las cargas
de la imperial, mucho más numerosa, es verdad, y su-
periormente regida, con lo que se entregó inmediatamente á una fuga indisculpable (1). Y sin apoyo los
cuadros y azotados por la potente artillería enemiga
que ganó la altura á la vez que los demás cuerpos
franceses, tal fué la diligencia de sus oficiales, pronto
fueron rotos y dispersados cuantos buscaron en ellos
su defensa y salvación. No faltaron cuerpos que se dis-

Conducta de algunos cuerpos. tinguieran en tan apurado trance. El regimiento del
Rey que ya el 17 se había señalado por la impetuosi-
dad de su ataque á las baterías enemigas, supo antes
que rendirse perecer casi todo en Santa Engracia.
El de Toledo, en el cuadro que mandaba el general
Virues, resiste valientemente las cargas de los dragones franceses hasta que, destrozado y sin sus jefes y
la mayor parte de los oficiales, se retira con muy
corto número de soldados á la plaza portuguesa de

---

(1) Si no constara por otros conductos, nos lo hubieran hecho saber los despachos de Wellington, en uno de los cuales,
el de 23 de aquel mismo mes á Lord Liverpool, le dice: «Sien-
to mucho tener que añadir que la brigada de caballería portuguesa no se ha conducido mejor que las demás tropas. El brigadier-general Madden, hizo cuanto pudo por animarlos á cargar, pero inútilmente.»

Eso sí; el inglés tenía que salir airoso. ¿Por qué no hizo
Madden lo que de Gabriel?

Lamare añade: «La caballería portuguesa, mandada por el
general inglés *Madden* y en la cual servían varios oficiales de
esta nación, se sobrecogió también de terror (fut également
frappée de terreur); abandonó á la infantería y huyó á toda
rienda hasta Elvas en busca de un refugio.»

Soriano da Luz, por su lado, aun cuando confiesa que huyeron los portugueses, lo atribuye á que, viéndose abandonados
por la caballería española, hubo de seguir su ejemplo, «dando
as costas ao inimigo, para evitar ser feita em postas».

D. Fernando Butrón, jefe de nuestra caballería, pidió á las
Cortes la formación de un consejo de guerra que juzgase su
conducta.

Estremoz. Cataluña, que tan feliz como enérgicamente asaltó las trincheras del Almendro el 7, tiene el 19 la misma triste suerte que Toledo; y apenas si su coronel Vives logra salvar un centenar de sus gentes. Victoria, semejante, al decir de un cronista, á un león acosado por los cazadores, ve el cuadro en que forma mutilado por la artillería francesa, y cuando por la voladura de uno de sus carros de municiones se encuentra indefenso, se abre paso con su coronel á la cabeza, herido y todo, por entre los enemigos y retira. sus gloriosas reliquias, los hombres que le quedan y las banderas. Todos, sin embargo, todos ceden á los efectos de la sorpresa y á la celeridad y energía de los franceses, peones y jinetes, en aquella fatal jornada; y los que logran mantener algo más el campo lo deben al valor y al prestigio de sus generales, Virues, O'Donnell y La Carrera, que hacen lo humanamente posible para neutralizar el yerro cometido por Mendizábal, peleando entre sus soldados y retirándose con ellos, á Elvas, Campo-Maior ó Badajoz, según les fué dable (1). Pero hubo un regimiento que mereció por su conducta de aquel día un premio especial, tan gallarda apareció á los ojos de sus camaradas y á la consideración del gobierno español. El regimiento de La Unión, conocido desde un año antes por el *León de*

---

(1) El mismo Lamare dice: «Los españoles, viéndose envueltos y oprimidos de todas partes, admirados de nuestras maniobras, se apresuran, con la confusión de todo ejército mal ejercitado, á formar dos grandes cuadros, cruzan las bayonetas y sostienen el choque defendiéndose valientemente.»

Es necesario que venga un extranjero y tan autorizado é ilustre, testigo presencial en aquella función de guerra, para vindicar la honra de aquellas tropas tan mancillada por nuestros mismos compatriotas.

San Payo, y mandado por D. Pablo Morillo, el feliz negociador de la reconquista de Vigo, disputó por largo tiempo á Girard el cerro de San Cristóbal, y al retirarse ó huir, como se quiera, el ejército puesto en dispersión, lo hizo formado también en cuadro y rechazando tres veces á la caballería francesa que parecía haber hecho empeño de romperlo y destrozarlo. Tan gallarda, repetimos, fué su conducta que llegó casi entero á Elvas, donde recibió los aplausos unánimes de todos los jefes y tropa del ejército, alcanzándole luego un decreto de la Regencia, en que se le concedía por recompensa un escudo de honor con el lema de «Premio á La Unión».

D. José de Gabriel.

Menos afortunado que Morillo, ascendido luego á brigadier, fué el también heróico de ingenieros D. José de Gabriel que, avergonzado de tal derrota como sufría el ejército y creyendo reparar, ya que no otra cosa, su honor con sacrificarse él personalmente, hizo frente á la caballería enemiga dirigiéndose con sólo otros tres jinetes al príncipe de Aremberg que la mandaba, con el ánimo de atravesarle el pecho de una estocada. ¡Tan estéril como temerario intento! Saliéronle al encuentro los ayudantes de d'Aremberg y cuantos iban junto á él, y el capitán Landrieu, se dice, acabó con el heróico de Gabriel cuando, abrumado por sus enemigos y cubierto de heridas, no podía ya defenderse (1).

---

(1)   Don Fernando de Gabriel y Apodaca, oficial distinguido de nuestro cuerpo de Artillería, escritor elegante y poeta, publicó en 1863 una noticia biográfica del heróico brigadier Don José, su tío, en que contaba así su hazaña: «Rotos y deshechos los españoles en aquel aciago día, abandonada nuestra infantería por las tropas de las demás armas que se retiraban en desorden sobre Elvas, y viendo de Gabriel que todo estaba

Nuestras pérdidas, enormes. Fueron los muertos **Bajas.** ó heridos sobre 800 hombres, los prisioneros hasta 3.000, el general Virues entre ellos, y la artillería toda, los bagajes del ejército, un gran número de fusiles y cuanto material de campamento había quedaron en poder del vencedor á quien sólo costó su triunfo unas 400 bajas (1). La más importante, con todo eso, fué la moral, porque perdiéronse las esperanzas que los sitia-

---

perdido, y que nada le era dado ya remediar como jefe, lleno de generoso despecho, y resistiéndose á su noble valor el huir del campo de batalla, dirigióse resueltamente hacia las filas francesas, seguido sólo de tres soldados, cuyos nombres no conserva desgraciadamente la historia. Cual otro Pedro González de Mendoza en la funesta jornada de Aljubarrota, ya que no podía dar el caballo á su Rey, salvándole la vida á costa de la suya propia, *entróse á morir lidiando*, según la sublime expresión del romance popular, y ansioso de ser útil á los suyos al sacrificarse así á ciencia cierta en las aras de su patria, arrojóse sobre el duque de d'Aremberg, que á la cabeza del regimiento de caballería que mandaba, se disponía á cargar un corto resto de infantería española que aun se conservaba firme. Atravesó con ardimiento las filas enemigas, penetró hasta d'Aremberg, y tirándole una furiosa cuchillada, hubo de errar el golpe, consiguiendo únicamente herirle el caballo. En el instante mismo cayó sin vida atravesado por los oficiales que rodeaban al duque, espirando en sus labios la palabra *fuego, fuego*, con que lleno de valor indomable animaba á completar su hazaña á los soldados que le seguían.»

El nombre del brigadier fué inscripto después con letras de oro en la academia de ingenieros de Guadalajara.

(1) Hay mucha discordancia en esto de las bajas. Toreno dice que los prisioneros fueron 3.000. Tampoco señala más Schépeler, y añade que al llegar á Valladolid ya no eran más que 1.800 y 200 menos en Torquemada.

En cuanto al número de los combatientes españoles, sucede con un historiador portugués, que manifestando que según Londonderry eran 9.000, según Sherer 10.000, según Belmás y Thiers 12.000 y según Toreno 8.000, él los hace subir á 15.000, porque sí, sin otra razón. Schépeler acude con su rebaja, reduciendo, al menos los infantes, á 7.600.

Hay que calcular para todo eso que nuestros regimientos se hallaban muy mermados de fuerza, si no en cuadro; que la división Ballesteros andaba por Huelva y que la guarnición de Badajoz había recibido en aquellos días aumento considerable.

dos en Badajoz pudieran abrigar de socorro inmediato y del ayuda que tal ejército les prestara para seguir
en su excelente sistema de salidas, iniciado desde los
primeros días por el general Menacho su gobernador.
La única falta que cabía achacarle hasta entonces era,
precisamente, la de no haber aprovechado la ocasión
de hallarse tan gran parte del ejército sitiador ocupado
en desalojar al nuestro de su campo de San Cristóbal
para salir de la plaza sobre las trincheras francesas y,
si no podía ocuparlas, distraer á Soult de una empresa
que, no haciéndolo, logró tan felizmente llevar á ejecución (1).

Pero contra el que entonces se desató la opinión
pública en España, fué el general Mendizábal á quien,
ya que no se podía acusar de poco esforzado, se acusó
en todas partes de poco celoso y de inhábil. Alzóse, en
Cádiz particularmente, un clamoreo tal que hubo de
repercutir en las Cortes, donde, aunque en sesiones en
su mayor número secretas, se leyeron y comentaron
los partes de Mendizábal, devolviéndolos después á la
Regencia para la resolución que más pudiera convenir.
A lo que principalmente dieron lugar aquellos documentos y las noticias que llegaban de Extremadura
sobre tan triste suceso, fué á que se presentaran á
las Cortes varias proposiciones sobre el modo mejor de
neutralizar los efectos de tal desastre y de los demás

(1) Los franceses esperaban la salida de los de la plaza, y
además de mantener en las trincheras la fuerza ordinaria para
rechazarla, establecieron en su apoyo sobre doce batallones y
un regimiento de caballería que estuvieron todo el día sobre
las armas; porque, como decía después uno de sus cronistas,
*la situación suya era muy crítica, pudiendo el enemigo atacarlos
con fuerzas considerables en todos los puntos de tan extensa circunferencia* como la que ocupaban.

que afligían á la nación con las desgracias de nuestros ejércitos, proposiciones y proyectos que se discutieron detenidamente y de cuyos resultados daremos cuenta cuando, al rendirse Badajoz, hayamos de exponer las causas y consecuencias de tan funesto acontecimiento. Al referirse á él, algunos diputados propusieron una escrupulosa indagación acerca de la acción del 19, así como sobre el motivo que pudiera haber inducido á Mendizábal á encerrar en Olivenza la considerable división que resultó después prisionera; cargos todos, como se ve, dirigidos á aquel general. Lo mismo en esa sesión, la del 23 de marzo, que en las del 16 de febrero y 11 del mes anterior, se descubre, aun sin nombrarle, la desconfianza que inspiraba su mando de aquel ejército. Ya se pedía que el general que lo desempeñase respondiera de las tropas y de Badajoz con su cabeza, proposición que se consideró estar expresa en la ordenanza, ya se discutían las responsabilidades que eran de exigirse á los generales y la libertad en que debía estar la Regencia *de dar el mando de los ejércitos, divisiones, regimientos etc., á cualquier individuo por inferior que fuese su grado.* Bien transparente aparece la alusión en tales momentos, si á Peña, al pronto, como luego veremos, por lo de Chiclana, á Mendizábal sobre todo por los desastres del Gévora y Badajoz.

Con el resultado de la batalla acabada de reñir, la plaza de Badajoz quedaba completamente bloqueada, sin comunicación alguna con el exterior y con poquísimas esperanzas de socorro, con las remotas sólo del que pudiera enviarle Wellington, á las manos con Massena en las inmediaciones todavía de Lisboa. Pero

Resolución de Menacho.

no, por eso, desmayó Menacho creyendo que aun le restaban medios con que mantener la plaza largo tiempo, decidido, como estaba, á agotar cuantos pudieran proporcionarle el arte de la guerra en tales casos, el patriotismo no gastado de los habitantes y la resolución firme de sepultarse en las ruinas de Badajoz antes de entregarlas al enemigo. Y con el ardor de quien tales propósitos abriga dispuso reforzar en lo posible las obras, todavía intactas, del recinto de la plaza, construir nuevas en que, aun ocupadas aquéllas, detener á los asaltantes y estorbarles la entrada en la ciudad. cortar las calles con fosos é interceptarlas con parapetos, poner, en fin, á Badajoz en el estado mismo en que Zaragoza y Gerona, los dos ejemplos en que pretendía inspirarse para alcanzar igual y también perdurable fama (1).

Prosigue el sitio. Los franceses prosiguieron sus trabajos la noche del 20 al 21, reparando en su ataque de la izquierda los que la plaza había arruinado con el incesante fuego de su artillería, en el del centro la paralela que ligaba los dos y consolidando con fajinas y cestones el parapeto de la gola de Pardaleras y el través de la poterna que los sitiados batían con la mayor furia. Por supuesto, que á la vez cuidaron de fortificarse en las posiciones del monte de San Cristóbal, acabando el reducto de Santa Engracia y estableciendo sólidamen-

_____

(1) Hay quien cree que debió principalmente adelantar las obras por el espacio todavía no ocupado del enemigo á la derecha de Pardaleras, achacando esa falta al ingeniero de la plaza. Ese procedimiento se ha acreditado después, en la campaña, sobre todo, de Crimea; pero tratándose de Badajoz, hay que tener en cuenta que es en la defensa, llamémosle pasiva, de las plazas en las que los españoles de aquel tiempo demostraron sus excelencias guerreras.

te la comunicación de las dos orillas del Guadiana con un puente de caballetes en este río y con la recomposición de el del Gévora. Tampoco descuidaron esa misma comunicación agua abajo de Badajoz echando una gran barca y asegurándola en la margen derecha con una doble cabeza de puente, por existir allí una isleta que, á su vez, servía de gran reparo para el paso. Estos trabajos, que podríamos considerar como de bloqueo para apretar y apretar el total de la plaza, no estorbaban la labor principal y más interesante del ataque al frente tomado por objetivo del asalto. Construían los franceses, además del atrincheramiento de Pardaleras, cuya gola iba tomando la forma de un hornabeque para su mejor defensa en caso de una salida de los sitiados con que recuperar el fuerte, tres baterías destinadas en primer término á combatir la artillería de los baluartes de la plaza y, en segundo, á proteger sus trabajos de aproche que ya se veían arrancar de la paralela cada día más extensa y ramificada. Sea, con todo, que exigiesen labor detenida y constante y más todavía muchas precauciones para evitar los estragos que pudiera hacer en tales obras el fuego de la plaza, lo cierto es que en aquellos días y algunos siguientes, el de las baterías francesas se resintió bastante de lentitud é interrupciones. Hasta el 26 no se reanudó la acción enérgica de los sitiadores en sus ataques. Aquel día sus tiradores avanzaron hasta la cresta del camino cubierto; y desde allí dirigieron un fuego de fusil sumamente violento á las cañoneras de los tres baluartes de aquel frente, con el propósito bien manifiesto de inutilizar á los artilleros que servían las piezas. Contestaron los nuestros con igual energía y no se pasó mucho tiempo sin que tuvieran los suyos que retirarse, abrigándose en los pozos de lobo que siempre construían al frente de sus obras ó en la paralela misma de donde habían salido. Los franceses se vengaron en seguida rompiendo el fuego de siete baterías que, ya que no muchas bajas, produjeron en la plaza destrozos de consideración y el incendio del laboratorio de mixtos situado á espaldas de Santiago, no abundante, por fortuna, de ellos en tan crítica circunstancia.

El suceso, á pesar de eso, era lamentable y, peor aún, fué causa de un desorden que, sin la presencia de Menacho, uno de cuyos ayudantes murió allí, hubiera podido tener muy funestas consecuencias. Porque á la vez que los generales García é Imaz se ocupaban con algunos artilleros ó zapadores y 100 hombres de Mallorca en apagar el incendio del laboratorio, labor en que el coronel de ingenieros D. Antonio Fernández empleó todos sus talentos y los más grandes esfuerzos, los franceses, ó apercibidos de ello ó comprendiendo que algo extraordinario pasaba en la plaza, redoblaron su fuego á punto de disparar en doce horas más de 1.500 proyectiles, granadas, bombas y balas de cañón de los mayores calibres. Debió ser grande la rabia de los sitiadores al ver cómo la plaza, al contestar á su fuego, les desmontó las piezas de la batería levantada á la izquierda de Pardaleras frente á la cortina del Pilar sin que ellos consiguieran apagar el que se les hacía desde todas nuestras obras. Hasta debió decaer en sus ánimos la esperanza de que se les rindiera la guarnición de Badajoz, considerándola abatida por el revés del 19 en San Cristóbal, puesto que el 27 apelaban al tan manoseado recurso de introducir en la plaza proclamas lisonjeando el valor de los soldados y pretendiendo hacerles ver que ya habían tocado los límites de una brillante defensa para persuadirles de que no se entregasen á la desesperación, guiados por el capricho ó ideas particulares de su gobernador (1). Aquel tan nutrido fuego y las proclamas no hicieron el efecto esperado por los enemigos, sino el de encender á la guarnición y á sus jefes en el patriótico de continuar la defensa hasta completar con la muerte el sacrificio que se habían impuesto (2).

El sitio, sin embargo, seguía el curso fatal que todos los de su clase cuando la plaza no tiene para su apoyo un ejército dispuesto á socorrerla en sus momentos críticos. Las obras de los franceses, construídas de noche y al abrigo de tanta y tanta batería como iban dejando á sus espaldas, llegaban ya al camino cubierto que coronaron los sitiadores la noche del 1.º al 2

Coronamiento del camino cubierto.

---

(1) Menacho al rechazar la primera intimación que le dirigió Soult en los comienzos del sitio, le había prevenido también que no le enviase parlamentario alguno, que no recibiría, ni despachos que estaba decidido á devolverle sin abrirlos siquiera. Así se hizo en la tarde del 19 al presentarse ante una puerta de la plaza un oficial que dijo ser del Estado Mayor de Soult con el papel que arrojó al suelo al retirarse y fué hecho menudos pedazos sin leerlo.

El 27 se presentaron á nuestras avanzadas del Tinoco algunos húsares franceses que, al ser recibidos á tiros, arrojaron también las proclamas á que acabamos de referirnos.

(2) Decía Menacho en su diario: «Estoy persuadido en vista de la defensa del día de hoy, que si la plaza es socorrida en breve (qual espero) no podrán los enemigos lograr su intento de apoderarse de ella.»

Y en el del siguiente 27, al dar parte de lo de las proclamas, añade: «Pero si la desgracia en otras partes le ha proporcionado estas ventajas, la plaza de Badajoz se defenderá militarmente, y en los mismos términos llenará sus deberes; con lo cual la patria reconocerá sus servicios, y los mismos enemigos sabrán apreciar el valor y virtudes militares.»

de marzo (1). Inmediatamente se alojaron allí levantando traveses á derecha é izquierda del saliente del camino cubierto frente á la luneta de los baluartes, tantas veces citados, de San Juan y Santiago, que, examinada, apareció no estar revestida ni en estado de defensa, con lo que emprendieron la obra de una mina por donde atacar y destruir la contraescarpa. Aún comenzaron la construcción de un caballero de trinchera á la zapa doble en que establecerse sólidamente; pero el fuego de la plaza, el de 15 morteros en particular que se situaron en la cortina de aquellos baluartes, les impidió ejecutar aquel trabajo, sin que el de todas las baterías enemigas lograran desmontarnos una sola pieza.

Nuevas sa-
lidas.
Menacho continuaba en su sistema acertadísimo de las salidas; y al amanecer del día 2 hizo desembocar por la puerta, siempre amenazada, del Pilar dos compañías de granaderos y una de tiradores del regimiento del Príncipe, más con el objeto de oponer el suyo al fuego de la gente que apostaban los franceses contra nuestros artilleros que con el de destruir sus obras del camino cubierto. Por más que los cronistas imperiales traten de quitar importancia á aquella embestida de los sitiados, haciendo ver á estos rechazados, con pérdidas considerables y la de cuantos útiles habían logrado arrebatar á los sitiadores al ocupar sus obras, no es menos cierto que nuestros valientes, al retirarse en

---

(1) Dice Lamare que «los zapadores que iban á la cabeza de la zapa rodaban por delante grandes cestones cerrados, y que esa precaución, que se continuó durante los últimos días del sitio, ahorró á los franceses mucha gente.»
El procedimiento es antiguo y muy sabido.

presencia de los numerosos refuerzos con que las reservas francesas acudían en socorro de los suyos, se
llevaron á la plaza muchos de aquellos útiles como trofeos de su hazaña. Desvanece toda duda en ese punto
el parte de Menacho, último de los suyos de que se
tenga noticia. Por lo mismo y para que por su lectura
pueda calcularse la veracidad de los historiadores franceses, aun la de los mismos testigos presenciales de sus
campañas, insertamos aquí íntegra la relación del insigne gobernador de Badajoz. Dice así: «El día de ayer
(2 de marzo) ha sido uno de los más felices de nuestra
época. Al amanecer salieron las dos compañías de
granaderos del regimiento del Príncipe, y la de sus tiradores; su objeto era cubrir el frente atacado para
contrarrestar á los tiradores enemigos que se emplea-
ban en incomodar al artillero, y yo hago lo propio. Al
ir á llenar su comisión, se hallaron el camino cubierto
ocupado y lleno de cestones; con esa novedad acudió
á mí su comandante, preguntando qué harían; con-
testé que le flanquease, y se arrojase sobre sus trabajos; y fué esto executado tan completamente, que apenas tuvo tiempo el enemigo para huir, por consiguiente nos apoderamos de todos sus útiles, que he
pagado á veinte reales por pieza, con lo que sacaron
un buen jornal. Asímismo he concedido el grado inmediato á todos los oficiales, y un escudo de ventaja y otro de distinción á todos los sargentos, cabos y
soldados.»

¿Se puede desmentir aserto que lleva detalles tan
precisos y elocuentes?

Y no acabó con eso la función de aquel día, porque á las pocas horas arrojaba la plaza una bomba

que, volando el repuesto de una de sus baterías, la deshizo, puede decirse, y, por supuesto, acalló sus fuegos (1).

Tan verdadera es la relación de Menacho y tal y tan afortunado fué el golpe de mano dado por los granaderos y tiradores del Príncipe en su salida del 2, que al día siguiente emprendió la guarnición otra de más graves y gloriosos y transcendentales resultados. Ya en esa no se atreven los franceses á negarlos como en la anterior; no pudiendo ni aun disimularlos por las consecuencias á que dieron lugar para la prosecución, urgentísima en ellos, de un sitio tan obstinado ya y largo.

Verificóse á las cuatro de la tarde del 3 con igual número, poco más ó menos, de hombres que en la anterior y con tal resolución y empuje que llegaron sin que nadie lograra detenerlos hasta las dos baterías recientemente levantadas contra la cara derecha del baluarte de San Juan. Los trabajadores y la guardia de las dos baterías, muy próximas una á otra en la paralela, se entregaron á la fuga, aun siendo tan pocos los que las asaltaban, abandonándolas á éstos que, así, pudieron clavar desahogadamente 12 ó 13 piezas de las

---

(1) El parte dado el 3 por el comandante de artillería de Badajoz lo consigna de este modo: «Hoy no tira el enemigo de resulta de haberle volado el repuesto de su batería mayor de 8 piezas, que establecieron contra la que se formó en la cortina de San Francisco, que les obligó á mudar su plan de ataque, abandonando la única batería de 5 cañones que establecieron á la izquierda de Pardaleras, para batir el baluarte de San Juan que es el que atacan, y el de Santiago, en cuya cortina izquierda parece tratan de abrir la brecha, pues ya están en la cresta del camino cubierto, y les he puesto 13 piezas en la cortina de San Francisco y ayer les coloqué 14 morteros á derecha é izquierda del ataque con tres obuses y un morterito.»

conque estaban armadas. Pero aquel éxito, tan brillante como rápido, no podía con tan pocas fuerzas ni prosperar más ni alargarse á mayores resultados. Los franceses de la paralela acudieron al riesgo con las demás guardias de trinchera, con todos los obreros armados más inmediatos y con tropas de refresco cuya acción era á los nuestros imposible contrarrestar. Hubieron, pues, de retroceder los soldados de la plaza al camino cubierto, no pudiendo penetrar en las obras del coronamiento del mismo que los sitiadores, zapadores, minadores y artilleros que las ocupaban, defendieron fácilmente.

Pero si ese resultado, feliz y todo en un principio, **Muerte de Menacho.** era de prever, ya que no se había buscado con medios suficientes para obtener otro mayor, lo hizo más doloroso la catástrofe á que dió lugar. Porque Menacho que presenciaba la salida desde el citado baluarte de San Juan para darla calor y dirigirla, sin que le arredrara ni le aconsejase buscar punto más resguardado el infernal fuego que rompieron inmediatamente todas las baterías enemigas, fué alcanzado por una bala de metralla que lo derribó muerto (1).

Mayor desgracia no podía ocurrir á la guarnición de Badajoz ni á la patria tampoco en las circunstancias en que se hallaba aquella plaza y el interés que ofrecía su conservación. Porque iba allí á suceder lo

_____

(1) Pero ¿fué eso el día 3 ó el 4? Porque existe toda esa divergencia en cuestión tan interesante entre los historiadores franceses, que unánimes fijan la primera de esas fechas para la muerte de Menacho insiguiendo la versión de Lamare, y los españoles que la llevan á la del día siguiente, data que se ha esculpido en los monumentos dedicados á perpetuar la memo-

que en Zaragoza y Gerona; que, muerto Menacho, desaparecerían las energías de los defensores, indomables bajo la dirección de quien preparaba en su conducta militar y patriótica el pedestal de un monumento que perpetuara su gloriosa memoria. Parecían haber pasado los tiempos en que la desaparición de un caudillo producía la catástrofe de todo el ejército, como si el destino hubiera encadenado la suerte de ambos á una igual ó inseparable, feliz ó fatal para los imperios, cuando las nuevas organizaciones políticas y militares de los pueblos modernos, sus diferentes elementos de gobierno y el más hábil enlace de las jerarquías deberían haber disminuido, así como la influencia de las superiores en su autoridad, la que pudiera ejercer su falta ó pérdida en el mando. Pues nada de eso: como si estuviéramos en los tiempos de Viriato ó Sertorio, los españoles se sentían, más que vencidos por las armas, condenados por su hado á la desgracia y la servidumbre al ver postrados á Palafox y Alvarez, ó hundiéndose en el polvo del sepulcro al también heróico gobernador de Badajoz.

Los que no pueden dejar de reconocer esa virtud guerrera en los varios españoles que tan gloriosamente han sabido ejercitarla para su propia honra y la de la patria, sin rival en tal género de hazañas, pretenden rebajarla, por lo menos, anublándola con los errores

---

ria de varón tan insigne. Schépeler dice que Menacho murió el 4 presenciando la salida de aquel día, acción que ningún diario del sitio menciona. Hasta hay quien con error manifiesto adelanta la salida y la muerte del gobernador al día 2, y ese cronista es nada menos que Napier, el *concienzudo* narrador de aquella guerra, el único para sus compatriotas.

que hayan cometido bajo el prisma, no pocas veces
mentiroso, de los principios del arte militar. Y esos
errores en la gloriosísima personalidad de Menacho
tienen sus detractores que reducirlo á uno solo; y aun
ese imputado sin la serenidad de juicio y sin el conocimiento de los datos necesarios para que, además de
ser exacto, quedara plenamente justificado. Tal error,
en suma, viene á reducirse á no haber verificado una
salida vigorosa y con fuerzas suficientes para que
fuese eficaz y resultara afortunada, en los momentos
de la batalla de Gévora. La muerte impidió al ilustre
gobernador de Badajoz justificar su inacción en aquel
día: pero ¿no podría consistir en órdenes del general
en jefe del ejército, de que dependía la guarnición de
la plaza, ó en combinaciones más ó menos meditadas,
más ó menos sujetas á cálculos de fuerza que la exi-
gieran? Podrán esos críticos exponer que el ser Mendizábal sorprendido en sus posiciones de Santa Engracia revela su no intervención en esas combinaciones
del día; pero, aun así, faltaría tener certeza de la
libertad de acción de que Menacho pudiera gozar en
presencia de su superior jerárquico para empresa como
la de una gran salida al frente de tal enemigo, oculto
por la niebla en los momentos precisos de una maniobra que apenas si duró lo que el sol tardó en po-
nerla de manifiesto. Las salidas posteriores, las en que
la derrota del ejército dejaron á Menacho aislado en
la plaza y árbitro de sus acciones, le justifican también
en esa parte, verdaderamente técnica, del arte polémica; como sus disposiciones para la defensa pasiva
del recinto de la plaza y las preparatorias para la del
interior de la ciudad demuestran que no cedía el ta-

lento de Menacho al vigor y á la tenacidad que caracterizan á un gobernador en ocasiones tan solemnes como aquella. (1).

Las Cortes de Cádiz apreciaron en su justo valor la conducta de Menacho, honrando su memoria en la sesión secreta de la noche del 16 de marzo, en que se leyeron los partes del general Castaños recomendando la familia del valiente gobernador de Badajoz, y en la pública del 17 en que, á consecuencia de la presentación de aquellos despachos y del elogio con que los acompañaba el Consejo de Regencia, hizo Calatrava una proposición que fué aprobada por el Congreso, y donde, entre otros, se leen los siguientes párrafos:

«El general Menacho, decidido á sepultarse en las ruinas de su plaza antes que entregarla al enemigo, ha sido fiel á su empeño generoso, y después de treinta y ocho días de un sitio terrible y obstinado, cubierto de gloria en la defensa y en reiteradas salidas, ha espirado heróicamente sobre el muro, mientras animaba á sus soldados y hacía temblar á los sitiadores.»

«Basta para inmortalizarle esta muerte, y para que su nombre sea contado por la posteridad entre los héroes españoles. Pero la patria, en cuya defensa se ha sacrificado, es menester que sin limitarse á un senti-

---

(1) El mismo Lamare, primero en hallar faltas en la conducta técnica de Menacho, dice en su *Proyecto de una instrucción abreviada para el uso de los gobernadores de plazas*, de que es autor: «Cuando por circunstancias imprevistas, un general, jefe de un cuerpo de ejército, una división ó una brigada, se halla encerrado con sus tropas en una plaza de guerra, toma el mando superior, á no ser que haya otro de su mismo empleo en ella.»

No creemos que se halle lejos de eso la posición de Menacho respecto á Mendizábal, general en jefe del ejército, situado en San Cristóbal.

miento estéril, perpetúe también la memoria de aquel valiente guerrero, y que si no puede recompensar de otro modo sus acciones, las premie á lo menos en su desamparada familia. ¡Señor! Una viuda, unos hijos que Menacho ha dejado huérfanos por servir á la nación, deben hallar en V. M. un padre» (1).

La posteridad, después, ha hecho justicia al mérito de Menacho; y el ejército de Extremadura, que en 1852 colocó una lápida conmemorativa del héroe en el sitio de su muerte, ha erigido en 1893 un monumento sencillo y elegante en substitución del humilde y antiestético levantado en 1864 en el baluarte de Santiago, para estímulo generoso de los generales que algún día sean llamados á mantener enhiesta la bandera de la Patria en los muros de la gloriosa capital de Extremadura.

Sucedió á Menacho en el gobierno de Badajoz el brigadier D. José de Imaz, persona de valor probado y de ya larga historia militar. Subteniente del Real de Lima en 1782, al regresar á España combatió valientemente en el Rosellón, distinguiéndose en Mas-Deu, Truillas y el campo del Boulou. En 1794 pasó á Gui-

El briga-dier Imaz.

---

(1) La familia de Menacho se hallaba en Elvas, y se debe al célebre sargento Giral, de quien hicimos mención en la retirada de Romana á Galicia. la relación del destino posterior de la viuda é hijos del heróico gobernador de Badajoz. Dice en su abigarrado pero interesante manuscrito: «La desgraciada familia del gobernador difunto que se hallaba lejos de su tierra dispuso el Sr. Vicario se le acompañase con su sobrina (la del Vicario, á la que Giral había sacado de Badajoz días antes), el secretario del Sr. Marqués de la Romana (Carrasco), dos ayudantes, el auditor y comisario de guerra (todos de los que, muerto el marqués, habían vuelto de Lisboa), y fuimos conduciéndolas hasta Ayamonte, punto en donde se embarcaron para Cádiz.»

púzcoa, su patria, y se halló en cuantas acciones se dieron desde el Bidasoa al Ebro hasta hacerse la paz de
Basilea. Fué luego con O'Farril en la división que la
escuadra franco-española de Brest debía desembarcar
en Inglaterra; y después de fracasada aquella expedición, tomó parte en la que á las órdenes del mismo ge-
néral fué destinada al nuevo reino de Etruria, para
luego dirigirse al Norte de Alemania y volver á España con el marqués de la Romana.

Ya en la Península, se batió, siempre bizarramente,
en Espinosa, Tamames, Medina y Alba de Tormes; y
mandando el regimiento de Sevilla como brigadier,
tuvo á sus órdenes una división del ejército de Extremadura, con parte de la cual quedó en la plaza de Badajoz en la ocasión á que nos vamos refiriendo (1).

Muerto Menacho, repetimos, acabáronse en Badajoz las energías que él inspiraba en la guarnición y el
pueblo. No es que cesara la labor bélica de la defensa,
no; porque si los franceses se dedicaron con nuevo ardor á la de reparar los desperfectos causados en la salida del 3 y los que á cada momento producía el cañón
de la plaza, los sitiados continuaron cubriendo con
atrincheramientos y toda clase de obstáculos el espacio
interior del punto en que se suponía iba á practicarse
la brecha. Tales fueron las noticias que sobre ese particular llegaron á adquirir Soult y sus ingenieros, que
hubieron de aconsejarles la variación de su plan de

---

(1) Carrera tan honrosa y su conducta en las salidas del 3
y el 7 de febrero elevaron el concepto que ya se tenía de Imaz,
á punto de que Mendizábal le propuso para el empleo de mariscal de campo, con que en efecto y con la fecha de 8 de marzo
aparecía después en el escalafón de los generales. Tenía entonces 50 años.

ataque, llevándolo, de las caras de los baluartes de Santiago y San Juan, que indistintamente amenazaban desde su obra del coronamiento del camino cubierto, á la cortina y ángulo interior del flanco del de Santiago. Construyóse, pues, un poco á la izquierda y paralelamente á la cortina acabada de citar una gran batería para seis piezas de á 24, que recibió el pomposo nombre de *Batería Napoleón*, como si se quisiera significar con tal título el último y supremo y decisivo esfuerzo para la ejecución y el logro de una victoria que, como ya hemos dicho, urgía acabar por momentos.

Tal actividad desplegaron los franceses en sus obras, que á pesar del horrible fuego que, favorecido por la claridad de la luna, vomitaba la plaza sobre ellas, la batería de brecha se hallaba la noche del 8 al 9 en estado de comenzar su demoledora misión (1). A su retaguardia y muy próxima se vió también al día siguiente terminada una batería de morteros dirigida contra el frente de ataque, así como otra sobre el flanco izquierdo que, en combinación con las construidas antes á cubierto de Pardaleras, abrumarían con las bombas que disparasen á cuantos se atrevieran á resistir el asalto. El abandono, además, de la media luna proporcionó á los sitiadores su establecimiento en ella

---

(1) Dice Lamare al describir los trabajos de la noche anterior: «Era terrible el fuego de los sitiados; nuestra artillería, mucho menos numerosa, se había visto obligada á ahorrar sus municiones; no había logrado apagar sino muy imperfectamente los fuegos de la plaza y tal estado de cosas ocasionaba excesivos estragos; las cabezas de trincheras eran sin cesar destrozadas y cubiertas de escombros; y por tòdas partes se encontraban esparcidos miembros de cadáveres mutilados yaciendo en las ruinas.»

tan pronto como, rompiendo la contraescarpa, pudieron ocupar el foso; imprevisión de parte de los sitiados que, al amanecer del 9, lamentarían tardíamente y que, al decir de un cronista francés, demostró que «desde la muerte de Menacho la guarnición sentía cierto desánimo cuyo efecto se revelaba en la ausencia de esa fuerza moral que mueve á los hombres y les da acción y vigor.»

Y eso debía ser tan cierto que cuando mayores resultados cabía esperar de esa energía, nunca más necesaria que en tales crisis, no hubo en la plaza autoridad que se acordase de recurrir á la acción de las salidas contra unos trabajos y unos enemigos tan á su alcance puestos, olvidándose también de que contaba con una guarnición numerosa y valiente, á la que se redujo á la defensa pasiva de la parte de muralla que iba, así, á batir y asaltar el enemigo.

Los franceses, de ese modo, pudieron sin más obstáculos que los del fuego de la plaza acabar sus preparativos, urgentísimos ya, puesto que les había llegado la noticia de la retirada de Massena de las líneas de Torres-Vedras, haciéndoles temer la aparición de algún grueso destacamento del ejército aliado dirigido por Lord Wellington en socorro de Badajoz. Así es que durante la noche del 9 abrió el fuego la artillería francesa y al salir el sol la mañana del 10 se veían caer al foso el revestimiento y el parapeto del trozo de cortina atacado en un espacio de 25 á 30 metros, dejando abierta y practicable, hacia las nueve, una brecha todo lo anchurosa que se consideró necesario para proceder al asalto. Cada salva de la batería francesa derribaba un mundo de piedra y tierra del imperfecto muro contra el que se dirigía, y era una granizada de bombas y granadas la que caía en las ruinas, destinada á allanarlas. El fuego de la plaza, nutrido y todo, según hemos dicho antes, fué amortiguándose hasta revelarse ineficaz para arrostrar el huracán que muy pronto le impondría el silencio de la impotencia.

Antes, sin embargo, de emprender el asalto, para el que se hallaban formadas en la paralela las tropas que debían practicarlo á las órdenes del general Pepín, Mortier dirigió al gobernador de la plaza la intimación, de costumbre en tales casos, para que se rindiese con cuantas condiciones creyera más honrosas y él pudiera concederle, felicitándole á la vez *por su hermosa y larga resistencia*.

Nueva intimación.

Nada puede explicar lo que, oído el mensaje de Mortier, sucedió en Badajoz como el oficio en que el general Imaz lo hizo saber al Gobierno. Héle aquí: «Con el más justo sentimiento anuncio á V. E. que el mariscal Mortier acaba de intimar la rendición á esta plaza: abierta brecha con más de 32 varas de ancho, y practicable ya para un asalto, adelantaba mis obras con bastante aceleración; pero la grande extensión de la cortadura del frente atacado, no permite la terminación de la segunda línea en muchos días: esta razón y la de no tener un punto de retirada, me han hecho convocar á los generales, cuerpos facultativos de artillería é ingenieros, y gefes principales de los cuerpos que cubren este recinto, quienes instruídos del papel parlamentario, votaron la mayor parte debía capitular la plaza con todos los honores, según prueba el papel núm. 1.º A pesar de esto hice los mayores esfuerzos para seguir la defensa hasta perder la vida,

Consejo de guerra en la plaza.

pero se me opusieron, haciéndome ver que ésta podía durar lo más dos días, y con ella perdía á un pueblo que ha manifestado generosidad, y á una valiente guarnición que se ha portado bizarramente: con estos obstáculos me he visto en la dura precisión de capitular en la forma que indica la copia núm. 2.º Por último, debo recomendar á V. E. los gefes, oficiales y soldados que han permanecido en este sitio cuarenta y cinco días sin descanso. Su valor ha dado pruebas nada equívocas de la gran parte que se tomaban por el bien de la patria, y espero que V. E. recomendará á la superioridad muy particularmente su mérito. —Dios guarde á V. E. muchos años.—Badajoz 11 de la noche del día 10 de marzo de 1811.—Excmo. Sr.:—José de Imaz.—Excmo. Sr. D. José de Heredia.»

Aquel consejo de guerra fué, con efecto, tal como lo describió Imaz en el documento á que aludía en su comunicación. El comandante de ingenieros creía, por el estado de la plaza y de la guarnición necesaria para su defensa, que sólo podría prolongarse ésta por dos ó tres días. Votó, sin embargo, por intentarlo si hubiese evidencia de que serían socorridos en aquel tiempo. El de artillería aconsejó que se probara un asalto ó el abrirse paso hasta el cuerpo de ejército más inmediato ó á las plazas vecinas. De esta misma opinión fueron el teniente general D. Juan José García y el mariscal de campo D. Juan Mancio, llamados también á tan triste asamblea. Los jefes de los cuerpos de la guarnición, fundándose en los datos aducidos por el comandante de ingenieros, votaron todos por la capitulación con las condiciones más honrosas para la tropa y la de una seguridad completa de los intereses de la pobla-

Pero lo extraordinario, lo que más llamó la aten-
~~n~~ aquellos momentos y mereció luego los comen-
más variados fué el voto del general Imaz, en un
conforme con el de sus compañeros jerárquicos
resentes y el jefe de la artillería de la plaza. «A
, dijo, de no tener formada nuestra segunda línea
fensa, con muy pocos fuegos en las baterías de
ago, San José y San Juan, y ningún apoyo para
~~n~~er el asalto, soy de parecer que á fuerza de valor
~~m~~stancia se defienda la plaza hasta perder la
(1).

entonces, se dirá, ¿para qué convocar el consejo
~~n~~oner á oficiales que habían mostrado valor, pe-
y constancia en el sitio, á representar papel tan
____rado en el momento preciso en que mejor podían
lucir tan brillantes cualidades? ¿Sería para autorizar
con el número de los votantes una resolución que tan
lejos parecía estar de sus opiniones personales? No sin
motivos, y sobrados y concluyentes, anatematizaba
Napoleón los consejos militares de aquella índole.

El resultado del que se celebró en Badajoz fué la Capitula-
entrega de la plaza saliendo las tropas de ella con los ción.
honores de la guerra, tambor batiente, mecha encendida y con dos piezas de campaña á la cabeza de la
columna que, como prueba de la consideración que la
guarnición había merecido á los duques de Dalmacia y
de Treviso por su bizarra defensa, salió también por
la brecha. Así lo consigna la tercera de las cláusulas de
la capitulación, en la que se añadía que las tropas ren-

----

(1) Véase el apéndice núm. 8.

dirían las armas sobre el glasis para después ser conducidas prisioneras de guerra á Francia (1).

Sus efectos.   No hay para qué decir cómo se recibió en España la noticia de la rendición de Badajoz. El anatema á Imaz se hizo tan general como se habían hecho los aplausos dedicados en todas partes á Menacho por su heróica conducta; y en las Cortes se encendieron los ánimos á punto de buscarse en nuevas y más enérgicas leyes la enmienda y corrección de las Ordenanzas, tomadas en aquellos momentos de efervescencia por harto débiles y deficientes. Y como esa triste noticia sucedió inmediatamente á las discusiones, de que luego daremos razón, provocadas en el Congreso con motivo de la batalla de Chiclana, fué necesaria toda la prudencia de que entonces dieron ejemplo los diputados para que no se excedieran, si en eso cabe exceso, en las manifestaciones del disgusto causado por ambos acontecimientos, cada uno de tan diferentes caracteres revestido. Alzóse la voz de los más conspicuos oradores, solicitando consejos de guerra para los generales desgraciados en el mando de los ejércitos ó de las plazas de guerra; hiciéronse comparaciones entre las defensas de Gerona y Badajoz; volvieron á pedirse responsabilidades por la acción del Gévora y hasta por la ya remota de Ocaña; y aun cuando hubo diputado como Zumalacárregui que defendió calurosamente al general Imaz, bien pudo observarse que había muchos

---

(1) Véase en el apéndice núm. 9. Esta capitulación difiere algo de la consignada en los documentos franceses. Lo de salir por la brecha no aparece en ellos, y sólo sí aparte la noticia de que lo verificase una compañía de granaderos españoles. Los demás cuerpos salieron por la puerta de la Trinidad.

que condenaban su conducta. Predominó, sin embargo, la prudencia en la mayoría y se acordó dejar á la Regencia en libertad de seguir el impulso que ya había dado para la indagación de las causas de suceso tan lastimoso (1).

Se ha dicho por alguno que si hubiera durado cuatro días más la resistencia, no habría ondeado el pabellón francés en los baluartes y el castillo de Badajoz. No es exacto: hasta el 25 del mismo mes de marzo no se presentaron á la vista de aquella plaza las tropas de Beresford enviadas por Lord Wellington en su socorro. Y cierto que debieron andar perezosas en su marcha, á pesar del interés que inspiraría al general británico el mantenimiento de la fortaleza española, de que era

_____

(1) Decía la *Gaceta*: «Y finalmente el Consejo de Regencia, no satisfecho por lo que aparece en estas noticias recibidas, y en la duda de si el gobernador hubiera podido llevar adelante su defensa, ha dado orden al general en jefe del quinto ejército para que se proceda en este caso con arreglo á ordenanza; y así lo ha hecho presente á las Cortes generales y extraordinarias, al dar á S. M. noticia de este sensible acaecimiento.»

Pero véase una cosa rara: Soult en su parte, atribuye á Imaz el no haber caído antes Badajoz en su poder. Dice así: «Una circunstancia ha podido contribuir á la prolongación por algunos días del sitio de Badajoz. Durante la última salida de los enemigos para impedir el coronamiento del camino cubierto, fué muerto el gobernador general Menacho; y el general Imaz, que le reemplazó, quiso hacer sus pruebas, lo que produjo una resistencia más larga.»

Imaz fué rescatado por una partida de guerrilleros al ser conducido á Francia Ya en Cartagena, fué llevado á Cádiz en el navío San Pablo, del que, á solicitud suya, se le desembarcó en la Isla de León para ser juzgado en consejo de guerra con el brigadier D. Rafael de Hore que se había hallado con él en Badajoz. En la primera vista fué Hore absuelto y puesto en libertad. Más tarde lo fué también Imaz, á quien se le dió en 1815 la subinspección de la 4.ª división de Provinciales que mandaba en Santiago al ser aprisionado al otro lado del Tambre el célebre Porlier por sus propios soldados.

Imaz, recomendado entonces para el empleo de teniente general, murió, sin obtenerlo, en Valladolid el año de 1828.

de suponer haría Soult base de sus operaciones para penetrar en Portugal y unirse á Massena, porque desde la derrota del Gévora bien pudo calcular que Badajoz correría un peligro tan inmediato como grave. Desde el 5 de marzo, sobre todo, en que el Príncipe de Essling emprendió, según veremos, la retirada á España, hasta el 25 en que Beresford avistaba los muros de Badajoz, transcurrió un tiempo que se nos figura justifica sobradamente la censura de perezosas que, de acuerdo con el anglófilo Schépeler, acabamos de dirigir á las tropas de nuestros aliados.

La pérdida de Badajoz, no sólo fué grande, aisladamente considerada, por la de su tan numeroso presidio y la del material de guerra que cayó en poder del enemigo, sino que tuvo gravísimas y transcendentales consecuencias. A 7.880 se elevó el número de los que rindieron las armas al salir de la plaza, y á 170 el de las piezas de artillería entregadas en ella á los franceses, con bastante pólvora, proyectiles y dos equipajes de puentes pertenecientes á nuestro ejército de Extremadura. Las bajas, pues, se elevaron á 1851 atendido el cuadro anteriormente expuesto de la guarnición; hallándose gran número de heridos y enfermos, hasta 1.100, en los hospitales ó en casas particulares, en las que se ocultaron no pocos.

El efecto moral que causó tal desgracia fué importante aun en España donde lo producen muy pequeño los reveses de tal índole y menos en una época, como aquella, donde tantos se sufrieron sin abatir los ánimos, esperanzados del éxito de la guerra en la constancia ingénita de nuestros compatriotas y su inextinguible patriotismo. Pero Extremadura, que se consideraba libre de la dominación francesa desde las jornadas de Talavera, se vió presa de los invasores y víctima de las vejaciones tiránicas de ellos, para luego serlo de la barbarie inconcebible de los que se decían sus amigos y salvadores. ¡Historia triste que puede decirse comienza en la ciudad que tan heróicamente había defendido los fueros de la patria independencia y acabará en otros lugares, tan sangrienta y abominable, con escándalo de la justicia en el mundo todo civilizado!

Mas no se limitaron á la pérdida de Badajoz las consecuencias materiales de aquella malhadada campaña. Porque á aquélla siguió inmediatamente la de Campo-Maior y Alburquerque, fortalezas que sería necesario conquistar antes de emprender la operación de trasladarse los franceses al valle del Tajo, tan recomendada y últimamente exigida por Napoleón.

Ya que Soult considerara difícil, si no imposible, la conquista de Elvas, no quiso apartarse del teatro de aquélla su última jornada sin someter antes la pequeña plaza de Campo-Maior, tan próxima también y en tan excelente y estratégica posición situada. Pero teniendo ya noticia de la retirada de Massena, comprenderá el lector que sin pena alguna ni disgusto siquiera, encomendó la empresa á Mortier, volviéndose él á Sevilla con dos regimientos de infantería y otros dos de caballería para así poder rechazar las agresiones con que Ballesteros amenazaba á la capital andaluza y sostener á Víctor en los ataques de que era objeto por parte de los defensores de la isla gaditana.

Poco valían las fortificaciones de Campo-Maior y se hallaban además descuidadas, sin haberse corregi-

Sitio de Campo-Maior.

do sus defectos ni conservado y menos reparado sus muros. Lo que sí tenía dentro de su recinto era un gobernador, el mayor de ingenieros José Joaquín Talaya, oficial valiente y hombre de honor, con unos 2.000 de las milicias de la ciudad y poblaciones más inmediatas. Mortier salió de Badajoz el 14 de marzo y aquel mismo día se situaba frente á Campo-Maior, mientras Latour-Maubourg establecía con sus dragones el bloqueo y despejaba las cercanías y sus avenidas de cuantos enemigos pudieran acudir al socorro de la plaza. Inmediatamente después, el mariscal francés ocupó el fuerte de San Juan, abandonado de los portugueses por su falta de condiciones para la defensa, y procedió á la construcción de tres baterías, una de piezas de á 24 y las otras de morteros y obuses que rompieron el fuego al amanecer del 15, á pesar del vivo y eficaz con que se les contestaba desde el castillo. El 16 continuaron las obras sobre el baluarte del Concelho, y el 20, avanzando éstas más y más hasta el camino cubierto, se abría brecha, cuyo asalto improvisado y prematuro fué rechazado fácilmente por la guarnición de la plaza. Una nueva intimación, sin embargo, consiguió que Talaya ofreciese entregar la fortaleza si 24 horas después no era socorrida; y, no siéndolo, el ejército francés ocupó el 21 á Campo-Maior, quedando prisioneros de guerra sus defensores, excepto los milicianos que obtuvieron permiso para retirarse á sus hogares con la condición de no volver á tomar las armas contra las del Emperador.

Ese plazo, exigido por el valiente Talaya, proporcionó á la causa peninsular una ventaja tan brillante como inmediata, desquite glorioso de la pérdida de

Campo-Maior y del fuerte de Alburquerque, expugna-
do por la caballería de Latour-Maubourg el 16, cuando
se presentaban para apoyarle en su empresa un regimiento de infantería y algunas piezas de campaña.
Andaban el día 25 los franceses ocupados en retirar á
Badajoz la artillería cogida en la plaza portuguesa,
cuando aparecieron por el horizonte de Elvas las tropas de Beresford, cuya caballería, sin detenerse un
momento al avistarlos, cargó con tal violéncia á la
de Latour-Maubourg, que con algunas piezas iba en retaguardia de los imperiales, que, por confesión de sus
mismos compatriotas, *la puso en plena derrota*. La infantería francesa se retiró formada en cuadro, y hubiera sido también deshecha si Mortier, noticioso de tal
desastre, no hubiera salido de Badajoz en su auxilio
con numerosas fuerzas que lograron rechazar á los anglo-portugueses en el glasis mismo de la cabeza del
puente del Guadiana, á que habían llegado en su im-
petuosa acometida.

La causa, sin embargo, á que principalmente deben
atribuirse la pérdida de Badajoz y las consecuencias
que acabamos de apuntar, es la muerte del perínclito
marqués de la Romana, general en jefe del ejército encargado del socorro de aquella plaza.

El marqués, unido á Lord Wellington con lazos de
estrecha amistad y con los de un compañerismo el más
íntimo en el ejército, sobre todo desde que se trasladó
con las divisiones tantas veces citadas á las líneas de
Torres-Vedras, se hallaba en Cartaxo al avanzar los
aliados sobre las nuevas posiciones elegidas por Massena
entre Santarén y Leiria. Al disponerse para regresar á
España con sus tropas en socorro de Badajoz, se vió

Muerte de Romana.

asaltado de violentos ataques de disnea al pecho, que si en un principio se consideraron como poco importantes y hasta pasajeros, fueron agravándose hasta producirle la muerte el 23 de enero de 1811. El despacho dirigido aquel día por Lord Wellington á su hermano Enrique, la explica en estos cortos renglones: «Tengo el sentimiento, dice, de manifestaros que ha fallecido hoy el marqués de la Romana. Hace algunos días que sufría de espasmos al pecho y desde entonces se hallaba bastante mal. Yo le veía todos los días y ayer estaba mucho mejor: se encontraba tan bien esta mañana que habló de venir á verme, tuvo intención de irse á Lisboa en su regreso á Extremadura y su secretario le dejó para preparar su recepción mañana en Villa-Franca y su paso del Tajo: pero fué de nuevo atacado por los espasmos y murió hacia las dos de la tarde» (1).

Y añade á renglón seguido: «Su pérdida es irreparable: en las actuales circunstancias ignoro quién pueda reemplazarle, y es de esperar que será seguida de la de Badajoz. Sería necesario que la Regencia eligiera todo lo antes posible una persona que tomase el mando del ejército del Marqués de la Romana, y espero que será una que esté adornada de condiciones de carácter conciliadoras.»

Y tanto como fué irreparable; porque de haberse Romana presentado en Badajoz con las divisiones pro-

---

(1) Dice otro despacho de Wellington: «Se hizo la autopsia del marqués de la Romana, é incluyo copia del informe de los médicos sobre la causa de su muerte, en el que aparece la opinión de que hubiera sido imposible salvarle. El primer espasmo que sintió se supone haber sido por el esfuerzo hecho por la sangre para circular al interceptarse la arteria, y el segundo esfuerzo la hizo estallar.»
Todo esto hace presumir un aneurisma.

cedentes de Lisboa, muy otra hubiera probablemente sido la suerte de aquella plaza. Las operaciones del ejército de Extremadura hubieran tomado rumbo distinto dirigidas por un jefe cuya voz habrían escuchado la Regencia, tal eco tenía en las esferas del Gobierno, Lord Wellington, que en tanto le estimaba, y cuya autoridad, por fin, hubiera respetado el general Ballesteros para ejercer su acción militar sobre las comunicaciones y retaguardia de Soult en vez de emplearla en acosar á los franceses hacia Sevilla, objetivo que siempre había de resultar quimérico en la exigüidad de sus fuerzas (1). Aun sin eso, la batalla del Gévora, ó no hubiera tenido lugar ó se habría dado en muy diferentes condiciones; pudiendo esperarse, en vez de la derrota sufrida, una victoria completa de nuestros compatriotas y el levantamiento del sitio al día siguiente. Supóngase el campo de San Cristóbal fortificado convenientemente según las instrucciones enviadas á Mendizábal por el Marqués, con acuerdo ó por inspiración del Lord, y se comprenderá que nunca hubieran bastado las fuerzas de Soult para desalojar á los españoles de aquellas alturas é interrumpir las comunicaciones con Portugal. Y esto constituía la salvación de Badajoz, porque daba alientos y fuerza para la defensa de

_____

(1)   Mendizábal acudió al Gobierno, que no debió atender á sus peticiones de socorro, al general Lapeña, que le ofreció emprender una expedición, *cuyo resultado se conocería en Badajoz*, y á Wellington, de quien ni la Carrera ni Monsalud, emisarios de nuestro compatriota, lograron obtener más que lo manifestado en el curso del presente capítulo.

Schépeler, al anunciar la muerte de Romana, dice: «pérdida real para España en momento tan decisivo, porque Romana poseía la confianza de los ingleses y la amistad de Wellington que hubiera hecho por él más que por otros, no distribuyendo el orgullo británico sus socorros más que por el favor.»

la plaza y además tiempo para la llegada de nuevos refuerzos que burlarían los proyectos del francés, obligándole á volver apresuradamente á su Capua sevillana.

No lo quiso así el cielo, y la poca autoridad de que todavía gozaba Mendizábal en su mando, además interino, y su falta de prudencia al no seguir las instrucciones que recibiera, causaron el desastre del 19 de febrero, clave del sucesivo de la rendición de Badajoz. Pero seguimos creyendo que muy otra hubiera sido la suerte de aquella fortaleza y de la campaña toda de Extremadura en 1811 y 12 sin la muerte de Romana, cuyo mérito nunca como en tan fatal ocasión fué reconocido y proclamado. No hay que buscar, porque no se hallará, juez más competente para calificar ese mérito que Wellington, el severísimo y hasta apasionado é injusto para con los españoles, generales ó soldados; y, sin embargo, al recordar al marqués de la Romana parece así como si no hallase nadie á su lado que se le igualara ni que pudiera comparársele. «He perdido, escribía á Mendizábal, un colega, un amigo y un consejero (an adviser), con quien he vivido en las más felices relaciones de amistad, intimidad y confianza; y yo veneraré y sentiré su memoria hasta el último instante de mi existencia.» «Sus talentos, escribía también al conde de Liverpool, sus virtudes y su patriotismo son bien conocidos al gobierno de Su Majestad. El ejército español ha perdido en él su más bello ornamento, su nación el más sincero patriota y el mundo el campeón más esforzado y celoso de la causa en que estamos empeñados; y yo reconoceré siempre con gratitud el ayuda que recibí de él, tanto en sus operaciones como en sus consejos, desde que se unió á este ejército.»

No fué menos triste la impresión que produjo en España tan lamentable suceso. Hubo de enmudecer la envidia; acalláronse los resentimientos que provocara la conducta de Romana en las provincias donde tuvo que desplegar las condiciones de su carácter enérgico y vehemente, y la Representación nacional en su sesión del 10 de marzo de 1811, además de mandar se le hiciesen los honores de su empleo de capitán general de ejército en los puntos por donde se llevara su cadáver, decretó *que en la sepultura que le destinase su familia se hiciera poner por el Gobierno una lápida con la siguiente inscripción*.

AL GENERAL
MARQUÉS DE LA ROMANA
LA PATRIA RECONOCIDA
ASÍ LO DECRETARON LAS CORTES GENERALES
Y EXTRAORDINARIAS
EN CÁDIZ Á VIII DE MARZO DE MDCCCXI

Lord Wellington hizo embalsamar el cadáver y dispuso su traslación á Lisboa para ser allí enterrado con los honores debidos, para lo que no sólo nombró los cuerpos portugueses que habrían de hacérselos sino los ingleses también que le acompañaran. «Consultaréis, decía al coronel Peacoche, al ministro español en Lisboa respecto al tiempo y modo en que se propone sea enterrado el difunto Marqués de la Romana, y dispondréis de las tropas de vuestro mando de la manera que halléis más propia para poner de manifiesto el sincero respeto y la consideración que todos sentimos á su memoria y para rendirle los mayores honores.

Estos le fueron hechos el 27 de la manera más cumplida al ser el féretro desembarcado junto á Belem, y en la iglesia después de San Jerónimo, por el ejército y las autoridades todas civiles y eclesiásticas, hasta ser depositado en espera de su transporte á España (1). No tardó, con efecto, en verificarse la traslación á Mallorca, patria del heróico prócer, siendo encerrados sus restos en un magnífico sepulcro que la viuda hizo construir en Santo Domingo y fué llevado á la catedral al ser derruido aquel convento (2).

_____

(1) La *Gaceta* de Lisboa, después de estampar un apunte biográfico del Marqués, decía: «La falúa que conduxo el cadáver de este célebre general, llegó á Lisboa el 25 de enero por la noche; á la mañana siguiente fué conducido á bordo de la fragata de guerra *Perola*. El 27 á medio día desembarcó el cuerpo junto á Belem, acompañado de la falúa del almirantazgo portugués y de algunas otras inglesas en que venían el almirante Berkeley y muchos oficiales de marina. En la plaza mayor de Belem y en el trecho que hay desde donde baxó el cuerpo á tierra hasta el monasterio de San Gerónimo, estaba formada la caballería inglesa y portuguesa, el regimiento portugués de infantería de línea núm. 12, un cuerpo de voluntarios reales de comercio, un batallón de la brigada real de Marina y un regimiento de infantería inglés. Rompió el acompañamiento un escuadrón del regimiento de caballería portuguesa núm. 6, otro de dragones ingleses y un batallón de infantería inglesa. Seguía después la caxa mortuoria conducida en hombros de carabineros reales: las borlas del paño que la cubrían las llevaban los oficiales superiores del estado mayor español y oficiales ingleses, y á los lados iban los criados de la casa real con hachas de cera. Seguían después los oficiales generales ingleses y portugueses de mar y tierra, los ministros inglés y español, y un gran número de oficiales de las tres naciones, á que seguían dos coches de respeto de la casa real.»

Y por cierto que en esa relación se dice que las entrañas, que estaban en un cofre, fueron sepultadas junto al altar de la sacristía.

(2) Al trasladarse el mausoleo á la catedral, los hijos del marqués de la Romana hicieron abrir el féretro y hallaron incorrupto el cadáver de su insigne padre, en cuyo pecho brillaba la placa de la gran cruz de Carlos III, que recogieron para conservarla en su poder, ofreciéndola más tarde los nietos al autor de esta historia, uno de los más entusiastas admiradores del heróico general, su abuelo.

Era el Marqués persona de excepcionales condiciones de talento y de instrucción vastísima, fomentados aquél y ésta por sus sabios profesores de Lyon, Salamanca y Madrid, pero más todavía por los consejos y el ejemplo de su ilustre padre, el general, de su título también, muerto gloriosamente en la triste expedición de 1774 á Argel. Con eso, los nunca interrumpidos ejercicios corporales y el manejo de las armas, la exposición, también frecuente, á los rigores del tiempo en los distintos y rudos climas que desafió en los largos viajes que hizo por todas las naciones de Europa, así fortificaron su cuerpo como elevaron su espíritu, adornándolo con el conocimiento de diversos idiomas antiguos y modernos de que se valió para la formación de una copiosísima y selecta biblioteca, el mayor adorno hoy de la Nacional nuestra. Marino en los comienzos de su carrera militar, se distinguió en el sitio de Gibraltar, captándose el afecto del célebre Barceló, y en varias expediciones á América; allí, por su imperturbable serenidad siendo el último en abandonar una de las *flotantes* incendiadas por los ingleses, y en el nuevo mundo por su valor en las borrascas tropicales que hubo de arrostrar su nave y su habilidad para sortearlas. Las misiones, después, que se le confiaron para el estudio de las guerras que se sucedían en el Norte del continente europeo, el trato con los soberanos y los generales que las mantenían, y los materiales que trajo para su mejor aprovechamiento y el de las industrias de toda clase que también examinó en aquellos viajes, le crearon en España una reputación que justifica sobradamente las distinciones que hubo de merecer de nuestros gobiernos. Ya hemos dicho cuál fué su comportamiento en Navarra durante la campaña de 1793 á 94 y en Cataluña un año más tarde, tan heróica en el Pontós como antes en Castel-Pignon; hemos relatado minuciosamente los incidentes todos de su acción salvadora en nuestro ejército expedicionario de Dinamarca, gloria que, más que los españoles, ensalzaron sus aliados británicos, jueces severos pero no influidos por las pasiones que siempre suscitan las rivalidades, las envidias y la política, que pudiéramos llamar domésticas.

Por eso hemos apelado al testimonio de los extranjeros y al recuerdo de las manifestaciones que le prodigaron de su admiración, para dar á conocer el mérito de nuestro, por tantos conceptos, insigne compatriota, infatigable mantenedor de la independencia nacional también desde su desembarco en las costas españolas del Cantábrico en 1808 hasta su tan lamentable como inesperada muerte en Portugal.

¿Se necesitan más pruebas del mérito que atesoraba el marqués de la Romana y de cuán fundada es nuestra opinión de que sin su muerte se hubiera más que probablemente salvado la plaza de Badajoz en su memorable sitio de 1811?

Pero era fatal en sus comienzos ese año para las armas españolas. Pocos días antes que Romana, perdían la vida otros dos de nuestros más conspicuos generales; el duque de Aburquerque, víctima de sus miserables detractores y de la ingratitud y debilidad de nuestro gobierno, y el heróico Menacho, tan inteligente y activo como constante en su noble porfía de no dejar á la posteridad un nombre por bajo del de sus gloriosísimos antecesores, los gobernadores de Zaragoza, Gerona, Astorga y Ciudad Rodrigo. ¡Honrosa emulación la provocada en nuestros hombres de guerra que, enardecida por el patriotismo del pueblo español, los elevó al pináculo de la gloria!

CAPÍTULO III

TORTOSA

Por los días mismos que en Andalucía, Extremadura y Portugal tenían lugar los sucesos referidos en
los dos capítulos anteriores, continuaba en las demás
provincias la encarnizada lucha que, abarcando la
Península toda, se singularizó en la era napoleónica
por lo general, lo obstinada y sangrienta. Manteníase
muda la Europa central y llorando su desgracia desde
la jornada de Wagram y el tratado que acabaría por
confundir la ilustre sangre de los Hapsburgos con la

El general
Suchet.

hasta entonces obscura de los Buonapartes; y sólo España y Portugal se atrevían á defender palmo á palmo y con pertinacia verdaderamente antigua el solar tres siglos antes reconquistado á las innumerables huestes de la Morisma. En teatro tan vasto se hacía á los franceses imposible sujetar á los moradores con cadenas tan robustas que los mantuvieran desarmados ó inactivos: así es que de todas partes, de los campos como de las poblaciones no apreciadas por su corto vecindario y desguarnecidas por consiguiente, brotaba en España la insurrección, cada día más nutrida de fuerza y amenazadora.

No nos ocuparemos ahora de cómo en Murcia y Granada fué sosteniéndose el ejército que dejamos en el capítulo II del tomo VIII resistiendo la acción de Sebastiani, empeñado en sujetar unas provincias cuya independencia comprometería la ocupación de Andalucía. Tampoco iremos en tales momentos á contemplar las operaciones que en la frontera de Galicia, en Asturias y las comarcas castellanas del Duero y alto Ebro ejecutaban nuestros compatriotas para estorbar, por lo menos, las que dirigían los enemigos á mantener expedita la comunicación del ejército de Portugal, proteger los convoyes á él destinados y reforzarlo. Cada una de esas grandes regiones tenía para españoles y franceses misión distinta en el plan general respectivo de la guerra; y, al dar cuenta de los movimientos y choques sucedidos en ellas, podrá enlazarse su historia dentro de su también respectiva zona, sin temor á confusión alguna con el posible, ya que no perfecto, sincronismo. Llaman otra vez con preferencia nuestra atención los acontecimientos mili-

tares que presenciaron las provincias levantinas de
Valencia y Cataluña, tanto más interesantes cuanto
que debían influir poderosamente en el proyecto puesto
en ejecución por el Emperador de los franceses para
el ensanche y afianzamiento de sus ya vastísimos dominios.

Si el revés sufrido en Valencia por Suchet había
aumentado los alientos y las esperanzas de los leales
mantenedores de la independencia nacional en aquel
antiguo reino, la pérdida de Lérida, Mequinenza y
Morella hizo temer á todos, valencianos, aragoneses y
catalanes, nuevos días de prueba con el rumbo pausa-
do y metódico que el general francés había impuesto
á sus operaciones. Sería el dictado por Bonaparte para
asegurar la ejecución de los proyectos á que acabamos
de aludir; sería el que aconsejara el escarmiento de
Valencia; pero no era prudente en los españoles ni
aun les era dable ya presumir que iría de nuevo á cometer ligerezas como la reciente y tan rudamente cas-
tigada ante los muros de la ciudad del Turia. Por el   Su conduc-
contrario, dedicado al aumento de las fuerzas y á su   ta en Aragón.
conservación en el mejor espíritu y en la disciplina
más rigurosa posible entre soldados que, en su carácter de invasores, se consideraban con derecho á todo
género de licencias y vejámenes en el país conquistado, necesitaba no dejarlo tan exausto ni tenerlo tan
vejado que se convirtiera en obstáculo muy difícil de
superar al emprender las operaciones que le estaban
encomendadas. Y si desde que se encargó del mando
del 3.er cuerpo de ejército y del gobierno de Aragón
había puesto su mayor empeño en administrar aquellas provincias de modo que, sin esquilmarlas, pudie-

ran atender al sostenimiento de las tropas y aun de los elementos, españoles y todo, necesarios para esa misma administración política y económica, todavía se esmeró más en tarea que él bien sabía era la que más le había congraciado con el Emperador. La conducta atropelladora y rapaz de varios de los generales franceses que operaban en España, la de Augereau particularmente, tenía disgustado á Napoleón al compararla, sobre todo, con la ordenada, metódica y, en su concepto, atractiva del, al mismo tiempo, enérgico y hábil conquistador de Lérida y Mequinenza.

Cortés y atento para cuantos á él acudían, aunque orgulloso de sus talentos y frio hasta la crueldad en sus cálculos políticos y militares, Suchet, más que un carácter francés ostentaba el eminentemente británico de un Wellington, á quien dicen que era parecido hasta en muchos de los rasgos de su fisonomía. Valiéndose, pues, del prestigio que le proporcionaban esas cualidades y los triunfos últimamente conseguidos, fué organizando una administración que, si bien parecía opresora y despótica, le atrajo, por lo ordenada, muchas voluntades, en la tierra llana, sobre todo, libre de los choques, puede decirse diarios, que tenían lugar en la montuosa entre los invasores y nuestros patriotas. Las obras con que procuró quitar á Zaragoza el aspecto desolador que ofrecían sus ruinas; la policía que estableció para dar seguridad á los habitantes hasta de los atropellos de sus opresores, y el método que introdujo en sus mismas, aun extraordinarias, exacciones, le proporcionaron el respeto y ese prestigio que se tradujeron en la tranquilidad que necesitaba en Aragón para no haber de abandonar, ni siquiera demorar, el curso de sus proyectadas operaciones en la raya de Cataluña. Los aragoneses, ya lo hemos dicho, creían haber puesto á cubierto su honra con su comportamiento, más que heróico, en los dos sitios; y los que todavía repugnaban la férrea opresión de los franceses, iban á aumentar las filas de Perena ó de Villacampa lejos de aquellos humeantes pero mudos restos, eso sí, elocuentes testigos de su nunca bastante ponderada hazaña.

Por la parte de Valencia, las fuerzas del país y las regulares que habían defendido la capital y seguido á Suchet en su retirada con la parsimonia y flojedad que delatamos en su lugar, hubieran podido prestar grandes servicios, de ser regidas por quien no atendiese, mejor que al de la patria, á sus propios intereses, á los de su ambición personal. Pero D. José Caro, que vimos mandaba el ejército de Valencia, no sólo se había mostrado flojo en la persecución de Suchet al tiempo de la retirada de éste á Teruel, si no que, indiferente después á lo que sucedía en las márgenes del Ebro, se dejó arrebatar la fortaleza de Morella que el general francés Montmarie halló inocupada é indefensa. La pérdida no era insignificante, pues los imperiales fortificaron debidamente el castillo, y aunque el general O'Donojú trató de recuperarlo el 25 de junio y después en julio, fué rechazado en ambas ocasiones. Lo hemos dicho: si Lazán y Caro, puestos de acuerdo, se hubieran decidido á operar con energía por aquella comarca al tiempo de los sitios de Lérida y Mequinenza, ni en aquellas plazas hubiera encontrado Suchet las facilidades que halló para su sitio, ni Morella, después, habría caído en su poder, ni mucho

La de Caro en Valencia.

menos hubiese él llegado á poner á cubierto el país del bajo Ebro de las acometidas con que los españoles pudieran estorbarle su larga jornada sobre Tortosa.

O'Donojú se presentó el 24 de junio ante Morella y arrolló á las avanzadas francesas que trataban de oponérsele, las cuales, aun recibiendo considerables refuerzos y después de tres ó cuatro horas de lucha, hubieron de retirarse á aquella ya bien apercibida fortaleza. Quiso el general español atacarla el día siguiente, 25, y hasta logró batir á los franceses que amenazaban con envolver á los nuestros en una de sus alas; pero no llegando una columna que, á las órdenes del coronel Don Isidro Monraval, debía penetrar en Morella por la puerta de San Miguel y cortar la retirada á los franceses, viendo, por el contrario, los nuevos refuerzos que éstos recibían y después de reñir el 19 de julio un nuevo y encarnizado combate en Albocácer, abandonó su proyecto para volverse el 26 á Castellón. Algo más tarde repitió O'Donojú el ataque, llegando á encerrar á los franceces en el castillo; pero entonces también acudió en socorro de ellos Montmarie que, según la frase de Suchet, rompió el bloqueo del fuerte y lo avitualló de nuevo. O'Donojú, pues, hubo de cejar de su empresa y pedir refuerzos, para repetirla, á Caro, quien no pensaba sino en rebustecer más y más su autoridad en Valencia hasta asegurarla contra sus mismos conciudadanos, irritados justamente de los desafueros que en éllos ejercía (1).

_____

(1) Atribuíase entonces á Caro el quimérico proyecto de restablecer la antigua corona de Aragón, nombrándose su dictador y dejando á su hermano, el marqués de la Romana, el resto de España. A eso se decía responder la prisión en

Tanto clamaron èstos, sin embargo, y con tal fuerza se pronunció en Valencia la opinión contra tal tiranía y contra tan punible abandono de los intereses pátrios en la defensa de aquel reino, que, al fin, hubo Caro de reunir las tropas que más á mano tenía, en número de unos 10.000 infantes y algunos caballos, y, puesto á su frente, dirigirse al enemigo.

Esto era cuando ya Suchet llevaba muy adelantados sus preparativos para el sitio de Tortosa.

Por la parte de Cataluña, en que podrían oponérsele mayores y más eficaces dificultades para su jornada, aun cuando en la orden imperial en que se le imponía se le prometiese la cooperación del 7.° cuerpo de ejército, puesto ya á las órdenes del mariscal duque de Tarento, se observaban, con efecto, síntomas de que los españoles no dejarían nada por hacer para estorbársela en cuanto les fuera posible. Pero como al tiempo en que se ordenaba á Suchet el sitio de Tortosa, se disponía también el de Tarragona á Macdonald, el general O'Donnell y sus catalanes iban á verse muy apurados para atender al socorro de dos plazas por tan formidables fuerzas amenazadas. Había, con todo, una diferencia entre la posición de uno y otro de aquellos generales; la de que Suchet no tenía que temer una

La de O'Donnell en Cataluña.

<hr />

Peñíscola de Lazán, hecho dejar en libertad por Saavedra; y á eso, en el tiempo á que nos estamos refiriendo, otro plan reprobado también, el de provocar un motín en que se hiciese morir á varias personas de aquella capital, enemigas suyas, á Canga Argüelles, entre ellas, y algunos magistratos de la Audiencia. Los sediciosos proclamarían dictador á Caro al mostrarse árbitro, así, de la paz entre los valencianos; pero, descubierto el complot, hubo de fracasar, sin que pudiera, empero, proseguirse el proceso comenzado, por tener Caro en sus manos documentos que probaban la traidora conducta de los de aquel tribunal en 1808.

lucha transcendental á su retaguardia y flanco derecho, por el estado de relativa tranquilidad en que se
hallaba Aragón, la poca fuerza de que podía disponer
Villacampa y la desorganizada de Caro, mientras Macdonald tenía que habérselas con todo el Principado y
el ejército aguerrido de O'Donnell. Barcelona seguía sitiada, mejor dicho, bloqueada por algunas tropas y los
miqueletes y somatenes al mando del general Iranzo
que no dejaba pasar un día sin insultar la plaza, cortar á los defensores toda comunicación con el exterior
é impedir su abastecimiento en el llano y las poblaciones inmediatas. Poco más ó menos se hacía lo mismo
en el Urgel, donde eran duramente castigadas las expediciones de la guarnición de Lérida por las márgenes
del Segre y del Noguera Pallaresa en busca de ganado y
de los frutos del país. O'Donnell había hecho un llamamiento especial á los corregimientos de Tarragona,
Tortosa y Lérida para un gran esfuerzo. En él decía:
«Vuelen, pues, á las armas todos los habitantes de estos
corregimientos que se hallen en estado de tomarlas.
Elíjanse gefes valientes, aguerridos y de conocido exaltado patriotismo. Acudan á Falset y Tibisa todos los
del corregimiento de Tarragona; á las orillas del Ebro
todos los de Lérida y Tortosa para interceptar sus comunicaciones. No haya pueblo que suministre auxilio
alguno al pérfido enemigo; pues el tal será tratado
como enemigo por sus mismos hermanos.» Y el mismo
O'Donnell dirigió fuerzas del ejército sobre los puntos
que había señalado, ribereños del Ebro, las que el 8 de
julio se batían afortunadamente con los franceses en Tibisa á las órdenes del brigadier García Navarro, y el 12
á las del mismo también y á las del brigadier Georget,

rechazando al enemigo después de un obstinado combate de tres horas en que se distinguieron los soldados de América, Granada y granaderos provinciales de la primera división. Esto y un ataque, algo anterior, en el puente de Balaguer, en que los Distinguidos de Ultonia vencieron á un grueso destacamento francés compuesto de 600 infantes, 80 caballos y un obús, revelaban, con varios otros incidentes militares provocados por los somatenes, cuál era el espíritu que el sitio de Tortosa había suscitado en Cataluña, donde, á la vez que á las armas, se fiaba el éxito de sus esfuerzos á la eficacia de la más severa y bien entendida administración de sus recursos. Abrió por aquel tiempo sus sesiones el llamado Congreso provincial de Cataluña, presidido por el Capitán general. En el discurso de apertura, O'Donnell que, más que de jefe del ejército, representaba el papel de un dictador, después de llamar la atención sobre los motivos de la convocatoria, trataba del aumento del ejército, de los medios de restablecer el crédito, de las reformas en el sistema tributario y en los ramos todos de la administración pública, hasta de la concentración de las autoridades para dar más energía aún y actividad á la santa guerra de la libertad del Principado.

Y era tiempo de extremar los esfuerzos que Cataluña hacía para esa libertad, porque se acercaban los momentos en que se pondrían á prueba.

Recibida la orden de sitiar Tortosa, puesto de acuerdo con el comandante en jefe del 7.º cuerpo y sin alarmas serias por la parte de Aragón y Valencia, Suchet se apresuró, según ya hemos dicho, á hacer los preparativos necesarios para jornada que bien com-

Sitio de Tortosa. — Preliminares.

prendía iba á ser tan laboriosa como larga. Lo primero á que debía acudir era al transporte del material de
. que necesitaba servirse; y para utilizar el empleado en
la conquista de Lérida y Mequinenza, como el cogido,
·también, en aquellas plazas, tenía que aprovechar las
vías que el Ebro, medianamente navegable desde la
segunda de aquéllas, y los accidentes, bastante escabro-
sos, del terreno hasta Tortosa, pudieran proporcionarle.
Estableció, pues, en Mequinenza su parque, reuniendo
un tren de más de cincuenta piezas de todos calibres y
cuantas municiones de boca y guerra creyó indispensables para llevar á feliz término su empresa. Y ya que
la estación, era en junio, no permitiría el transporte
por el Ebro, escaso de aguas en ella, más que en proporciones muy limitadas, se resolvió á reparar el famoso camino llamado de *las Armas*, aquel que el Duque
de Orleáns había hecho abrir en 1708 para su jornada
desde Falset y Mora á Tortosa. Precedidos del general
París, que con una brigada de infantería se encargó de
ocupar las posiciones principales y las aldeas próximas
al camino, fueron los ingenieros y zapadores á trazarlo
para que inmediatamente lo abriesen ó despejaran de
los obstáculos en él acumulados en más de cien años
de desuso, mil ó mil doscientos trabajadores sacados
de los regimientos del ejército. La obra, así, pudo ejecutarse con la presteza necesaria á pesar de haber los
que la ejecutaban de tomar no pocas veces el fusil para
repeler los ataques de nuestros guerrilleros, y defenderse de los rigores del clima y de las nubes de insectos que
no cesaban de molestarlos (1).

_____

(1) Dice Suchet: «Sufrían sed y, lo que no era tormento
menos real aunque difícil de comprender para quien no co-

Entre tanto Suchet reunió en Alcañiz y Caspe el grueso de las tropas que destinaba al sitio, y el general Habert, fingiendo dirigirse desde Lérida á Barcelona, apareció en García el 5 de julio, un día antes de que el comandante en jefe estableciera su cuartel general en Mora, población, como todo el mundo sabe, muy próxima á aquélla y agua abajo en la márgen opuesta, derecha del Ebro. Todavía se adelantó más la brigada París pues que, ocupando seguidamente Miravet, Pinal y las Armas, se puso en contacto con la división Laval que, procedente también de Alcañiz y después de asegurar las posiciones de Morella, San Mateo y La Cenia contra cualquier ataque de los valencianos, se había presentado ante Tortosa y su puente la mañana del 4, no el 3 como dice Suchet en sus Memorias. Aquel mismo día hizo establecer el bloqueo de la plaza en la derecha del Ebro, apoderándose de la barca en uso para el de la carretera general de Valencia á Barcelona, poniéndose en comunicación con sus camaradas de Lérida desde Cherta y ocupando sólidamente los arrabales de Jesús y las Roquetas para interceptar las salidas que pudieran emprender los tortosinos. Con eso, con haber echado dos puentes volantes, bajados de Lérida, en Mora y Cherta para la comunicación de las tropas de una y otra orilla, recogido cuantos barcos pudieron hallarse en ambas, intentado, aunque en vano, quemar el de Tortosa lanzando sobre él por la corriente del río algunas lanchas repletas de fajinas

---

nosea los climas cálidos, nubes espantosas de mosquitos, multiplicados por el estancamiento del aire y del agua en ciertos parajes, caían sobre ellos, se adherían á sus miembros, á su cara, y les impedían casi trabajar, ver y aun respirar.»

embreadas, y tener expedito el paso de las Armas, podían darse por terminados los preparativos para el sitio de una plaza tan admirablemente situada si habían de proseguirse los vastos planes de Napoleón en nuestro litoral de Levante. Sólo faltaba la cooperación, que se le había prometido, del 7.º cuerpo; pero el mariscal Macdonald, llamado á Gerona por los avisos que recibía del peligro á que estaban, expuestos los convoyes de Francia, atacados siempre en el Ampurdán, no podía por entonces llevar su acción al Ebro en apoyo de los sitiadores de Tortosa, como lo hizo después en los momentos más críticos para Suchet.

Estaba, sin embargo, dado el primer paso para la jornada é iba ya en continuarla con vigor la honra del 3.er cuerpo francés y la de su jefe; con lo que éste se dedicó á, apoyado ó no por su colega de Cataluña, dar feliz remate al desempeño de las terminantes órdenes del Emperador, su soberano.

Comienza el sitio. El día 4 de julio, ya lo hemos dicho, estableció Laval el bloqueo de Tortosa por la orilla del Ebro. No habrían de verlo impasibles los sitiados; y al reconocer los franceses, en número de unos 2.000, la cabeza del puente, ya se encontraba en ella, enfermo y todo, el gobernador de la plaza, brigadier D. Manuel Velasco, con algunas compañías del regimiento de Soria y una multitud de paisanos armados que, saliendo al campo, rechazaron al enemigo el que, azotado también por el fuego de la Artillería del fuerte y de los de la otra orilla, sufrió bastantes bajas, especialmente en su caballería (1).

_____

(1) Suchet no menciona este choque. Traslada al día 3 la mal llamada *investidura* de Tortosa, haciéndola preceder ésta

Aquel, al parecer, insignificante episodio señala el comienzo de uno de los sucesos que por su duración, de seis meses nada menos, las polémicas y juicios que provocó, y las consecuencias que tuvo, llamó la atención general en su tiempo y ocupa un lugar preferente en la historia de aquella guerra. Prólogo, puede decirse, de tal drama, exige una descripción bastante detenida para dar á conocer el escenario en que se representó, eminentemente estratégico é histórico de muy antiguo, y los actores, con tanta pasión discutidos y juzgados.

Tortosa, ciudad de origen desconocido por lo remoto, obtuvo en los posteriores tiempos, ya históricos, fortificaciones que aún se revelan en sus muros, muestras éstos de las varias dominaciones que ha sufrido. Su situación privilegiada cerca de la desembocadura del Ebro en el Mediterráneo, que así puede ofrecerla su apoyo, y en la comunicación de Cataluña con Valencia, única entonces en litoral tan importante para las operaciones militares como para el comercio entre ambas provincias, han hecho á Tortosa blanco y objetivo de cuantos han pretendido enseñorearse de ellas, aislar á la primera para mejor sujetarla ó abrirse paso

La plaza.

---

también de la presentación de una vanguardia de caballería que envolvió una parte de las tropas españolas que estaban fuera de la cabeza del puente é hizo algunos prisioneros. No es cierto, y por eso no señala fecha á la hazaña de sus jinetes. Además, pues, de la equivocación de las fechas, hay en las Memorias de Suchet la ocultación del choque del día 4, tan detallado en los partes españoles, que se nombran en ellos los muertos y heridos que en él tuvieron nuestros compatriotas, soldados y paisanos, así como consta la orden general en que O'Donnell dispuso se recompensara á los que más se habían distinguido en aquella salida que puede contarse como la primera del sitio de Tortosa.

á la segunda con el fin de, por la misma, dirigirse y
penetrar en el corazón de la Península. La posesión
de Tortosa y Lérida asegura, con efecto, el aislamiento de Cataluña, y de ahí el empeño de su conquista en
las guerras de Sucesión y de la Independencia. Al
mismo tiempo abre la entrada en el riquísimo litoral
de Levante y al centro de España, para lo que la aseguraron los romanos en su invasión, y Carlomagno y
su émulo el primer Emperador de los franceses en las
que verificaron en la edad media y principios de este
siglo. Este doble objeto estratégico ha dado á aquellas
plazas la importancia máxima que nadie puede, con
tales ejemplos, negarles.

La de Tortosa, de que ahora nos toca tratar, está
levantada en los confines occidentales del Principado
catalán y en el declive de las últimas estribaciones de
la sierra de Prades y en el Coll de Alba, bañadas por el
Ebro que lame, así puede decirse, las murallas de la
plaza en su parte más baja. Sus fortificaciones, reno-
vadas, modificadas y en aumento según los diversos sistemas introducidos en la sucesión de los tiempos hasta
entonces, consistían en un recinto abaluartado que en
parte cubre esas mismas alturas acabadas de indicar y
por otra cierra las avenidas de ambos lados, los dos
llanos, agua arriba y agua abajo de la fortaleza, bañados, como ella, en su pie por las aguas del Ebro. Ese recinto afecta la forma de un gran pentágono sumamente irregular, cuyo lado mayor, de más de 1.100 metros de extensión, se está mirando en las aguas del
río. Forma otro el septentrional que cierra el barrio
de Remolinos con un muro sencillo, pero cubierto á
su frente y en una meseta próxima por el hornabe-

que llamado de la Tenaza, que domina esa misma meseta y todo el llano que señalamos agua arriba de Tortosa. El tercer lado se extiende en rápidas ondulaciones hasta elevarse á un alto de rocas que domina toda la ciudad, defendido para el exterior de ella en su parte oriental por tres baluartes, Victoria, Cruces y Cristo. En ese lado, también extenso pues que mide cerca de otros 1.000 metros, la muralla, salvando en una de sus ondulaciones el ancho y profundo barranco del Rastro, se apoya para interceptar su tránsito en un reducto, el Bonete, que hace juego con el baluarte inmediato de la Victoria para barrer, además, con sus fuegos la eminente planicie que tiene á su frente, y la Avanzada del Castillo, fortaleza, éste, que sirve de ciudadela á la población por su parte occidental entre ella y el barrio de Remolinos. Los baluartes de la Victoria y Cristo constituyen el cuarto lado de solos 350 metros próximamenté, pero ondulado con el saliente de Cruces y defendido en su exterior á unos 150 metros de distancia, salvada por una sólida caponera, con el fuerte de Orleáns que consiste en una luneta con foso abierto en la roca y camino cubierto, reforzada al Sur por una obra irregular que domina y bate de revés el llano regado por el Ebro agua abajo de la ciudad. El quinto lado, por fin, lo forman el baluarte de Cristo y el de San Pedro, teniendo en su promedio el Temple, sistema irregular de obras, de las que la más avanzada é importante es una gran medialuna, muy saliente en aquélla cara y que por estas circunstancias figurará mucho en el ataque de los franceses al baluarte de San Pedro.

La ciudad, que ofrece varias salidas por Remolinos, el Rastro, el Río y el Temple, comunicaba con la orilla derecha del Ebro por un puente de barcas de unos 100 metros de largo, cubierto en su salida al campo con un fuerte rebellín, armado suficientemente y al abrigo de cualquier golpe de mano.

Muros antiguos en varias partes del recinto y en las comunicaciones de algunos de sus fuertes, sin terraplenes ni foso; robustos, en otras, y con las formas de la fortificación llamada entonces moderna, y bien entendidos y hábilmente combinados y protegidos en las obras exteriores, constituían en su conjunto una plaza, si no de las de primer orden, bastante considerable tácticamente considerada y más, según dijimos, en el concepto estratégico. Pero su mayor fortaleza consistiría en los recursos que pudiera obtener de fuera, así por la parte de Valencia como por la de Cataluña, y principalmente de la falta de los que llegaran por el Principado al sitiador, sin los cuales mal podría éste llevar á cabo su empresa no teniendo dominada con ellos y por lo menos despejada de enemigos la margen izquierda del Ebro en que asienta Tortosa con la, puede decirse, totalidad de sus defensas (1).

En sitio tan largo y en la mayor parte de su duración con las comunicaciones libres, las fuerzas de la guarnición debieron variar mucho en su número. Fueron siempre, sin embargo, proporcionadas á las circunstancias del momento.

En 15 de junio consistían en un batallón del cuarto regimiento de Marina, 3 de Soria, 6 de las dos secciones de línea catalana, 1 de voluntarios de Ara-

_____

(1)   Véase el Atlas del Depósito de la Guerra.

gón, 1 de cazadores de Orihuela y 1 de cazadores de Palafox. Total 13 batallones con fuerza disponible de 223 jefes y oficiales y 4.659 individuos de tropa.

El 15 de agosto eran 17 los batallones, habiendo entrado en la plaza 2 de Almansa, 1 de Doile y siendo 4 los de la 2.ª sección de línea, con fuerza, en suma, de 5.845 soldados y 390 jefes y oficiales.

El 1.º de enero de 1811, por fin, la 4.ª división del primer ejército, al mando del conde de Alacha, gobernador de Tortosa, tenía la fuerza de 6.031 soldados y 319 jefes y oficiales en 14 batallones por haber salido de la plaza Almansa, Doile y Palafox, que la guarnecían anteriormente.

La artillería contaba con unas 180 piezas en la plaza y sus fuertes (1).

A la salida del 4 de julio sucedieron otras con el fin de estorbar á los franceses el que se fortificaran en Jesús y las Roquetas. Junto á la iglesia de este segundo arrabal tenían ya el 6 los sitiadores establecidas dos piezas de artillería, y las nuestras del puente las obligaron á retirarse; pero, no satisfechos con eso los sitiados, salieron al campo y lograron con sus guerrillas atraer la caballería enemiga al alcance de sus cañones y escarmentarla rudamente. Esto sucedió el 6 y el 8, y el 9 repitieron los franceses sus ataques con la misma mala fortuna que en los anteriores, particularmente en el del

Salidas de los sitiados.

_____

(1) Estas cifras, sacadas de los estados que arregló la Sección de Historia Militar en 1821, no concuerdan con las estampadas por Suchet en sus Memorias, quien, atribuyendo á la guarnición 11.000 hombres, señala á ésta, al rendirse, la fuerza de 9.461.

En el momento oportuno haremos ver las varias opiniones que se han consignado sobre este punto.

9 en que, empeñados en asaltar el puente por dos veces, sufrieron pérdidas de consideración (1). Pronto lograron los franceses su desquite de aquel descalabro.
Envalentonados los tortosinos con aquel éxito, salieron, en número de 600 soldados, acompañados de algunos paisanos, y con tal ímpetu atacaron los puestos
avanzados de los sitiadores, frente á Jesús y las Roquetas, que pusieron en peligro su campamento; pero, acudiendo Laval con un regimiento francés y Chlopiski
con otro del Vístula, rechazaron á los españoles, cau-
sándoles bajas, cuyo número ascendió al de 12 ó 15
muertos, 86 heridos y varios dispersos ó prisioneros.
Así y con los ataques simultáneos que las tropas de
O'Donnell emprendieron en Tibisa, comenzó el sitio
de Tortosa, al que fué por nuestra parte destinado
como gobernador de la plaza el general conde de Alacha, en relevo de Velasco, cuyas dolencias se le habían agravado con no dejar de asistir personalmente
á las alarmas y combates reñidos junto á la cabeza
del puente. Esas salidas, combinadas con los movimientos que en los mismos días andaban operando las
tropas españolas de Cataluña y Valencia, tenían en
constante alarma á los franceses, impulsándoles á
apresurar el transporte del material de sitio por el

---

(1) «Mientras duraba el combate, se dice en el *Diario Militar de Tortosa*, el paso del puente era muy arriesgado, á causa
del diluvio de balas que lo cruzaban; pero las heróicas torto-
sinas, animadas de un espíritu varonil y aspirando á la gloria
de las inmortales, pasaban y repasaban con la mayor serenidad, llevando agua, vino y aguardiente á sus defensores, que
peleaban valerosamente en la estacada y baterías. Dos de ellas
fueron heridas, y el gobierno ha recompensado su mérito, con-
cediéndoles el noble distintivo de una medalla de honor y
una pensión anual de 100 libras catalanas.»

Ebro y sus márgenes, así como á establecer sus fuerzas en posiciones en que pudieran rechazar á las que acudían al socorro de Tortosa. Cherta y Tibeny vieron extenderse las obras defensivas del puente acabado de echar por Suchet, tanto para facilitar el tránsito del Ebro á sus tropas como para mantener á cubierto de un golpe de mano el tren que iba á llevar de Mequinenza, compuesto luego de más de 30 cañones de grueso calibre y varios morteros. Iba también el general francés acercando sus tropas á la plaza, manteniendo, empero, las suficientes en Tibisa y Mora para rechazar los ataques de O'Donnell, y reforzando las de Morella y Ulldecona contra las que sabía se encaminaban de nuevo O'Donojú y Caro.

Ya hemos dicho que éste había salido de Valencia, más que de sus deseos de habérselas con Suchet, empujado por la opinión de sus paisanos, irritados de la tiranía y los desafueros que contra éllos ejercía. Salió el 31 de julio, seguido de algunos batallones de infantería, seis piezas de campaña y los zapadores que aún permanecían en Valencia; reuniéndose con O'Donojú que, después de las acciones, ya descritas, de Morella y Albocácer, se había, también lo dijimos, retirado á Castellón de la Plana, temiendo ser cortado por los franceses que desde aquel último punto y Vinaroz avanzaban por el litoral (1). Al frente de 10.000

Sale Caro de Valencia.

(1) Decía una correspondencia de Valencia que el 31 de julio se había presentado en Vinaroz un oficial francés con carta de su general intimando á Caro la rendición del ejército de su mando y la entrega de Peñíscola y de aquella capital. Se nos figura que se equivoca con otra remitida por Suchet en solicitud del cange del general Francheschi y sus ayudantes con Saint-March y otros dos oficiales nuestros prisioneros en Aragón. Suchet no dice una palabra sobre eso en sus Memorias.

hombres de tropa de línea y casi otros tantos paisanos, aunque mal armados y sin regimentar, Caro avanzó por las mismas líneas que en sentido inverso seguían los franceses quienes, al sentir á su frente tal golpe de enemigos, fueron recogiéndose para concentrarse en las posiciones anteriores próximas á Tortosa.

Aquella fué ocasión en que Suchet se hubiera visto en gran aprieto y quizás obligado á abandonar su empresa de Tortosa, si los generales Caro y O'Donnell estuvieran de acuerdo y, sobre todo, si el primero hubiese mostrado la energía del Capitán general de Cataluña. Porque, de acometer á la vez con decisión cada uno por su lado con las fuerzas todas disponibles, no las tenía Suchet suficientes para resistir tal ataque. No haciéndolo así, el general francés pudo aprovechar las ocasiones que la falta de acuerdo entre sus adversarios le ofrecía, y batirlos separadamente, dejando sin

Acción de defensa exterior la plaza que sitiaba. O'Donnell no des-
O'Donnell cansaba en el empeño patriótico de salvarla, ya comu-
junto al Ebro. nicando con los defensores para acudir oportunamente en su ayuda, ya procurando interrumpir al enemigo el transporte de su material de sitio por el Ebro y sus márgenes. Con este último objeto tenía antes al brigadier García Navarro, que hemos visto acometió á los franceses en Tibisa, y luego al general Marqués de Campoverde en Falset, para que en cualquier circunstancia favorable se arrojasen sobre aquellas tan importantes vías de comunicación de los sitiadores de Tortosa con Mequinenza y Lérida. No satisfecho con eso, O'Donnell fué en persona con los regimientos de Iliberia, Almería y Granada más la caballería de Santiago á hacer el 29 de julio un reconocimiento, que pudiera

acabar por ataque, sobre las posiciones de Tibisa y los Masos de Mora, ocupadas por el enemigo. Este, sin embargo, al ver arrollados sus puestos avanzados, salió al encuentro de los nuestros con fuerzas tan imponentes que fué preciso ponerse en retirada, la que sostuvieron con la mayor bizarría y en orden perfecto Iliberría y, en el segundo escalón, Almería, castigando á los franceses con pérdidas considerables (1).

O'Donnell debió entonces creer que aquella era ocasión propicia para, aprovechando la presencia de tantas fuerzas en Mora, meterse en Tortosa y verificar una salida sobre las obras que Laval estaba construyendo para el ataque del puente. Y en la tarde del 3 de agosto desembocaban de la cabeza del puente, valiéndose de rampas de madera para hacerlo simultáneamente, 800 infantes y luego por el rastrillo 60 caballos de Santiago que, acometiendo á los franceses á la bayoneta y sin disparar un tiro, los obligaron á abandonar sus obras más avanzadas que inmediatamente destruyeron 50 zapadores que habían pasado el Ebro en lanchas. Era poca aquella fuerza para tamaña empresa como la de destruir todas las obras de los sitiadores; así que, repuestos de su sorpresa éstos, apoyándose en los arrabales, ya fortificados, de Jesús y las Roquetas, y reforzados con todas sus tropas de retaguardia, lograron mantenerse en sus trincheras no sin tener

Salida del 3 de agosto.

---

(1) En esta acción debió de perder su bandera el regimiento francés núm. 116 de la división Habert; bandera que el 18 de agosto presentaba en Tortosa el teniente coronel D. José Brusons.

No mencionan esto ni Suchet ni los partes españoles; pero el hecho de la presentación de la bandera consta oficialmente en el «Diario del sitio de Tortosa», inserto en la *Gaceta*.

que combatir largo rato y con el mayor encarnizamiento. Se presentó, por fin, Laval en el campo de la
acción y lanzó una fuerte columna sobre el centro de
la línea, toda abierta, de los españoles que retrocedieron al puente á una señal ya convenida de O'Donnell
que desde el castillo de Tortosa observaba los trances
todos del combate (1).

Lleno, en sentir de O'Donnell, no en el nuestro, su
objeto, el por otra parte justamente celebrado Capitán
general de Cataluña se volvió á Tarragona, atento, sin
duda, á las operaciones que Macdonald había por entonces emprendido al otro lado del Llobregat.

Derrota de las tropas va-lencianas. Tenía, pues, Caro que habérselas solo y sin cooperación inmediata del ejército de Cataluña con su for-
midable enemigo, formidable, decimos, en concepto

---

(1)   Reforzado el enemigo, dice el Diario del sitio, en número
mucho mayor que el nuestro, se ha renovado un fuego vivísimo por más de una hora, hasta que nuestro general, que se
hallaba en el castillo, mandó poner señal para que se fuesen
retirando nuestras tropas, que lo ejecutaron con el mayor
orden, dejando las columnas enemigas internadas en la huerta;
y entonces fué cuando la artillería de la plaza, particularmente la del castillo, hizo en ellas con sus acertados tiros un
destrozo muy considerable, poniéndolos en precipitada fuga.
    Suchet describe así la acción: «A tan brusco ataque nues-
tros primeros puestos fueron rechazados; pero luego volvieron de su sorpresa. Los campos tomaron las armas; el general Laval se puso á la cabeza de las tropas, y mientras se mantenían firmes en algunos puntos, condujo directamente una
columna sobre el centro de los enemigos, amenazando su retirada á la cabeza del puente. Esta atrevida maniobra cambió
en seguida la faz del combate. Los españoles retrocedieron
vivamente perseguidos. Empujados de todas partes, volvieron
en desorden, dejando muchos muertos y heridos y 220 prisioneros, casi todos de caballería.»
    Nuestra pérdida fué, con efecto, de consideración, 9 muertos
y 103 heridos; pero ¿cómo casi todos los prisioneros habían de
ser de caballería cuando no salieron, y está probado, del puente más que 60 caballos?
    ¡Asertos, no pocos desmentidos, de Suchet!

de su habilidad ante las torpezas y falta de unión de
nuestros generales. Había avanzado hasta Cervera del
Maestre; pero, en vez de continuar su marcha á Ulldecona, donde, de seguro, hubiera arrollado al cuerpo de
observación que allí tenían los franceses, si no se juntaban antes á Laval, se mantuvo en aquel punto sin
saberse por qué ni para qué. Y allí continuó, fiado,
acaso, en lo excelente de su posición desde la que cubría la de Benicarló por su derecha, observaba el camino de Morella á su izquierda y mantenía despejadas
sus comunicaciones con Valencia. Suchet, al saberlo y
tranquilo respecto á Laval, dejó Mora, su cuartel general, al cuidado de Rogniat y París con el encargo de
proteger el puente allí fortificado; adelantó la división
Habert á Cherta; y, después de visitar las obras de
Tortosa, se trasladó el 14 de agosto á Ulldecona y en
seguida al frente de los valencianos con once batallones y ochocientos caballos. Una avanzada de 100 húsares encontró las nuestras y las persiguió hasta Vinaroz,
donde trabaron tan fuerte escaramuza las vanguardias
de ambos campos, que las dos tuvieron bastantes bajas, saliendo vencedora la francesa que, al apoyo de
todo el ejército, continuó á Calig y Cervera.

En las tropas valencianas hizo un efecto desastroso
aquel revés y más aún la retirada que se siguió á él. El
descontento natural, primero, y la ira, después, contra
un general que con fuerzas tan considerables retrocedía ante un enemigo inferior en el número de las
suyas, se mostraron tan generales en las filas de los
valencianos, que hasta el hermano mismo de su
jefe, D. Juan Caro, á quien tan valientemente vimos
combatir en Cataluña, le apostrofó duramente ha-

ciéndole dejar el mando y retirarse del ejército y su campo (1). Este se trasladó á Castellón y Murviedro, presentando siempre la cara á sus enemigos, en el mayor orden y sin dejarles más que alguno que otro rezagado. Suchet, por su parte, no pasó de Alcalá de Chisvert; y el 20 de aquel mes de agosto se establecía de nuevo en Mora, su anterior cuartel general.

Véase con cuanta razón atribuíamos todos esos pequeños reveses al desacuerdo de nuestros generales; que, de otro modo, es evidente que, atacando O'Donnell las posiciones francesas junto á Mora, y Caro las de Ulldecona, mientras la guarnición de Tortosa verificase una salida enérgica y con fuerzas numerosas, Suchet no hubiera podido defenderse con fortuna en todas partes y habría abandonado el sitio de aquella plaza, al menos por algún tiempo. No hubo tal acuerdo como era necesario; no se emprendieron las operaciones simultáneamente; sólo O'Donnell atacó con energía pero sin el número de tropas de que podía disponer; y el sitio de Tortosa no se interrumpió. Por el contrario, pudo el enemigo estrecharlo más según las circunstancias iban consintiéndoselo; y si el mariscal Macdonald hubiera sabido ó podido ayudar á su colega de Aragón, no contara Tortosa con tanto tiempo como el en que tuvo la fortuna de ver ondeante en sus muros la bandera de la patria.

Macdonald en el campo de Tarragona. El duque de Tarento, nuevo en aquel teatro y no acostumbrado á la original clase de guerra que en él

---

(1) Dicen Schépeler, Toreno y otros que D. José huyó disfrazado á Denia, y allí se embarcó para Mallorca, no atreviéndose á pasar por Valencia de temor al pueblo que, de seguro, lo hubiera sacrificado á su furia.

se hacía, andaba entretanto manteniendo las comunicaciones de Barcelona con Francia, receloso de que llegaran á interrumpirlas los somatenes y las tropas españolas que con ese fin operaban constantemente en la provincia de Gerona (1). Pero instado por Suchet y en el cansancio que sentía de la vida *activa y tan repugnante como fatigosa* que, á su decir, llevaba desde su entrada en España, *estando el enemigo en todas partes y no hallándolo en ninguna*, acabó por decidirse á proteger de cerca las operaciones de Suchet sobre Tortosa. Y por su desgracia emprendió en los días de agosto á que últimamente nos hemos referido, una campaña de la que no pudo salir más desairado, gracias á la actividad y al celo y acierto de O'Donnell, como al patriotismo, al valor y disciplina de los demás generales y caudillos populares que tan bien secundaron el ejemplo y las instrucciones que de él habían recibido.

Presidiadas con fuerzas y recursos suficientes Rosas, Figueras, Gerona, Hostalrich y Barcelona, cuya conservación le preocupa más y con justicia, se presentó el 13 de agosto en el Llobregat con el intento, bien se veía por lo numeroso de su ejército, de invadir la provincia de Tarragona, amenazar con la conquista de la capital y cubrir las operaciones de Suchet en la izquierda del Ebro. Ya en su marcha, después, por el

_____

(1) Lo dice en sus *Recuerdos*. «Tenía yo gran repugnancia por la clase de guerra que se hacía en España. Esa repugnancia reconocía su origen en la deslealtad—lo que se llama política cuando viene de muy alto—con que se invadió aquel país, aunque la noble y valiente resistencia de sus habitantes triunfó de nuestros esfuerzos y de nuestras armas.»

No es buen estado de ánimo ese para pelear con éxito en guerra tan encarnizada como la que le hicieron los catalanes.

Ordal, sufrió un ataque de los voluntarios de Castilla y algunos somatenes que, por orden de O'Donnell,
asaltaron su derecha causándola sobre 200 bajas, y
junto á Villafranca el de una fuerte partida de caballería que, tras de acuchillar á muchos de sus soldados, le
hizo hasta 80 prisioneros. No era cosa de que el duque
de Tarento desistiese de su marcha; y, comprendiéndolo así O'Donnell, llamó al marqués de Campoverde de
su posición de Falset á la plaza de Tarragona, con lo
que el día 18 concentró junto á ella sus fuerzas, estableciéndolas en las alturas del Olivo y de la Canonja, para, apoyado en ellas, recibir al enemigo. Este avanzó
por el Coll de Santa Cristina, que los nuestros habían
inutilizado, siquier provisionalmente, para el paso de la
artillería, y avanzó hasta llegar y establecerse en Reus,
no siu que antes le picara su retaguardia el coronel
Sarsfield, seguido y apoyado de cerca por el general
Ibarrola que, situado al principio de aquellas operaciones en Villafranca, maniobró sobre los flancos del
ejército francés ya que no tenía fuerzas para combatirlo de frente. Macdonald dirigió el 21 un reconocimiento
sobre Tarragona con 2.500 infantes, algunos centenares de jinetes y un cañón de á 8, y logró desalojar de
la Canonja al destacamento español establecido en
aquel pueblo. Pero, acudiendo O'Donnell con varios
batallones y dos piezas de campaña, y al apoyo que le
prestaron con sus fuegos tres de nuestros faluchos y
una fragata inglesa acoderados á la costa, consiguió
rechazar á los franceses y aun perseguirlos hasta el campo de que dos horas antes habían salido. Aquélla acción y la que el mismo día sostuvo el destacamento del
inmediato puerto de Salou, protegido por otros tres

faluchos y otra fragata británica, hicieron comprender
á Macdonald que ni el ataque por él ideado contra Tarragona ni su marcha directa sobre Tortosa darían el
resultado que esperaba; y el día 25 abandonaba á Reus
en dirección de Valls. Era de suponer que se dirigía á
Lérida; y O'Donnell ordenó al brigadier Georget, que
se hallaba cerca de aquella plaza, le saliese al encuentro en el estrecho de la Riva para detenerle mientras alcanzaban su retaguardia Sarsfield, desde Picamuxóns
y el Coll de las Molas, D. Edmundo O'Ronán y Llauder, que le seguían de cerca, y una nube de somatenes
que, acosándole de todas partes, le hicieron perder
mucha gente en su traslación á las Borjas y Lérida,
adonde llegaba el día 29.

¿Cómo había de suponer el héroe de Wagram que
enemigos, despreciables en concepto suyo anterior y
de sus colegas del *grande ejército*, sin disciplina ni
buen armamento, irían á hacerle representar papel tan
desairado y hasta bochornoso? Decía O'Donnell en su
parte: «Puedo asegurar á V. E. que desde que el enemigo salió de Barcelona, ha tenido de baja en su marcha sobre 3.000 hombres, contando con la deserción,
prisioneros, muertos y heridos, en los frecuentes encuentros y acciones que ha tenido con nuestras tropas,
pues sólo en el hospital de Reus ha dejado 700 entre
enfermos y heridos, y 200 en el hospital de Valls» (1).

Además sucedió lo que era de esperar, lo que no

---

(1) La prueba de lo desgraciado que estuvo Macdonald en
aquella expedición y en todo el año de 1810, es que en sus
Recuerdos no hay una sola frase que conmemore las operaciones, combates ni las marchas siquiera que verificó en todo
aquel período de cerca de ocho meses. Sólo recuerda que pro-
tegió las operaciones de Suchet, sin decir cómo ni cuándo.

podía menos de suceder en país donde se hacía una guerra tan activa y tenaz. Mientras Macdonald operaba en la derecha del Llobregat, el barón de Eroles rechazaba á los franceses de Barcelona en las márgenes de aquel río; y en el Ampurdán los miqueletes y somatenes llegaban tras los enemigos hasta las puertas de Gerona y se metían en Figueras acuchillándolos por sus calles y plazas.

Junta de Macdonald y Suchet en Lérida. Una vez en Lérida Macdonald, el general Suchet, que le esperaba, acordó con él cuantos planes se creyeron convenientes para, desistiendo del sitio de Tarragona, reducirse al de Tortosa en que ya se hallaba comprometido el honor de las armas imperiales. Suchet lo proseguiría con el vigor posible, reuniendo el material todo necesario que se acabaría de transportar por el Ebro y el paso de las Armas, y Macdonald, establecido en Lérida, lo protegería impidiendo las correrías y ataques de los españoles por la izquierda de aquel caudaloso río. La única dificultad que se presentaba para aquella combinación, era la del abastecimiento de tal masa de tropas; pero Suchet la venció pronto entregando á su colega la explotación de la feraz y rica zona del Urgel y reservándose para su cuerpo de ejército la de todo Aragón, gobierno de su mando (1).

_____

(1) He aquí las instrucciones de Macdonald á Severoli para esa explotación. «Prudencia, justicia y firmeza, he ahí, general, las bases de la conducta que debe observarse en este país... Aquí no hay que titubear, conviene degollar á los asesinos... Todo ayuntamiento tiene que salir garante de la tranquilidad de sus administrados... A fuerza de ejemplares se podrá llegar á imponerse á un pueblo como éste, turbulento y sanguinario. Debeis tener presente que las miras del Gobierno son que la guerra se alimente de la guerra, y por lo tanto, es preciso que, allí donde os encontreis, apliqueis ese principio para proveer,

La acción de Suchet quedó, así, todo lo expedita que podía desear disponiendo de las fuerzas que cubrían Lérida y de la división napolitana de Pignatelli, que le cedió, aunque provisionalmente, el Mariscal. Aun cuando mal armada aquella división; mal vestida, al decir de Suchet, y con elementos viciosos en su composición por los muchos vagos y malhechores que en ella habían entrado, contaba al cabo con 2.500 hombres robustos y decididos que, situados en Llardecans y luego en García, aseguraron el paso del convoy de artillería que el 5 de septiembre llegaba á Cherta, donde quedó por el pronto aparcado. Pero si Suchet conseguía tan transcendental ventaja con la ejecución de aquel plan, no así Macdonald que dejaba expuesta á la acción de los españoles la mayor parte del territorio catalán encomendado á su guarda. O'Donnell comprendió al momento el alcance, por un lado, de unas operaciones que en tan grande riesgo ponían á Tortosa, pero el gravísimo defecto, por otro, de que iban á adolecer respecto á la misión más importante aún para la causa imperial confiada al duque de Tarento. Teniendo éste á la mano, pero en un extremo de Cataluña, la mayoría de sus fuerzas, pues que había salido de Barcelona con unos 15.000 hombres, quedaba, puede decirse que

---

no menos que á cuanto necesitais para vuesta división, al provecho de la guarnición de Lérida y lo restante del ejército.»

Macdonald ocupaba Balaguer y Lérida, toda la llanura del Urgel desde Agramunt, Cervera, Tárrega, Vilagrasa y Arbeca, á Borjas blancas; perseguiría á todas las partidas enemigas acogidas á los valles superiores (de los dos Nogueras) observando los movimientos ofensivos de O'Donnell, encaminados á perturbar los preparativos del sitio de Tortosa y el aprovisionamiento de Lérida y Mequinenza.

Así lo consigna Vacani al recordar el plan de los generales franceses.

18

desguarnecido el opuesto, el oriental, el que tanto debía interesar á los franceses por ser el más próximo á Francia y en el que estaban abiertas las comunicaciones importantísimas necesarias para la ocupación del Principado, provincia ya declarada del Imperio, y para el abastecimiento, especialmente, de su capital, la plaza de Barcelona. Y O'Donnell, comprendiendo, repetimos, ese transcendental defecto del plan fijado por los generales franceses en Lérida, quiso aprovecharse de él; y lo hizo con el mayor éxito que podía desear para la gloria de nuestras armas y la suya propia.

El mismo día 6 de septiembre en que Suchet situaba en Cherta su parque de sitio, y hacia los que Macdonald se establecía en Cervera con el fin, ya indicado, de proteger en la izquierda del Ebro las operaciones de su colega, O'Donnell, embarcando en varios faluchos, que hizo escoltar de una fragata inglesa á la que se unió otra española del bloqueo de Barcelona, alguna tropa, artillería y pertrechos con destino á la costa del Ampurdán, partía de Tarragona para Villafranca, de donde el 8 seguía á Esparraguera con la división Campoverde.

De allí, y después de hacer inutilizar los caminos que conducen á Lérida cubriéndolos además con fuerzas del barón de Eroles y de Obispo, se trasladó rápidamente al Tordera, donde se le unió la caballería de la división Georget, citada también, á Montbuy; y el 13 se presentaba en Vidreras, mientras el coronel Don Honorato Fleires se dirigía á Palamós y San Feliú de Guixols para, apoderado de aquellos puertos, ponerse en comunicación con las naves enviadas de Tarragona.

O'Donnell demostró entonces las condiciones de un

general, hábil en aprovecharse del error ó la confianza
excesiva de su adversario, y también que sabía enmen-
dar los suyos propios, desistiendo de su empeño anterior de reñir batallas proporcionalmente grandes cuando sus tropas, muy inferiores en disciplina y pericia á
las del enemigo, no estaban en disposición de darlas
con probabilidades de éxito. Y como éste dependería,
además, de la rapidez y la energía que llegara á desplegar, nuestro bravo y diligente general tomaba la
mañana del 14 el camino de La Bisbal donde tenía sus
cuarteles aquel desventurado general Schwartz, vencido en el Bruch, desalojado, después, de Manresa para
sufrir nueva derrota en Coll-Daví, y cuyo destino bien
se veía que era el de sucumbir en la tierra catalana,
tan fatal para su reputación y carrera militares. Ajeno
Schwartz de todo temor, creyendo que, por entonces al
menos, estaba entablada en la derecha del Llobregat y
junto al Ebro, particularmente, la lucha que había de
decidir de la suerte acaso de Cataluña, se mantenía con
unos 700 hombres en La Bisbal, punto céntrico de
donde vigilaba y protegía los destacamentos establecidos en Torroella de Montgri, Palamós, San Feliú, Calonge, Tona y Castell de Aro. Bien ajeno, repetimos,
estaba del peligro que le amenazaba cuando, antes del
mediodía del 14, se presentó en La Bisbal O'Donnell
con el regimiento de caballería de Numancia, 60 húsares y 100 infantes voluntarios de Iliberia, Aragón y
Gerona que en cuatro horas habían salvado la distancia de 8 leguas que hay desde Vidreras. Sorprendido
Schwartz, se metió con sus 700 hombres en una casa
habilitada de castillo dentro de la población, mientras su enemigo, después de establecer gran parte de

su caballería en las avenidas para impedir la evasión de los franceses y la entrada de los que acudieran en su auxilio, establecía sus infantes en las casas próximas al fuerte y en el campanario que lo domina, del que muy luego se oyó el toque de somatén llamando á los patriotas en ayuda de nuestra tropa. Schwartz desatendió la primera intimación que se le dirigía, y rechazó una tentativa encaminada á quemar la puerta, en la que fué herido gravemente el general O'Donnell; pero al saber que un destacamento de 100 infantes y 32 coraceros que iba en su socorro había sido derrotado y que, por el contrario, llegaba toda la infantería española de Vidreras, aceptó la capitulación que volvió á ofrecérsele. Quedaron, así, prisioneros de guerra el general Schwartz, 1 coronel, 42 oficiales y 650 individuos de tropa, que, unidos á los que Fleires hizo en Palamós, San Feliú y Calonge, llegaron al número de 1 general, 2 coroneles, 56 oficiales y 1.183 soldados con 17 piezas de artillería de varios calibres (1).

El resultado de aquella jornada fué, pues, todo lo brillante y ejecutivo que había esperado el general O'Donnell, el de un rasgo de energía y de verdadera inspiración militar, que si le fué recompensado con el título de Conde de La Bisbal que le otorgó la Regencia inmediatamente, y la consideración también del pueblo español, que después le produjo su elevación á los más altos cargos del país, le honra sobre manera al conme-

---

(1) Llamamos la atención sobre el apéndice núm. 10 que contiene el parte de O'Donnell, y los dados por Fleires y Doyle especificando la conquista de las fortalezas que acabamos de citar y las operaciones de la marina, tan felices como las de nuestras fuerzas terrestres. Son documentos tan importantes como curiosos.

la historia uno de los sucesos relativamente más
de nuestra guerra de la Independencia (1).

Donnell fué embarcado en la fragata inglesa
'arragona, donde, como es de suponer, obtuvo un
niento entusiasta, digno de su hazaña, y donde,
r de lo grave de su herida en la pierna derecha,

En circular de 2 de julio de 1817 se concedió á todos
ividuos militares que tomaron parte activa en las accio-
La Bisbal, San Feliú y Palamós el uso de una cruz de oro,
asta de cuatro brazos, formando cada uno de ellos tres
en los extremos. El esmalte en el centro de los brazos
ico y están enlazados por una corona de laurel. En el
y sobre campo azul hay un castillo de oro y el lema con
abres de las tres fortalezas. En el reverso hay una flor
blanca y la fecha de aquellas acciones. La cruz termina
corona real de oro; y la cinta es azul celeste con fajas
blancas entrelazadas y cuadros azules en su centro.

También los ingleses que maniobraron en la costa obtuvieron su condecoración; y esa inmediatamente, porque O'Donnell mandó acuñar una gran medalla redonda con las armas
de España y de Inglaterra en el anverso y el lema de ALIAN-
ZA ETERNA, y en el reverso el de GRATITUD DE ESPAÑA Á LA
INTREPIDEZ BRITÁNICA y en su centro el de BAGUR—*10 de septiembre*—PALAMÓS—*14 de septiembre 1810.*

En un folleto que D. Juan Amat publicó en Mallorca el
año de 1813 con el título de «Balances ó estados demostrativos
de la Casa de Moneda de Cataluña», están perfectamente dibu-
jadas esa medalla, las romboidales del sitio de Hostalrich y la
de la batalla de Vich, así como la redonda también de la campaña de 1810 por el ejército de Cataluña, todas acuñadas en
aquella casa de moneda.

A Vacani debió sorprender tanto la jornada de O'Donnell á
La Bisbal que remontando su memoria á la de las operaciones
más notables en ese género de los grandes capitanes, exclama:
«Y si ese arte de ocultar al enemigo los propios movimientos
fué tan apreciado de los antiguos en Amílcar, Aníbal, Fabio,
Escipión, Sertorio y César, y de los modernos, en Turena,
Montecuccolí, Luxemburgo, Catinat, Eugenio, Federico y Napoleón ¿por qué no librar del olvido á quien aunque en teatro
militar menos extenso tiene, con modelos tan luminosos, la
fortuna de ejercitar con igual maestría esa primera cualidad
de un caudillo?»

Vacani olvida el ejemplo más elocuente, el de Claudio Ne-
rón para la batalla del Metauro.

continuó dirigiendo las operaciones que todavía hubo de ejecutar el ejército deCataluña.

Nueva cam-paña de Villa-campa. Mientras éste y el de Valencia procuraban apartar á Suchet de su empresa sobre Tortosa combatiéndole por la costa y las márgenes del bajo Ebro, acometía el general Villacampa la de distraerle también llamando su atención hacia el extremo opuesto del vasto territorio de su gobierno. Eran teatro entonces de las correrías del caudillo español las fronteras de Castilla y Valencia con Aragón, donde se había propuesto impedir el pago de las contribuciones que exigían los franceses y la requisa de ganados y granos que dirigían al Ebro. Con eso y con espiar á las guarniciones de todo el valle del Giloca para en ocasión favorable sorprenderlas, creía Villacampa poder estorbar el envío de víveres y refuerzos al campo francés de Tortosa. Ya el 6 de septiembre había asaltado en Andorra un convoy de 600 cabezas de ganado y fondos que el capitán Canteloube conducía; aprisionándolo, además, con toda su gente, en la que hubo 31 muertos, 33 heridos y 136 prisioneros. Al día siguiente arrebató en las Cuevas al coronel Plicque de 6 á 7.000 cabezas de ganado después de un reñidísimo combate que costó al regimiento francés número 114 de línea y al 4.º de húsares tres oficiales y muchos soldados muertos, huyendo los demás con su jefe, derrotados y en el mayor desorden, á guarecerse en Alcañiz (1).

---

(1) Hay en la historia de estos sucesos una gran confusión. Suchet equivoca el mes suponiendo que es el de agosto; pero la mayor dificultad estriba en desentrañar las proporciones del choque en que fué derrotado el coronel Plicque, cuyo revés no disimula el célebre Mariscal en sus Memorias. El general Villacampa publicó en 1811 una llamada *Contestación al Impreso*

No había Suchet de dejar sin desquite reveses que, como aquéllos, ponían á sus tropas del sitio de Tortosa en riesgo de carecer de los abastecimientos necesarios para proseguir la ejecución de tan importante empresa. El mismo lo dice: «El ejército de Aragón, dueño de una provincia fértil, sobre todo en trigo y vino, habiendo cedido al ejército auxiliar (al de Cataluña) sus principales depósitos y no pudiendo ir en busca de provisiones ni hacerlos llegar con seguridad, se encontraba en vísperas de carecer de carne, bebía agua, por falta de transportes para el vino, y no tenía realmente asegurado más que el servicio del pan, hecho con gran trabajo y por esfuerzos constantemente repetidos.» Tenía, pues, que ocurrir á necesidades tan apremiantes y vengar, á la vez, las derrotas acabadas de sufrir por Canteloube y Plicque. Y no pudiendo contar, como en otras ocasiones, con el general Harispe, por haberle confiado el mando que desempeñaba Laval, muerto días antes, destacó al general Habert con un regimiento y la autorización de disponer de las fuerzas de Plicque y Kliski en Alcañiz y Muniesa, á

---

del Mariscal de Campo D. Joset María de Carvajal que desempeñó por aquel tiempo en el ejército de Aragón el cargo de general en jefe. En ese escrito, no poco agrio pero justificado, describe Villacampa sucintamente la acción del 6 en Andorra donde, dice, fué el enemigo *atacado, batido, ocupándole quanto llevaba;* pero al proyectar el ataque contra Plicque cerca de Villarluengo recibió de Carvajal el aviso de que el 6 llegaría él á Montalván para revistar la división. «Este incidente, añade, trastornó mi plan, malográndose las ventajas que una feliz ocasión ofrecía en aquella jornada. Molina (el batallón de) no salió de Montalván en la mañana del 6, Plike no fué perseguido, objeto del de Palafox, yo no pude situarme con ventaja para salir al encuentro de aquel coronel, y así perdimos un día de fortuna, que hubiera sido tan completo y venturoso como el de Andorra.» Y pocos renglones después corrobora

batir á Villacampa en los límites de Cuenca y Valencia, teatro de las recientes hazañas de nuestro compatriota y de sus más felices operaciones.

Aquella expedición fracasó porque naturalmente no había de resistirla Villacampa, cuyo sistema de guerra era muy distinto del de reñir batallas cuando el enemigo se proponía darlas. Pero no es tampoco que Habert fuera á buscarle con intento decidido de batirle allí donde pudiera el caudillo aragonés retirarse; porque el francés no llegó á Teruel, centro entonces de las operaciones proyectadas por el general Carvajal que, á su decir, se preparaba á, *abandonando las montañas, vengar á los aragoneses en el llano.* Para mejor conseguir su jactancioso propósito, Carvajal había reunido en Teruel un número considerable de personas respetables que pudieran con su influencia en el país sublevarlo más decisivamente aún de lo que estaba contra los franceses, y había hecho también de aquel estratégico punto su cuartel general, llevando á él cuantas fuerzas le fué posible y seis piezas de arti-

ese aserto así: «y por una conseqüencia necesaria del aviso que éste (Carvajal) me dió relativo á la permanencia de las tropas de Montalván para revistarlas, el soberbio Plike dexó el 7 de caer en nuestras manos en la sierra de Villaseca.»

Y, sin embargo, Carvajal en un parte que publicó la *Gaceta,* no sólo comunica la noticia de la derrota de Plicque el 7 sino que da á este general francés por *presentado, muerto y cosido á heridas por sus soldados, al general Villacampa,* según parte dado al mariscal de campo Marcó del Pont por su ayudante de campo.

Schépeler sigue la versión de Villacampa, y Toreno dice que Plicque logró salvarse, «achacándose, añade, á Carvajal la culpa por haber retenido lejos, so pretexto de revista, parte de las tropas.»

Se nos figura que la de Toreno es en síntesis la versión verdadera.

llería, arma realmente impropia para el género de lucha más conveniente en las circunstancias en que se hallaba la de Aragón por aquellos días. Es verdad que un cuerpo de ejército puesto en Teruel podría hacerse temible á los franceses amenazando acercarse á Zaragoza, donde se sospechaban inteligencias con Villacampa y otros caudillos de la insurrección española. Pero ¿cómo formar ese cuerpo de ejército capaz de apoderarse de Zaragoza ó hacer levantar el sitio de Tortosa? Si el general Carvajal se lisonjeó en un principio con la idea de conseguirlo, pronto se desengañaría viendo que por muchos esfuerzos que hizo, sólo obtuvo en su ayuda la fuerza y la cooperación de Villacampa, aunque ofendido éste de que se le impusiera un jefe allí donde tantos servicios estaba prestando, y jefe que desconocía el país y la guerra que en él era más conveniente y eficaz. Lo que se necesitaba entonces era una guerra de asaltos, combinados con la de los ejércitos de Valencia y Cataluña, y en que las divisiones y partidas sueltas que operaban en Aragón y Navarra interrumpieran el cobro de las contribuciones impuestas por Suchet, la recolección de los cereales, su transporte y el de los víveres todos destinados á los sitiadores de Tortosa. Aun no oponiéndonos, pues, á la injustificada medida de la Regencia enviando á Aragón un jefe que no fuera el general Villacampa, la misión de Carvajal, rodeado de tantos personajes políticos y eclesiásticos que formaban con el estado mayor la que nuestros patriotas de aquella provincia llamaban su *corte*, en lugar de ser provechosa, resultaría, más que inútil para los fines propuestos, perjudicial á ellos por motivo de los disgustos y envidias y divisiones que iba á producir y produjo (1).

Carvajal con su programa, ya hemos dicho que jactancioso, de combatir á los franceses allí precisamente donde por entonces eran invencibles, en las llanuras, tenía que reunir y organizar fuerzas con que llevarlo á ejecución; y entretanto distraía más que estimulaba la acción de los que, como Villacampa, Gayán, el mismo Empecinado desde Soria y otros jefes ó guerrilleros, más ó menos independientes en sus maniobras, peleaban con los destacamentos que Suchet había dejado en la vasta comarca aragonesa de la derecha del Ebro. El general francés temió, sin embargo, que con la autoridad que le daba su nombramiento por el gobierno de Cádiz, Carvajal podría llegar á ofrecer un gran peligro; y, antes de serlo, dispuso otra expedición más imponente que la anterior de Habert, confiándola á Chlopiski que, á la cabeza de siete fuertes batallones y 400 caballos, se ponía á la vista de Teruel el 30 de octubre sin dar tiempo siquiera á Villacampa, que se hallaba en Alfambra, para reunir los cuerpos de su división destacados en Orrios y Escorihuela.

Ya el 29 había Villacampa dado parte á Carvajal de la aproximación de los franceses, manifestándole, además, que, en su sentir, el objeto que debían llevar en tan inesperada y rápida marcha era el de apoderarse de la artillería reunida en Teruel. Añadíale en algunos de los varios despachos que le dirigió aquel día,

---

(1)   Los comisionados para ayudar á Carvajal en su misión fueron el conde de Sástago, el marqués de Aguilar, el obispo de Barcelona, y dos canónigos de Zaragoza, á quienes se consideraba influyentes por las grandes propiedades que tenían en el país.

que atendiendo al número considerable de las tropas francesas y á la clase de terreno, en mucha parte llano, que debía recorrer en su retirada, iba á emprenderla inmediatamente á Xea, no fuera el enemigo á atacarle con su caballería en el camino. Carvajal no dió ó no quiso demostrar que daba importancia á tan repetidos avisos ni al peligro tampoco en que iba á verse su artillería; y sólo el 30 por la tarde hizo salir las piezas en dirección de Valencia, seguidas del cuartel general que se estableció en Sarrión. Villacampa que desde Mora, adonde se había retirado, fué á conferenciar con su general en jefe, de quien recibió la impresión de que la artillería estaba á salvo y acaso ya en Segorbe, se encontró inmediatamente con el cruel desengaño de que los franceses, sin detenerse en Teruel más que el tiempo indispensable para tomar un rancho, avanzaban á galope por la carretera, no dándole holgura más que para avisar á los que componían la junta de Aragón del riesgo á que se hallaban expuestos si continuaban á Manzanera, punto muy próximo y al alcance luego de los jinetes franceses. Resultado; que éstos alcanzaban el 31 en Alventosa la retaguardia de Carvajal; se hacían dueños de los cuatro cañones y dos obuses, que no habían pasado de allí, sus carros de municiones, los artilleros y ganado que iban para servirlos y dispersaban la fuerza toda de su escolta y la del cuartel general español. Sólo la que mandaba Villacampa logró salvarse de tal derrota, gracias á la habilidad de su jefe que se trasladó á Villel, posición excelente á que no pretendió seguirle Chlopiski que, con el orgullo de tal presa, sólo pensó desde el momento en que la hizo en mostrarla á los zaragozanos. Satisfecho de aquel alarde y creyendo haber deshecho el que representaba la reunión de las fuerzas españolas en Teruel, no se detuvo á observar que, á pesar de trofeos tan importantes como los cogidos en Alventosa, había dejado allí cerca un foco, el más considerable de la insurrección, intacto casi, en una posición defensiva excelente y que al día siguiente de su triunfo ocupaba de nuevo á Teruel. Pronto, empero, cundió la noticia reanimando el espíritu público en Aragón, si de eso necesitaba un pueblo que, acostumbrado ya á tales reveses, comprendía también lo efímero de las ventajas que proporcionaban á sus infatuados enemigos; y Chlopiski hubo de pensar, como decía después su general en jefe, en que para cumplir con las instrucciones que se le habían dado era necesario alcanzar á Villacampa y batirlo.

Acción de la Fuen-Santa. El 10 de noviembre volvía, pues, el general polaco á aparecer en Cella, unos 20 kilómetros distante de Teruel, obligando á Villacampa á retirarse á su anterior campo, en cuya posición del santuario de la Fuensanta resolvió esperarle y resistirle. La acción revistió los caracteres de una batalla, ya que no por lo numeroso de las fuerzas empleadas en ella, sí por los accidentes y las maniobras con que se decidió. La posición, ya lo hemos dicho, era excelente, pero demasiado extensa para la fuerza de Villacampa, que no pasaba de la de 3.000 hombres, con muy pocos caballos y dos piezas de montaña que se retiraron poco antes del combate por considerarlas ineficaces en las condiciones de aquella jornada.

Nadie la ha descrito con la propiedad y exactitud que Suchet en sus Memorias. «El 12 de noviembre,

dice, Chlopiski arrolló la vanguardia española en Vi-
llastar, delante de Villel, y se estableció frente á la
posición de Fuente-Santa que el enemigo tenía fuertemente ocupada, atrincherada, en escalones y apoyándose en el Guadalaviar ó en escarpes inaccesibles del
terreno. A la una de la tarde, después de dispuestas
sus tropas, dió la señal de ataque. Dos batallones del
121.º mandados por el comandante Fondzelski, avanzaron en batalla á las órdenes del coronel Kliski, llevando en segunda línea al coronel Kozinowski con los
fusileros del 2.º del Vístula: el resto de las tropas estaba á retaguardia sirviendo de reserva hacia el punto
y para el momento necesarios. El fuego del enemigo
fué terrible. Los españoles nos oponían siempre una
obstinada resistencia detrás de sus trincheras ó en las
posiciones que no era posible envolver. El coronel
Millet llega á la falda de la montaña, donde le matan
el caballo; sigue á pie y una bala le lleva un dedo de
la mano derecha sin que por eso modere el paso en su
marcha; otra bala le hiere y derriba, creyéndosele
muerto, pero se pone inmediatamente á la cabeza de
sus soldados que continúan la subida bajo el fuego más
mortífero. Los Polacos, por la derecha, dan el mismo
ejemplo del mayor denuedo. Ni lo escarpado del terreno ni la resistencia que se les opone logran rechazar
á nuestros intrépidos soldados que después de un san-
griento combate se apoderan de todas las posiciones
del enemigo y llegan vencedores á la cima de la montaña. »

Villacampa, vacilando ante las maniobras, hábilmente dirigidas, de las tres columnas enemigas, sobre
cuál iba á ser el punto que atacarían con mayor em-

peño, no pudo reforzar su izquierda á tiempo con fuerza del batallón do Palafox, cuya marcha se alargó con el cruce de los barrancos que necesitaba atravesar; y esa ala fué precisamente la que los franceses asaltaron con el éxito á que aspiraban. Sin reservas con que restablecer el combate á pesar de hallarse Carvajal en punto tan próximo como Cuervo, distante tan sólo dos horas del campo de batalla, tuvo que emprender la retirada, no la fuga ni en el desorden que pinta el cronista francés, pero con la desgracia de hundirse el puente de Libros y de caer muchos de sus soldados y ahogarse algunos en el Guadalaviar. Las bajas fueron numerosas en ambas partes de los contendientes, exagerando las de sus contrarios cada una de ellas; pero sin que pasaran mucho de 200 las de los españoles como las de los franceses (1).

Los resultados, con todo, se redujeron á los de siempre. Chlopiski se volvió al campo de Tortosa dejando en Calamocha á Kliski con fuerzas impotentes por su número para ninguna otra expedición importante; y sin la diseminación que impuso Carvajal á las fuerzas de su mando, mostrándolas débiles en todas partes, Villacampa hubiera podido emprender de nuevo las correrías y asaltos que tantas simpatías le habían proporcionado en todo aquel territorio, tan reciamente disputado días antes. Los resultados en general favorables, fueron, en caso, para los españoles que, llamando la atención de los franceses por Cataluña, Va-

(1) Suchet dice que las suyas fueron de 130 hombres con 5 oficiales puestos fuera de combate, y considerables las de los españoles. Villacampa, que hace subir á 1.000 las de Chlopiski, calcula en 200 las de su tropa.

lencia y Aragón, lograron que se contuviera la acción de Suchet sobre Tortosa, cuyo sitio se vió con frecuencia interrumpido.

Ni dejaron los navarros de contribuir á obra tan patriótica.

Espoz y Mina en Navarra.

Había ocupado el lugar de Mina, aquel célebre guerrillero, preso, según recordamos, en Labiano el 31 de marzo de 1810, un tío suyo, D. Francisco Espoz y Mina que le había seguido en todas sus sorprendentes jornadas. Nacido el 17 de junio de 1781 en Idocín, aldea de once casas á tres leguas de Pamplona y otras tantas de Sangüesa, y ocupado en la labranza de su pequeña hacienda patrimonial, cogiéronle á los 25 años los sucesos del de 1808. La irritación que le había producido la felonía de d'Armagnac al apoderarse de la ciudadela de Pamplona; la no menos intensa provocada por los sitios de Zaragoza, y el ejemplo de varios de sus paisanos y convecinos, le llevaron, primero, á alistarse en el batallón de Doyle y poco después en la partida que, con el nombre de *Corso terrestre de Navarra*, organizó el tantas veces citado Mina, su sobrino. Preso éste y conducido á Francia, substituyóle el tío en el mando que en un principio se reducía al de otros seis navarros, tan patriotas y tan arrojados como él, que le eligieron por su jefe; uniéndosele pronto varios jóvenes de otras partidas hasta juntar 120 hombres con una bandera, que era precisamente la de su heróico y malogrado pariente (1). Con procedimien-

(1) Es curioso el episodio de aquella reunión según lo describe el mismo Espoz y Mina en sus Memorias, publicadas por la condesa de Mina su tan distinguida viuda. «Llegaba en esto su gente, dice (la de Sadaba), salí á su encuentro, la detuve, me quejé de su conducta y díjeles que era preciso renunciar á

tos semejantes, tan enérgicos como hábiles, fué Mina
agregando á su partida las de otros que también campeaban por Navarra, los Górriz (Lucas y José), Cruchaga, Sarasa y, por fin, Echevarría y Hernández, el
primero de los que, si tardó en sometérsele, fué pagando en Estella aquella y todas sus anteriores fechorías y bárbaras crueldades con su fusilamiento el 13
de julio de 1810.

La fuerza de Mina ascendió pronto á un número suficiente para formar tres batallones que mandaban él,
con la suprema dirección por supuesto, Cruchaga y
Górriz el mayor. Organizó también la administración
en todas las merindades libres de la ocupación francesa ó que le era dado recorrer y dominar, tan prudente
y severa, que proveyó á cuantos servicios necesitaba
su tropa, cada día en aumento. Urgía, sin embargo,
dar á aquellas gentes confianza en su organización y
fuerza, lo cual sólo podía conseguirse con un golpe de
fortuna; y Mina aprovechó para ello la ocasión de hallarse en Eslaba una columna francesa, bien distante
de temer el golpe con que se proyectaba destruirla.

---

los escándalos y sujetarse á una severa disciplina, y que el
que la desconociese sería pasado por las armas, y á esto se
daría principio por su propio jefe Sadaba, á quien tenía arrestado. Se me dieron algunos vivas, y varios pasaron desde luego á mi bando y me reconocieron por su comandante. Otros se
resistían, y acercándome entonces al que llevaba la bandera,
se la arranqué de las manos, diciéndole: *Venga esa insignia que
me pertenece por ser de Mina* (era efectivamente la de mi sobrino); y con aire de gran enfado y con fuertes voces añadí: *El
que no quiera seguirme vaya inmediatamente á mi alojamiento por
el dinero que necesite para regresar á su casa; porque soldados
malos y viciosos no los ha de menester la patria ni yo los quiero;
pero tengan VV. entendido que ninguno llevará sus armas.»*
Los que no le siguieron, lo pensaron mejor después de una
corta conferencia y una hora después se le reunían todos.

Una noche de mayo, y á la mitad de ella, comenzó el ataque por varias descargas hechas en las tapias del pueblo, descargas que introdujeron tal confusión y pánico en los franceses, que no supieron defenderse al salir de sus alojamientos á las calles, siendo muchos de ellos muertos y todos los demás hechos prisioneros. A aquella hazaña, que empezó á acreditar á Mina y á sus *Voluntarios*, siguieron la aprehensión de un convoy cerca de Tafalla, el ataque de una columna francesa, que fué casi totalmente destruída en el Carrascal, el de una escolta del correo que hubo de rendirse íntegra junto á Tiebas y la liberación de un convoy de prisioneros españoles de la guarnición de Monzón. Con esas y otras varias acciones contra los coraceros franceses y los polacos de que generalmente se servía el gobernador de Pamplona, impuso Mina tal miedo á los enemigos y tal autoridad en los pueblos, que, al poco tiempo de ejercer el mando, era conocido de propios y extraños por el nombre de *Rey de Navarra*. Para que se comprenda la acción de Mina, basta decir que en sus campañas de entonces fueron 43 los combates que riñó con los franceses, si adversos algunos por la vigilancia que tantas sorpresas y asaltos llegaron á imponerles, favorables la mayor parte y de resultados de gran importancia por la proximidad, sobre todo, á la frontera y á las comunicaciones principales del ejército invasor con el resto de la Península (1). Puede pre-

---

(1) No pueden detallarse todas esas acciones, porque su descripción llenaría un libro de no cortas proporciones. Nos satisfaremos, pues, con dar sus nombres por orden alfabético, tal cual lo hizo Mina en su autobiografía publicada en Londres el año de 1825. Esos nombres son los de Aibar, Añezcar, Arlabán, Ayerbe, entre Salinas y Arlabán, Eríce, Irurozqui,

sumirse cuál sería el género de vida á que habría de
sujetarse para no sufrir la suerte de su sobrino, sorprendido cuando se consideraba más seguro. Fuera del
tiempo en que sus heridas le obligaron á guardar ca-
ma, apenas si la usó dos meses durante toda aquella
guerra; «mi lecho comunmente era, dice en sus Memorias, un banco ú otro mueble semejante, embozado
en mi capa, cuando de día ó de noche no me recosta-
ba en el campo, bajo de un arbol ó entre peñascos;
pronto de esa manera para cualquiera empresa». Y á
esas privaciones y trabajos, soportados con estóica
firmeza y de que daba ejemplo á sus voluntarios, corres-
pondían los principios de igualdad y justicia, la distribución habilísima de las recompensas al valor y la
abnegación de cuantos le estaban subordinados. «El
que aprehendía un caballo lo montaba, y desde aquel
momento era ya soldado de caballería; el que se apoderaba de una lanza y quería servir en esta arma, era
lancero, y por este orden tenía mejor fusil, mejor ba-

Lerín y campos de Lodosa, Mañeru, Noain, Peralta de Alcolea,
Cabo de Saso, Piedramillera y Monjardín, Plasencia, Rocafort
y Sangüesa y Valle de Roncal. Y menos remarcables, añade,
aunque siempre gloriosas, las de Acedo y Arquijas, Alcubierre,
Alfaro, Barasoain, Beriain, Biurrum, Boquete de Embíc, campos de Auza (Lanz?), de Mañeru, de Muruzábal, Canfranc,
Carrascal, Castilliscar, Castillo de la Alfajería (Aljafería) en
Zaragoza, Cirauqui, Egea de los Caballeros, Estella, huertas
de Zaragoza, Huesca, Jaca, junto á Albáina, Lumbier, Mendigorría, Mendíbil, Monreal, Nazar, Olcoz, Oyarzun, Puente la
Reyna, Pueyo, Sada y Lerga, Santa Cruz de Campezu, Sarasa,
Segura, Sortada, Sos, Tafalla, Tarazona, Tiebas, Tiermas y San-
güesa, Tudela y Venta de Oyárzun.

En la acción de Rocafort y Sangüesa, con 3.000 hombres
ya, derrotó á 5.000; entre Salinas y Arlaban, cogió todo el
convoy matando unos 700 franceses y rescatando de 600 á 700
españoles; y en Mañeru destrozó la división Abbé y se apoderó
de su artillería.

yoneta, mejor sable, aquel que se lo proporcionaba del enemigo: y este era el grande estímulo que había para arrojarse á empresas atrevidas (1). Tan atrevidas, que hubo acción, como la del Carrascal, en que no pudo darse á los infantes más de un cartucho por plaza, arrojándose, una vez disparado, á la bayoneta hasta sobre los coraceros franceses, y poniéndolos en derrota (2).

Una persecución, un *ojeo*, pudiéramos decir, con fuerzas verdaderamente extraordinarias por su número, el de los generales que las mandaban y la crueldad rabiosa del que las dirigía en jefe, sucedió entonces en Navarra poniendo en riesgo de perecer á Mina y á cuantos patriotas mantenían el espíritu de independencia en aquellas montañas. El general Reille, encargado recientemente del gobierno de Navarra, comenzó su mando anulando las providencias de su antecesor Drouet que había declarado considerar á los voluntarios de Mina como soldados del ejército español, y á los que prendía en los campos de batalla, por consiguiente, como prisioneros de guerra. Esa medida, más que por espontáneo y generoso impulso de su corazón,

Batida del general Reille.

---

(1) Cuenta que siendo soldado en la partida de su sobrino y habiendo ganado en buena guerra un excelente caballo, hizo aquel su jefe lo entregara á uno de sus favoritos á quien se le había antojado; y él lo inutilizó antes de darlo. Por su parte, y mandando ya, jamás puso á prueba igual á ninguno de sus voluntarios.

(2) Para creer en tales proezas y darse razón de ellas, hay que acudir á la comprobación con documentos irrefutables, y á la memoria del terror que nuestros guerrilleros imponían á los soldados franceses, terror que se comunicó á todo su pueblo con la noticia del número de las bajas que sufrieron en aquella guerra, sin contar con las sufridas en las grandes batallas. Las Memorias de Mina, las de Aviraneta respecto al cura Merino, y las diferentes crónicas que se refieren al Em-

era inspirada por la conducta de Mina, humanitaria á un punto que admiraba á los franceses, que sólo veían en los guerrilleros *brigantes,* como ellos decían, bandoleros y asesinos, indignos del trato y consideraciones que en toda guerra se conceden á los que forman parte del ejército regular enemigo. Pero Reille creyó que para acabar con las que él suponía gabillas de bandidos, el rigor era el único y más sano medio, y volvió al primitivo y ya desacreditado de fusilar á los prisioneros y meter en las mazmorras de la fortaleza de Pamplona á los partidarios, simpatizadores y familias de los insurrectos. Y creyó también que ninguna ocasión mejor para la ejecución de tal y tan terrorífico sistema, que la del paso por el territorio de su gobierno de las numerosas masas de tropas en camino desde Francia para unirse al ejército del mariscal Massena. Detenidos, pues, en la frontera y puestos á sus órdenes sobre 30.000 hombres, formó Reille varias columnas cuyo mando encomendó á los generales que con ellos llegaban de Francia; y después de un maduro examen de la situación de Navarra y de la fuerza y condiciones de los patriotas españoles mandados por Mina, las dirigió á los puntos estratégicos más importantes de aquella provincia, decidido á no cejar en sus maniobras hasta pacificarla por completo. La campaña fué en extremo ruda, y en los dos meses que duró fueron innumera-

---

pecinado, Palarea, Julián Sánchez y tantos otros como constituían *aquella hidra cuyas innumerables cabezas,* al decir de Kellermann, *sólo podría cortar de un golpe Napoleón con su presencia en España,* son las fuentes de que es preciso valerse si se ha de formar idea, aproximada por lo menos, de las temeridades á que se entregaron unos hombres que nada tienen que envidiar en materia de patriotismo, de arrojo y de instintos belicosos á los más renombrados héroes de la antigüedad.

bles los encuentros y choques, los triunfos y las derrotas, las desbandadas y desastres de unos y otros, imperiales y españoles; pero la causa nacional quedó, al fin de tan larga y encarnizada lucha, en el mismo estado de resistente y boyante que antes.

Empezó la batida de los de Reille teniendo Mina situados en Artajona y Mendigorría los 3.500 voluntarios con que contaba en principios de agosto de aquel año de 1810, y después de la acción de Estella, en que á los primeros tiros había huído el prior de Ujué, nombrado por la Regencia para, con el empleo de coronel y el título de comandante en jéfe, mandar todas las guerrillas de Navarra (1). Este suceso devolvió á Mina el cargo que la ignorancia, tan sólo, de lo que pasaba en Navarra pudo confiar á otro alguno, acreditándolo la misma acción de Estella en que nuestro célebre guerrillero logró sacar á su gente del riesgo en que la había dejado quien ni por su estado ni por su impericia debió mandarla nunca. De Echauri y Guirguillano,

---

(1) El cura de Miguel obtuvo, con efecto, del gobierno de Cádiz la misión de.impulsar la ya enérgica y hasta entonces feliz marcha de las guerrillas navarras, olvidando los servicios de Mina y su nombramiento anterior, debido á la iniciativa patriótica de la junta de Peñíscola. Armado de una entusiasta y halagadora proclama y suponiéndosele portador de fondos con que fomentar la guerra, fué perfectamente recibido de los navarros que, á su exaltado patriotismo, añadían la fe que siempre han dado á la palabra de sus sacerdotes y el convencimiento de que un enviado del gobierno supremo llevaría dinero, armas é instrucciones que al poco tiempo les proporcionarían el tan deseado aunque costoso triunfo á que aspiraban. Pero como empezó por imponer unos tributos nunca exigidos por Mina, dictar disposiciones que no conducían á resultados de la acción batallora, incesante y eficaz, de su anterior comandante, y le vieron, por el contrario, en el primer combate retirarse del campo en que se sacrificaban sus subordinados, hallóse inmediatamente en la precisión de volverse á Tarragona y Cádiz.

donde le observaban dos columnas enemigas escaramuceando con la de Mina todos los días, hubo éste de retirarse al aparecer otras varias que fueron á reforzar á las francesas; pero valiéndose en la sierra de Andía de un error cometido por el jefe imperial, se lanzó sobre Puente la Reina, donde, con otra estratagema, se apoderó de los 300 hombres que guarnecían aquella población y su fuerte. Así burló la primera de las combinaciones con que Reille creía hacer prisioneros á los de Mina, para los que tenía pedidas raciones en Pamplona; tal era la confianza en el éxito de su tan meditada maniobra (1). Pronto, sin embargo, se vió en nuevos apuros el hábil guerrillero, acosado siempre por varios cuerpos franceses, movidos por la rencorosa iniciativa de Reille que, escarmentado antes por los catalanes, supondría fácil su desquite con los navarros. De Lumbier, donde se hallaba con toda su gente cansada y falta de municiones, su constante necesidad tan difícil de remedio, se dirigió Mina á Aibar y Leache, y de allí y separado por los enemigos de su teniente Barrena, que hubo de alojarse en el primero de aquellos pueblos, volvió de noche y á favor de una marcha penosísima á Puente la Reina y Guirguillano, con la fortuna de que pudiera reunírsele aquel cabecilla burlando tam-

---

(1)   Dice Mina en sus memorias: «Las disposiciones del tal Reille, gobernador de Navarra, negando cuartel á mis voluntarios y cargando responsabilidades á sus padres y parientes y á las justicias de los pueblos, á mi juicio perjudicaban mucho á las operaciones de las columnas destinadas á mi destrucción. Perdían mucho tiempo en las averiguaciones que esto requería, y á la persecución le faltaba la viveza que necesaria era para darnos alcance.»

Nunca comprendieron los franceses que sus crueldades, en vez de fruto, les producían reveses y, por fin, su ruina.

bién la diligencia y las emboscadas de sus perseguidores. Imposible el descanso, Mina huyó á la Borunda y luego á Ulzama, atacando en seguida á 900 granaderos de la guardia imperial, situados en Lanz que, prevenidos sin duda, salieron á su encuentro sorprendiéndole antes de que pudiera acabarse la maniobra que había dispuesto para batirlos. El batido fué él, Mina, y nada hizo una de las columnas que tomaban parte en su combinación; pero la tercera mandada por el valentísimo Cruchaga, su segundo, acometió después á los granaderos que no hallaron otro medio para salvarse que el de marchar de noche á guarecerse en Pamplona. Algo repuesto en el Baztán con socorros que le proporcionó Sarasa, otro de los cabecillas empleado en las aduanas que tenía establecidas en el valle de Ulzama, Mina dió la vuelta por el de Araquil á la sierra de Andía, sin que la persecución encarnizada que sufría le impidiese sorprender algún destacamento, convoy ó correo, con quien tropezase en el camino. Cuatro días pudo permanecer en Andía, siempre cercado de enemigos que le cerraron todas las salidas, hasta que desesperando de la fortuna, despidió en Zudaire la caballería para que se dirigiese á pasar el Ebro, y él rompió con los infantes el bloqueo de los imperiales y por el puente de Belascoain, donde hizo prisioneros siete de los jinetes que los custodiaban, se trasladó á Unzúe y Monreal, que halló evacuado por un error, para él afortunadísimo, de sus enemigos. Y vuelta á Aoíz y Ochagavía, hasta que viendo la imposibilidad de mantener siquiera temporalmente el campo de sus operaciones, pasó el Ebro por cerca de Azagra para reunirse á su caballería y á Cruchaga, que antes se había visto obligado á separarse pero dejando en Navarra á Ulzurrun, otro él, con el encargo, que desempeñó admirablemente, de reunir los rezagados y dispersos hasta su vuelta.

«Dos meses, dice Mina, llevábamos, que eran los de agosto y septiembre, en esta peregrinación espantosa, causada por la incesante persecución de los franceses. Rodeados siempre de innumerables columnas, que apenas nos dejaban tiempo para tomar un escaso alimento y para reparar con el sueño nuestros fatigados miembros; desnudos y descalzos la mayor parte de los volunrios y en el mayor estado de miseria, extraordinario era que pudiéramos volver á reunirnos la mitad cuando más del número que había cuando tan tenaz y viva persecución diera principio. Inevitable fué el rezague de infinitos; disimulable su natural dispersión, y sensible la muerte de no pocos por falta de fuerzas para resistir, y muy dolorosa la barbarie de que usaron los enemigos, fusilando sin piedad á los que hallaban en los caseríos casi moribundos. Este proceder era efecto de las órdenes expedidas por el general Reille para no darnos cuartel.»

Aun así, lograron salvarse de borrasca tan pertinaz y furiosa; y aunque no cesó del todo por lo próximos que quedaban á la esfera de acción de las tropas de Reille, y tuvieron que internarse en Castilla ganando las mesetas de Soria y Molina de Aragón, les llegó el descanso, relativo por supuesto, que tanto necesitaban para volver de nuevo á su interminable tarea patriótica. Habían en el camino procurádose una organización más propia, formando un regimiento de caballería que llamaron *Húsares de Navarra;* ganoso

Mina de acreditar el nombramiento de coronel y comandante general de aquellas guerrillas de que, por fin, fué investido por la Regencia, transformándolas en cuerpos con algunas de las condiciones de las tropas regulares. Y deseando acreditarlo también con una acción, el ruido de cuyo éxito llegase pronto á la residencia del gobierno, ya que el de sus hazañas anteriores había pasado como desatendido por la distancia, sin duda, ó lo poco importantes que se consideraban, acometió la empresa de sorprender á la guarnición de Tarazona y apoderarse de los 500 franceses que la componían. No fué afortunado en la empresa porque no sorprendió á los presidiarios de Tarazona ni logró batir á una fuerte columna que acudió al socorro de ellos. Por el contrario, entablada la acción, tuvo la desgracia de que, herido gravemente Cruchaga en una de sus habituales temeridades, fué preciso que los voluntarios lo sacaran de las manos, en que había caído, de los franceses, y, aunque lo consiguieron en un combate sumamente encarnizado, las pérdidas ascendieron á un gran número de los que Mina, puesto á su cabeza y herido también, llevó al rescate de su queridísimo teniente.

Con eso volvió Mina á Navarra, donde penetró á mediados de octubre, celebrando su regreso con varias acciones afortunadas en Monreal, Olite, Alzorriz y entre Aibar y Leache, que le compensaron el tremendo revés sufrido por Górriz en Belorado antes de que su jefe hubiese logrado cruzar el Ebro (1).

_____

(1) Lucas Górris perdió en aquella acción más de 400 hombres, de los que fusiló el general francés Roquet en Santo Domingo de la Calzada 70, que fueron los prisioneros. Pero, para

Ahora bien; la aparición de Mina en Molina y Tarazona hizo tomar á Suchet por fuerzas dirigidas á estorbarle en su empresa de Tortosa las que se habían
presentado en los límites del territorio de su gobierno,
más que con ideas agresivas, huyendo de las innumerables columnas que lanzó Reille en su persecución. Y
bien pudiera haberlo observado desde que, trasladándose las tropas que componían esas columnas al teatro
á que estaban llamadas con el ejército de Portugal,
volvió Mina al predilecto, mejor aún, al único por entonces y largo tiempo después de sus admirables campañas. Ni Mina se estableció en las Cinco Villas, como
dice Suchet, ni pensó nunca en amenazar los puestos
que tenía fortificados en la frontera de Aragón con
Navarra el célebre mariscal francés; ni, después de
todo, debió llevarse otro objeto al estampar en sus Memorias tal despropósito que el de exagerar los obstáculos que halló para el sitio de Tortosa. Lo que hay es
que, alejándose, como luego diremos, Macdonald de
las inmediaciones del Ebro para proteger los convoyes
que se le anunciaron desde Francia como dirigidos á
Barcelona, y, más acaso, para vengar la derrota de
La Bisbal; amenazado por los catalanes, de consiguiente, en el territorio que, con ese motivo, se les
dejaba libre, por los valencianos, de otro lado, que, á
las órdenes ya de Bassecourt, querían volver por su
crédito, tan rebajado con las torpezas de Caro, y por

que se comprenda qué clase de gente eran nuestros guerrilleros, conviene saber que los de Górriz, derrotados tan ejecutivamente, después de atravesar el Ebro por su región más alta
y ya cerca de Vitoria para reunirse á Mina, interceptaron un
convoy que escoltaban 300 franceses á quienes batieron, per-
siguiéndolos luego hasta Villarreal.

los aragoneses, en fin, de Villacampa en Teruel, tuvo
Suchet que suspender las operaciones del sitio de Tortosa, reduciéndolas á la de continuar el bloqueo como
mejor pudiese, mientras atendía á repeler las agresiones que, por alguna parte de aquéllas ó por todas á la
vez, se intentaran sobre su campo.

Y con efecto, no tardó en llamar su atención la jun- Acciones de Flix y Fal-set.
ta de fuerzas del ejército español de Cataluña en Falset
amenazando caer sobre García, Mora ó Ginéstar y estorbar la bajada del material de guerra de los franceses
por el Ebro. Al brigadier barón de La Barre, que en
agosto había trabajado con éxito en tan provechosa tarea; á los tenientes coroneles Villa y Sotomayor que
batieron en septiembre á los italianos, el primero, apri-
sionándoles junto á Flix un batallón, y en García, el
segundo, á 300 franceses; y á Bozoms, el guerrillero
conocido después por el nombre de Jeps des Estanys,
que con otros jefes de somatenes acosaban de continuo
á los navegantes del Ebro y sus escoltas en octubre,
sucedió una nube de oficiales de aquellas partidas
ó del ejército que se dedicaron con el mayor entusiasmo á cazar, esa es la palabra, á cuantos franceses tri-
pulaban las barcas ó las seguían por las orillas de aquel
río, muy crecido ya en noviembre. El tres de este mes
se entabló entre Fayón y Flix una acción de lo más
singular que puede imaginarse. Los somatenes, embos-
cados en las orillas y espiando la bajada de los barcos
asaltábanlos con el mayor arrojo, no arredrándoles cruzar el río á nado ó en alguna de las lanchas apresadas
para aprisionar también las fugitivas de los franceses,
matando á algunos de éstos, cogiendo á varios y obligando á no pocos á arrojarse al río para en él perecer

ahogados. No les valió á los navegantes franceses el haberse apostado en la orilla derecha cerca de Flix unos 800 de los suyos, ni en la izquierda junto á Vinebre sobre 2.000, y los 400 que los escoltaban: además de los muertos y prisioneros, perdieron los imperiales seis barcas cargadas de municiones y víveres, destrozadas y echadas á pique. Tuvo Suchet que enviar á Habert y Abbé con la mayor parte de la división del primero de estos generales para desencastillar á los nuestros de Falset que se consideraba como el centro militar de donde partían y en que se apoyaban las expediciones dirigidas á entorpecer la navegación del Ebro por los franceses.

Habert fué directamente desde Mora; Abbé marchó sobre la izquierda española, y el comandante Avón, saliendo de García sobre la derecha para, principalmente, llamar la atención de nuestras fuerzas y dividirlas. La precipitación de Habert en su ataque central hizo ineficaz el envolvente de las columnas de los flancos; y los españoles, á quienes mandaba La Barre, apercibidos para la defensa en todas partes, resistieron al principio el choque, y luego pudieron retirarse aunque perdiendo 300 hombres, entre los que el conde de la Cañada, coronel del regimiento de Granada, y el brigadier Navarro, el antiguo gobernador de Tortosa, que al poco tiempo logró escapar de las manos, en que había caído, de los franceses (1).

---

(1)   «En una carga de caballería, dice Suchet, á que dió lugar aquella acción, merece mencionarse un combate personal entre dos jefes de ambas tropas, el oficial de los jinetes españoles, hombre de gran talla, dirigió una provocación amenazadora al teniente de húsares Paté, militar intrépido que ya había perdido un ojo en la guerra. Fué aceptado el reto, y se

Con eso y con establecer en ambas orillas del Ebro las fuerzas vencedoras de Falset, quedó Suchet en disposición de atender á otro nublado que se le presentaba por los horizontes de Valencia, ya que no le era dado apretar el cerco de Tortosa hasta que volviera Macdonald de su expedición al Ampurdán.

Y era que el general Bassecourt había resuelto hacer una fuerte demostración sobre Ulldecona, puesto avanzado, como saben nuestros lectores, que tenían los franceses para observar á las tropas valencianas y proteger de ellas el bloqueo de Tortosa en la orilla derecha del Ebro.

Acción de Ulldecona.

Ya á mediados de octubre Bassecourt, que desde que relevó á Caro tenía su cuartel general en Castellón de la Plana, se dedicaba á recorrer los puestos avanzados de Alcalá de Chisvert, Peñíscola, Las Cuevas y San Mateo, reconociendo, además, las posiciones francesas próximas á Ulldecona, reforzadas naturalmente por los franceses al sentir la inmediación de los nuestros á su campo. Al volver á Castellón Bassecourt entre las aclamaciones de los pueblos del tránsito, Benicarló, Vinaroz, particularmente, y Cabanes, entusiasmados sus habitantes con el aspecto y las maniobras de nuestras tropas, Suchet había, á su vez, reconocido con una fuerte columna la posición de San Mateo, y, con otra, avanzó hasta ponerse á tiro de cañón de Peñísco-

---

suspendió por un momento el combate entre las tropas así como por mútuo acuerdo. Pronto se fueron los dos jefes á á las manos; la fortuna favoreció al oficial francés, el español fué derribado y nuestros húsares cargan inmediatamente y dispersan el destacamento de la caballería española».—Recordando el trance de Lérida, se vé lo aficionado que era Suchet á esa clase de novelas caballerescas.

la, de cuyos muros se hizo salir un batallón de Valencia con alguna caballería que dispersaron las avanzadas francesas causándolas también muchas bajas (1). El movimiento de los franceses inspiró á Bassecourt la idea de otro, por su parte, que los escarmentara amenazando sus espaldas. Puesto de acuerdo con el capitán Codrington del navío inglés Blake, embarcó en éste el 16 dos batallones de los que guarnecían á Peñíscola que á las órdenes del general Doyle intentaran un desembarco en los Alfaques, mientras otro batallón, el 3.º de Valencia, saliese de la plaza á entretener á los enemigos para que no se retiraran á tiempo. Pero los franceses observaron la maniobra y, sospechando su objeto y que pudiera hacerse combinada con los sitiados de Tortosa, se retiraron apresuradamente á Ulldecona. El navío retrocedió al fondeadero de Peñíscola para el 22 repetir la operación sobre la torre y ciudad de San Carlos de la Rápita sin éxito también, hasta que, en los últimos de aquel mes de octubre, una nueva expedición marítima logró ocupar á la misma vista de los franceses la torre de San Juan que domina el puerto de los Alfaques, la cual fué inmediatamente guarnecida, artillada y provista de municiones y víveres.

Era, sin embargo, urgente acudir al socorro de Tortosa antes de que, llegando Macdonald á la inmediación de aquella plaza, resultaran inútiles cuantos esfuerzos se desplegasen por los ejércitos de Cataluña

---

(1) Dice el parte de aquella acción que uno de nuestros 5 heridos, llamado Pulles, «cazador del regimiento de Olivenza, atacó él solo y persiguió con furor á 6 húsares enemigos: acción que ha premiado el general con el distintivo, que llevará en la casaca, de una espada cruzada sobre otras seis».

y Valencia para efectuarlo con fruto. El general Bassecourt así lo comprendía y por eso había emprendido
los reconocimientos que acabamos de recordar; y el
25 del mismo mes en que se hicieron, acometió la
empresa de sorprender el campo francés de Ulldeco-
cona, esperando destruirlo y seguir después á Tortosa
hasta hacer levantar el cerco. Su ejército se componía
de unos 8.000 infantes y 800 caballos que, anticipada-
mente y á favor de marchas rápidas y hábiles, reunió
bajo los muros de Peñíscola. Mandaba Musnier en
Ulldecona; y con decir que tenía á sus órdenes allí
otros dos generales, Boussard y Montmarie, puede calcularse que no eran escasas sus fuerzas, circunstancia
natural después de los referidos reconocimientos de
Bassecourt y del combate reñido al pie de Peñíscola.
Ejercían, además, los franceses gran vigilancia, y sus
avanzadas dieron á Musnier aviso de que los españoles
reunían fuerzas que por su número revelaban alguna
empresa seria. Así es que, por diligencia que puso
Bassecourt para, haciendo la marcha de noche, caer
antes de que despuntara la aurora el 26, halló á los
franceses preparados (1). Había tenido que detenerse
algo en el puente del Servol para que se adelantara
su columna de la derecha, y cerca ya de Ulldecona se
detuvo de nuevo más de una hora para dar á aquella

(1) Schépeler dice «realmente sorprendidos los franceses...»
Del parte de Bassecourt no resulta eso, y en él se deja ver que
consistió en el retraso que impuso la tardanza de una de sus
columnas de los flancos.
    Suchet dice: «El general Musnier acababa de recibir por
los que volvían de sus reconocimientos de la noche el aviso
de la aproximación de los enemigos y hacía tomar las armas
á las tropas de Ulldecona, cuando Bassecourt.....»

misma columna tiempo de llegar en los momentos del combate que se preparaba.

Porque el ejército valenciano marchaba en tres columnas; una central que regía Bassecourt, con el general conde de Romré á su lado y la fuerza mayor; otra por la derecha, á las órdenes del brigadier Porta, que desde Alcanar debía caer sobre el flanco opuesto de la posición francesa, y otra por la izquierda que mandaba el coronel D. Melchor Alvarez y que remontándose tierra adentro iría á caer en Ventallas sobre la retaguardia enemiga para cortar su comunicación con Tortosa. El plan estaba bien ideado; pero, frustrándose el de la sorpresa por los retardos de la columna de la derecha que, como hemos dicho, debía concurrir al combate desde que se iniciara, y no contándose con tropas bastante sólidas para suplir con su constancia aquella falta, era de temer un fracaso y el de las fundadas esperanzas del general que las regía.

Bassecourt, cerca ya de las seis y á punto de amanecer, avanzó con su fuerza lanzando las guerrillas sobre los puestos avanzados del enemigo, reforzadas con caballería que penetrase en Ulldecona al toque de degüello. A la señal convenida, que era la del disparo de un cañonazo y de algunos cohetes, atacaron las guerrillas mientras Bassecourt avanzaba con el grueso de la caballería á una ermita que domina el campo de uno de los regimientos franceses. Pero, no sorprendidos éstos, como suponía el general español, recibieron el ataque con descargas cerradas, tan nutridas de fuego y certeras, que, á las primeras, cayó herido y fué hecho luego prisionero el coronel D. José Velarde con varios dragones de su regimiento de la Reina y muchos infantes, y hubieron de retirarse, después de insistir mucho en su empeño de penetrar en Ulldecona, las ya mencionadas guerrillas y otras fuerzas con que se quiso apoyarlas. En la reacción operada por los franceses, ni sorprendidos ni atacados por sus flancos, acometieron con tal energía, secundada por la hábil dirección de sus jefes, los generales Musnier, Boussard y Montmarie, puestos á su cabeza, que Bassecourt se vió obligado á ordenar á los suyos la retirada á Vinaroz. Verificóse, en efecto, por escalones, protegida por la caballería y las piezas que, con sus cargas aquélla y con su fuego éstas, la sostuvieron con un orden que no era de esperar de tropas tantas veces y tan recientemente batidas. A pesar de eso, de haberse allí unido la columna de Porta y de la diligencia con que Bassecourt dispuso los campamentos en que sus tropas deberían esperar el ataque del enemigo que iba persiguiéndolas, desbandáronse, á su vista, sin que las órdenes de su general en jefe, los esfuerzos de su segundo Porta, la voz ni los denuestos de sus oficiales las pudieran contener; corriendo hasta Peñíscola, donde, por fin, cesaron en su fuga al abrigo de aquella fortaleza. Los franceses, cuyos coraceros convirtieron desde Vinaroz en derrota la hasta allí ordenada retirada de los españoles, cesaron en la persecución á la vista de Peñíscola, sin que pudieran dar con nuestra columna de la izquierda que, después de cumplir satisfactoriamente con la misión que se le había señalado, se retiró por los caminos del interior de la tierra sin contratiempo alguno de importancia (1).

_____

(1) Los franceses, y Suchet el primero, han asegurado que nuestras bajas ascendieron al número de más de 2.500 prisio-

Y ya es tiempo de que dirijamos la atención sobre lo que entretanto pasaba en Tortosa y en el campo de sus sitiadores.

Durante las operaciones que hemos recordado, realizadas en Cataluña, Aragón y Valencia para acudir al auxilio de aquella plaza, bastante hizo Suchet con mantener el bloqueo é ir preparando el material para el sitio. Ocasiones hubo en que las fuerzas que quedaron en Jesús y las Roquetas, apenas si bastaban para la defensa de las obras que se construían al frente de aquellos barrios, cuanto más para pensar en el ataque de la cabeza del puente, único punto que les era dado amenazar en la vasta extensión de una fortaleza á cuya conquista estaban llamadas. Toda su acción ofensiva se reducía al débil fuego que de cuando en cuando dirigían al puente desde una trinchera, que recibió de los tortosinos el nombre de *la Zanja,* construída para estorbar las salidas que la guarnición pudiera hacer por aquella parte. La plaza, en cambio, disparaba sus piezas al descubrir el paso de los franceses que en su marcha á la parte de Valencia ó de regreso de las jornadas contra Caro y Bassecourt, transitaban por el camino de Cherta y Mora, su depósito del material y cuartel general. Así se pasó hasta mediados de diciembre en que, asegurada la ocupación del Ampurdán y con la probabilidad de que no serían interrumpidas las comunicaciones del Imperio con Barcelona, el mariscal duque de Tarento creyó poder cumplir la oferta que había hecho

---

neros. No es exacto: los extraviados fueron unos 2.000; pero muchos de ellos volvieron á sus cuerpos algunos días más tarde.

Lo de siempre; muchos dispersos y pocas bajas.

á Suchet de acudir en su apoyo para el sitio de Tortosa.

No le había costado á Macdonald poco trabajo el ponerse en tal disposición. Durante su estancia en Lérida y Cervera, el marqués de Campoverde, sin fuerzas para atacarle ni operar á sus inmediaciones en la margen izquierda del Ebro que el Mariscal cubría, se había remontado á la región del alto Segre que hizo desalojar á los franceses que la ocupaban. Sus miqueletes y somatenes se habían abierto paso á Llivia y hasta á los puertos de la para ellos inexpugnable plaza de Mont-Louis. Felizmente concluida aquella jornada, Campoverde volvió por el mismo camino del Segre hasta ponerse de nuevo á la vista de Macdonald, que seguía establecido en Cervera, si anhelante por dirigirse al Ampurdán, sujeto allí por las apremiantes instancias de Suchet. Las reclamaciones, sin embargo, del gobernador de Barcelona para que se abriese paso á los convoyes con que debía abastecerse aquella plaza, decidieron al duque de Tarento á volverse al Ampurdán. Y sea con ese fin ó con el de preparar la jornada con un choque imponente y hasta el de apoderarse de la fortaleza de Cardona, según presumía Vacani, se dirigió contra Campoverde, quien hubo de retirarse á Cardona para desde allí observar la marcha del 7.º cuerpo francés y atacarle, si lo veía posible, por sus flancos. Macdonald marchó en columnas por Sanahuja y Solsona, dejando á sus soldados cometer los excesos de costumbre en la indefensa ciudad para inmediatamente, esto es, el 21, presentarse á la cabeza de las brigadas Severoli y Salme y la división Frere frente á la fortaleza en que se había Campoverde establecido. Saliéronle los nuestros al encuentro por el camino más

Vuelta de Macdonald al Ampurdán.

Batalla de Cardona.

recto, mientras otra columna, á las órdenes de Velasco, salía á esperarle en la unión de el del Milagro con el de Solsona á Calaf. Los franceses marchaban arrebatadamente y en varias direcciones, creyendo apoderarse de Cardona y hasta de su fortaleza sin necesidad de desplegar grandes esfuerzos, tal era la confianza en su fuerza y tal el desdén con que nos favorecían. Pero dos batallones enviados por Campoverde bastaron para rechazar á los que se presentaron por el camino directo, obligándolos á retroceder por él (1). Reforzados por Macdonald, que acudió con Salme y Frere, volvieron los franceses á la carga por su derecha, izquierda nuestra, y, rechazados también cerca ya de las Salinas, se situaron en una altura próxima, coronada por un caserío que pretendieron defender mientras llegaran otras columnas en su ayuda. Disputóse la posición con tenacidad de una y otra parte de los combatientes, que sucesivamente iban creciendo en número, hasta que el sargento mayor de Iberia, D. José de Arenas, la asaltó y se hizo dueño de ella, acogiéndose los imperiales á sus reservas.

Entretanto, otra columna francesa se había dirigido contra nuestra derecha, donde, después de un

---

(1) Qué tal andaría la cosa para que diga Vacani: «Macdonald tomó inmediatamente posición en la cima del alto frente á la derecha del enemigo, y no menos encolerizado que César en las Galias con Fabio y los Romanos ante la fortaleza de Clermont, se volvió contra Eugenio y los Italianos porque, desobedeciendo las órdenes que se les había dado, despreciaron la fuerza y la posición en que estaban los enemigos creyendo arrogantemente saber mejor que él de los casos que pudieran proporcionar la victoria; en suma, se aventuraron con exceso de bravura y falta de prudencia, estando tan próximo el castillo, á meterse en medio de enemigos muy superiores en número.»

obstinado combate, la repelieron nuestros soldados regidos por el teniente coronel Roten que, con los granaderos de Almería y algunos tiradores, mantuvo su puesto y cargando por fin al enemigo la bayoneta calada, le tomó los parapetos en que se había establecido. No por eso había de cejar en sus propósitos el Mariscal, tan celebrado desde su hazaña, particularmente, de Wagram; y formando sus cuerpos en líneas como para reñir una gran batalla de las en que él estaba acostumbrado á tomar parte, acometió de nuevo á Campoverde. Este, que se había establecido perfectamente con su centro y alas á cubierto de todo flanqueo y apoyándose en sus reservas en primer término y en Cardona por fin, resistió el ataque general como había resistido los parciales antes; y Macdonald, convencido de su impotencia para vencer aquel inesperado obstáculo, se volvió á Solsona con la vergüenza de dejar en las posiciones á que se había retirado hogueras encendidas que desorientasen á los nuestros sobre sus ulteriores proyectos. De Solsona, que dejó otra vez saquear y entonces con un ensañamiento que, mejor que otra cosa, demuestra el revés sufrido, se volvió á Cervera por los mismos caminos que había llevado en su desgraciada y bochornosa expedición (1).

---

(1) Sobre los estragos hechos en Solsona por la furia francesa, se explica así D. Adolfo Blanch: «Mohino á fuer de abochornado, hubo de retirarse Macdonald á Solsona, en cuya ciudad se ensañó, permitiendo á sus tropas toda licencia y mandando incendiar, la noche del 24, la hermosa y recién construida catedral, de la que se desplomó una tercera parte de la bóveda principal, hacia la parte del presbiterio. El altar mayor, algunos otros altares, las magníficas sillas del coro y la bella capilla de Nuestra Señora del Claustro, todo quedó reducido á pavesa.»

Al tiempo en que tenía lugar suceso tan inesperado como el del vencimiento de Macdonald en Cardona, obligándole á reponerse de él con descansar algunos días en su anterior cantón de Cervera antes de
encaminarse al Ampurdán, ocurrían en este país acontecimientos que por instantes reclamaban la presencia
del célebre mariscal en él. El barón de Eroles había
apresado junto á la Junquera un gran convoy que los
franceses intentaron protejer atacando antes las posiciones ocupadas por el caudillo catalán el día antes,
17 de octubre, en las cumbres de Llorona. Encargado Clarós de mantener ocupadas las últimas con
el batallón de Almogávares y los cazadores del Ampurdán, Eroles descendió con el resto de su división á la carretera y, cargando á la bayoneta la escolta del convoy, no sólo se quedó con él sino que la
causó 250 bajas ó hizo 75 prisioneros, de los que 2 oficiales.

La derrota de los franceses no era de las que deben
dejarse sin venganza; y el general Collier se dirigió el
20 á Lladó con 2.000 infantes y 100 caballos, decidido
á tomársela completa y sangrienta. Eroles, comprendiendo los defectos de la posición de Tortellá, donde se
encontraba al recibir el aviso, para defenderla con las
cortas fuerzas de su mando, resolvió anticiparse al ataque de los franceses. No le arredró el contratiempo de
que, extraviándose por la obscuridad de la noche el batallón de Almogávares, se encontrara él la mañana del
21 con solos 700 de sus hombres á cuya vista le acometieron los enemigos como seguros de una victoria
fácil y decisiva. El Barón los rechazó bravamente en
sus varios ataques; y, no satisfecho todavía, los cargó

á su vez hasta meterlos llenos de pavor en el castillo de Figueras.

En tanto que Eroles se cubría de gloria en Lladó y sus gentes vengaban el fusilamiento de uno de los somatenes con no dar cuartel á los allí derrotados enemigos, incansables en sus crueldades, la marina inglesa y la sutil de los españoles, por aquélla convoyada, recorría la costa inmediata desde Barcelona y Mataró, á Cadaqués, destruyendo las baterías levantadas por los franceses en ella, apresando los barcos surtos en los puertos y calas é imponiendo contribuciones en los pueblos de la frontera, para lo que el teniente coronel O'Ronan llegó á desembarcar con alguna, aunque corta, fuerza, á cuya cabeza entró un día en Figueras tras de los imperiales. A tanto llegó la osadía de los catalanes y de los marinos sus auxiliares, que, furioso al tener noticia de aquellos sucesos el Emperador, envió con 5.000 hombres al general Clément que se dedicó á perseguir á Eroles hasta Olot, de donde regresaba repleto de botín cuando le asaltaron los catalanes que después de varios choques, afortunados unos y adversos otros, lo metieron, desesperado también, herido y con 1.000 hombres de menos, en Gerona (1).

No andaban los españoles menos diligentes en el Llobregat para hostilizar á la guarnición de Barcelona, así para mantenerla en continua alarma como para

---

(1) Al saber los de Eroles cuantos atropellos había cometido Clément en su marcha á Olot y en momentos en que se les distribuían las raciones en Turnalis, se pusieron á gritar: *No queremos pan, sino cartuchos, cartuchos y perseguir al enemigo*. En aquella jornada, una de las más notables de los catalanes en la guerra, no se dió cuartel á nadie ni de una ni de otra parte.

impedir las salidas que se atreviera á emprender en
busca de víveres. Apenas si se interrumpían sus alardes
y sus insultos al aborrecido invasor. El general
Obispo quiso solemnizar la ceremonia del juramento
impuesto por el Gobierno para que se reconociese la
soberanía de las Cortes, con una función militar que,
al tiempo de ofrecer alarde tan patriótico en espectáculo
á la guarnición francesa de Barcelona, lo señalara
con un ataque á las avanzadas de aquella plaza. Era,
con efecto, un gran preliminar para tal fiesta el de una
acción que demostrara la osadía de nuestros patriotas
á la vista misma de tan formidables enemigos; y fué
elegido para representarlo el siempre intrépido y sagaz,
teniente coronel ya entonces, D. José Manso. La noche,
pues, del 24 de octubre, fué Manso destacado á San
Pedro Mártir y Sarriá con los tiradores de su división
y dos secciones de la caballería de Numancia y coraceros
españoles, y á las siete de la mañana siguiente
caía sobre la guardia de la Cruz-Cubierta, copándola,
como vulgarmente se dice, con la sola excepción de
dos franceses que lograron salvarse en la plaza, protegidos
por el violento fuego de artillería que salía del
baluarte próximo de San Antonio. La vista de los 37
prisioneros que, con cinco muertos, representaban el
fruto de tan hábil y afortunado asalto, causó un grande
entusiasmo en las tropas, las cuales, ante las enemigas
que habían salido de Barcelona con la pretensión
de un desquite inmediato, prestaron el juramento
á la voz de *Viva el Rey, Viva la Patria,* repetida por
los valientes de Manso desde las alturas de San Pedro
Mártir.

Vuelta de   Las consecuencias de esas acciones hubieran sido de importancia sin la llegada del duque de Tarento que, desde Cervera y siguiendo ahora el camino trillado de Manresa y desde allí el de Vich y Gerona, se encontraba el 25 de noviembre en disposición de conducir el convoy tan esperado por la guarnición de Barcelona. En su larga marcha por la montaña no había encontrado obstáculos que superar, si no es el de la escasez de mantenimientos que le había provocado á consentir los inauditos atropellos que, con la execración de los catalanes y los españoles todos, le valieron el espantable dictado de *otro Atila,* que no se cansan de aplicarle las relaciones, crónicas y gacetas del Principado. En la conducción del convoy no había tampoco hallado las dificultades de otras veces. Ejército tan numeroso las hubiera vencido con su sola presencia en cualquiera eventualidad seria que se le hubiera ofrecido. Lo mismo sucedería y sucedió en la marcha á las inmediaciones de Tortosa, donde le esperaba Suchet con la impaciencia que es de suponer en quien llevaba ya seis meses de haber emprendido el sitio de aquella plaza sin adelantar un paso en él. El 13 de diciembre, por fin, se ponían en comunicación el 3.º y el 7.º cuerpos de ejército franceses, y con la fuerza, éste, de más de 16.000 hombres, capaz por lo tanto, de inspirar toda la tranquilidad que necesitaría el de Aragón para llevar á remate la importante empresa que le había confiado el Emperador de los franceses.

Así es que Suchet no se detuvo ya un momento para ejecutarla.

Dejando á la derecha del Ebro á los generales Mus- nier y Abbé, al primero en Ulldecona para observar á los valencianos, y al segundo frente á la cabeza del puente de Tortosa, cruzó el Ebro en Cherta con 12 batallones el 15 de aquel mismo mes para, siguiendo el camino de la orilla izquierda, no parar hasta situarse á tiro de cañón de la plaza. Cerráronse las comunicaciones de ésta con el exterior y cesaron las que alguna vez se mantenían entre los generales de uno y otro campo por causas en que la guerra no empece á las galanterías entre hombres que se respetan por lo mismo de que se combaten caballerosamente (1). En la plaza todo era esperanzas, principalmente en los socorros de Cataluña, cuyo ejército se dejaba ver todos los días en las inmediaciones, combatiendo por la parte de Tibisa y Falset, donde el barón de La Barre no cesaba de combatir á los destacamentos franceses en aquella orilla del Ebro, como el cabecilla Rambla con otro guerrillero, Borras, quienes, vigilando en la derecha el paso de los convoyes y trenes enemigos, caían sobre ellos, ya en Batea ó Gandesa, ya en las ásperas faldas de los puertos de Beceite. Sería interminable la tarea de recordar á nuestros lectores las sorpresas, asaltos, choques y escaramuzas con que el genio belicoso peculiar de los españoles se empleaba en estorbar á los franceses en sus preparativos del sitio de Tortosa, y no sin éxito hasta el día en que, situado Macdonald en Montblanch y con el dominio consiguiente de toda la zona montuosa hasta el Ebro, que-

---

(1) Suchet había ofrecido su médico á O'Donnell, herido gravemente en La Bisbal. No se aceptó la oferta, pero O'Donnell envió á su adversario un testimonio elocuente de su gratitud por tal atención.

Laval había anunciado la celebración en su campo de la fiesta del 15 de agosto, días del Emperador; y Alacha devolvió la fineza enviándole la noticia de que el 14 de octubre se celebraría en Tortosa el cumpleaños de Fernando VII con salvas y diversiones públicas.

dó Tortosa entregada á sus solas fuerzas, aislada y sin probabilidad, ni siquiera esperanza, de socorro.

Suchet, repetimos, se acercó á Tortosa el 15 de diciembre después de obligar al destacamento español avanzado al Coll de Alba á meterse en la plaza. Inmediatamente procedió al reconocimiento de las obras exteriores y á las más adelantadas del recinto como á establecer los campos de donde, observadas de cerca, se pudieran impedir ó castigar las salidas de los sitiados. De los reconocimientos resultó que, no debiendo intentarse el ataque por la parte alta, punto antiguamente el más débil del recinto, que se hallaba cubierta con el fuerte de Orleáns, y siendo éste de difícil conquista por lo rocoso del suelo en que se levanta, convenía dirigir los trabajos contra el baluarte de San Pedro, tanto por lo imperfecto de su fortificación (era un medio baluarte), como por su situación en el llano inferior de Capuchinos, dominado desde la meseta de Orleáns, cuyos fuegos, una vez ocupada, lo barrerían. No pasó tampoco todo aquel día sin haber emprendido la construcción de tres puentes sobre el Ebro que asegurasen la comunicación entre ambas orillas; dos de ellos agua arriba del de Tortosa, y el tercero en la parte baja. Dirigió también una fuerza considerable al bajo Ebro con el fin de interceptar la subida por él de socorros, y con tal oportunidad lo hizo, que varios barcos enviados por O'Donnell con víveres, tuvieron que volverse á Tarragona sin haberlos podido desembarcar.

Aprobado el proyecto, el 19 ocuparon los franceses la meseta, en que los sitiados, que comprendieron toda su importancia por los reconocimientos que habían visto á los enemigos hacer, tenían comenzados trabajos

Primeros trabajos del sitiador.

con que cubrir el fuerte, por consejo de Uriarte y orden
de O'Donnell en los días que estuvo en la plaza. A la
ocupación de la meseta de Orleáns sucedió la apertura
de una paralela á la zapa volante, más que con el objeto de atacar el fuerte, con el de engañar al sitiado
sobre el plan que Suchet y sus ingenieros habían adoptado. Como el suelo, según ya hemos dicho, era de
roca, fué necesario que los 500 trabajadores y los 400
granaderos que ocuparon la meseta emplearan el pico
y la mina para abrir la trinchera y condujeran sacos
á tierra con que cubrirse, obra que en gran parte destruyó la artillería del fuerte, del que sólo distaba la
paralela unos 160 metros. Pero el plan, como se ha
visto, no era el de atacar la plaza por aquel punto:
así es que el desperfecto de aquella obra importó muy
poco á los sitiadores quienes á la noche siguiente, la
del 20 al 21, emprendieron la primera paralela frente
al baluarte de San Pedro y la medialuna del Temple,
aunque prosiguiendo la primera para sostener la idea
de aquel ataque y evitar las salidas que se intentaran
por allí contra los ocupantes de la meseta.

El general Abbé, con 20 compañías de preferencia,
bajó desde los campamentos para proteger la apertura de la paralela que, en vez de emprenderse á 240
metros del recinto, hubo de abrirse á la distancia
de 170, vista la indiferencia ó el descuido de los sitiados. Es verdad que el temporal que reinaba aquella
noche y la profunda obscuridad que la cubría, favorables á los sitiadores para no ser observados, hacían
que no se sintiesen sus trabajos comenzados por más
de 2.000 trabajadores; pero indiferencia ó abandono,
siempre reprobados, se necesitaban para no haber es-

tablecido en todo el recinto ó por lo menos en los puntos de mayor peligro avanzada, escuchas, siquiera, que cuidaran de dar aviso de una operación en que tomaba parte tanta gente. Era la extensión de la paralela muy considerable, como que, partiendo del Ebro, llegaba al pie de la meseta de Orleáns, distante sobre 500 metros. Valiéndose, además, los ingenieros franceses del silencio de la plaza, aún pudieron abrir dos comunicaciones por donde marchar á cubierto en el llano; una de más de 300 metros que se hizo partir del barranco de los Capuchinos, y otra, de más de 700, que cruzaba la llanura en la misma dirección que llevan los caminos de Tarragona. La proximidad de la paralela, ofrecía la ventaja de disminuir la esfera de acción de las salidas de la plaza, y la gran distancia á que comenzaban las tricheras de comunicación, la de entrar en ellas por puntos inobservados como el del barranco citado, ó tan lejos que no pudiera impedirse. Y no se contentó Suchet con aquellos trabajos la referida noche, sino que los emprendió también en la orilla opuesta del Ebro con el doble objeto de apoyar desde las baterías que allí se construyesen el fuego dirigido contra el baluarte de San Pedro, y el de, rechazando las salidas de la guarnición por la cabeza del puente, evitar el daño que, de otro modo, intentarían los españoles á los sitiadores cogiéndolos de flanco.

¿Qué hicieron los sitiados entretanto? **La defensa.**

Grande fué la preocupación que produjo en todos ellos el aislamiento en que se vieron, y mayor en los que no podían ignorar el estado de abandono en que se hallaba la plaza en cuanto á los medios necesarios para, ya que no acabarla felizmente, prolongarla por tiempo considerable. Las fortificaciones adolecían de no pocos defectos en su fábrica; el parque de artillería no contaba con reservas para el relevo de las cureñas, ni con la provisión de mixtos y fuegos de artificio y de iluminación indispensables en época de noches las más largas del año; el de ingenieros no tenía los sacos á tierra ni los útiles que exige siempre un sitio, y faltaban, por fin, el dinero, el elemento más poderoso para la guerra. Para acudir á tal penuria, Alacha y Uriarte, éste en los días en que había ejercido el mando, habían hecho recomponer algunas de las obras deterioradas ó cubrirlas con otras nuevas, procurarse víveres, de que también se sentía gran escasez, ordenando una como requisa de los, en su concepto, sobrantes que tuviera el vecindario, otra de lienzos, velas de barco, cortinas y otros, con los que llegaron á confeccionarse hasta 7.000 sacos á tierra, y uno también como empréstito, mejor dicho, derrama con que la Tesorería sólo pudo obtener la mezquina cantidad de 50 á 60.000 reales de los pudientes de la ciudad.

Tan escasos resultaron esos recursos que á la falta de cureñas se debió luego la de acción de la artillería desmontada en el curso del sitio; á la de fuegos de artificio, quizás, el que no se iluminaran las obras del enemigo la noche del 20; á la de víveres, el que hubiera de limitarse la ración de la tropa á la mitad de la reglamentaria, no habiéndola entera de pan más que para 20 días y de menestra para 40, y, por fin, quedó sin pagar el sueldo de todas las clases.

Hacía tiempo que se había dado la orden de desempedrar las calles y preparar las casas contra las bombas con puntales y blindajes, pero nuestra ingéni-

ta falta de disciplina había hecho descuidar tales precauciones hasta el día en que se echaron de menos, y
entonces se tomaron atropelladamente y, por tanto,
muy mal.

Pero de entre tales contrariedades para la defensa,
ninguna resultó más funesta que la división que provocaron en el mando de la plaza el mal estado de salud del Gobernador, conde de Alacha, por las heridas
recibidas en el sitio ó el reuma que frecuentemente le
aquejaba, y sus vacilaciones, efecto, acaso, de desconfianza en sus fuerzas.

Alacha y Uriarte.

El Conde había obtenido el gobierno de Tortosa
por las cualidades militares de que se consideraba
adornado, resolución firme y no escasa inteligencia,
probadas en la famosa retirada de Tudela· que á tan
alto grado elevó su reputación de general emprendedor y hábil. No había sido en aquella brillante jornada ni el subalterno que no tiene más que cumplir las
órdenes de su jefe, ni el guerrillero que, acosado por
los enemigos, apela al supremo recurso de la dispersión
para librarse de éllos. No; se había reincorporado al
ejército del Centro con toda su fuerza reunida, dirigiéndola tan acertadamente que no sólo la entregó íntegra á su general en jefe, sino que además con no
pocos prisioneros de guerra que arrancó á las diferentes columnas francesas que sin cesar le acosaron en su
expedición.

La elección, pues, apareció sobradamente justificada.

Uriarte no necesitaba ser elegido. Militar antiguo,
lleno de servicios y herido recientemente en la batalla
de Vich mandando la cuarta división del ejército de

Cataluña, se hallaba curándose en Tarragona cuando supo que el general Suchet se había puesto sobre Tortosa; y como se hallara su regimiento de Soria de guarnición en esta plaza, se trasladó inmediatamente á ella, recibiendo á los pocos días de O'Donnell el nombramiento de gobernador para el tiempo que mediase entre la marcha del brigadier García Navarro y la llegada de Alacha. El había asistido á varias de las salidas ejecutadas por el puente, y portádose admirablemente en la ya descrita del 4 de agosto; había ordenado varias reformas en las fortificaciones y la ciudad, proyectando y haciendo comenzar un reducto avanzado al fuerte de Orleáns, de que ya hemos hecho mención, sin acabar todavía por desgracia, y era objeto de la mayor confianza entre los defensores y habitantes de Tortosa.

División del mando. Se hace, de todos modos, incomprensible la determinación tomada por Alacha el día 15, precisamente el en que se presentaba el ejército francés ante los muros de Tortosa en ademán de atacarlos por la parte del recinto no insultado todavía. Aquella mañana se presentó el desde entonces desventurado General en el alojamiento de Uriarte y le dijo: «Yo me voy al castillo. Usted queda aquí, y aunque no le entregue el mando, haga V. y deshaga mirando por mi honor y por el de las Armas.» (1).

¿Podía, así, esperarse resultado favorable en fun-

---

(1) Así consta en el «Diario de los acaecimientos del sitio y defensa de la plaza de Tortosa que intentó dirigir desde Zaragoza el 28 de febrero de 1811 á las Cortes el brigadier Don Isidoro de Uriarte, coronel del regimiento de Soria», pero que no debió llegar á su destino.

En manuscrito y acompañado de la «Vindicación histórica»

ción militar que, más que ninguna otra, exige la unidad de mando?

No desmintió Uriarte su fama de celoso y enérgico, porque en aquellos primeros días menudearon las salidas, ya para reconocer los barrancos y cañadas de las alturas en que asientan los fuertes, ya para rechazar á los franceses que se ocultaban del fuego de la plaza en aquellos accidentes del terreno. El 16 se habían verificado con ese objeto dos salidas, la segunda de las cuales, organizada en las Tenazas por Uriarte, halló, con efecto, á un regimiento polaco situado en el barranco inmediato á aquel fuerte, con el que se tirotearon los nuestros aun siendo muy desproporcionadas las fuerzas y tenerse que retirar á la plaza con alguna pérdida. También salieron las guerrillas en los días siguientes para descubrir la causa del gran ruido que se oía durante las noches, que no era otra que la del transporte de la artillería que los sitiadores llevaban de unos puntos á otros por caminos que necesitaban abrir á fuerza de pico ó de fogatas.

Conducta de Uriarte.

Ya hemos dicho que, al amanecer del 21, quedaron los sitiados sorprendidos con el espectáculo de la paralela abierta en el llano de Capuchinos tan cerca de sus murallas. Indicado así el punto de ataque, dedicáronse á cubrir, ya que no por fuera, por el interior, las obras del Temple, que supusieron serían las amenazadas, con barricadas y cortaduras, en cuyos tra-

---

dirigida á la *Gaceta Universal* por los nietos de Uriarte, lo obtuvo el autor de esta Historia de manos del hijo de aquel brigadier, conceptuado de valiente y entendido por Schépeler y otros historiadores extranjeros y que, como tales, deben tenerse por imparciales en este punto.

bajos se emplearon gentes del vecindario, dándoles
ejemplo el mismo Alacha á pesar del tan delicado estado de su salud. Se construyó un gran tinglado en el
muro para dar más lugar al retroceso de la artillería,
especialmente á los obuses, y cortáronse las calles que
desde el barrio de los pescadores conducían al Temple
con fosos y rastrillos, al mismo tiempo que se levantaban espáldones por la parte del río para evitar los
efectos de la fusilería francesa desde la orilla opuesta.

Siguen los trabajos del sitiador. Pero los trabajos del sitiador progresaban á ojos
vistas. Macdonald, falto de provisiones en Montblanch
y el Perelló, se había adelantado al Ebro en busca de
ellas; y ya que invadía la zona en que operaba Suchet,
convino con él en ocupar con una de sus divisiones, la
del general Frere, el terreno bajo de aquel río hasta
Amposta, combinando su acción con la de Harispe.
Libre así Suchet en la suya para emplear todas sus
fuerzas en el ataque de Tortosa, pudo adelantar los
trabajos de sitio, según acabamos de indicar, sin preocupación de ningún género. Nada tenía que temer
por Cataluña ni Valencia; y la guarnición de la plaza
no era tan numerosa que le obligara á interrumpir de
nuevo una empresa que, de ese modo, entraba en el
orden común de las operaciones poliorcéticas.

El día 22, la paralela abierta frente á la fortaleza
de Orleáns se había extendido hasta cerrar las salidas,
con lo que la meseta quedaba á disposición de los
franceses para, desde ella, flanquear las obras del llano de Capuchinos. En éste se acabó la paralela; pro-
longóse la comunicación que se extendía por él hasta
alcanzar una longitud de 1.300 metros; y en la margen derecha del Ebro se alargó la paralela allí comen-

zada lo necesario para abrazar la cabeza del puente.
Los sitiados trataron con su fuego de estorbar en lo
posible aquellos trabajos, haciéndolo tan nutrido y
certero, que los ingenieros franceses tuvieron que do-
tar el parapeto de la paralela de troneras formadas
con sacos á tierra. La cosa era fácil en el llano, lo
mismo en una orilla que en otra, por ser el terreno de
huertas, blando y laborable; donde el suelo era de roca,
en la meseta de Orleáns, había que llevar los sacos, y
los trabajos se hacían con mayor peligro.

En la noche del 22 al 23 se abrieron dos ramales á
vanguardia de la paralela de Capuchinos, en dirección,
el uno, de la capital de la media luna del Temple, y
el otro sobre el medio baluarte de San Pedro; pero con
tal dificultad desde que, apercibida la plaza, comenzó á
iluminar el campo con carcasas, que tuvieron los trabajadores que abandonar su labor hasta cuatro veces,
tantas eran las bajas que experimentaban.

A pesar de eso, aquella noche conseguía el sitiador
comenzar nueve baterías nada menos; de las que dos en
la meseta de Orleáns, de morteros, la una, contra el
fuerte del mismo nombre y alguno de los baluartes más
avanzados del recinto por aquella parte, y de piezas de
á 24 y obuses la otra para batir la cara izquierda de la
media luna del Temple y enfilar la derecha. Las otras
siete, de morteros también y cañones de los mayores
calibres, estaban destinadas en su mayor número á batir el frente atacado, el castillo y los baluartes próximos
de donde pudieran recibir más daño las obras que se
estaban ejecutando en la paralela y sus accesorios. Tres
de esas baterías se construían en la orilla derecha del
Ebro, y eran las de que recibirían mayor daño los de-

fensores del baluarte de San Pedro y el Temple por cogerlos de revés y flanco é impedir el mantenimiento de las obras que ejecutaban á espaldas de las atacadas.

La plaza veía á cada nueva aurora cómo avanzaba el enemigo aun sin haber disparado todavía un cañonazo, y sus jefes deliberaron largamente sobre la oportunidad mejor de las salidas, conviniendo, á propuesta de Uriarte, en que se hiciesen de noche, repetidamente, y con fuerzas poco numerosas, con lo que se conseguiría tener en constante alarma á los trabajadores enemigos (1). Pronto se vió que, con efecto, ese era el sistema que ofrecía mayores ventajas; pues aquella misma noche se hicieron tres salidas alternativamente y de nada más que de 300 hombres cada una, salidas que produjeron el asalto y destrucción de algunos puntos de la paralela, bastantes bajas al enemigo y la presa de muchos útiles y armas. Lo mismo ejecutó la plaza en la noche siguiente; pero, á pesar de haber causado bastante efecto las tres salidas que se ejecutaron á distintas horas, pudo ya observarse que el enemigo estaba muy alerta y con fuerzas muy superiores á las de la noche anterior. Esto, sin embargo, fué causa de que resultara mayor su pérdida, pues haciéndose desde los

_____

(1)   Decía Uriarte en su diario: «Mi dictamen fué que semejantes salidas (las diurnas) siempre son inútiles, pues atacar al que está á cubierto y sostenido por mucha parte del Exército que regularmente protege la abertura de la trinchera, es casi cierto el volver derrotado sin conseguir el fin, desanimándose la guarnición y llenando los hospitales de heridos. Que en lugar de salidas de esta clase, se hiciesen de noche sobre las cabezas de la Zapa; que éstas fuesen continuas, repentinas, y no muy numerosas, consiguiéndose de este modo dispersar los trabajadores, detener el progreso del sitio, y economizar la gente que sólo debía sacrificarse en defender y recuperar á toda costa las obras perdidas cuando llegase el caso.»

baluartes amenazados varios disparos de pedreros allí montados, sufrieron mucho los franceses que ocupaban las cabezas de zapa y los ramales que se dirigían al camino cubierto.

Luego se completó la segunda paralela, abierta á 60 metros ya del recinto, sin que lo pudiera estorbar el nutridísimo fuego de fusilería y de cañón que estuvieron haciendo los defensores toda la mañana del día 25. También se completó la del puente con un reducto para apoyar la izquierda, por donde los defensores habían hecho una salida poniendo así de manifiesto la debilidad de la trinchera por aquella ala. La noche del 26 fué, sin embargo, de una importancia excepcional en los comienzos del ataque del frente de San Pedro y el Temple. Los españoles no se la dieron tan grande, sin duda por no haberles sido favorable el éxito del combate reñido en élla; pero los cronistas franceses del sitio, si celebran su triunfo, lo hacen reconociendo lo que les costó. Belmás lo describe así: «Se continuaba, dice, á zapa llena hacia la plaza de armas del medio baluarte de San Pedro, cuando el enemigo, después de haber lanzado granadas desde el saliente de aquella plaza de armas, salvó de repente las empalizadas del camino cubierto, cayendo sobre la cabeza de la zapa y dispersando á nuestros trabajadores; pero los zapadores, manteniéndose imperturbables, combaten á la bayoneta hasta caer muertos ó heridos y dan así tiempo á que el capitán de ingenieros Foucauld acuda con una reserva. A su vez los asaltantes se ponen en huída; se les persigue hasta la plaza de armas, de que se les arroja, y nuestros zapadores, aprovechando aquel momento de éxito se apresuran á coronar la cresta del camino cu-

Salida del 26 de diciembre.

bierto. El capitán Foucauld recibe un balazo en la cabeza, el teniente de ingenieros Lemercier tiene atravesado el brazo de otro, dos oficiales y 25 soldados
de infantería son muertos y muchos otros heridos. Sin
embargo, el coronamiento se realiza y el sitiado es
echado de la plaza de armas para siempre» (1). ·

Atónitos, dice el mismo Belmás, estaban los españoles de la rapidez con que ejecutaron los franceses sus
trabajos. Y no era para menos viendo los progresos que
hacían en los siete días que llevaban de trinchera
abierta y sin haber disparado aún ni una sola pieza de
su numerosa y potente artillería. La pérdida de la noche del 20 para la defensa, en que los ingenieros franceses comenzaron la primera paralela á una distancia
tan corta del recinto que la daba el carácter y la fuerza
de segunda, fué causa, hay que proclamarlo, de tan rápidos progresos en los trabajos de ataque. Sea por efecto
del temporal, sea por falta de las precauciones impuestas por el arte polémica, lo cierto, lo indiscutible es que
se ahorraron los franceses el tiempo y las bajas que
siempre cuestan las obras y el paso necesarios de una
paralela á otra. Hay, pues, que no sorprenderse de las
ventajas conseguidas por los sitiadores en espacio tan
corto de tiempo que hacen á sus cronistas recordar
aquel ejemplo como rarísimo en la historia de los sitios.

La del 28.   Pero esa misma admiración, en vez de producir

---

(1) Lo de las granadas que dice Belmás lanzaban los defensores desde la plaza de armas, es cierto porque precisamente
se establecieron allí 25 hombres bien ejercitados en arrojar las
de mano y lo estuvieron haciendo toda la noche, al mismo
tiempo que los pedreros del recinto, sobre los trabajadores
franceses.

desaliento en los defensores, les infundió coraje y ánimo para desquitarse de la pérdida de la plaza de armas con inundarla de sus proyectiles. Y de tal modo atormentaron aquella obra y las cabezas de las zapas con que iba el enemigo á asegurar su ocupación, que tuvo que retirar sus trabajadores durante el día, substituyéndolos con los mejores tiradores, que llevó allí, de su ejército. No fué, sin embargo, aquella la muestra más elocuente de bravura que dió la guarnición de Tortosa. El 28 tuvo lugar un combate que honra á los defensores tanto más, cuanto que los franceses tuvieron que exagerar el número de sus adversarios para empequeñecer el mérito que contrajeron en tan enérgica salida. Debían salir por la puerta del Rastro 600 hombres con el objeto de asaltar las trincheras abiertas por los franceses contra el fuerte de Orleáns, el ala derecha principalmente, y con el de contener á las fuerzas que enviarían desde sus campamentos para rechazar á aquellos de los nuestros que salieran por el frente atacado. En éste, otros 600, divididos en tres secciones, desembocarían del camino cubierto por distintos puntos para caer sobre las nuevas obras de los sitiadores, seguidos de 300 zapadores que las destruyesen. Y, con efecto, á una señal, la del disparo de todos los morteros de aquella parte del recinto, dada á las cuatro de la tarde, se precipitaron al campo los del Rastro llevando á vanguardia sus guerrillas que, regidas por Miláns del Bosch y con el ayuda de los de Orleáns, penetraron en la trinchera sin más resultado, empero, que el de ostentar el valor de los que las componían, temerario á todas luces. Porque apareciendo el general Habert á la cabeza de fuerzas muy superiores en número, el cuerpo de los 600 españoles se limitó á entretener un fuego esteril con ellas, y las guerrillas, no apoyadas en su avance, tuvieron que abandonar la paralela, tan valientemente asaltada, para retirarse con sus demás camaradas á la plaza (1).

Otra cosa fué la salida por el frente atacado en el llano de Capuchinos.

Las tres divisiones que la verificaron, salieron por rampas portátiles echadas sobre el *glacis* desde la cresta del camino cubierto; y á la primera embestida arrojaron á los franceses de la tercera paralela y les hicieron abandonar la recién conquistada plaza de armas. Fué inútil que el teniente de ingenieros que dirigía los trabajos en ella se sacrificase para mantener el puesto con algunos de sus zapadores. Muerto á bayonetazos y puestos en fuga sus soldados, los nuestros, invadiendo los ramales de comunicación, avanzaron hasta la segunda paralela, mientras los zapadores que iban en pos destruían las obras más próximas á la plaza. Pero el campo francés se había puesto en alarma todo él; y, como Habert en la meseta de Orleáns, se presentaba en la segunda paralela el general Abbé, que estaba de trinchera, al frente de fuertes reservas, cuatro batallones, dice Vacani, que rechazaron á los españoles hasta el camino cubierto, aunque sin lograr

---

(1) Suchet y, con él, Belmás, dicen que salieron por la puerta del Rastro 3.000 españoles. No es fácil, porque no los había ya en la plaza disponibles para una salida. Fueron 600 y ni uno más.

También dicen, y eso será verdad, que allí se hizo notar por su intrepidez el entonces capitán de granaderos Bugeaud, el Mariscal después de Francia, Duque de Isli.

arrojarlos de la tan disputada plaza de armas de San Pedro.

Los del Rastro, así, habían logrado penetrar en las trincheras de Orleáns y hacer en ellas considerables destrozos; los del frente de Capuchinos habían quemado cestones, destruído las obras del coronamiento del camino cubierto y mantenían su conquista de la plaza de armas. Con alguna mayor fuerza y más habilidad en el jefe de las tropas que salieron por el Rastro, las cuales no supo hacer que desplegasen en regla, la jornada hubiera resultado un éxito. De todos modos la guarnición de Tortosa reveló que los progresos extraordinarios del sitiador no la habían impresionado al punto de perder ánimo ni mucho menos la esperanza de alargar la defensa el tiempo suficiente para que la llegasen los socorros que merecía.

¿Podría mantenerse mucho tiempo ese espíritu en las tropas?

Los progresos que hacían los sitiadores eran tan rápidos é importantes que, por fuerza, habrían de debilitarlo; y esto sin contar con el cansancio de los sitiados, producido por su continuo trabajo en las obras, al que les ayudaba muy poco el vecindario hacía días, y por su servicio casi nunca interrumpido en la defensa y las salidas.

Aquella noche, la del 28 al 29, los franceses recuperaron la plaza de armas que tanta sangre había costado; revelando, al asegurar su establecimiento en ella y no proseguir sus trabajos sobre la media luna del Temple, al extender, en su lugar, la paralela por su izquierda para proteger la reciente reconquista de cualquiera salida por aquel lado, y al no adelantar más las obras contra el fuerte de Orleáns, revelando, volvemos á decir, que el verdadero y único objetivo del sitiador eran el baluarte de San Pedro y la cortina inmediata á su flanco izquierdo. Todos los trabajos ejecutados por los defensores en la media luna y á sus espaldas para impedir, después de ocupada, la invasión de la ciudad, resultaron, así, inútiles.

Las baterías franco-sas rompen el fuego.   Las baterías que dijimos estaban levantando los franceses, más otra de morteros construida en un pliegue del terreno á retaguardia de la paralela de Orleáns, estaban el 29 concluidas y artilladas. Así es que al amanecer de aquel día rompían todas ellas el fuego con estrago horrible en las obras de la plaza. «El efecto de ese fuego, dice el Sr. Uriarte en su diario, fué tal que antes del medio día ya se conocía su superioridad en cuanto al número de piezas, pues los partes no cesaban pidiendo reemplazo de cureñas, de piezas inutilizadas, composturas de merlones, de esplanadas, rastrillos, estacas, etc. etc.»

Así fué, con efecto. Dos de las baterías establecidas en la meseta de Orleáns dirigieron sus fuegos al inmediato fuerte, en el que llegaron á iniciar una brecha, mientras otra acalló los que aún podía desplegar la media luna del Temple. La primera levantada en el llano de Capuchinos al pie de aquella altura, á la que los franceses impusieron el número IV, destrozó el baluarte de San Juan, en el que no quedó más que una pieza útil. Las dos siguientes en dirección al Ebro se dedicaron, la segunda, núm. VI de los sitiadores, á abrir brecha en la anteriormente mencionada cortina inmediata al flanco de San Pedro, y la núm. V, con dos de las de la orilla derecha del río, á inutilizar la

artillería de aquel baluarte. Las más próximas, por
fin, al Ebro por una y otra orilla, tomaron por blanco
la cabeza del puente, en el que rompieron cinco barcas
dejándolo casi intransitable hasta para los peones. Lo
que no había conseguido un brulote que Suchet hizo
descender por el río y que dos soldados y un marinero
españoles lograron desviar, lo obtuvieron aquellas baterías, obligando á nuestros artilleros de la cabeza del
puente á arrojar algunas de sus piezas al Ebro para
que el enemigo no las aprovechara después contra la
plaza.

El estrago, repetimos, fué tal que el gobernador
creyó deber reunir en su alojamiento á su segundo,
Uriarte, y al teniente Rey de la plaza, á su jefe de Estado Mayor, á los comandantes de artillería é ingenieros y al ministro de la Real Hacienda, á fin de oir sus
opiniones sobre el sistema que debería adoptarse para
continuar con fruto la defensa.

Dividiéronse las opiniones. Las había de que abiertas las brechas y declaradas practicables, se tratara de
conciliar la duración de la defensa con la de los víveres
que quedaran, en el concepto de que, según expuso el
ministro de la Hacienda, habría pan para 16 días siguiendo á media ración, que era la que se daba desde
el principio del sitio, y menestra para unos 20. Llegado ese caso, se podría proponer una suspensión de
hostilidades por 20 días y se trataría de capitulación
si en ese tiempo no llegaban socorros á la plaza. Las
hubo también, y esa era la de Uriarte, que una vez
que las brechas abiertas en el cuerpo de la plaza se
considerasen como practicables, sin estar concluidos
los retrincheramientos, quedando muy pocos víveres

*Primer con-
sejo de guerra
en la plaza.*

cuando llegara ese caso y no habiendo otro arbitrio, se capitulase *sólo por la ciudad y de ningún modo por el castillo y fuerte Tenaz*, donde con menos guarnición y víveres podría alargarse la defensa. (1).

Nada hasta entonces había pasado en Tortosa que no debiera estar previsto desde que empezaron los franceses sus obras en la margen izquierda del Ebro. Si las habían adelantado tanto, fué por la fortuna para ellos de pasar inobservada su construcción la noche del 20. En los demás días, el sitio llevaba la marcha ordinaria de los de su clase en aquellos tiempos; y ni el sitiador había hecho más que mostrar la característica diligencia francesa en cualquier género de ataque, ni los sitiados habían dejado de usar los medios más eficaces para la defensa, las salidas particularmente en que demostraron el valor, la pertinacia y agilidad propias del soldado español. Los sitios, y más los de aquella época, seguían una marcha incontrarrestable en sus procedimientos, y el tiempo de su duración sólo podían variarlo recursos extraordinarios en uno de los contendientes ó el carácter de la población sitiada, el entusiasmo y el patriotismo de los habitantes. Esta última circunstancia había producido las descomunales defensas de Zaragoza y Gerona, de que sólo España diera el ejemplo en los tiempos modernos, ejemplo que, bajo el punto de vista del honor militar, echó por tierra los principios todos del arte polémica, inspirando ideas de algo más extraor-

.

---

(1) Esas, con brevísimas variaciones en el estilo, son las frases que usa Uriarte en su diario al recordar aquel especie de Consejo de guerra.

dinario que habría de exigirse á las tropas, á los pueblos y á sus gobernadores para merecer el aplauso y la gratitud de la patria.

¿Debería esperarse de Tortosa y su gobernador ese extraordinario esfuerzo?

Ha habido quien dijera que si en Tortosa no se hizo lo que en otras partes, fué por culpa del que encargó á Alacha del gobierno de aquella plaza. ¿Es que aquel general no tenía títulos para que se le confiase misión tan honrosa?

Alacha los tenía, ya los hemos recordado, y hasta los momentos á que nos vamos refiriendo, no los había desmentido á punto de que pudieran negársele. Porque en las salidas de la cabeza del puente á que había asistido, se distinguió por su serenidad y denuedo, dirigiéndolas acertadamente y saliendo herido en una de ellas. Porque no hubo función de lucha después en la plaza á que no asistiera también, aun desde que se alojara, por razones difíciles de explicar, en el castillo, primer error que cometiera, seguido del mayor todavía de dividir su mando con el brigadier Uriarte.

Desde entonces, la verdad exige se diga que, temblando acaso por la inmensa responsabilidad que sobre él echaba el aislamiento á que se veía reducido, quiso compartirla con otro, como si eso fuera posible, como si eso fuera conveniente ni para el servicio ni para él. A eso también debe atribuirse la reunión de los jefes de la guarnición, otro error del que hicimos juicio al tratar de la celebrada en Lérida por el general García Conde.

Luego veremos cómo de error en error fué á caer en el inexcusable de una debilidad quizás extraña al temple de su alma, pero debilidad al fin, que le llevó á la deshonra.

No se había apenas acabado de consignar esa conferencia en el libro de las providencias de la plaza, cuando llegó el aviso de que en la cabeza del puente se había producido una gran alarma por la retirada de las escuchas, perseguidas de cerca por los enemigos. Con eso, los que guarnecían el camino cubierto, lo habían abandonado y reinaba gran desorden en el fuerte. Fué, por consiguiente, preciso acudir en su auxilio; y el mismo Alacha lo llevó por el puente, hundido en parte, según ya hemos indicado, desde la rotura de cinco barcas, necesitando pasarlo con el agua á media pierna. Ni las heridas ni el reuma habían sido obstáculo que le contuviera en tan generosa resolución.

Ataque del frente de San Pedro.

Donde no descansaban los franceses un momento á fin de arrimarse á los muros del recinto, era en el frente atacado. Durante la noche aseguraron su establecimiento de la plaza de armas con una obra de 40 metros y dos bajadas de comunicación, y terminaron la tercera paralela extendiéndola lo suficiente para abrazar el ataque, sólo proyectado, de la media luna y el efectivo ya del baluarte de San Pedro. Este cambio de ataque hacía inútiles, según hemos dicho, cuantos trabajos habían ejecutado los defensores en el Temple, y fué preciso emprender otros nuevos para cerrar las avenidas de San Pedro, además de una caponera que asegurase la comunicación de la media luna con la plaza. Para tantas y tan urgentes obras no bastaban las fuerzas de una guarnición fatigadísima, considerablemente mermada y constreñida á permanecer día y noche en la muralla; y se intentó que los paisanos útiles acudiesen á aquellos trabajos y á las maestranzas ó parques de artillería é ingenieros. Pero no bastaron para consegirlo los estímulos del patriotismo que les dirigió el gobernador, ni los castigos con cuya imposición les amenazó. «Nadie, decía Uriarte, obedeció, siendo casi imposible el hacer obedecer con castigos á un pueblo consternado, y que por todas partes veía mayores peligros si salía de sus guaridas (1).

La situación se iba haciendo sumamente grave. En todo el frente atacado no quedaban más piezas en estado de servicio que dos del flanco derecho del baluarte de San Juan, únicas que pudieran poner algún estorbo al paso del foso, que por otra parte se hacía fácil por las bajadas que practicaron los sitiadores á favor de los materiales imprudentemente acumulados en él. Se había evacuado la cabeza del puente, completamente destruído éste y teniendo que retirar la guarnición en las barcas que pudieron aprovecharse y arrojar al río las piezas que aún quedaban en el fuerte. Es verdad que el comandante de artillería del frente de ataque logró incendiar con camisas embreadas, que hizo tirar desde el muro, parte de un espaldón levantado por el enemigo con cestones y faginas; pero aquello era como quitar una gota de agua á la gigantesca ola que amenazaba sumergir á la infeliz ciudad. Completaba tan triste situación el bombardeo dos días antes comenza-

Triste situación de la plaza.

---

(1) No es sólo Uriarte quien así se explica. Schépeler, siempre tan bien informado, dice: «Habiendo los ingenieros equivocado el ataque (no consistió en ellos pues lo cambiaron los franceses) hicieron detrás del Temple las cortaduras que resultaron inútiles. Urgía abrir lo antes posible una comunicación cubierta á la media luna, y tenía que hacerlo todo el soldado porque nadie se presentaba á ayudarle.»

do y que iba á aumentarse en el siguiente con la construcción de otra batería de morteros en la orilla derecha del Ebro, la cual, efectivamente, unió luego su
fuego destructor al de las demás.

Segundo
consejo. Y vuelta á reunirse los jefes de la plaza y de los
cuerpos, á quienes se agregaron los de los puestos principales del recinto y sus fuertes destacados, dos vocales
de la Junta corregimental y otros dos del Ayuntamiento. Pero no asistió á aquel que ya podemos llamar Consejo de guerra, tan defectuoso como improce-
dente, quien debía presidirlo, el general gobernador
de la plaza. El conde de Alacha, que lo había impuesto y mandado se reuniese en casa de Uriarte, se retiró
al castillo, repitiendo á su segundo, *que, aunque no
dejaba el mando, quedaban á su disposición la ciudad
y su defensa.* El honor de quien en tantas y tan difíciles circunstancias había demostrado tenerlo, del soldado valiente en los combates, rigurosamente exacto
en el servicio y conocedor de los sagrados deberes que
impone una profesión, como la militar, de la más heróica y escrupulosa abnegación, quedaba con ese solo
acto comprometido, á merced de las siempre temibles
diatrivas de sus subordinados, de las crueles, en tal
caso, de todos sus compatriotas. Ya el error se traduce
por debilidad que Alacha no logrará disculpar con las
consideraciones que pudiera inspirarle la suerte del vecindario de Tortosa.

Y vuelta, repetimos, á la exhibición de las mismas
opiniones que en el primer consejo, á iguales argumentos ó idénticos proyectos para salir con honra de situación ya tan angustiosa.

Uriarte había dispuesto un escrupuloso reconocimiento del estado de la plaza para que los comandantes de artillería ó ingenieros lo expusiesen en el Consejo con la exactitud y detalles que exigía la extrema resolución á que pudiera dar lugar aquél.

Con efecto, comenzó la sesión con los discursos de aquellos jefes, tan tristes como eran de esperar. El de artillería expuso que era ya irremediable la destrucción de las piezas montadas antes en el frente atacado, é imposible el relevo de los artilleros muertos ó inutilizados, pues los pocos que aún quedaban estarían rendidos de fatiga. El de ingenieros se hallaba sin sacos á tierra con que remediar la ruina de los merlones; por lo que los trabajadores nada adelantarían, desfallecidos, como estaban, de cansancio y faltos de ayuda, pues ni un paisano parecía por los trabajos y hasta se habían escondido los carpinteros y albañiles. Los dos convenían en que la brecha de San Pedro estaba practicable y que por la parte interior sólo faltaban unos cuatro metros para enrasar con el suelo. No fué menos sombrío el cuadro que presentó el comandante del Temple del estado de la brecha de la cortina, la ruina de toda la artillería y de los merlones de las murallas, la destrucción también de los rastrillos y obstáculos levantados para la defensa interior, y el peligro, por último, á que exponía la extraordinaria bajada de las aguas del río dejando en seco el pie de las obras construídas allí, las cuales podrían ser, así, envueltas.

Lo más doloroso de esos informes fué, con todo, la noticia de las deserciones que se observaban en la tropa, ocultándose los prófugos en las casas, cuyos dueños se negaban á presentarlos á sus jefes. Triste, muy triste es decirlo; pero era ya tal el cansancio en los sol-

dados y tal la falta de confianza en el éxito de sus esfuerzos y la de sus esperanzas de salvación, que rendidos á la fatiga y al disgusto llegaron muchos á escon-
derse por tandas, llegando algunas de ellas á contar
hasta con 400 hombres (1).

Todos los jefes fueron exponiendo el estado de los
puestos confiados á su valor, el del espíritu, bueno ó
malo, de su tropa y las medidas que se haría necesario tomar para poner remedio á las deficiencias que
denunciaban; así como el Ministro de Real Hacienda
presentó los correspondientes estados de víveres, los
que todo lo más llegarían á la subsistencia de la tropa
durante 14 días, en cuanto al pan, y 20 en cuanto á
las menestras.

Los vocales de la Junta Corregimental y del Munici-
pio explicaron la conducta de sus administrados respecto
á la repugnancia que manifestaban á ayudar á la tropa
en sus trabajos, atribuyéndola al terror que les infun-
día el bombardeo y prometiendo, si este cesaba, que
conseguirían proporcionar hasta mil de ellos.

Estos precedentes no daban, ciertamente, lugar á
que los señores del Consejo abrigasen esperanzas halagüeñas sobre la suerte de la plaza de Tortosa. Entrando, pues, en deliberación del gravísimo cometido
para cuyo desempeño habían sido llamados, les pidió
su parecer Uriarte después de un corto exordio exponiendo las razones de su llamamiento y reunión.
Hubo quien propuso la salida de la guarnición para
abandonar la plaza abriéndose paso por entre los

_____

(1) El comandante del fuerte de Orleáns dijo que le faltaban más de 200 hombres, porque los que iban á conducir heridos no volvían á sus puestos, ocultándose en la ciudad.

enemigos; otro se ofrecía á defender la altura, que llamó. de cuarteles por los edificados junto á los baluartes de Santo Cristo, Carmen y Victoria, si se fortificaba convenientemente; y hubo también dos jefes que opinaron por que se defendiesen las brechas, sin hacer caso del vecindario. Como es de suponer, los vocales paisanos clamaron contra tal dictamen; y por fin y tras largo debatir, se quedó en proponer al general Suchet la suspensión de hostilidades durante 20 días, y capitular si en ese tiempo no llegaban socorros á la plaza (1).

Mientras deliberaban nuestros jefes y toda la noche después, los franceses no cesaron en sus trabajos para el paso del foso y su establecimiento al pie de las brechas, contrariado por los defensores con tal tenacidad y acierto que produjeron multitud de bajas en los enemigos, en los minadores, sobre todo, que se dedicaban á volar la escarpa del medio baluarte de San Pedro. Era tan dura y consistente su fábrica y tan rápido y feliz el efecto de las dos piezas montadas en el flanco de San Juan, que hubieron los franceses de dirigir sobre ellas el fuego de todas las baterías de la derecha del Ebro. Así extinguieron el de nuestras dos piezas y lograron proseguir, ya sin obstáculo serio, sus trabajos de zapa y mina en las brechas (2).

Sucesos del 1.º de enero.

---

(1)   En el apéndice núm. 11 puede verse íntegra la relación estampada por Uriarte en su Diario del sitio.

(2)   Es admirable la conformidad que se observa en las relaciones de Uriarte y de Suchet (por consiguiente de Belmás) sobre la marcha ó incidentes de más interés en los trabajos del sitio.

Y aquí sobreviene un período que cortísimo y todo, como que abraza un solo día, está envuelto en misterios que, aun explicados por los actores del gravísimo y transcendental hecho á que se refieren, no han recibido la interpretación clara y terminante que ese hecho exige en la historia de la capitulación de Tortosa.

Nos explicaremos á nuestra vez.

Batería de brecha. El día siguiente, 1.º de enero de 1811, permitió distinguir nuevas obras que completarían la mágna de ofrecer acceso fácil al cuerpo de la plaza. Los minadores franceses, á salvo del fuego de los sitiados en un blindaje cubierto de hoja de lata, avanzaban, aunque muy lentamente, en la perforación de la antigua y durísima mampostería que formaba la escarpa y el pie de la muralla. Pero á mayor abundamiento, se había comenzado aquella noche la batería de brecha que, armada de cuatro piezas de á 24, terminaría en pocas horas la que ya tenían casi practicable las demás anteriormente construídas y empleadas. Apagados los fuegos de aquel frente de la plaza, no era dable abrigar la esperanza de impedir el asalto al allanarse la brecha, y no se veían trabajos ni preparativo alguno para sostener la lucha interior que había hecho la gloria de otras poblaciones en España.

Conatos de capitulación. En esa situación y á las diez de la mañana de aquel día, bajó del castillo el coronel D. Luis Veyán y comunicó á Uriarte la orden de que se le facilitara el paso al campo enemigo para presentar á Suchet la proposición de suspender las hostilidades en los términos acordados por la junta de jefes, que el conde de Alacha había aprobado. Al mismo tiempo le anunció que se iba á enarbolar en el castillo la bandera de parlamento para que los sitiadores cesaran en el fuego de sus baterías. Así lo hicieron, con efecto, al ver aquel signo de paz en la fortaleza principal de Tortosa, recibiendo luego al parlamentario español con las mayores muestras de consideración. La respuesta, sin embargo, no fué satisfactoria. Rechazando Suchet en absoluto el armisticio solicitado, despidió á Veyán acompañado de su jefe de Estado Mayor, el coronel Saint-Cyr Nugues, con un pliego en que ofrecía á Alacha una capitulación, la de que se rindiese inmediatamente la plaza, pasando la guarnición á Francia en calidad de prisionera de guerra, aunque conservando los oficiales sus espadas y equipajes.

Y dice Suchet en sus Memorias: «Como frecuentemente sucede en los momentos difíciles de la guerra, los miembros del Consejo de defensa discutieron mucho sin acordar nada, y sumieron al gobernador en indecisiones y embarazo tales que le impidieron dar una repuesta definitiva.»

Nada de eso: no se celebró tal junta ni consejo de defensa. Saint-Cyr fué conducido al alojamiento de Uriarte para que no subiese al castillo, donde podría ver el gran número de las gentes que se habían refugiado en él, ni observase las obras en que, en opinión de aquel jefe, debería continuarse la defensa, caso de no admitir Suchet las proposiciones que se le habían enviado. Interin bajaba Alacha, según ofreció al oficial con quien Uriarte le anunciaba la visita de Saint-Cyr, éste mantuvo allí una larga conferencia, en la que, no queriendo entregar á nuestro compatriota el pliego de Suchet que sólo debía poner en manos del Gobernador, discutió, sin embargo, con él largamente sobre

Saint-Cyr en la plaza.

las condiciones en que debería rendirse Tortosa (1).

Por fin y después de nuevos y apremiantes avisos, llegó el conde de Alacha, á quien Saint-Cyr entregó el pliego de Suchet, que el general hizo leer á presencia de todos los circunstantes y contenía la propuesta de una capitulación en las condiciones que ya hemos expuesto. No podían aceptarse, y así lo declaró Alacha al parlamentario francés, diciéndole, además, que aún le quedaban muchos recursos que podrían resultar funestos al sitiador. Pero, al manifestarse Saint-Cyr enterado del estado de la plaza y de esos recursos, impotentes ante los poderosos del enemigo en su ya tan avanzado ataque, le contestó Alacha con una proposición que dejó estupefactos á Uriarte y á los demás oficiales allí presentes. «Vamos á otra cosa, dijo Alacha interrumpiendo á su interlocutor: permítaseme salir libre con la guarnición armada y ahora mismo firmo la absoluta entrega de la plaza.»

Saint-Cyr se negó, como era de esperar, á tal propuesta; pero cuando iba á retirarse, apareció un oficial, francés también, que debió comunicarle alguna orden de su general en jefe, pues, al corto rato y al

---

(1) Dice el Diario de Uriarte: Como éste tardaba (Alacha), en una larga pausa de la conversación indiferente que seguíamos, me dijo (Saint-Cyr) repentinamente: *Y bien, sobre qué bases quiere Vmd. que tratemos;* le respondí: *sobre las propuestas, que es la suspensión de armas por veinte días y si en ellos no somos socorridos se tratará de capitular.* Entonces se levantó con algún disgusto diciéndome: *Las órdenes que traigo son limitadas á admitir una capitulación absoluta, sin esa condición, y tendré que irme sin tratar nada. Vmd. haga lo que guste,* le dixe, *mis facultades me impiden variar lo propuesto por el Gobernador, y crea que todavía estamos en disposición de proceder de modo que á su general de Vmd. le pese no haber admitido el partido que se le ha manifestado; por mí, es asunto concluido.»*

despedirse de Alacha, le dirigió estas palabras: «Me retiro y digo á Vmd. de orden de mi general por última vez, que no se admitirá condición alguna sino bajo las bases que le ha propuesto en su papel.»

Y continuaron el bombardeo dirigido á la ciudad y el fuego de la batería de brecha, que aquella noche completó la obra de destrucción que en los días anteriores habían iniciado las demás.

Acercábase el momento en que iba á decidirse la suerte de Tortosa. Perfectamente practicables las brechas, lo mismo la de Orleáns, en cuya apertura nadie más que el gobernador del fuerte había fijado su atención, que las dos del frente de ataque, en que todos la tenían puesta; amenazado el paso que el río dejó franco al disminuir el caudal de sus aguas, paso que dirigía al muelle y á la plaza de Armas, amaneció el 2, ofreciendo en las trincheras enemigas el espectáculo de fuerzas numerosas disponiéndose para el asalto. Al observarlo Uriarte, hizo retirar del baluarte y la media luna amenazados las piezas allí arrimadas poco antes, y clavar las inservibles; reforzó las brechas y la cortadura interior con los mejores tiradores, apoyados por fuertes reservas, y trató de restablecer en las tropas que tenía más á la mano el espíritu que el cansancio, la falta de víveres, el abandono de los habitantes de la ciudad y la desconfianza en sus autoridades habían hecho decaer de un modo lastimoso é imponente en tan críticas circunstancias. Con todo; éso y la pérdida de la más remota esperanza de socorro inspiraron de nuevo á Uriarte el pensamiento, ya antiguo en él, de salvar á la población de los horrores de un asalto, tanto más de temer cuanto que eran bien conocidos los que

El 2 de enero.

ejercían los franceses en cuantas plazas ó ciudades entraban, indefensas ó no (1). Persuadido de que en su
anómala situación cumplía con un deber de conciencia
al realizar esa idea, quimérica ya según podía observar
recordando el resultado dé las negociaciones iniciadas
el día anterior, remitió á Alacha un proyecto de capitulación, por si, aprobado por él, quería enviarlo al
general Suchet. No contaba Uriarte con que, mientras
la parte del recinto de cuya defensa se le había encargado, aunque siempre bajo el superior mando del gobernador de la plaza, se hallaba libre de la presencia
del enemigo, detenido aún al pie de las brechas, tenían
lugar en las alturas del castillo sucesos que no le era
dado presumir por lo extraordinarios que parecen y
parecerán siempre. Sorprendióle, sí, ver la bandera
blanca ondear en aquella fortaleza; pero por más que
procuraba darse razón de ello, era imposible que lo
comprendiese. Le sacó de sus dudas el capitán de fragata D. Francisco Beranguer manifestándole que se
dirigía al campo enemigo con un pliego del general
gobernador proponiendo á Suchet la capitulación de
la plaza con todos sus fuertes. Cuenta Uriarte que, al
oirlo, exclamó: «¿De los fuertes también?»; contestán-
dole el marino: «De los fuertes también.»

No le quedaba á Uriarte otro recurso que el de pro-
testar de una resolución que, con la responsabilidad de

---

(1) .....«me persuadieron todos estos antecedentes, dice en
su diario, á dudar de la defensa de las brechas, y siguiendo el
dictamen de los maestros de la guerra más acreditados, juzgué
que el vecindario de Tortosa no debía abandonarse á sufrir la
cruel suerte dé un asalto de improbable defensa, y sí la guarnición sola en los fuertes en donde el militar aunque perezca
cumple así con su deber.»

Alacha, llevaba aparejada en parte la suya; y lo hizo ante Beranguer que, sin atenderle, partió inmediatamente al campamento francés. El fuego continuaba; no haciendo los sitiadores caso de la bandera ni del parlamento, por más que ambos eran signos de que se solicitaba la suspensión de hostilidades (1). Por el contrario éstas se hacían por momentos más y más eficaces y terroríficas, puesto que, sin cesar la artillería en sus fuegos sobre la plaza, las columnas destinadas al asalto iban, aunque lenta y pudiéramos decir disimuladamente, escalando la brecha del Temple.

No acabaríamos nunca de ir relatando las peripecias todas de aquel día en Tortosa, cuyos habitantes, vagando despavoridos por las calles en busca de refugio contra las bombas y sin resolución para tomar las armas y ayudar en la defensa á las tropas que, si desanimadas también al ver las vacilaciones de su jefe, no se resistirían, sin embargo, al cumplimiento de su deber, mostrábanse inclinados á obtener por el camino de la sumisión la clemencia del vencedor. Mientras Uriarte, en sus optimismos, tomaba todo género de precauciones para impedir la entrada en la plaza á los franceses que, hecho cesar el fuego á la sazón, andaban medio revueltos ya con nuestros soldados, desmintien-

Entrega de la plaza.

---

(1) Eso dice Suchet, pero á renglón seguido se contradice. He aquí el párrafo: «De pronto aparecen tres banderas blancas en la ciudad y los fuertes. Pero como el Gobernador había el día anterior abusado de ese medio para ofrecer proposiciones inadmisibles, no se suspendió el fuego: los parlamentarios son despedidos (*renvoyés*) á la plaza; y el general en jefe exige, como condición preliminar de todo arreglo, que uno de los fuertes reciba inmediatamente guarnición francesa, queriendo así evitar una sorpresa, asegurar su victoria y salvar á la ciudad de las desgracias inseparables·de un asalto.»

do las noticias que de todas partes le llegaban de presentarse aquellos en las puertas y rastrillos del recinto para que se les abriesen, y conferenciando con los oficiales enemigos, haciéndoles ver con la mayor candidez lo irregular de su conducta, al pedir, sobre todo, la entrega del fuerte del Bonete, tenía lugar en el castillo un suceso, para cuya explicación, tan extraordinario, repetimos, y hasta inverosímil parece, hay que apelar á las Memorias del que lo provocó y aprovechó sus resultados.

«Se hacía necesaria, dice Suchet, una de esas resoluciones atrevidas que inspira el momento y justifica el éxito. El ejército francés se hallaba sobre las armas, el general en jefe, acompañado de los generales y oficiales de su estado mayor y seguido de una sola compañía de granaderos del 116.°, se acerca á la avanzada del castillo, se dirige á los centinelas y les anuncia el fin de las hostilidades. Deja algunos granaderos con el primer puesto español; se adelanta y pide al oficial del puesto que le conduzca adonde está el gobernador. Este anciano necesitaba que se le diesen seguridades contra las intenciones de su tropa y contra sus propias incertidumbres. Ve entrar en el castillo al general en jefe enemigo y acude á él todo sorprendido. La guarnición del castillo está sobre las armas, los artilleros junto á sus piezas esperando la orden de hacer fuego, y su actitud anuncia que no hay momento que perder. El general en jefe se queja en tono alto de lo que se tarda en entregarle uno de los fuertes; anuncia que apenas si puede contener la impaciencia de sus fogosos soldados por entrar las brechas; amenaza con degollar á una guarnición que, después de haber pedido ca-

pitular, vacila en hacerlo cuando las leyes de la guerra
se lo imponen como un deber estando abiertas y anchas las brechas y los muros á punto de volar si él da
la señal. Al tiempo de este discurso, el general Habert
hace á los granaderos avanzar. Intimidado el gobernador, indeciso, toma el partido de deponer las armas.
Manda á sus soldados que no obedezcan más órdenes
que las suyas, y promete que se ejecutará inmediatamente la lacónica capitulación que se escribe y firma
sobre la cureña de un cañón. Al momento se entrega
á nuestros granaderos la guarda del fuerte. La noticia
de este suceso se extiende por todos los ámbitos de la
ciudad con las órdenes del gobernador. Todas las tropas obedecen, se reunen y toman las armas para des-
filar. »

¿A qué seguir la triste narración del general Suchet?

En su conjunto es verídica, y aparte del tono victorioso que toda ella informa, abrumador para quien
más inmediatamente debió sufrirlo, mudo y resignado
á lo visto, hay que reconocer el valor y la habilidad
que aquel general desplegó en tan extraordinario
trance.

¿Cómo las avanzadas consintieron la aproximación
de los franceses sin disparar un tiro ni dar aviso alguno? ¿Quién franqueó la entrada del fuerte avanzado y
quién la del castillo al general enemigo, rodeado de
séquito tan numeroso y brillante? Porque orden anterior para debilidad tan vergonzosa y acto tan punible,
no debía haberla, puesto que Suchet pinta al Conde
de Alacha sorprendido y atemorizado en su presencia.
La traición, pues, ó la cobardía debieron inspirar entrega tan bochornosa de una fortaleza que se conside-

raba la menos amenazada y de cuyo mantenimiento
dependía principalmente la seguridad de la guarnición, ya que no la de la ciudad. Esta se daba ya por
perdida cuando se resistía á defenderse, repugnando
tomar las armas y cubrir sus calles de barricadas y de
todo género de obstáculos, puestos en acción por el
patriotismo de los pueblos en otras partes. Por tan perdida se tenía, que sólo preocupaba á sus habitantes la
idea de conquistarse la clemencia de sus enemigos,
humillándose hasta á aplaudirlos y victorearlos al presentarse éstos en la plaza donde se juntaba la guarnición para entregar las armas (1). No se libraron, por
eso, de la rapacidad de los invasores, de los que muchos se introdujeron después en las casas no ocupadas
por sus oficiales, ejerciendo en ellas sus desmanes de
costumbre (2).

El laconismo de la capitulación dió lugar á toda

---

(1) Dice Uriarte: «Cuando me dirigía hacia el castillo para
dar parte al Gobernador del estado en que nos hallábamos, oí
tocar marcha francesa hacia la plaza de la Catedral y que algunos paisanos gritaban ¡Viva!»

Blanch recuerda inteligencias que Suchet tuviera en Tortosa, manejos ocultos de paniaguados suyos y de consejeros de
Alacha vendidos al oro francés.

Los que al principio del sitio se contaban por miles y partían al combate acompañados de mujeres que los animaban á
la pelea y, confortándoles con víveres y bebidas, ofrecían á sus
maridos y hermanos el ejemplo mismo de sus antepasadas y
el reciente de las zaragozanas y gerundenses, se negaban á lo
último hasta á los trabajos menos expuestos en los parques y
depósitos del material de guerra necesario para la defensa.

Vacani, que tanto elogia siempre la energía de los catalanes,
dice: «La población ascendía al número de 10.000 habitantes,
pocos, sin embargo, contribuyeron á la defensa y, por fin, la
energía de todos enmudeció al verse acometidos por 20.000
hombres y privados de la esperanza de socorro y de poderse
evadir de su ciudad.»

(2) Así lo dicen los franceses; pero Vacani expone que,
mezcladas las tropas de los dos cuerpos de ejército imperiales,

clase de interpretaciones, á cual más injusta y arbitraria. Uno de sus artículos prescribía la salida de las tropas de la guarnición por las brechas, todas, ya lo hemos dicho, anchurosas y practicables; pero lo avanzado de la tarde y más aún el hallarse aquéllas abiertas en el frente opuesto á los caminos de Cherta y en dirección á Francia, arrebató á nuestros soldados un honor que es considerado como el mayor para los rendidos.

Pero ¿merecían ese honor los defensores de Tortosa ó, por el contrario, se habían hecho acreedores á la muestra de desprecio y arbitrariedad que les dió Suchet?

Conducta de las tropas

Los principios del sitio no pudieron ser más honrosos para las tropas destinadas á resistirlo. No se hable del largo período en que los franceses hubieron de satisfacerse con bloquear, mejor que la plaza, la cabeza del puente; porque libre aquélla en toda la margen izquierda del Ebro, recibía su guarnición toda clase de recursos para, apoyada en la acción del ejército de Cataluña, hacer todas las salidas que Navarro, Alacha y O'Donnell creyeron convenientes para evitar que el enemigo estrechara más el bloqueo y, mejor aún, que distrajera de él fuerzas con que acudir á rechazar las agresiones de las tropas de Valencia y Aragón. Hablamos del corto período en que el alejamiento de esas tropas y la asistencia de Macdonald en la zona dominante de la izquierda de aquel río dejaron incomunicada Tortosa y sin esperanzas de auxilio alguno, en largo tiempo por lo menos.

---

cometieron los mayores desórdenes durante tres días, disputándose ambos el botín y achacándose después uno á otro el pillaje en la desgraciada Tortosa.

El establecimiento de los campamentos en derredor de la plaza con ese objeto y la elección del frente de ataque, fueron habilísimos en nuestro concepto, mucho más si se observa la forma y los procedimientos que se usaron para inutilizar la acción de los sitiados desde el fuerte de Orleáns que domina el campo todo en que iba á desarrollarse la principal de los sitiadores, la decisiva para la suerte de la plaza. Pero la defensa no desmereció en poco ni en mucho de la que debía esperarse, si se exceptúa el transcendental descuido que se cometió la noche del 20 de diciembre no vigilando ni alumbrando el llano de Capuchinos, campo que la ciencia y, sobre todo, la perspicacia necesaria para tales casos en el sitiado debieron poner de manifiesto como el más expuesto del recinto á la ocupación del enemigo. Las tropas de la guarnición revelaron entonces grande entusiasmo, perfecto espíritu militar y una energía laudable. Hiciéronse en los 12 días primeros de trinchera abierta salidas tan briosas como oportunas, y Uriarte no halló resistencia ninguna para que se ejecutasen las órdenes que dictó en todo el transcurso del sitio.

El ánimo decayó en los últimos días al observar el desconcierto que causaba en las operaciones de la defensa la división del mando que, no siendo único, mal podía infundir el espíritu que lleva á la obediencia ciega, tan necesaria en tales casos, y á los heroismos que cubren de gloria los sacrificios hechos en aras de la patria. Se inició el desánimo también con la ausencia en los combates de los habitantes de la ciudad que, de los alardes de valor hechos en las salidas del puente y lejos todavía de sufrir en sus casas los estragos de un sitio, habían pasado á, inactivos dentro de los muros defendidos por las tropas, presenciar las miserias y horrores del bombardeo, el aplastamiento de sus viviendas y la muerte de sus allegados más próximos.

Pero en lo que más se cebó, durante el sitio y después la ira popular, como siempre sucede en ocasiones iguales ó parecidas, fué en la conducta del Gobernador, general conde de Alacha.

La de Alacha y Uriarte

Que se mostró inhábil, no hay para qué demostrarlo. Con sólo saber la manera de cómo declinó su autoridad para la defensa del recinto de la plaza retirándose al castillo, puede juzgarse esa conducta. ¡Cuánto mejor hubiera sido que, hallándose viejo, enfermo y herido, dejara el mando del todo, entregándolo al celoso y valiente brigadier Uriarte! De su valor nadie podía dudar. El jefe que contaba con tan largos y beneméritos servicios, que había dirigido la retirada de Tudela á Guadalajara con aplauso de toda la nación, y recibido heridas tan honrosas á la vista de Tortosa, no podía ser tildado de pusilánime nunca. Por si pudiera dudarse aún, cuidó durante el sitio de presentarse en los sitios de peligro siempre que se le ofreció ocasión oportuna. De modo que el único temor que podía abrigar era el de la responsabilidad inherente á un mando tan comprometido, sin comprender que si no podía esperar éxitos, rodearía, sin embargo, su memoria de los gloriosos timbres con que el mundo y la historia han orlado la de los Palafox, Alvarez y tantos otros ilustres españoles.

La ira popular, según hemos dicho, se cebó en él. Cataluña, que sostenía lucha tan constante y ruda, implacable, con los enemigos de la independencia patria, no podía avenirse con inepcias ni debilidades para su mantenimiento; y escarmentada con la reciente catástrofe de Lérida, se propuso satisfacer sus instintos de venganza en la primera ocasión que se le presentara. Y esa ocasión fué la del vencimiento de Tortosa, condenando, los que militar y políticamente representaban al Principado, á Alacha á muerte, tanto más ignominiosa cuanto que, prisionero él, habría de ser ejecutado en efigie, blanco de las más injuriosas demostraciones de la cólera catalana. El único, puede decirse, que le defendió por entonces fué quien menos parece que debería hacerlo, envuelto, como pudiera considerársele, en las responsabilidades de la caída de Tortosa. El brigadier Uriarte, interesado en eludirlas, ofreció al gobierno y á la opinión pública consideraciones que ponían en lo posible á salvo el honor del conde de Alacha al mismo tiempo que el suyo propio; acción generosa que le enalteció, asegurando el brillante concepto que ha merecido á la imparcialidad de los más conspicuos historiadores (1).

Bajas.   ¿Qué significan después de ésto la enumeración de las bajas sufridas en aquel sitio ni la de los recursos

---

(1) Una de las últimas observaciones estampadas en su diario acaba así: ... «Estando persuadido al mismo tiempo de que el honor, valor, servicios distinguidos y patriotismo del Gobernador Conde de Alacha, le ponen á cubierto de toda maliciosa sospecha; y creo firmemente que cuando procedió á la entrega absoluta, fué porque no tuvo otro arbitrio, ó porque le hicieron creer personas de su mayor confianza que sus rectas intenciones no podían verificarse».

Poco antes había escrito Uriarte: «¿Por qué al Conde de Alacha se le ha tratado tan injusta y antimilitarmente, y en su persona á todos los que servíamos á sus órdenes?»

Estas frases honran tanto al brigadier Uriarte como los innegables servicios que, como antes en su larga carrera, prestó en Tortosa.

que aún conservaba Tortosa para proseguir la defensa? Ese recuento no serviría sino para, examinándolo concienzudamente y regateándolo, poner de manifiesto inexactitudes publicadas por el vencedor en honor suyo, atribuyéndose méritos que nadie le niega, pero con exageración que nadie, por el contrario, puede en justicia disculparle. Dice Suchet en sus memorias, y procura comprobarlo con cuadros sumamente detallados, que la guarnición de Tortosa constaba el día que se rindió de 9.461 hombres, que, sumados con los que perecieron en el sitio, elevan su número al de 11.000. Los rendidos, llevados, después á Francia, que ya Vacani rebaja á 1.700, no pasaron de 4.000; y Schépeler, cuyas noticias rara vez resultan desmentidas, los fija en 3.974. Las bajas las evalúa Belmás en unas 1.400, reduciéndose las de los franceses á un número insignificante que rechaza la más vulgar inteligencia de esa clase de operaciones militares en que el sitiador se expone más al peligro que quien regularmente combate tras de robustas y bien entendidas fortificaciones.

La rendición de Tortosa sorprendió á los españoles, más que por cuanto pudiera importarles para su suerte en general, por la rapidez con que la habían los franceses obtenido. Tan acostumbrados se hallaban á que nuestras plazas de guerra y hasta las ciudades abiertas detuvieran en sus muros y calles al enemigo un espacio de tiempo que consideraría precioso para la ejecución de sus vastos planes. España toda se estremeció de ira al tener noticia de tamaña pérdida, achacándola, por supuesto, á la traición y cobardía, eterna pesadilla de los pueblos en sus reveses; y el go-

Efectos que produjo la rendición de Tortosa.

bierno mismo y las Cortes la condenaron dando comienzo con su motivo á las proposiciones que luego discutirían acerca de las responsabilidades que debieran hacerse pesar sobre los caudillos de los ejércitos y los gobernadores de las fortalezas.

En Cataluña, con todo, fué donde se hicieron sentir con mayor violencia la ira popular y la del ejército.

El que podía haberla dirigido con justicia, pero con prudencia también y fruto, el general O'Donnell, se había embarcado el 28 de diciembre para Mallorca, donde esperaba recobrarse de la grave herida de La Bisbal, exacerbada con las continuas ocupaciones y vigilias á que le sometía la retención del mando en circunstancias tan críticas como las por que pasaba el Principado durante el sitio de Tortosa. La autoridad, con eso, confiada al general Iranzo, el más antiguo de los que allí quedaban, no gozaba del prestigio más necesario entonces que nunca por ser tan grande el de O'Donnell, enérgico en el mando, afortunado en sus últimas operaciones, y con la aureola, además, de gloria que producen la manifestación de un valor heróico y las heridas recibidas en los campos de batalla. Iranzo, á quien nadie negaba habilidad para la guerra, dirigiéndola en las proporciones de su mando con tino y hasta fortuna, se vió inmediatamente hecho blanco de las intrigas y violencias de unos cuantos que, cubriéndose con la máscara de patriotas, buscaban el entronizamiento de Campoverde, de quien esperarían favor y medros. «La expresión dice, además, un historiador catalán (1), de unos cuantos alborota-

---

D. Adolfo Blanch.

dores de Reus y sus cercanías, no era la del Principado, ni siquiera la de un corregimiento; pero el país estaba tan consternado con el triunfo del francés, tan críticas eran las circunstancias, que se necesitaba para hacer frente á tantos contratiempos de otra mano más robusta que en la que con aquellos días regía los destinos de Cataluña.» Iranzo, hombre delicado y sin ambiciones que no fueran honradas, creyó deber reunir en consejo á los generales existentes en Tarragona y ante ellos declinar el honor de un mando, que sus compañeros renunciaron también para que recayese en la persona aclamada por las turbas y que, al parecer, lo ambicionaba.

Y diremos con el historiador que acabamos de citar: «¿Era Campoverde el brazo que había de salvar á Cataluña? ¿Hizo al menos el marqués por justificar en adelante lo acertado de su encumbramiento?»

Por el pronto el alboroto á que lo debió, iba á proporcionar á Suchet una nueva y fácil conquista, y á Macdonald la impunidad de su aproximación á Tarragona en espectativa de la conquista de plaza tan importante, que sus espías y confidentes debieron pintarle como fácil también y sin riesgo.

Reparadas las brechas abiertas por la artillería francesa en Tortosa, y puesta la plaza de nuevo en estado de defensa bajo el gobierno del general Musnier y con una fuerte guarnición, Suchet, antes de volver á Zaragoza, donde exigían su presencia atenciones de interés militar y político, concibió la idea de ensayar la sorpresa del castillo de San Felipe en el Coll de Balaguer, cuya expugnación por los procedimientos regulares le habría de costar bastante tiempo y no po-

Pérdida del castillo del Coll de Balaguer.

cos sacrificios. El general Habert fué el encargado de la empresa; y tales fueron su diligencia y habilidad para llevarla á cabo, que la noche del 8 de enero en que la acometía desde el Perelló, donde se hallaba su división, llegó al pie del fuerte con dos regimientos de infantería y cuatro obuses que inmediatamente puso en batería para atacarlo. Constaba la guarnición de solos 150 hombres, y era su gobernador un capitán Serra que, atemorizado por el violento fuego de la artillería francesa, á la que sin embargo contestó el castillo causando bastantes bajas al enemigo, no supo rechazar la intimación que le dirigía Habert sino pidiendo el plazo de cuatro días para rendirse. No había de concederlo el general su adversario, que volvió á romper el fuego, bajo cuya protección avanzaron los cazadores del 5.º ligero hasta ocupar los puestos exteriores del fuerte. Eso y la voladura del almacén de pólvora paralizaron la defensa que terminó al escalar el enemigo los muros, logrando salvarse algunos de los sitiados por el camino de Tarragona y rindiéndose el gobernador, varios oficiales y 90 soldados en un pequeño reducto á que se habían acogido.

Además de la importancia del fuerte por su posición sobre el mar y en el camino real de Valencia y Tortosa á Tarragona, llamaba Suchet á su conquista «hacer, dice en sus Memorias, un ensayo sobre la moral de los españoles, pronta á abatirse en el instante de un revés, pronta á levantarse al momento con energía y recobrando toda la tenacidad natural en su carácter» (1).

_____

(1) ¿Dónde se le puso de manifiesto tal abatimiento en los

Cuando llegó un corto destacamento que se enviaba en socorro del fuerte, llevado en unos barquichuelos de la costa próxima, los franceses lo dejaron acercarse, y engañado con ver la bandera española ondeando en los muros, hasta penetró en el fuerte, donde hubo de quedar prisionero de éllos que, inmediatamente después, se pusieron á cañonear á los barcos, aunque sin fruto.

Suchet, después, regresó á Zaragoza con la segunda división del cuerpo de ejército de su mando, dejando á Habert al norte de Tortosa, como para guardar las conquistas de su jefe, á Musnier, como ya hemos dicho, en el bajo Ebro, cuyas bocas aseguró con la fortificación de la Rápita, y á la mira también de lo que pudiera ocurrir hacia Morella y Teruel.

Macdonald, por su lado, reunió el 7.º cuerpo, incorporándosele la división Frere que tan útil había sido á Suchet en el sitio de Tortosa, y con las esperanzas que le inspiraban sus confidentes, se dirigió á Tarragona, adelantando desde Reus sobre 6.000 hombres que reconociesen la plaza y tantearan su ataque. La cosa no era tan hacedera como se la habían pintado; y para asegurarla mejor, decidió comenzar los preparativos en Lérida, excelente base de operaciones y donde hallaría los mantenimientos que tanto escaseaban en el campo de Tarragona. Sabía perfectamente el camino y recordaría lo que le costó meses antes su tránsito por él, con lo que no descuidó ninguna precau-

Retirada de Macdonald á Lérida.

españoles de sus días? ¿Si querría hacer alguna frase como la de César respecto á los galos?

Ya hemos manifestado en otra parte lo que decía de éllos el célebre dictador romano.

ción para salvarlo de nuevo sin dificultad. Mas por algo había luego de mostrar en sus *Recuerdos* el disgusto que reveló al conmemorar sus campañas de Cataluña, tan desgraciadas todas, pues que su marcha á los mismos lugares que en su primera expedición le produjo iguales, ya que no mayores sacrificios.

El día 15 de enero, esto es, cuatro días después de su llegada á Reus, tomó el camino de Valls llevando de vanguardia la brigada italiana del general Eugenio que avanzó á Pla resueltamente y en el mejor orden. Hallábase allí apostado Sarsfield con cerca de 3.000 españoles que situó en dos líneas y sus pocos caballos en reserva. Los italianos iniciaron la acción con un ataque sobre la derecha española que comenzó á cejar; pero reforzada por Sarsfield con los regimientos de Ultonia y Fernando VII, llevando de reserva al batallon ligero de Valencia, no sólo rechazó á los imperiales sino que además los echó de Figuerola á donde se retiraban. Muy cerca de ellos se encontraba la caballería francesa que fué también atacada por la española de húsares de Granada y Valencia; y aun cuando la lucha fué ruda y bien sostenida por los imperiales, hubieron, por fin de ceder el campo de batalla con pérdidas graves, las del general Eugenio y los coroneles Hirschfeld y Delort. Salvaron, sin embargo, á los italianos de Eugenio que, aun reforzados por Palombini y Fontane, hubieran sido completamente destruidos.

Entretanto, salía de Tarragona Campoverde con cuantas tropas pudo reunir, que no pasaban de 8.000 hombres y 4 piezas de campaña, para atacar á Macdo- nald por su espalda, cogiéndole así entre dos fuegos. Creía que sólo tenía que habérselas con los 6.000 fran-

ceses que había visto al frente de Tarragona, y los
atacó logrando meter su retaguardia arrebatadamente
en Valls. Pero por noticias que recibió allí, supo que
era Macdonald con todo su cuerpo de ejército, esto es,
con 16 á 17.000 hombres, quien al día siguiente le ofrecía la batalla en línea tan extensa que amenazaba en-
volverle por sus dos alas. Con eso Campoverde se volvió á Tarragona apresuradamente, dejando á Sarsfield
expuesto á recibir el ataque de todos los imperiales de
Macdonald que, mientras esperaba á aquel general junto á Valls, había dejado fuerza suficiente para oponerse
á su segundo al frente de Figuerola y Pla. Y valiéndose de aquel alarde de sus fuerzas y, según se dijo después, de un ardiz de no fácil éxito en aquel país, tal
como entonces se hallaba de encendido en ira patriótica y en anhelos de venganza, logró aventar á los de
Sarsfield y recorrer sin novedad los ásperos desfiladeros que tanta sangre le habían costado en su expedición anterior de Tarragona á Lérida (1).

Así acabó aquella campaña de seis meses, tan accidentada y varia, del general Suchet, á quien luego
veremos continuar el plan de Napoleón, ya que Macdonald, por sucesos imprevistos en el Ampurdán, su
disgusto por guerra para él tan extraña y ajena á sus

----

(1) Díjose que el ardiz consistió en obligar al baile de Cambrils á escribir á Campoverde que por un parte del Comandante del Coll de las Molas sabía que Suchet con 12.000 hombres, procedentes de Tortosa, se encaminaba por el Coll de
Alforja á envolver á los españoles que se opusieran al paso de
Macdonald. Tan por segura daba la noticia, que en ella añadía
de la llegada á Cambrils de la vanguardia que por más señas
haría preparar la cena para Suchet.
    La posición de Cambrils hace inverosímil la estratagema y
y más aún la noticia.

aficiones verdaderamente técnicas, y su separación del mando de Cataluña, no pudo cumplir el mandato del Emperador con la conquista de Tarragona y la sumisión del Principado.

En éste no decayó el espíritu público por la pérdida de Tortosa, su más preciado antemural por la parte del Ebro; y así como junto á él batallaban los catalanes con su furia acostumbrada y no sin fortuna, como acabamos de ver, más que disminuir, creció el movimiento insurreccional, estrechando á los franceses en todas sus posiciones y atacándolos en algunas con un éxito que sorprendió á todos y produjo en el Emperador la ira olímpica que le arrastraba á las violencias mayores contra sus tenientes de la Península.

Luego también haremos ver y explicaremos todo eso.

CAPÍTULO IV

TORRES-VEDRAS Y CHICLANA

Dejamos al mariscal Massena, después del combate del 19 de enero de 1811, pensando en que sin recursos, que Foy le haría ver no eran de esperar del Emperador, y abandonado ó poco menos de Soult, se vería obligado á retirarse de Portugal, por más que repugnara á su orgullo militar y á su fortuna. Las esperanzas de mejorar la situación del ejército trasladándolo á la margen izquierda del Tajo, se habían, por otra parte, desvanecido; y, al perderlas la tropa, entregada

Massena resuelve retirarse.

hacía tiempo á las murmuraciones más escandalosas, ya rayanas de la indisciplina y, á poco más, al motín, sólo veía camino de salvación en el de la retirada. No distaba mucho esa idea de la de Massena, que de tiempo atrás discurría también sobre el modo de emprender su ejecución con las mayores probabilidades de éxito. De no unirse Soult al ejército de Portugal, la dirección del Tajo era, al tomarla, sumamente aventurada, así por desconocer el estado del país respecto á víveres, como por el escarmiento sufrido en 1807 al seguirla en sentido contrario las tropas de Junot. El camino más indicado era el de Leiria y Coimbra, fuese para mantenerse en Portugal, si así se creía conveniente, ó para continuar la marcha por el Mondego en busca de la frontera y, ya en élla, el apoyo de Almeida y Ciudad Rodrigo. Esta era una idea fija ya en la mente del Príncipe de Essling desde que se convenció de la imposibilidad de forzar las líneas de Torres-Vedras sino se le acudía con tropas suficientes que habrían de ser muy numerosas. Desde que vió que no le llegarían por el Guadiana y el Tajo, de donde, á decir verdad, no las esperaba mandándolas Soult, á quien conocía perfectamente para no desconfiar de él, no le quedaba otro recurso que el de acercarse á Castilla, cuyos gobernadores le habían enviado cuantas tenían disponibles, y por donde podrían llegarle antes las con que el Emperador, viéndole en tal situación, se apresuraría á reforzar el ejército de su mando (1). El pensamiento venía de bas-

(1) Thiers dice: «Massena no había creído nunca en la asistencia de Soult, y lo había dicho así á un oficial de su confianza. Si le había esperado era para hacer evidente á todos la necesidad de retirarse y apurar las últimas contingencias de la fortuna.»

tante atrás, datando de las conferencias de Gollegá en que no lo había expuesto para no mostrarse disintiendo de las instrucciones, harto terminantes, de Napoleón, pero no sin comprender la dificultad de ejecutarlas y la precisión de abandonar empresa tan importante para su soberano y para la satisfacción de su amor propio en los términos de carrera tan gloriosa como la suya.

Una vez resuelta la retirada, había que emprenderla inmediatamente á fin de aprovechar la reserva de galleta para 15 días, reunida en previsión de un tal acontecimiento y expuesta á ser devorada antes de que se verificase, puesto que el país en que se mantenía el ejército y el que debía recorrer se hallaban completamente exaustos. Decidióse, pues, el movimiento y se fijó la fecha del 4 al 6 de marzo de 1811 para iniciarlo, tomando cuantas medidas preventivas eran de esperar de un general tan experto y á quien, como dice un gran historiador que acabamos de citar, su mala fortuna de entonces no le había privado de su habitual sangre fría y su inteligencia.

Seguía el ejército francés en las posiciones ya señaladas y que indicaremos ahora de nuevo para encuadrar la narración de aquella retirada, obra magistral del talento, la experiencia y el valor de los generales y soldados del primer imperio. Situación de los dos ejércitos.

El 2.º cuerpo (Reynier) continuaba establecido en Santarem y sus inmediaciones.

El 6.º (Ney), en Thomar, Martinxel, Punhete, Gollegá y Aldea-da-Cruz.

El 8.º (Junot), en Pernes, Tremez y Alcanhede.

La reserva de caballería, en Ourem, Gollegá, Toría y Possos, y

La división Conroux, del 9.º, en Leiria y sus inmediaciones.

La fuerza de ese ejército no excedía de la de 45.000 hombres y, por accidentes que luego recordaremos, no podría oponer al británico más que de 36 á 38.000. Lord Wellington podía contar con 45.000 ingleses y 25.000 portugueses al comenzar Massena su movimiento retrógrado, y siempre con más de 45.000 hombres de línea cuando la división Stewart se separó del ejército para volver á Abrantes, y la de Cole para unirse á Beresford en su marcha, ya tardía, á Badajoz. Y como los franceses se hallaban en estado tan lastimoso por el hambre que sufrían y la pérdida, en no pequeña parte, de su moral militar, y los ingleses, descansados, provistos de todo cuanto pudieran apetecer y orgullosos con el fracaso experimentado por el enemigo ante sus inexpugnables líneas, resultaba una desigualdad entre ambas fuerzas que es necesario tomar muy en cuenta para el examen de aquella célebre retirada (1).

Comienza la retirada. Massena hizo salir el 4 de marzo de los cantones en que se hallaban todos los enfermos y heridos en estado de montar los mulos y asnos que pudieron requisarse en el país. Seguían los equipajes y el tren de artillería que, por lo grueso del calibre de sus piezas, no se había de utilizar en las operaciones de campaña, destruyendo, además, ó inutilizando cuanto

---

(1) Schépeler decía después: «¿Y en qué estado se encontraban aquellas tropas? (las francesas). En andrajos, expuestas á todas las privaciones y no recibiendo otros víveres que los que cada soldado hallaba ó podía llevar en su mochila, legumbres y carne de animales matados ó muertos. He ahí su alimento ordinario.»

De los aliados decía que «estaban descansados, provistos de todo y animados de un gran valor por el éxito ya obtenido.»

material no pudiera transportarse por falta de ganado. Para desorientar, por fin, á Wellington sobre el objeto de aquellos preparativos, dispuso que Ney con su 6.º cuerpo de ejército, la división Conroux y su caballería fingiese un movimiento ofensivo sobre el valle del Liz y Torres-Vedras para después situarse en Leiria y Pombal, cubriendo, así, la marcha de las demás tropas.

Todo se hizo con la mayor precisión, consiguiendo, en efecto, introducir en el ánimo del Lord la duda sobre las intenciones de su adversario, y ganar para la marcha de la *impedimenta* dos días, tiempo precioso en operación tan comprometida como una retirada ante un enemigo vigilante y receloso como el general en jefe inglés.

El día 5, se reunió el 2.º cuerpo en Gollegâ después de quemar los puentes de Alviella, y el 8.º lo hizo en Torres-Novas, una vez inutilizado el de Pernes, situándose el 7 en Chão de Maçãs con el cuartel general. Entretanto los demás cuerpos, cubriendo la marcha de la vanguardia y del bagaje, formaban una extensa línea que se apoyaría en Pombal para impedir cualquier movimiento de flanco desde la costa ó las últimas estribaciones de la Serra de Lousa, línea también á que se incorporaron la división Loison, el batallón de marinos y la artillería después de haber destruido todo el material de puentes empleado en los del Zézere junto á Punhete.

Tan desorientado debió, en efecto, quedar Wellington con esos movimientos de los franceses, que todos los primeros suyos adolecen de una gran incoherencia y de vacilaciones, si comprensibles por la habilidad y precisión con que aquellos se verificaron, extraños, á pesar de eso, en hombre tan sagaz y previsor. El retardo indispensable en el incendio de los puentes del Zézere indujo al general Stewart á cruzar el Tajo en Abrantes con la mayor parte del cuerpo de Beresford, situado, como ya se sabe, en la izquierda del segundo de aquellos ríos. Restablecido el paso, aquellas tropas siguieron á Thomar, donde, al ver el camino que tomaban los franceses, retrocedieron para con Beresford continuar la jornada á Badajoz que Wellington había confiado á aquel general. Pero hasta aquel día no se dió cuenta Lord Wellington de la resolución de Massena ni del camino que tomaba para llevarla á cabo. Le fué necesario tener noticia del incendio de aquellos puentes para comprender que Castilla, y no Extremadura, era el objetivo de la marcha del ejército francés. Entonces fué cuando comenzó á tomar las disposiciones convenientes para aquella tercera y última parte de la célebre campaña, tan sabia, enérgica y cruelmente dirigida por él y terminada con el éxito más completo (1).

---

(1) Para calificarla de enérgica y cruel nos suministran Nápier y Fririón un dato tan horripilante como exacto.

Dice el historiador inglés: «Aquella jornada (la del 7 de marzo) se señaló por un horrible descubrimiento: hallóse en un pliegue de montañas una gran casa llena de individuos de ambos sexos muertos ó muriéndose de hambre. Más de treinta de entre ellos habían ya sucumbido y cerca de sus cadáveres, yacían aún unas quince mujeres y un solo hombre, pero en tal estado de debilidad que no pudieron tragar el poco alimento que nos era dado ofrecerles. Los más jovenes habían sido los primeros en morir y no quedaba ni un solo niño. Sus cuerpos no aparecían enflaquecidos; los músculos tan sólo de la cara estaban crispados de tal modo que todos los cadáveres parecían sonreir, ofreciendo el espectáculo más espantable que se puede imaginar. El hombre demostraba el deseo de vivir; las mujeres, pacientes y resignadas á pesar de su cruel situación, habían arreglado con esmero y hasta con decencia los vestidos de los que ya no vivían.»

Las tropas aliadas de primera línea avanzaron sobre las francesas de retaguardia, según cada división de las primeras se encontraba más adelantada, mientras las 3.ª y 5.ª divisiones del ejército inglés salían de las fortificaciones que habían continuado guardando y se dirigían á Leiria. Los franceses no creyeron sostenible posición tan avanzada y que podía ser envuelta por los aliados que habían aparecido sobre Thomar, y continuaron la retirada á Pombal, donde la noche del 8 se establecía el cuartel general con el cuerpo de Ney, la división Conroux y la reserva de caballería. El 8.º cuerpo francés siguió el movimiento hasta Obranco, desde cuyas alturas podía sostener,

---

Y Fririón le contesta así:

«Ese aflictivo cuadro, hecho por un inglés, ¿qué prueba? Que el sistema establecido por lord Wellington fué cien veces más funesto para los portugueses que lo que hubieran sido las requisiciones regulares de las autoridades francesas. Singular medio, en efecto, ese de pretender la protección de un pueblo obligándole á destruir todos sus recursos, á devastar y abandonar el hogar paterno, dejando sin asilo á los que no tenían la fuerza ó el valor de arrastrarse hasta Lisboa y exponiéndolos á perecer de miseria en cualquier rincón de su propio país.»

El comandante portugués, D. Domingo Bernardino Ferreira de Souza, escribía por aquellos días: «La conducta del enemigo fué extraordinaria, pues no sólo robaron, quemaron y mataron gentes en su tránsito, sino que en Santarem, en donde tenían sus hospitales, quemaron los edificios en donde tenían sus enfermos, con el recelo de que no se les diese quartel.»

Por lo demás, entre los argumentos de Nápier y de Fririón, no sabemos á cuáles inclinarnos; porque los sacrificios que se impusieron los portugueses están bien cuando son espontáneos en un pueblo que los hace por salvar su independencia, pero no impuestos por un general extranjero.

Acaban de publicarse en París las *Memorias del general Barón Roch Godart*, que asistió á esta campaña mandando una de las brigadas del VIII Cuerpo de ejército. Después de exponer las razones fundadísimas que tenían los españoles para observar la conducta cruel de que tanto se les acusa respecto á los franceses, recuerda un hecho que le honra. «Entonces,

además, la posición de Pombal, como también desde
Venda da Cruz, adonde se trasladó el día siguiente,
precedido del 2.º que se adelantaba á Espinhal (1).

En Pombal se ve que se trataba de contener el movimiento de los anglo-portugueses para, así, dar tiempo á la vanguardia francesa, los trenes, la *impedimenta*
toda, á que llegase al Mondego, restableciera el puente

---

dice, fué cuando la desesperación de aquellos refugiados (en
los bosques y las rocas), de apacibles y tímidos que eran, los
convirtió en furiosos que se unieron y armaron para vengarse. Nuestros ordenanzas fueron detenidos y luego no hubo medio de comunicar sino con destacamentos de cierto número de
hombres. Aquellos de nuestros soldados que tuvieron la desgracia de ser cogidos, sufrieron los tormentos más horribles;
los hubo que fueron enterrados vivos hasta el cuello, con la
cabeza fuera para hacerlos sufrir más.»

«Aquel refinamiento de barbarie produjo en nuestros soldados el deseo de vengarse y, á su vez, hacerse bárbaros. No res-
petaron nada; viejos, mujeres y niños, en fin, cuanto hallaron
á la mano fué desapiadadamente asesinado.

«Nos costó mucho trabajo, á mí y á los jefes de mi brigada,
el salvar cerca de doscientos viejos y niños que hasta entonces habíamos mantenido en nuestros cantones desde hacía cerca de dos meses.»

«Sin embargo, la víspera de ver morir de hambre á aquellos desgraciados, puesto que carecíamos de víveres para nosotros mismos, ó de verlos asesinar, creí, para salvarlos, deber
hacerlos conducir con una escolta de cincuenta granaderos á
las avanzadas inglesas y portuguesas.....»

«Fueron perfectamente recibidos por ingleses y portugueses; y dos oficiales tuvieron el encargo de darles las gracias y
de obsequiarles con botellas de Rhon, azúcar y café. «Yo acep-
té, añade, Godard, su presente, pero me hallaba mejor pagado
con el placer de hacer felices á aquellas pobres gentes.»

(1) ¡Cuán difícil se hace descubrir la verdad en la Historia!

Mientras Nápier dice que las tropas ligeras y los húsares
alemanes persiguiendo al 8.º cuerpo francés le hicieron 200
prisioneros, Fririón asegura que los mantuvo siempre á respetable distancia, así como que el 2.º cuerpo cogió aquel mismo
día 7 hombres y 15 caballos ingleses de los 400 que acosaban
á su retaguardia, episodio que el historiador inglés desatiende
ó confunde.

y, reunido el ejército en Coimbra, se mantuviese allí todo el tiempo que fuera posible mientras se incorporaban los refuerzos solicitados para volver á tomar la ofensiva. ¡Ilusiones de un alma tan fuerte como la del *Hijo mimado de la victoria* que se resistía á ver eclipsarse su antes brillante y favorable estrella!

La posición de Pombal era excelente y más defendiéndola un Ney, á quien dice Thiers, la presencia del enemigo devolvía sus eminentes cualidades. Pero no era sostenible por mucho tiempo y quitábanla fuerza considerable la discordia del Mariscal con algunos de los generales que debían apoyarle, Drouet y Montbrun particularmente, á quienes repugnaba obedecerle, quitándole, de ese modo, la fuerza moral necesaria para, reuniendo, como podía, sobre 19.000 infantes y 3.000 caballos, ofrecer al enemigo una verdadera batalla con que detenerlo y asegurar sólidamente la retirada del ejército francés. Así es que, viendo cómo los aliados iban aumentado en número á su frente, comprendió Ney que habría de levantar el campo si no se le reforzaba suficientemente. No encontraba Massena esa necesidad tan apremiante y, avistándose con el de Elchingen, trató de persuadirle de que se sostuviera en Pombal y cuando tuviese que evacuar aquella posición, defendiera la de Redinha, porque, ante todo, era preciso dar tiempo al paso del Mondego y la ocupación de Coimbra.

Ney ofreció satisfacer los deseos de Massena y comenzó en aquel día una de sus más gloriosas jornadas, la cual aparecerá en su historia, como en la de la guerra en general, ejemplar modelo para cuantos estudién ó tengan que practicar esa clase de operaciones, las más difíciles indudablemente en el ejercicio de las armas (1).

Acción de Pombal.

Lord Wellington que, llevando por delante la brigada portuguesa de Pack y la caballería, iba en pos con tres divisiones, las 3.ª 4.ª y 6.ª, la de las tropas ligeras y los portugueses afectos á cada división, reunió todas esas fuerzas al frente de Pombal (2). Hubiera sido una temeridad resistirle; y Massena, que la noche anterior aconsejaba á Ney que lo hiciera, fué el primero en retroceder hacia Redinha. Ney estableció su cuerpo de ejército á espaldas de Pombal dejando en la ciudad la brigada Maucune que entonces mandaba el coronel Fririón, cuyo regimiento, el 69º de línea, á cuya cabeza le vimos pelear valientemente en Bussaco, ocupó el castillo, las avenidas y el puente, que no fué roto porque se dejó delante, en el camino de Leiria, al 6.º ligero para observar á los enemigos. Este regimiento, al descubrirlos la mañana del 11, en vez de intimidarse ante las imponentes masas que marchaban sobre sus tiradores, las recibió cubriéndose con los olivares y bosques de pinos de que está salpi-

---

(1) «A placidez, dice Da Luz Soriano al tratar de la siguiente acción de Redinha, e talentos militares do marechal Ney adquiriram por aquella occasião um novo e bem merecido realce, confirmando-se assim o juizo que desde o dia de Amskerdof adquirira de ser um dos mais habeis generaes da guarda da retaguarda que por então tinha á França, por ser n'aquelle dia que per la primeira vez desenvolveu o seu profundo conhecimiento na arte das retiradas.»

(2) Nápier, siempre tan atento con los aliados de su patria, les dice á los portugueses, afectos á cada división, que iban «como los antiguos auxiliares de las legiones romanas.» ¡Pues no hay diferencia! Los auxiliares de las legiones iban á pelear en paises distintos del suyo; esa era la política romana. Los portugueses de 1811 combatían por la independencia de su país.

Y en ese caso. ¿Quiénes eran los auxiliares?

cada toda aquella campiña y evitando la marcha por
la carretera que enfilaba la artillería inglesa, ya que
no le era dado verificarlo en el puente, en cuyo paso
sufrió algunas bajas. Ney creyó entonces que debía
evacuar la ciudad contra la opinión de Fririón que
aconsejaba defender, por lo menos, el castillo y quemar
las casas de la calle principal de la población, única
vía que podría recorrer la artillería británica. Abandonada Pombal, fué necesario volverla á ocupar para
detener á los ingleses que, sin aquel obstáculo, hubieran alcanzado y puesto en el mayor apuro á Ney que,
al comprender lo sano del consejo de Fririón, consiguió, en efecto, poner entre él y sus enemigos obstáculo tan serio como la ciudad de Pombal y, sobre
todo, el de la noche. A su favor pudo retirarse á Redinha, mientras Massena se establecía con su cuartel
general y la división Loison en Ravaçal, á la altura
de aquel pueblo, lo mismo que el 8.º cuerpo que se
situó también en posiciones de donde se podría apoyar
la de Ney.

Allí, pues, iba á reñirse la acción á que los beligerantes dieron ya el carácter y nombre de *combate*, puesto que los ingleses no quisieron conceder á la de Pombal
más que los de una sencilla *escaramuza*. Los mayores
generales Erskine y Slade, que dirigieron el ataque,
creerían desmerecer de su crédito si lo calificaban con
otro nombre.

En Redinha haría falta el 9.º cuerpo del mando de
Drouet; pero no sometido al mando de Massena, de
cuyo ejército no formaba parte sino eventualmente
desde que se le envió á restablecer las comunicaciones
con Castilla, su residencia oficial, creyó el general que

lo mandaba llegada la ocasión de volver á sus antiguos acantonamientos. Drouet ardía en deseos de abandonar al ejército de Portugal; y ni el riesgo en que lo veía ni las más justas reclamaciones de Massena lograron desistiera de su antipatriótico propósito. Dice Thiers: «Drouet, llamado ante Ney y Massena, se defendió como lo hacen las personas de mala voluntad, con embarazo y terquedad. Massena, capaz de las mayores energías cuando se le ponía á pique, pero sólo entonces, cometió la falta de no mandar con imperio, porque, aun cuando Drouet no fuese más que como auxiliar, no podía tener dos generales en jefe en presencia del enemigo, y Massena, teniendo sólo él esa cualidad en Portugal, no necesitaba sino dictar órdenes formales sin cansarse en querer persuadir á un hombre terco y de hielo que se resistía á escucharle» (1). Y no hubo quien le detuviera; separándose del ejército aquella misma noche sin prestar otro servicio que el de escolta á un convoy de poco más de 800 enfermos ó heridos.

Combate de Redinha. Con la marcha de Drouet, el ejército francés quedaba notablemente disminuído, en tanto que el británico iba aumentando con los refuerzos que le llegaban cada día del país, libre ya de la presencia de los enemigos. En esas condiciones y en la ignorancia de la situación que podría crearse al ejército al avistar Coimbra, ocupado por las tropas portuguesas que, al seguir su marcha Massena á Lisboa, habían hecho su conquista, Ney quedaba otra vez solo á las manos con Lord Wellington. Así es que la acción de Redinha que pa-

---

(1) El mismo Thiers dice que Drouet era hombre minucioso, difícil, con apariencia de tranquilo, y que desobedeció á Massena en no pocos detalles de sus órdenes.

recía deberse reñir reciamente por lo ventajoso de las posiciones ocupadas de los franceses, no ofreció carácter ni rasgos más pronunciados de combate que la de Pombal.

La división Marchand fué situada á espaldas de Redinha para sostener, sin duda, á Mermet que, con la de su mando y seis piezas de campaña, quedó ocupando la meseta que domina el desfiladero que estaban recorriendo los equipajes correspondientes á su cuerpo de ejército. Atacado por los ingleses, Mermet se retiró, formada la división en escalones, tan en orden y recibiendo las cargas del enemigo con fuego tan nutrido de fusilería y de cañón, que lo contuvo en toda ellas, en una, especialmente, rechazada con otra de su parte á la bayoneta que dejó despejado el desfiladero y le permitió unirse á Marchand para seguir juntos hasta cerca de Condeixa (1). Las divisiones Clausel y Solignac del 8.º cuerpo se habían retirado á Fonte-cuberta, pueblo próximo al de Condeixa que acabamos de men-

---

(1)   Nápier tenía que dejar correr la pluma en alas de su fantasía, tan ajena, sin embargo, al carácter de sus compatriotas historiadores militares, sobrios generalmente en sus descripciones y, por lo general también, bastante severos y hasta exactos. Dice así:

«Rara vez se ofreció á la vista espectáculo de la guerra más hermoso: parecía que todas aquellas montañas cubiertas de bosque acababan de dar á luz enjambres de soldados, pues que en pocos instantes formaron en el llano 30.000 hombres que lo atravesaban y avanzaron con paso majestuoso, mientras la caballería y la artillería, partiendo simultáneamente del centro y del ala izquierda, cargaron á los batallones franceses que las recibieron con una descarga general. Aquellos batallones quedaron cubiertos por el humo y, al disiparse, el enemigo había desaparecido.»

Esa descripción no peca más que de falta de verdad, si es que se quiere suponer en ella muy numeroso al enemigo, porque no combatió más fuerza francesa que la citada de la división Mermet.

cionar. De modo que en Redinha quedó Ney entregado á sus propias fuerzas, porque hasta la reserva de caballería que con Montbrun, su jefe, debía apoyarle también, había recibido la orden de adelantarse á Coimbra, la pesadilla, y con razón entonces, del príncipe de Essling. Si lord Wellington, más que nunca receloso de la energía de aquellos soldados imperiales que mandaba tan hábil y experto caudillo, no se hubiera detenido á la vista de posiciones tan bien elegidas y aprovechara la temeridad en Ney de obstinarse en resistir fuerzas tan considerables como las que veía desplegar á su frente, es seguro que la retaguardia francesa habría sufrido un rudo golpe y quedado sin fuerzas para continuar una retirada que la resultó tan gloriosa.

Pero, aun salvándose de tal riesgo por la parsimonia del Lord, Ney debió quedar resentido del que él creería abandono en que le había dejado su general en jefe. Porque al día siguiente, ya que no se encontrara con fuerzas para resistir en Condeixa el ataque de tantas como había visto llevaban los aliados, y menos para atender al movimiento envolvente, si no lo ignoraba, que por orden de Wellington, y así consta en sus *Despachos*, había emprendido Picton por su izquierda, se olvidó ó quiso olvidar que dejaba en Fonte-cuberta expuesto á caer prisionero al mismo Massena que dijimos se había retirado á aquel punto con su cuartel general y las divisiones del 8.º cuerpo. Dos de aquellas divisiones habían seguido su marcha, y quedaron solas con el Mariscal las de Clausel y Loisón cuando, antes de amanecer el día 13, observó Fririón que Ney había levantado el campo sin orden, que se le hubiera dado, ni aviso siquiera de una resolución que así comprometía á su general en jefe. No le quedó, pues, á éste más recurso que el de formar apresuradamente la exigua fuerza que tenía en Fuente-cuberta y, después de una demostración que hizo creer á los ingleses que era mucho más numerosa, retirarse á Miranda do Corvo valiéndose de las tinieblas que aún reinaban en derredor suyo (1).

¿Fué intencionado el abandono en que Ney dejó á su jefe ó efecto de un error ó de desconocimiento de la peligrosa posición qué, alejándose él, ocupaba la división tan mermada ya de Loison? No sería creible la primera de estas hipótesis si no mediaran, y de fecha ya muy anterior, la discordia y las dificilísimas y espinosas relaciones que existían entre ambos generales. Que Massena lo sospechó por lo menos, demuéstrase con las palabras que dirigió á su jefe de Estado Mayor. «El movimiento retrógrado de esas dos divisiones (Marchand y Mermet), ejecutado clandestinamente, le dijo, es un acto injustificable. No soy yo quien ha colocado al mariscal Ney á mi lado, es el Emperador: debería, pues, despojarse de toda especie de amor propio, porque tal pasión arrastra á veces á grandes hombres á extravíos de que luego tienen que arrepentirse.» (2).

---

(1) Dice Napier: «Se oyó perfectamente el ruido que hacían las divisiones francesas en su marcha; pero *siendo la noche obscura*, se creyó que lo hacían los bagajes que se retiraban.»

Thiers, por el contrario, dice que *la noche era muy clara* (par un fort beau clair de lune).

(2) «Esa mala inteligencia venía de los comienzos de la campaña. Fririón la condena escribiendo: «Y, sin embargo, entonces la gloria de Massena aparecía en todo su esplendor. El divisionario de Bonaparte en Rívoli, el general en jefe de

Montbrún
ante Coim·
bra.

Contratiempo, sin embargo, mucho mayor y de
más graves consecuencias fué el que Massena hubo de
experimentar aquel día. Montbrún, á quien hemos dejado separándose de Ney para dirigirse á Coimbra, de
donde no se recibían noticias, llegó, con efecto, ante
el puente del Mondego que da paso á la ciudad, y que
había sido roto poco antes por Trant y sus portugueses. Ni Trant ni su colega Wilson se hallaban en
Coimbra, habiéndose ambos dirigido al Vouga pre-
ocupados con la idea de que, por más que hiciesen, no
lograrían defender con éxito la ciudad, comprometién-
dola, por el contrario, y causando nuevos desastres
como los anteriormente experimentados al, abandonada por los ingleses, ocuparla los imperiales. Habían,
con todo, dejado en Coimbra un destacamento de artillería que con algunos milicianos defendiese el puente, cuyo jefe, al presentarse al otro lado de la cortadura un ayudante de Montbrún, le hizo presente que, no
hallándose Trant en la ciudad, tendría que retardarse,
por lo menos, un día la contestación que hubiera de
dar á la consulta que iba á dirigirle, y que en ese
tiempo no trataran los franceses de atacar Coimbra
porque haría volar los demás arcos del puente. La
serenidad de aquel jefe, el sargento José Augusto Correia Leal, impuso al general Montbrún que creyó, ade-

Zurich, el defensor de Génova, el príncipe de Essling, el hijo
querido de la victoria, no había conocido aún los reveses.
Qualquiera, pues, que fuese el brillante valor de Ney y cuales·
quiera que fueran sus talentos militares no debía hallarse fuera de su sitio á las órdenes de tal veterano en la carrera de las
victorias.»

Tiene razón; pero ¿quién se entendía con hombres tan orgu·
llosos como aquellos mariscales, obedientes tan sólo, y no
siempre, á Napoleón?

más, en la llegada á las bocas del Mondego de fuerzas inglesas procedentes de Lisboa, con las que, y con las de Trant y Wilson, se podría muy bien defender Coimbra. Esa impresión, que acaso no hubiera recibido Montbrún de haberse él en persona presentado en la cortadura del puente en vez de quedarse en el inmediato campo de Santa Clara, se comunicó á Massena que por su parte comprendería que, teniendo tan sobre sí al ejército aliado, iba á faltarle tiempo para hacer la conquista de Coimbra á poca resistencia que se le opusiese. Y en momentos tan apremiantes, con la noticia, que también le dió Montbrún, de la falta en aquella estación de vados por donde cruzar el Mondego, Massena resolvió cambiar todo su plan de retirada, tomando el camino que remonta aquel río por su margen izquierda y renunciando, por ende, á la estada en la derecha hasta que le llegaran los tan esperados y prometidos refuerzos.

Cambio en la retirada.

No podía, con efecto, el ejército francés detenerse á operar el ataque de Coimbra. La posición crítica que le había creado la inesperada evacuación de Condeixa por parte de Ney, dejándole incomunicado en Fontecuberta del resto del ejército, obligó á Massena, no sólo á desistir de la jornada sobre Coimbra, sino á buscar por el camino de Miranda do Corvo su propia salvación del peligro de caer en manos de los ingleses y la nueva línea de retirada. Esperaba así reunirse á las demás divisiones en Venda-Nova, donde también confluiría el 2.º cuerpo, que se acercaba al mismo tiempo desde Anciâo y Espinhal.

«Hasta allí, dice un historiador portugués, es incuestionable que Massena había demostrado más habilidad en la retirada que Wellington en su persecución; pero desde Redinha en adelante, fué Wellington el que se mostró superior á Massena, considerándose bastante fuerte para perseguirle, lo que no le había sucedido hasta entonces.» En lo que convienen muchos de los que han escrito sobre aquella campaña, es en que el general británico reveló en la retirada del ejército francés una circunspección excesiva, efecto, sin duda, del respeto que le infundían soldados que se consideraban invencibles y un capitán que, como se ha dicho antes, no conocía los reveses. Un general más confiado en sus fuerzas, y no tenía Wellington por qué desconfiar de ellas, *menos tímido*, ha dicho alguno, no hubiera dejado pasar sin fruto ocasiones como las que tuvo para destruir el cuerpo de Ney, todos los días puesto á su alcance, y particularmente la división Mermet en Redinha. ¿Qué hace Nápier al describir el magnífico espectáculo de los 30.000 aliados marchando en la llanura sobre tan corta fuerza sin conseguir destruirla, sino demostrar la falta de resolución y de pericia en el general que los mandaba?

Que después Massena y Wellington cambiaron en su respectivo papel: como que habían variado completamente las condiciones del de cada uno en la acción militar que les tocaba representar. Hasta el mal llamado combate de Condeixa, ni reñido ni esperado siquiera, Massena creía poderse establecer en Coimbra y cubrir con manifiesta ventaja toda la derecha del Mondego hasta la llegada de refuerzos que le permitieran tomar de nuevo la ofensiva; y al retirarse á tan excelente posición, le era dado hacerlo sin apresuramiento teniendo cerca refugio tan seguro. Wellington, por su

lado, en el convencimiento de que ese era el proyecto
de su adversario, tenía que marchar muy prevenido y
con la prudencia, además, de quien necesita y espera
mayores fuerzas para frustrar tal y tan imponente reso-
solución. Tan convencido estaba de la imposibilidad
de contrariar ese pensamiento de Massena, que había
dado á Trant y á Wilson la orden de retirarse inmediatamente al Vouga y después, si lo consideraban
necesario, al Duero, donde con el general Bacellar podrían impedir la ocupación de Oporto por los franceses. Y como, lo mismo que Massena ignoraba si Montbrún conseguiría penetrar en Coimbra, ignoraba él si
las fuerzas que hubiera en aquella ciudad conseguirían
resistirle, destacó una fuerza que, cruzando el áspero
terreno que por su izquierda se extendía hasta el
Mondego, se pusiera en comunicación con Coimbra y
cooperase á su defensa.

Pero una vez frustrado el intento de Massena por
la serenidad del sargento de artillería Correia Leal y
la torpeza ó indolencia de Montbrún, las condiciones
de la campaña, repetimos, habían cambiado completamente. La retirada de los franceses no tendría un
término inmediato, no podía acabar sino en la frontera de Castilla y al abrigo de Almeida y Ciudad Rodrigo; cada día se iría haciendo más penosa y difícil en
tan largo trayecto; y así como disminuirían las fuerzas
y la consistencia del enemigo con el cansancio, las escaseces y las bajas, crecerían, por más que dijeran otra
cosa después los ingleses, el ánimo, la confianza y los recursos de sus perseguidores, apoyados por el pueblo en
su deseo de recobrar las casas, las haciendas y hasta la
parte de sus familias abandonada al retirarse á Lisboa.

Razones son esas, nos parece, suficientes para fundar el cambio que el escritor lusitano halla en Massena y Wellington en aquel período de la campaña á que se refiere (1).

Resuelto el cambio de dirección en la retirada y perdida la confianza en el descanso y tranquilidad que proporcionaría el establecimiento en Coimbra y sus inmediaciones, los franceses no pensaron sino en acortar con su actividad el tiempo que tardarían en salvar la distancia que les separaba de la frontera española. Eran, sin embargo, los soldados vencedores de la Europa en cien combates y sus jefes quienes se creían sin rivales en el mando y el manejo de las armas; habrían, por lo mismo, de resistir valerosamente la marcha ya arrebatada de sus enemigos, muy superiores en moral y número.

Combate de Casal Novo. En Casal Novo, que era adonde se había retirado

_____

(1) He aquí las juiciosas reflexiones que Schépeler nos ofrece en su obra: «Si se lee, dice, con atención la retirada, se hará plena justicia á los talentos de Ney y de Massena, así como á la experiencia y el valor del ejército francés. Sin embargo, era difícil se salvara éste en tantas posiciones peligrosas si Wellington no hubiese aplicado en cuantos casos se halló el sistema que se había propuesto. De su empeño, de antemano impuesto, de no atacar al enemigo sino en masas compactas y no hacer ni dejar hacer más que lo que llevaba calculado, parecía nacer frecuentemente el temor de que el enemigo fuese bastante fuerte para librar una gran batalla ó detenerse largo tiempo. No existe más razón que pueda dar luz de cómo nunca se atrevió á emprender movimiento ninguno rápido, por qué ni siquiera un cuerpo ligero atacase jamás ni inquietara la marcha de las columnas de bagajes y de enfermos. Las tropas de milicias y ordenanzas hicieron poca cosa á retaguardia del enemigo y los puentes de los ríos del lado izquierdo del Mondego no fueron destruidos más que á medias.»

Después acusa á Wellington por no haber reforzado á Nigthingale, que operaba sobre la izquierda francesa, con otra división para mantener á Reynier separado siempre del cuartel general de Massena.

Ney al abandonar Condeixa sin dar aviso de ello á Massena, riñó aquel mariscal una acción que, por los que menos la han elogiado, ha sido por los historiadores de su patria: de tal modo han influido las pasiones al haberse de decidir la crítica entre los dos generales franceses más contrapuestos entre sí desde aquellos días. La retaguardia situada delante de Casal Novo, tuvo que retirarse desde muy temprano del 14 de marzo, en que la atacaron los aliados; no sin antes resistirlos valientemente, á pesar de verse flanqueada por ambos lados de las fuerzas de Picton y Cole. Reunidas á espaldas del pueblo las divisiones Marchand y Mermet, la caballería ligera y los dragones que se les habían agregado, se dirigieron á las alturas de Miranda do Corvo, manteniendo el combate en escalones y valiéndose de las cercas de los labrantíos y huertas que cubrían el terreno, con un vigor que no pudo vencer el de sus numerosos enemigos. Les fué á estos necesario formar las tres divisiones inglesas, la caballería de línea y la mayor parte de la artillería, total casi de sus fuerzas en la jornada, y amenazar los flancos y las comunicaciones del 6.º cuerpo francés para que se decidiese á retirarse, pero haciéndolo con una precisión admirable, de altura en altura y teniendo siempre á raya á sus poderosos adversarios. Así llegó Ney al desfiladero de Miranda do Corvo, collado estrechísimo entre las sierras de Lorvâo y la de Châo d'Alhal, donde le aguardaba el grueso del ejército en posiciones tan fuertes y bien guarnecidas que los ingleses hubieron de detenerse. Las bajas de los franceses fueron pocas, no más que las de los aliados: lo que sí fué necesario, por el compromiso en que puso á las tropas, fué deshacerse de los bagajes y material que no habían podido adelantarse en el paso del desfiladero, para lo que se hizo desjarretar las mulas y los asnos que llevaban los equipajes de la tropa y quemar las carretas cargadas con municiones y otros efectos (1). Había que cruzar el Ceira, y eso, por un puente sumamente angosto, yendo aquel río en aquel tiempo muy abundoso de aguas y careciendo de vados hasta distancia considerable hacia sus orígenes en la sierra de la Estrella, de donde se precipita al Mondego.

El de Foz de Arouce.

Esas circunstancias, que debieron tomarse en cuenta al campar el ejército francés en las inmediaciones de Foz de Arouce, indujeron á un error que pudo costar muy caro al ejército francés, error cometido por Ney, aunque salvado luego en parte por el valor, la abnegación y la pericia del célebre Mariscal. Fuese error, con efecto, ó necesidad por el cansancio de la jornada anterior, lo cierto es que Ney dejó en la margen izquierda del Ceira sus divisiones, separadas, así, por el río, del 2.º cuerpo, que se estableció en Forcado á espaldas de Foz de Arouce, y del 8.º que ocupó esta población y la orilla derecha en que asienta. La posición de Ney hubiera estado bien elegida de no levantarse á vanguardia de la línea de un río de las condiciones que acabamos de señalarle. Siendo tales esas condiciones y manteniendo el ejército francés la defensiva, mas aún, debiendo proseguir la retirada, cometía el duque de Elchingen una falta incomprensible para

(1) Ney fué el primero en mandar que se quemasen sus equipajes, para dar el ejemplo de sacrificio tan costoso para todos.

El barón Godard perdió también allí todo su equipaje.

todo aquel que no desconozca los más rudimentarios principios del arte de la guerra.

Así, sucedió que, arrollado el centro de la posición, punto saliente de la semicircunferencia que cubría el puente, se produjo en las alas un retroceso que, en la izquierda, paró en desorden al abocarse las tropas al estrecho paso que tenían que recorrer para unirse á las demás del ejército, formadas á la derecha del Ceira. No pudiendo pasar el puente en momentos, muchos de los fugitivos se precipitaron al río, en el que se ahogaron varios y, entre ellos, el abanderado del 39.º de línea, cuya águila encontraron luego los ingleses en el lecho de la corriente. Ney procuró contener á los enemigos con fuerzas que sacó de su derecha intacta todavía. Aquella maniobra dió un felicísimo resultado; porque acudiendo Ney á los batallones del 69.º de línea al tiempo de cambiar de frente para cubrir la retirada del ala izquierda, los llevó contra los ingleses á la carga al son estrepitoso de los tambores y de los gritos de aquellos valientes. Y es lo cierto, por más que los cronistas ingleses se esfuercen en pintar aquella acción como muy gloriosa para sus armas y fatal para las francesas, que la mayor parte de las divisiones de Ney siguieron manteniéndose en el terreno en que habían combatido, no pasando el puente hasta después de las diez de la noche y, entonces, con el mayor orden y la más completa tranquilidad (1). ¡Tanto había impuesto

---

(1) Dice Fririón en honor de su hermano que, según hemos indicado mandaba la brigada Maucune, que había sido herido: «Aquella brigada se mantenía en un bosque á la derecha del semicírculo de que hemos hablado, y la acción tenía lugar á espaldas de su flanco izquierdo. Para hacer rostro á los ingleses, había que cambiar de frente á retaguardia sobre la derecha

á los enemigos aquel arranque, de un solo batallón después de todo, pero provocado y dirigido por el que tan justamente era conocido entre sus compatriotas con el sobrenombre de *El Valiente de los Valientes!* (1).

Con eso pudiera darse por concluída la primera parte de aquella retirada, puesto que no sólo se dió tiempo á Ney para romper el puente del Ceira en Foz de Arouce, sino que mientras se ejecutaba la rotura en más de 70 pies de longitud, se mantuvieron algunas fuerzas en la margen izquierda, que era tanto como quedar dueñas del campo de batalla. Pasando Ney con todos los bagajes que le quedaban á la derecha, y permaneciendo allí hasta el 17, en que se retiró al Alva, rectificaba tal idea, tan halagüeña para su amor propio como que servía para disculpar el error que le había expuesto á perder todo el cuerpo del ejército de su mando. Pero la prueba más concluyente de no haber obtenido los ingleses el triunfo que esperaban, fué la inmovilidad en que quedó el ejército aliado desde el momento en que, retirándose parte de sus fuerzas á una altura distante nada menos que media legua del punto del último choque con la brigada Fririón, hu-

---

del primer batallón del 69.º Mientras ella, la brigada, ejecutaba ese movimiento, el 8.º cuerpo, que estaba en la orilla derecha del Ceira, creyó que era el enemigo é hizo fuego sobre la brigada Fririón. No por eso dejó de hacerse la maniobra con mucho orden.»

(1)   Y no es que dejara Wellington de comprender la crítica situación de Ney; porque al primer golpe de vista que echó sobre el campo de batalla, se hizo cargo de élla, y, poniendo en jaque la derecha francesa con las tropas ligeras y la brigada Pack, lanzó sobre la izquierda su 8.ª división y la artillería á caballo que, ocupando una altura, cubrió de metralla á los franceses que, bajo tan violento fuego, se entregaron, según ya hemos dicho, á la fuga hacia el puente.

bieron de satisfacerse con un cañoneo, cuyos proyectiles ni siquiera alcanzaban á los que debían ser su blanco.

Se necesitaría llenar varias páginas para hacer un juicio detenido de ese período interesantísimo de la campaña de Portugal de 1810 y 1811, y muchas más si hubiesen de refutarse los asertos, á veces injuriosos, de algún historiador extranjero, de Nápier, especialmente, empeñado en menoscabar la reputación de todo ejército que no sea el inglés (1). La retirada, hábilmente dirigida, como hemos visto, particularmente hasta Condeixa, tuvo que hacerse á fuerza también de todo género de sacrificios, así por parte de algunas de las tropas como de los generales, ni bien avenidos entre sí, ni conformes á veces con las disposiciones de su superior ó indiscutible jefe. Las marchas no fueron lo precipitadas que haría suponer situación tan difícil como la en que se encontró Massena ante enemigo que contaba con fuerzas superiores en número y en recursos. Porque no es exacto que el ejército aliado se viera reducido á las irremediables privaciones que hay quien le atribuya. Si los portugueses por su mala administración carecieron de víveres á punto de no alimentarse algunos días, no se verían en ese caso los ingleses cuando, al decir de uno de ellos, acudían con los

(1) Una de las acusaciones que Nápier dirige á Massena y Ney en aquella retirada, es la de haber desjarretado las acémilas que llevaban los equipajes la noche del 15. He ahí la muestra de sentimentalismo que nos da el historiador inglés: «El 15, dice, el general francés, queriendo que no se retardase la marcha, dió la orden de matar un gran número de acémilas; el que se encargó de la ejecución de aquella orden, tuvo la crueldad de desjarretar quinientos asnos, dejando al hambre el cuidado de acabar con ellos. En ese estado los encontró el

que llevaban á sus aliados (1). Quien padecía hambre, y el mismo Wellington lo manifiesta, era el ejército francés. El incendio de los pueblos del tránsito es siempre de lamentar, y no somos nosotros los que dejemos de condenarlo si ha de resultar infecundo ó inútil en la guerra; pero si debe reprobarse en pueblos ó monumentos que se hallen fuera de la acción militar de los beligerantes, ¿cómo hacerlo respecto á Redinha, Condeixa y Miranda do Corvo cuyas calles ofrecían el único camino practicable para la artillería de los que, si no eran allí detenidos, podrían causar la ruina de las tropas que se retiraban por ellas? Ambas partes, según sus respectivas circunstancias, tuvieron que apelar á

ejército inglés aquel mismo día. La expresión de dolor de aquellos pobres animales, expresión profunda, aunque muda, y demasiado visible para no ser notada, despertó á tal punto el furor del soldado, y la razón pesa tan poco en la multitud cuando se ve excitada por un fuerte sentimiento, que no se hubiera dado entonces cuartel á los prisioneros: por exceso de compasión se hubiesen dado muestras de crueldad.»

Pero ¿por qué no recordará quien eso escribe que en la retirada de Moore á la Coruña, á que él asistió y en que fué herido á la vez que su hermano Jorge, los ingleses, sus compatriotas, desjarretaron, no ya las acémilas de carga sino los magníficos caballos que arrastraban las piezas de artillería y hasta los mismos de montar á veces? La caja del ejército en que iban encerrados 25.000 luises en duros, fué despeñada á un precipicio; y no hubo desmán, atropello ni barbaridad que no se cometiera en los míseros habitantes del país y los bagajeros que acompañaban ó servían á los ingleses.

¡Qué mal pega tanta sensiblería en un soldado de John Moore!

(1) Hay que advertir que eso no es aplicable más que á una parte de los portugueses, porque, á consecuencia de un convenio, recordado por Wellington en sus despachos del 5 de marzo, se encargó el comisariado británico de proveer á las tropas portuguesas, á expensas, por supuesto, de su gobierno. En cuanto al ejército francés, dice Wellington en su despacho del 14 á Lord Liverpool. «They have no provisions, excepting what they plunder on the spot.....» «No tienen provisiones, exceptuando las que merodean en el país.»

ese último recurso en la guerra de la Independencia, como se había hecho en las anteriores de la culta Europa y se hará en las sucesivas y siempre. Las leyes de la guerra lo autorizan; lo triste, lo digno de reprobación, lo que parece no debiera nunca olvidarse en los pueblos es el incendio que no conduce al triunfo, ni al éxito de una operación necesaria, las matanzas, violaciones y sacrilegios después de la victoria en el campo de batalla ó de la conquista de una ciudad cuyos habitantes no se han mostrado parte en la defensa ó esperaban con los brazos abiertos á los vencedores. «En el caso actual, dice Nápier y lo repetimos por ser en una de las pocas ocasiones en que se muestra imparcial, nada faltó: el hierro, el fuego, el hambre: *en ambas partes* la violencia y la venganza no reconocieron límites; la crueldad se cebó hasta en los animales» (1).

Las maniobras ejecutadas por Wellington desde el día 13 en que supo cómo se había librado Coimbra de la nueva ocupación de los franceses, fueron, como indica da Luz Soriano, muy hábiles. Es natural. Desde el momento en que Massena abandonaba el camino de aquella ciudad para remontar el Mondego por la margen izquierda, no había que temer reacción alguna. La retirada, que antes podía ser, cabe decir que momentánea, puesto que se pensaba en el establecimiento del ejército francés en Coimbra y su territorio de la derecha del Mondego, se hacía definitiva y habría de pro-

_____

(1) Wellington disculpaba todo eso con esta frase: «Si los soldados británicos han cometido, como todos los soldados cometen, actos de mala conducta, se han batido á lo menos valientemente por el país.» Despacho del 16 de marzo dirigiéndose en eso al gobierno portugués.

longarse hasta la frontera de España. No era, por consiguiente, de presumir que Massena la hiciera ya cesar
antes de acercarse á Almeida y Ciudad-Rodrigo, pues
antes no hallaría bastimentos ni otros recursos con que
mantenerse en país de puntos poco poblados y despro-
vistos de una y otra cosa. Estaba, pues, Wellington
desembarazado de ese peligro de la reacción ofensiva,
antes posible, y le era dado maniobrar libremente sobre los flancos y comunicaciones de sus adversarios,
maniobras las más eficaces y transcendentales en casos
como aquél. Él se vanagloria en sus correspondencias
de haber salvado á Coimbra cuando la había desprovisto de fuerzas que la podían defender, mandando á
Trant y á Wilson la abandonarán trasladándose al
Vouga y al Duero. Se vanagloria también de haber
obligado á Massena á retirarse por el camino de Ponte
da Murcella en la izquierda del Mondego, y ya se ha
visto que fueron los portugueses de Coimbra, aquellos
pocos artilleros mandados por el sargento Correia Leal,
los que obligaron al Mariscal Príncipe á tomar un
rumbo que trastornaba todos sus planes. Desde entonces Wellington podía darse por vencedor; y para completar su triunfo le bastaba ir siguiendo al enemigo
hasta el límite de aquel territorio lusitano, cuya defensa y salvaguardia no se hartaba de declarar que era su
única misión en la Península.

Paso del Alva. Por eso se le vé detenerse en el Ceira desde el 16
de marzo, por la crecida de aquel río, el cansancio de
las tropas ó la falta de víveres, que todas esas razones
se dan para fundamentar ó disculpar tal paralización,
hasta el 18, en que vuelven á encontrarse franceses é
ingleses en las márgenes del Alva, aunque sin reñir

acción alguna importante. Wellington continúa amenazando con sus maniobras el flanco de los franceses; y puesto en comunicación con Trant y Wilson, los dirige paralelamente al camino de las operaciones por la derecha del Mondego hasta que en el puente de Fornos unen á la de los ingleses su acción, ya directa, sobre el enemigo común.

¿Para qué discutir el pensamiento atribuido á Massena de establecer su campo en las márgenes del Alva, ya que el abandono de Condeixa por Ney y la torpeza de Montbrun al frente de Coimbra le impidieron establecerlo, según tantas veces hemos dicho, en las inmediaciones de aquella ciudad? Si ya eran malas las condiciones del Alva militarmente consideradas, la dirección, siempre flanqueante, que Wellington daba á sus divisiones de la derecha y el espectáculo que ofrecían las fuerzas de Trant y Wilson, siempre también ojo avizor sobre el ejército francés y hostilizándolo cuando se ponía en su marcha al alcance de las armas portuguesas, le demostrarían que en el Alva sería diariamente agredido y se vería muy pronto bloqueado, sin víveres ni refuerzos posibles para la reacción que abrigaba en su mente. No: Massena que tanto acariciaba ese pensamiento, no debió creer que pudiera realizarlo en las posiciones que se levantan en la margen derecha del Alva. Donde sí lo abrigó y con insistencia tal que produjo el rompimiento ya completo con Ney, fué más adelante, al situarse en el entronque de los dos caminos que desde Celórico y Guarda conducen á los mismos puntos que acababa de abandonar y al Tajo directamente por la cuenca del Zézere. Luego estudiaremos ese nuevo proyecto de un general que se empefiaba en dar á su retirada el carácter de maniobra para que no se tomase por una verdadera derrota.

De todos modos, tuviera ó no ese pensamiento el príncipe de Essling, la posición era excelente para resistir un nuevo ataque de los anglo-portugueses y escarmentarlos también. El Alva, recogiendo las aguas de las vertientes septentrionales de la Estrella y de los ramales de esta sierra que forman su cuenca, es bastante caudaloso para ser considerado como obstáculo para el enemigo que pretenda cruzarlo. Ofrecen, además, ventajas para la defensa la sierra de Moita, en la parte superior del río, y más abajo las de Santa Quiteria y Murcelha, y, más, quizá, lo áspero y cortado de las márgenes en que baja como encajonado y torrentoso el Alva. Esas sierras que arrancan, como hemos indicado, de la Estrella, se unirían con las de Alcoba y Bussaco, si, por bajo de Arganil, Pombeiro y Ponte de Murcelha, por donde sucesivamente pasa el Alba, no las separase el Mondego en Foz d'Alva, punto, por lo mismo, de la mayor importancia.

En esa línea, señalada por el albeo del Alva, se hallaba el ejército francés esperando la llegada de los aliados á su frente. Formaba en la derecha el 8.° cuerpo cerca ya de Foz d'Alva; el 6.° ocupaba el centro detrás de Ponte de Murcelha, y el 2.° sostenía la izquierda hacia la sierra de Moita. Ney, que por la dirección que llevaban los ingleses se consideraba ya objetivo de ellos, examinó sus flancos para ver si estaría apoyado en ellos. Lo estaba, con efecto, en el derecho y de cerca por Junot; pero no así en el izquierdo por haberse remontado Reynier á Moita y las fuentes del Alva, con el motivo de procurarse víveres al esparcir destacamentos por todo aquel terreno, con el pretexto, empero, de un proyecto contra la derecha inglesa que debía, en su concepto, producir grandes y favorables resultados (1). Ney hizo ver la debilidad que producía á su posición lo distante de la de Reynier; y aunque Massena, comprendiéndolo así, expidió á este general órdenes y órdenes, que no ejecutó con la exactitud y brevedad necesarias, Ney tuvo que abandonar Ponte de Murcelha á la aproximación de los aliados. Estos pasaron el Alva entre aquel pueblo y el de Pombeiro, y el ejército francés todo, temiendo verse cortado por los ingleses, que lo flanqueaban con tres divisiones desde la sierra de Santa Quiteria, y hostilizado en su derecha por Trant y Wilson desde el otro lado del Mondego, levantó el campo definitivamente hasta avistar los muros de Almeida, término, por entonces, de su admirable retirada.

Massena escribía el 19 desde Maceira á Berthier: «Nuestro movimiento de retirada se ha hecho con el mayor orden; no hemos dejado un enfermo, un herido ni el más pequeño carruaje de artillería ó de equipajes: el enemigo ha sido rechazado cuantas veces nos ha atacado y siempre con pérdida. En fin, desde que el ejército se reunió en Pombal, no ha andado más que dos leguas por día y jamás ha sido arrollado por los ingleses.»

Habrán observado nuestros lectores que hay mu-

_____

(1) Creía Reynier que, extendiéndose por su izquierda más que los ingleses, que se sabe trataban por su lado de flanquear y aun envolver la izquierda francesa, los podría destrozar separadamente; y algo de éso debió temer Wellington al mandar que sus tropas se concentraran al atacar las posiciones enemigas del centro.

chas inexactitudes en ese escrito; porque en aquel camino, glorioso y todo para el ejército francés, para Massena y, particularmente, para Ney, que fué quien llevó el peso de la retirada, quedaron más de un soldado enfermo ó herido y más de un carruaje en el campo ó en poder de los aliados. «Hemos cogido, decía Wellington á Lord Liverpool el 21, gran número de prisioneros, y el enemigo ha continuado destruyendo sus carros y cañones y todo cuanto pudiera entorpecer su marcha» (1). Como que esos prisioneros fueron conducidos primero á Coimbra y después, en tandas ó destacamentos de 250 ó 300, á Lisboa, custodiados por tropas inglesas para librarlos de las violencias de los portugueses, irritadísimos con las ejercidas por los franceses en sus pueblos.

Nuevo proyecto de Massena. Parecía haber terminado aquella jornada de 20 días que, comenzando á la vista de las formidables posiciones que cubrían Lisboa de un ataque del ejército más poderoso que el grande Emperador había reunido en la Península, iba á concluir con la manifestación elocuentísima de que ni España ni Portugal serían nunca sometidas por la fuerza de las armas. Pero ¿se atrevería el mariscal á quien Napoleón había confiado la empresa de acabar la conquista de ambos reinos con un golpe solo, pero decisivo, sobre sus hasta entonces nunca escarmentados auxiliares; se atrevería, repetimos, á presentársele, ya que no vencido en bata-

---

(1) Sólo de los franceses que se habían separado de sus cuerpos en los últimos días, fueron cogidos al recogerse á la línea del Alva unos 800, y lo fueron también varios carros de municiones. ¡Cómo se reirían de ese parte Ney y Godard, que habían perdido sus equipajes!

lla ninguna campal, rechazado y sin los timbres de gloria que le dieran antes respeto y admiración, gloria y prestigio? No era Massena hombre que se sometiera fácilmente á tamaña humillación; y antes de abandonar aquella tierra, cuyo nombre llevaba por título el ejército de su mando, todavía intentó, no sólo convertir su derrota en maniobra, como le atribuye su admirador Thiers, sino emprender tal reacción sobre aquella misma tierra lusitana de donde se le echaba avergonzado y maltrecho, que pusiese otra vez en peligro la independencia que ya debía creer salvada.

Un indicio de ese pensamiento dejó entrever al fijar su línea entre Celórico y Guarda, punto, este último, al que dirigió el 22 de marzo todo su material de artillería, mientras expedía para España los enfermos y heridos que no pudieran seguirle. Si á Lord Wellington no se le escaparon ese indicio ni el objeto tampoco á que podría dirigirse el pensamiento á que obedecía, pues que el 25 se lo indicaba, aunque vagamente, al general Spencer, ¿cómo se había de escapar á la penetración de los jefes de los cuerpos del ejército francés? Todos comprendieron que su general en jefe trataba de cambiar el teatro de las operaciones trasladándose al Tajo para, puesto en comunicación con el 5.º cuerpo, tomar de nuevo la ofensiva. Ney, sea porque creyera aquel proyecto fatal para el ejército, sea por considerarlo como un atentado no procediendo de órdenes directas y precisas del Emperador y sin más objeto que el de satisfacer su amor propio, Ney fué quien se decidió á oponerse á tal plan, aun cuando fuera rompiendo de una manera estrepitosa con el Príncipe de Essling su jefe. ¡Qué tales serían las observaciones que

dirigió á Massena. en una carta escrita el 22 á las dos
de la tarde en Cortiço, que el Mariscal, revelándole su
proyecto, reiteró la orden de que el 6.º cuerpo se preparase al movimiento proyectado, y cuáles las cartas que Ney le escribió de nuevo dos horas después y
otras dos más tarde, que hubo de quitarle el mando!
Decíale en la primera de las cartas que por sus órdenes comprendía que abrigaba el proyecto de acercarse
al Tajo hacia Alcántara; que tal maniobra, abandonando á sus débiles fuerzas las plazas de Almeida y
Ciudad Rodrigo, le parecía extraordinaria cuando no
se sabía si Wellington continuaría su marcha ofensiva
hasta España, y le rogaba le manifestase si había recibido órdenes particulares del Emperador sobre una
disposición que tanto comprometía al ejército. Exten-
díase después Ney en consideraciones sobre la conveniencia de esperar cerca de aquellas plazas las órdenes
de Napoleón, á conocer las intenciones de Wellington
y á que, recibiendo refuerzos de Castilla, se le pudiera
ofrecer una batalla decisiva; con hipótesis y ejemplos,
todo eso, sobre las consecuencias fatales á que expon-
dría el erróneo plan de su general en jefe.

Massena contestó revelando á Ney su proyecto de
dirigirse, con efecto, á Coria y Plasencia y al mismo
tiempo le reiteraba la orden de prepararse á su ejecución.

Dos horas después de la primera carta, escrita el 22
de marzo á las dos de la tarde, escribía Ney la segunda en que protestaba formalmente contra la orden de
Massena y declarándole que, á menos de que el Emperador le hubiera enviado nuevas instrucciones relativas
á operar hacia el Tajo, lo que no podía creer, el 6.º

cuerpo no ejecutaría lo que se le ordenaba en la carta de aquel día. «Sé, le añadía, que oponiéndome tan formalmente á vuestras intenciones, incurro en una gran responsabilidad; pero aunque se me destituyese ó hubiera de perder mi cabeza, no contribuiría al movimiento de que V. E. me habla sobre Coria y Plasencia, á menos, repito, de que no haya sido ordenado por el Emperador.»

No debió contestar Massena, porque dos horas más tarde recibía otra, la tercera, en que le anunciaba Ney que, reforzándose el enemigo cerca de Fornos y habiendo pasado Wellington el Mondego, podría cortarle la retirada á Almeida, por lo que, y comprendiendo que él no quería tomar determinación alguna para la marcha de las tropas, le prevenía que se marchaba al día siguiente para escalonar sus tropas de Celórico á Freixedas y, al otro, detrás de Freixedas y Almeida.

Esa carta colmaba ya la paciencia del de Essling, y visto que Ney tenía la intención formal de no obedecer sus órdenes, le separó del mando del 6.° cuerpo, reemplazándole con el general de división más antiguo, que era entonces el conde Loison. Al mismo tiempo hizo marchar á París á su ayudante el comandante Pelet con instrucciones confidenciales y una carta para el Príncipe Berthier con la noticia de lo sucedido con Ney y la explicación de sus proyectos militares (1).

---

(1)   Es tan interesante la correspondencia de Ney con Massena y tan instructiva á la vez para el conocimiento de aquella campaña, que nos hemos resuelto á trasladar su traducción íntegra á nuestros lectores en el apéndice n.° 12.

Dice Godard á propósito de eso: «Desde nuestra entrada en Portugal reinaba una falta completa de inteligencia entre los

Estos consistían en situarse entre Guarda, Belmonte y Alfayates; y para darle, sin duda, idea del estado excelente en que todavía se hallaba el ejército, le manifestaba que *no había perdido una sola pieza de artillería ni un solo bagaje* (!!) Añadíale, por fin, que, no por los ingleses sino por falta de víveres, se había retirado el ejército á las actuales posiciones que nada más que esas mismas razones le obligarían á abandonar.

No era, ciertamente, de exactitud de lo que Massena podía alardear en ese despacho. El ejército no se hallaba en el excelente estado en que pretendía se creyese; porque el fracaso de la expedición, las privaciones y el cansancio lo tenían en un estado de irritación y descontento que si al principio se tradujo en murmuraciones, no poco injuriosas á veces, de su general en jefe, acabó por revelarse deplorable y levantisco en el acto insólito de indisciplina, que acabamos de recordar, del mariscal Ney. Ese estado fatal había principiado á manifestarse en las tropas, que eran las que más sufrían; se extendió á los oficiales y jefes, y acabó por influir en los generales que, para hacerlo pesar en el ánimo del en jefe, se valieron de lo difícil, quebradizo y peligroso de las relaciones en que, á pesar de su grande autoridad, se hallaba con el hombre, precisamente, que más servicios había prestado al ejército en la retirada. El hambre trae en pos el descontento;

jefes principales de los tres cuerpos de ejército. El príncipe de Essling, general en jefe, se veía siempre contrariado por los otros dos mariscales y ninguno hacía más que aquello que se le antojaba.»

«En los días 21, 22 y 23 de marzo fué cuando estalló la bomba entre ellos, á punto de que el Príncipe resolvió desde aquellos momentos dejar el ejército y marcharse á París.»

el merodeo para evitarla, el desorden, y el vencimiento la represalia que, en casos como aquél, es la falta de respeto, la rebelión contra el que se hace considerar como fautor de todo revés ó dificultad. Ney comprendió muy pronto el error, mejor dicho, la enorme falta que acababa de cometer desobedeciendo las órdenes de su jefe y exigiéndole satisfacción tan inconveniente, imposible, como la del origen de las órdenes que tenía derecho á dar por propia é incontestable autoridad; y arrepentido, sin duda, quiso volver á la gracia de Massena ofreciéndose á obedecer y servir como antes, exponiendo por motivo alguna demostración ofensiva hecha por el ejército inglés, pero no se le atendió y hubo de retirarse á España. ¿Qué más? Cuando, retirándose el ejército á Castilla, volvamos á ocuparnos en ese estado que tan lisonjero hallaba Massena al escribir á Berthier desde Celórico, veremos cuán otro lo pintaba el mariscal mismo al tocar las dificultades que se le presentaban para llevar á cabo su proyecto de trasladar al Tajo la base de sus operaciones.

Entretanto, fueron ejecutadas sus órdenes de marcha del 6.º cuerpo á Guarda, donde el 26 se establecía también el cuartel general del Príncipe. El 2.º cuerpo se presentaba en Belmonte, apoyado por el 8.º entre Guarda y aquella población y esparciendo destacamentos hacia Fundão por todo el curso superior del Zézere y la Sierra das Mezas, su divisoria con el Coa. Si alguna duda albergase Wellington sobre el plan de Massena, debió desvanecérsela el movimiento que veía emprender al ejército francés; y aun cuando el racionamiento de sus tropas y la llegada de nuevas fuerzas á su campo le aconsejaran no impedirlo en unos días, pasados el 26, 27 y 28, en que los enemigos permanecieron también inactivos en los puntos que acabamos de asignarles, el 29 se oía ya el cañón en todo aquel montuoso territorio. El ataque iba muy pensado, se conoce, y se ejecutó admirablemente.

Ataque de Guarda. Las tropas ligeras y la caballería pasaron el Mondego para ocupar todos los pequeños pueblos próximos á Freixeda, de donde echaron á los franceses mientras tropas de Milicias se extendían en la misma dirección para cortar las comunicaciones de Almeida. Un poco más tarde atacaban á Guarda la 3.ª y la 6.ª divisiones inglesas, con aquella misma ligera y dos regimientos de caballería, fuerzas que, dividiéndose en cinco distintas columnas al apoyo de las demás divisiones del ejército, asaltaron la ciudad y el castillo que, ante aquel aparato de fuerza, habían sido abandonados. «Si la persecución, dice un historiador inglés, hubiera sido tan vigorosa como el ataque, no sabría decirse cómo el 2.º cuerpo habría podido reunirse á Massena.» Esta es la versión inglesa, porque los franceses la dan muy diferente, asegurando que Guarda, donde se hallaba la noche anterior el cuartel general, se encontraba bajo la vigilancia de muy poca fuerza y ésta mal distribuida. He aquí lo que contaba después el general Fririón. «La marcha del mariscal Ney dejaba á su sucesor una tarea de muy difícil ejecución. El jefe de estado mayor general (Fririón) tuvo la feliz idea de ir á ver cómo había situado sus tropas el nuevo jefe del 6.º cuerpo (Loison) para impedir una tentativa del enemigo sobre Guarda. Salió antes de ser de día á verificar un reconocimiento hacia el Sud, y se vió sorprendido al no hallar en aquel punto más que un batallón del 6.º cuerpo para cubrir la ciudad del lado por donde podría el enemigo presentarse. Por la derecha, observó un barranco dominado de una parte y otra en toda su longitud, y las casas que había en aquel barranco estaban ocupadas por la 1.ª brigada de la división Marchand. Sorprendido del peligro de semejante posición, el general Fririón dió al general Maucune, que la mandaba, la orden de trasladarse sin pérdida de momento al borde más elevado del barranco y de aproximarse á Guarda para llegar antes que el enemigo, que no debía estar ya lejos. Tomadas estas medidas, el jefe de estado mayor general se apresuró á volver á Guarda y dió cuenta al mariscal Massena de que muy probablemente no tardarían los ingleses en hacerse ver por las alturas próximas, pues que no había más que un batallón en punto en que debiera haberse situado por lo menos una división; que no había que perder un momento, sino hacer embridar los caballos y cargar los carros para estar inmediatamente preparados á todo. No se había equivocado el general Fririón. Algunos húsares fueron á las once de la mañana anunciándonos que se distinguían los *uniformes rojos*. Apenas si hubo tiempo de montar á caballo y hacer salir los equipajes de Guarda al camino de Sabugal. La brigada del general Maucune escapó felizmente del peligro que la amenazaba de caer entera en manos de los ingleses, y pudo llegar á Guarda para formar la retaguardia. No la persiguieron más que algunos tiradores enemigos» (1).

---

(1) Fririón, como Nápier, achaca á Wellington el que éste no sacara el fruto que debía obtener de su ataque á Guarda. Es verdad que muchos de los historiadores de aquella cam-

Como se vé, los franceses de Guarda pertenecían al 6.° cuerpo, no al 2.° según dice Nápier; y dice poco el general Frírión al manifestar que Ney dejaba á su sucesor una tarea por demás improba. No: lo que dejó Ney fué un vacío que ninguno de aquellos generales sabría llenar, y el trance de Guarda fué á demostrarlo de una manera tan elocuente como triste á Massena y á todo el ejército francés.

Es verdad, sí, que el 2.° cuerpo tuvo también que habérselas aquel día con los ingleses, pero fué lejos de Guarda, al dirigirse á las posiciones que ocupaba Reynier entre Belmonte, Sortelha y Sabugal. Unos 800 caballos con cuatro piezas de artillería atacaron á una de las divisiones francesas, situada entre las dos poblaciones últimamente nombradas, y hubiéralo pasado

---

paña hacen observar en el generalísimo inglés una parsimonia impropia de la situación ventajosa en que se halló para acabar con el ejército francés al retirarse éste á España. ¡Qué tal sería para que Nápier la pusiera de manifiesto! Sin embargo, el que más se distingue por sus juicios sobre la excesiva prudencia de Wellington en la retirada de Massena, es Schépeler. Desde los primeros trances de aquella jornada ve á Wellington receloso y hasta tímido ante el ejército francés, más, de seguro, que por su fuerza, por los talentos y la experiencia de su jefe el Príncipe de Essling. Empezando por mostrarle como aferrado á un sistema preconcebido cual el de no apurar en demasía al enemigo y de no hacer nada que no estuviera ya calculado, le tilda de temer siempre que le pudiera provocar á una gran batalla y por eso, dice, no se atrevió jamás á emprender acción alguna ejecutiva y rápida. Entre otros datos que aduce el historiador alemán para probar eso, cuenta que un general dijo al Lord: «Un ataque pronto, y el enemigo tendrá que abandonar artillería, bagajes, etc.»; la respuesta fué: «pero entonces perdería en él gente con que cuento tomar pronto Ciudad-Rodrigo y Badajoz.»

Godard dice que en Guarda estuvo para ser cogido Massena, y que para impedir que lo fuese su querida, se hizo necesario que la tropa se batiese en las puertas de la población mientras la *dama* aquélla hacía sus preparativos y se metía en el coche.

mal su retaguardia sin la aparición en el campo de batalla de otra división, la 1.ª de Reynier, que contuvo á los jinetes enemigos, quienes, sin embargo, no se retiraron sin llevarse 200 ó 300 prisioneros. Con eso comprendió Massena que fracasaba su plan; y, después de lo acontecido en Guarda y Sortelha que obligó á llevar casi todo su ejército al valle del Coa, pareció decidirse por retirarse á Castilla y al resguardo de la plaza española de Ciudad Rodrigo. A tal punto llegó su convencimiento de la necesidad de abandonar aquel proyecto tan halagüeño á su amor propio, que, sobreponiéndose á él, confesaba á Berthier sinceramente cuanto le había ocultado en sus comunicaciones anteriores. Trasladamos íntegra la carta del 31 de aquel mes de marzo porque ella sola vale por cuantas explicaciones quisiéramos dar sobre una resolución, inesperada el día antes y tan opuesta al carácter de aquel hombre de hierro, halagado hasta entonces constantemente por la victoria.

Massena abandona su anterior proyecto.

«Monseigneur, decía: Circunstancias imperiosas que no debo ocultar más á Vuestra Alteza me han obligado á renunciar al proyecto de operar en Portugal. He hecho cuanto de mí dependía para retener el mayor tiempo posible al ejército fuera de España, tanto cuanto creía estar en el interés de Su Majestad; pero, no vacilo en decirlo, me he visto siempre contrariado por los jefes de los cuerpos de ejército que han soliviantado á tal punto el espíritu de los oficiales y soldados, que sería pernicioso el mantenerlos en las posiciones actuales. Desde nuestra salida de Santarem se encargó de la retaguardia el mariscal duque de Elchingen, jefe del mejor y más fuerte de los tres cuerpos de ejército. Como ese cuerpo había estado constantemente en reserva, creí que era á quien debía fiar una operación que exigía vigor sumo. Apenas llegado á Pombal, el mariscal manifestó ostensiblemente que era á espaldas de Salamanca adonde debía retirarse el ejército, y que, para hacer fácil la marcha retrógrada y más rápida también, debían destruírse todos los carros de la artillería y los equipajes, opinión que se propagó al momento en aquel cuerpo y se hizo conocer de los demás que no tardaron en participar de ella. Debo decir á Vuestra Alteza que hay un gran abatimiento en el ejército de Portugal; que muchos de los regimientos que lo componen han servido-en la expedición del mariscal duque de Dalmacia y en la del duque de Abrantes. Los oficiales se quejan, y yo lo repito también, se necesita un descanso de dos ó tres meses para que se rehaga el ejército. Me he quedado solo, puedo decir, en el propósito de sostenerme en Portugal; y sin una voluntad bien decidida no nos hubiéramos mantenido aquí ni 15 días. Desde que hago la guerra, no he sufrido tanto, y jamás he experimentado tan grandes contrariedades: feliz yo si he podido satisfacer á las intenciones de Su Majestad.....»

¿Era ese el brillante estado que pintaba en la comunicación de días antes?

Pero no es éso todo; porque en otra del mismo día de la precedente, después de manifestar á Berthier que en esas condiciones sería arriesgado esperar al enemigo para recibir una batalla ó para dársela, añade: «El merodeo, aunque organizado y que ha sido necesario permitir, no ha contribuído poco á que se relaje la disciplina que es de la mayor precisión que se restablezca».

Si á eso se añade, y no tiene nada de extraño, que el ejército se veía en los primeros días de abril reducido á unos 31.000 hombres, incluyendo en ese número los oficiales, se comprenderá la imposibilidad por el momento de sostener la campaña ante un enemigo que, por el contrario, aumentaba en fuerza cada día. Se lo demostró á Massena, si aún no estaba penetrado completamente de lo mismo que escribía, la acción de Sabugal, en que se vió el 3 de abril atacado por las fuerzas de Wellington, empeñado en precipitarlo cuanto antes en la frontera española.

El combate de Sabugal es uno de los que no sufren examen bajo el punto de vista del arte militar. Sea por haberse verificado la marcha de los ingleses sin concierto alguno, extraviándose varios cuerpos, así por la ignorancia de sus jefes, como por lo obscuro de la noche, la niebla que cubría el terreno al hacerse de día y la lluvia que la sucedió, sea por no haberse tomado las precauciones convenientes para dar unidad y orden á una maniobra en que tanto habían de influir ambas causas, lo cierto es que, al llegar las fuerzas de la división Erskine á los vados del Coa, ninguna de sus brigadas sabía por donde habían de atacar al enemigo. Este era el 2.° cuerpo que se trasladaba á Alfayates, donde ó en sus inmediaciones se encontraban el 6.° y el 8.°. Reynier, á su vez, no podía distinguir á los aliados que, envueltos en la niebla ú ocultos en los bosques que cubrían los más importantes accidentes del terreno, iban acercándose en demanda de los vados del Coa. De modo que, á pesar de las combinaciones de Lord

Combate de Sabugal.

Wellington, el choque iba á limitarse al ataque y defensa de una posición; esa sí, importante por cuanto amenazaba la línea de marcha de los franceses á Alfayates y, por parte de éstos, cubría los vados por donde los ingleses pasaban el Coa para, efectivamente, cortarla.

Una brigada de la división ligera (Erskine) fué la primera fuerza de los aliados que cruzó el Coa, inobservada por lo denso de la niebla á aquella hora (las nueve de la mañana). Mandaba la brigada accidentalmente el coronel del 43.° de línea Beckwith, quien, después de una corta parada en la margen del río, lo cruzó y se adelantó luego al paso de carga á tomar la altura cubierta de bosque de que hemos hecho mención. Pero, no apoyada la brigada por la otra, que llevaba dirección distinta y no iba simultáneamente al ataque, Beckwith fué rechazado y su regimiento y las compañías del 95.°, que también regía, hubieron de sufrir mucho de la artillería francesa que los cubrió de metralla. Nuevas fuerzas inglesas, llegando, aunque tarde, al Coa y pasándolo una división, la 3.ª, á vado, y otra, la 5.ª, por el puente de Sabugal, renovaron el combate; y después de mil peripecias, ataques á la bayoneta, cargas de caballería y tiroteo alternado desde las tapias y setos de las huertas y sembrados, los anglo-portugueses quedaron dueños de la posición, pero cuando el 2.° cuerpo francés, al que también acudió por la parte de Rovina el 6.°, se alejaba del campo de batalla en el mayor orden. Amenazados de no poder retirarse á tiempo el general Sarrut, que ocupaba la altura, y el general Soult, que la había despejado de enemigos con una brillante carga de caballería, abandonaron la posición que fué ocupada por el enemigo, cuyas columnas acudían de todas partes comprendiendo que allí era donde iba á decidirse el éxito de la jornada.

Fueron considerables las pérdidas en uno y otro campo; y, aun cuando no es fácil fijarlas con cifras de todo punto exactas por lo diverso de los datos deducidos de los partes que pudiéramos llamar oficiales, pueden calcularse en 300 ó 400 entre muertos y heridos por cada lado (1).

Aquel fué el último episodio de la retirada del ejército francés de Portugal cuando ya Massena había desistido de su empeño, ciertamente honroso pero equivocado, de fingir, porque no otra cosa puede suponerse, que aún podía continuar su desgraciada campaña contra el ejército aliado y hundirlo, como se le exigía, en el fondo del Océano.

_____

(1) Lord Wellington señala sus bajas con un número redondo, el de 200, y la de Reynier con el de 1.000.

Fririón dice que las de los franceses fueron de 47 muertos y 203 heridos, un coronel muerto y dos heridos. Atribuye á los ingleses mayores pérdidas por haber estado expuestos largo tiempo á la metralla francesa y á las cargas de la caballería.

Schépeler, que sigue á Wellington en ese cómputo, consigna una anécdota en su concepto curiosa, algo diferente, sin embargo, de como la cuenta Nápier. «Entre los prisioneros, dice, estaba el teniente coronel Waters. Montaba constantemente un caballo muy feo, al que sus camaradas llamaban *Bitter* (amargo), de que se originó el retruécano de *Bitterwater* (water, agua; agua amarga, agua purgante). Waters contestaba con una sangre fría imperturbable á todas esas bromas sobre su caballo, asegurando que animal tan fiel le prestaría siempre grandes servicios. Los franceses dejaron á su prisionero tan miserable montura; y, no habiendo querido Waters dar su palabra de honor, le llevaron á Ciudad Rodrigo algunos gendarmes. En el camino, pide permiso para satisfacer una necesidad, y los gendarmes echan también pie á tierra. El prisionero ve que puede aprovechar aquella circunstancia, se lanza, aun sin vertirse, á su caballo y huye como un relámpago. La rapidez de su jaco le permite pasar felizmente al lado de una

Errores había cometido Massena en su última jornada, la de la invasión de Portugal; pero, sin contar los que no pueden menos de atribuírsele, y no pocos de ellos debidos á circunstancias difíciles de prever y de evitar, ¿no le fueron algunos impuestos por quien, hallándose muy lejos, no podía corregirlos? Acusóse á Massena de haber dado la batalla de Bussaco, y no sin razón, puesto que al segundo día flanqueó sin obstáculo la sierra y se apoderaba de Coimbra; pero ¿cómo se puede sostener que debió satisfacerse con la conquista de aquella ciudad y no proseguir su marcha á Lisboa? Y entonces ¿cómo precipitar en el mar al ejército inglés? Se le criticó también por no haber atraido á Wellington en Torres-Vedras á una gran batalla. ¡Fácil era que el generalísimo inglés dejase sus sabias é inexpugnables fortificaciones para medirse con el ejército más maniobrero y el general más experto que tenía el emperador Napoleón en España! (1).

---

columna porque Waters conocía perfectamente el terreno.»

También dice que entonces cayeron en poder de los ingleses 20 acémilas con los aquipajes de Junot, en que iban muchas alhajas de iglesias y de particulares. Un aderezo de topacios, que el general destinaba á la Emperatriz, fué á parar á manos de un guerrillero, y se rifó á beneficio de la provincia de Burgos. ¡Qué diferencia entre el general francés y el guerrillero español!

(1) En un folleto que con el título de «Campaña de Portugal en 1810 y 1811» se publicó en Londres (se nos figura que por el general Sarrazín) y tradujo después el brigadier Cabanes, se decía al final: «La prudencia le prohibía (á Wellington) batirse con Massena en la fuerte posición que éste había tomado en Santarem, conocía la situación difícil en que el enemigo se hallaba, podía calcular con diferencia de un día la época en que éste debía retirarse para no perecer del todo; sabía que de la conservación de su exército, el único que podía luchar contra los franceses en la península, dependía la suerte de este vasto territorio. La política, no menos que la filantropía, prohibían una efusión de sangre inútil, cuando se sabía con certeza que la dilación de pocos días produciría los mismos resultados.»

¿Y lo de esperar en el Tajo al mariscal Soult? Demasiado sabía Massena que no debía albergar confianza en que le ayudara en su empresa ninguno de sus colegas, los mariscales que operaban en la Península, y del duque de Dalmacia menos que de otro alguno. En cuanto á lo de haberse acogido á Coimbra en su retirada, bastante hemos dicho para que se comprenda que ese era su pensamiento y que no fué suya la culpa de que no se llevara á feliz y completa ejecución.

Pero, después de todo, quien principalmente la tenía era el mismo Napoleón que después dirigía esos cargos á Massena en su conferencia con el general Foy cuando, poco antes de terminar la retirada, lo volvió á enviar para que explicara al Emperador las causas de aquel triste pero obligado movimiento. ¿Es que la guerra de España no merecía la presencia de tan insigne capitán al frente de las tropas después de cerca de tres años que su hermano y sus generales llevaban de tan cacareadas victorias que en realidad valían lo que otros tantos reveses ó fracasos por lo menos? Y si por atender en París á las mil dificultades de un gobierno, fundado principalmente en la fuerza y la gloria con ella adquirida, ó preparar el brillante enlace que tan distraido le tuvo aquel año de 1810 hasta el nacimiento de un nuevo Rey de Roma que colmaría su orgullo y la satisfacción de verse reproducido y dar mayor seguridad y solidez á su flamante dinastía, creía deber confiar á otros una jornada que acaso fuera la decisiva de lucha tan prolongada, tenaz y comprometida para sus armas; ¿por qué escaseó á su teniente en Portugal los recursos y refuerzos que bien se veía que iba á necesitar desde el momento en que avistó las lí-

neas de Torres-Vedras? Sus órdenes, cuando eran obe-
decidas, lo eran á medias ó por quienes, como su
hermano, Kellermann, Bessières y otros hacían bastante con poderse mantener en sus gobiernos respectivos. Los refuerzos que enviaba desde el interior de
Francia y de Bayona eran de escasa fuerza para obra
tan magna ó tardíos, quedando detenidos en España,
ya para desmembrarse en persecuciones de fantasmas,
intangibles como Mina y los heróicos guerrilleros castellanos apostados en el camino de Portugal, ya para
rechazar las acometidas de los astures y gallegos que
desde sus fronteras andaban espiando la ocasión de
vengar la anterior ocupación de sus provincias.

Pero, además, ¿qué hizo Massena que no le fuera
mandado por el Emperador, su soberano, tan cuida-
doso de la ejecución de los menores detalles como de
las más grandes concepciones de su incomparable talento? «Massena, ha dicho un gran pensador, no era
Napoleón, y, al enviarle á Portugal, no creía éste, de
seguro, que se enviaba á sí mismo»; y Massena fué el
primero de tantos como le decían que sólo él sería capaz de llevar á feliz término aquella guerra.

Por qué no lo hizo, ya lo hemos indicado varias
veces y no es cosa de repetirlo.

No lo es tampoco, después de cuanto hemos ido
exponiendo al compás de las operaciones de los beligerantes en la campaña de Portugal, tan escarmentada como las dos anteriores, de que nos detengamos todavía más en poner de manifiesto las causas de aquel
último descalabro en que los talentos innegables y la
consumada experiencia del *Hijo mimado de la Victoria*
no lograron prevalecer sobre los talentos también del

Iron Duke, su inacabable sangre fría y su inmensa prudencia militar. Nos hace falta tiempo para desentrañar una de esas causas á que acabamos de aludir, la de los estorbos que pusieron los españoles para que Massena se viese ayudado eficazmente por sus compañeros de armas desde las vastas regiones de las dos Castillas que dejó á sus espaldas.

Ha dicho un escritor alemán, al servicio entonces de Inglaterra: «Sin la España, situada á vanguardia, libre y aun semejante al caos, Wellington no hubiera vencido en Portugal; y así se hace necesario describir la *pequeña guerra*, más difícil, frecuentemente más destructiva, que tuvo lugar á espaldas de aquellos dos grandes ejércitos.» Tan necesaria es la descripción de la lucha entablada por nuestros compatriotas en Castilla desde que, rendida Ciudad-Rodrigo, penetró en Portugal el ejército francés, que con ella tan sólo puede llegarse á comprender la razón, entre otras, del fracaso de tan formidable armamento. Hay detalles en la guerra que, sumados y á veces por la sola eficacia de uno solo, contribuyen poderosamente á un resultado que, mirados y aun sujetos aisladamente á examen, parece no debiera reconocer otro agente que el de la acción grandiosa y uniforme en que aisladamente interviene. Hemos explicado, y se nos figura que no sin éxito, la influencia que ejercían en la guerra de la Independencia las guerrillas, sobre todo cuando apoyaban sus operaciones en núcleos más ó menos numerosos que impidieran el fraccionamiento y dispersión de los que necesitaban conservar los franceses para hacer efectiva y provechosa la ocupación del país. Y nunca acaso prestaron mayores servicios que al mantener

Servicios de los españoles á retaguardia de Massena.

interceptadas las comunicaciones del ejército francés de Portugal con las tropas que había dejado en
Castilla y con la Francia, por consiguiente, y con su
Emperador, de quien habrían de emanar iniciativas,
instrucciones y la fuerza necesarias para proporcionar
á aquél la victoria. Massena hubiera podido llevar
fuerza superior á la que tales circunstancias le permitieron conducir á Portugal, y, libres sus comunicaciones, en completa seguridad los convoyes que
hubieran de hacerle llegar refuerzos, víveres y municiones, su acción habría sido todo lo desembarazada,
enérgica y decisiva, propia de su carácter emprendedor y resuelto. No se hable de las bajas que causarían
los servicios extraordinarios á que obligaba la falta de
esas condiciones indispensables para ejercitar con fortuna tal acción, y las que causaría en España el no menor de guarniciones y destacamentos para la seguridad
de los puntos de etapa y la escolta de los convoyes y
y correos, bajas que, sumadas con las que sufrió aquel
ejército, dan una cifra enorme (1).

Los de don Julián Sánchez. Al entrar Massena en Portugal con cuantas tropas
tenía á la mano ó pudo allegar de las que ocupaban
la región castellana del Duero, las partidas y guerrillas
que campeaban por ella tuvieron por el pronto algún respiro y mayor facilidad para ejercitar su sistema
especial de guerra en aquellos primeros momentos en
que habían quedado diezmadas y desorganizadas las

---

(1) Pueden estas últimas calcularse por el importante dato
de que en los hospitales de Madrid murieron, de enero de 1809
á julio de 1810, unos 24.000 franceses, saliendo, además, para
Francia sobre 8.000 inválidos. El término medio de la morta-
lidad diaria en todos los hospitales fué de 285 á 430.

fuerzas enemigas puestas á su alcance. Al abrigo, también, de una brigada, la de D. Carlos España, que se destacó del ejército de Extremadura á la derecha del Tajo, y del, aunque escaso en número, llamado ejército de Galicia cubriendo una parte considerable de la divisoria pirenáica, D. Julián Sánchez y Porlier, cada uno por su lado, el correspondiente á aquellas regiones limítrofes de la del Duero, no daban punto de respiro á los franceses que la guarnecían. Era el primero quien más podía ofender á los franceses dejados en Castilla para mantener las comunicaciones con Massena y abastecer y resguardar las recién conquistadas fortalezas de Ciudad Rodrigo y Almeida. Situado en octubre de 1810 junto al Tormes, cortó la comunicación de la primera de aquellas plazas con Avila; esto es, con Madrid y el ejército francés del Centro que regía el Intruso. A fines de aquel mismo mes y principios del siguiente, escarmentó rudamente en Fuenterroble y San Muñoz á los húsares y dragones destinados á vigilarle y perseguirle. A sus órdenes, ó por lo menos siguiendo sus huellas y consejos, combatían Aguilar y Ganidos, dos guerrilleros, también castellanos, que acosaban incesantemente con los jinetes de su mando á los franceses, cuando no les cogían, en combinación con D. José Martín, segundo de D. Julián, algún convoy, como lo hicieron el 3 de febrero de 1811 en Tamames después de haber derrotado á los que lo escoltaban (1). Aquel importante

_____

(1) De este Aguilar (Lorenzo) existe una noticia curiosíma en los papeles del general Mahy. Es una declaración que se le exigió al presentar en la Puebla de Sanabria al general Taboada una correspondencia cogida á los franceses. Dice así:

hecho de armas y la presa, su consecuencia inmediata, de 300 carros cargados de víveres con destino á Ciudad Rodrigo, provocaron una batida de los franceses sobre Don Julián y sus camaradas que, si no tuvo las proporciones de la de Reille en Navarra, puso en grave aprieto á nuestro hábil y valeroso compatriota. Hízose una combinación de fuerzas francesas desde Ciudad Rodrigo, Avila y Talavera, con las que se esperó atrapar á D. Julián en la sierra de Gredos ó en la de Béjar y Peña de Francia; pero, si no hubiera aparecido por

---

«Que se llama Lorenzo Aguilar, que es natural de Corrales de Zamora en Castilla la Vieja, que los motivos que ha tenido para perseguir á los enemigos han sido; que habiendo servido á S. M. nuebe años en el R.¹ C.ᴾᵒ de Guard.ˢ de Inf.ᵃ Española, y siendo prisionero en Cascante en el Reyno de Aragón, se fugó de ellos, y regresando á su país, su propuso formar una Partida de Guerrilla de Caballería, que consiguió hacerlo hasta el número de cincuenta hombres montados y armados, con los que el día 18 de este presente mes (Jun. 1810) pasó á Valde Losa, en donde encontró treinta y quatro Franceses de Inf.ᵃ, los que mataron con su comand.ᵗᵉ sin dejar ninguno, q.ᵉ al día siguiente 19, se encontró con un Coronel, dos Oficiales, un Edecán y 8 Dragones á las inmediaciones de las Caserías de Llamas en el Monte del Hospital, cerca de Calzada, á los que igualmente mataron; que el día 20, del mismo Mes se batió con 8 Artiller.ˢ, que conducían un cañon de á quatro desde Toro á Salamanca, entre Toro y la casa del Palomar, á los que del mismo modo mató, dejando el cañon clabado, y enterrado en el mismo parage con dos cajas de Guerra de Bronce; seguidamente el beinte y uno entre Huelmes y Calzada volbió á encontrarse con diez y seis Drag.ˢ y un Oficial, que conducían el Correo desde, Zamora á Salamanca, y que habiendo tenido con ellos un largo tiroteo, y escaramuzas, consiguió vencerlos y degollarlos sin dejar ninguno, recogiendo la maleta con toda la correspondencia que contenía, y sabiendo que se hallaba un General español en la Puebla de Sanabria, paso á entregársela con dh.ᵃ correspondencia, y darle parte de lo que lleva referido, como con efecto lo verificó en este día (24), y á las nuebe de la mañana del, acompañado de dos Soldad.ˢ montados de su Partida, á quienes se les preguntó lo mismo, y dijeron era cierto cuanto lleba expresado el referido Aguilar.»

Aguilar fué hecho prisionero poco después y se le retuvo en Valladolid esperando que atraería á los de su partida, y, negándose ellos á entregarse, fué ejecutado.

entonces el general La Houssaye á lo largo del Tajo, mal lo hubiera pasado el coronel Foulon cerca de Coria, donde el guerrillero español se proponía atacarle. La Houssaye iba desde Madrid con 2.500 hombres en busca de noticias de Massena; y teniendo que cruzar el terreno precisamente en que operaba Don Julián, éste hubo de retirarse á la frontera de Portugal para observar bien sus movimientos. Y como no tenía otra cosa que hacer ni á qué dedicar su incansable actividad más que á, vengando la injuria inferida á su familia, sacrificar enemigos en aras de la patria, era raro el día en que en un punto ó en otro no consiguiese la satisfacción de los sentimientos que le habían echado al campo (1).

Todo aquel país se hallaba en completa conflagración y el general francés Serás, á quien estaba encomendada su ocupación, no se bastaba para mantenerlo libre de las excursiones de los patriotas españoles.

Los de otros guerrilleros en el Duero.

_____

(1) El general Mahy tenía establecido en los límites del distrito de su mando y aun en el centro de las operaciones del enemigo un servicio de vigilancia y espionaje con que se enteraba de todo cuanto sucedía en su derredor. Con citar los nombres de los que él llamaba *oficiales exploradores* se puede perfectamente comprender que no carecía de noticia alguna interesante. D. Santiago Urién Valle, D. José Rey, D. Benito Trillo, D. Domingo Miñambres, D. Matheo Domínguez, Don Rodrigo Arjona, D. Gabriel Huerga, D. Francisco Antonio Pérez, D. Manuel Uría y Llano, J. M. P. y Juan de la Cruz García, escribano de Astorga, eran los más asiduos corresponsales de Mahy, los cuales, á su vez, tenían á su lado y entre los enemigos, confidentes y espías que les daban partes y avisos de cuanto hacía el enemigo.

Hay despachos, pero muchos, entre los papeles de aquel celosísimo general, en que se detallan las guarniciones de todos los puntos ocupados por los franceses, con lo que los guerrilleros que pululaban en la falda pirenáica de Astorga á León, Palencia y Burgos, podían con todo conocimiento asaltar pueblos, convoyes y partidas de los imperiales en sus maniobras y marchas.

Estos llegaban á veces á las puertas de Astorga, de León y Zamora persiguiendo á los destacamentos franceses dedicados al merodeo y á mantener las comunicaciones entre aquellas ciudades. Y si el establecimiento de parte del ejército de Galicia consentía las salidas de aquel reino sobre el territorio á que nos estamos refiriendo, haciéndolas fructuosas y con no poca impunidad hacia Palencia, Valladolid, y hasta Ávila y la cordillera en que tiene asiento, aumentaban los guerrilleros con la exasperación de los pueblos por el despotismo, las exacciones escandalosas y los inauditos atropellos de Kellermann, á quien tuvo, por fin, que llamar Napoleón á Francia. Príncipe, Saornil, Aguilar, Fornel, Padilla, Cerezo, Oliveros y otros no daban allí punto de reposo á los franceses. Los pueblos de Peñafiel, Tordesillas, Frómista y Sahagún vieron á nuestros partidarios echarse con más ó menos fortuna, sobre los convoyes; y en Palencia y Valladolid no lograron los imperiales evitar que fueran hechos prisioneros algunos de sus oficiales en sus propios paseos. Y esto, mandando ya allí Drouet; que, al marchar éste á Portugal á reforzar el ejército de Massena, nuestros patriotas quedaron así como dueños de las comarcas de Castilla la Vieja, recrudeciendo sus represalias á proporción de las tropelías que no cesaban de cometer sus enemigos, mayores también á proporción de la distancia á que se ponían sus jefes.

Los del Ebro. Lo que en el Duero, sucedía en la región del Ebro que cruza el camino de Bayona al centro de la Península y á Portugal, donde se hallaba, como hemos visto, concentrada la acción de los imperiales en aquellos días. Por más que ese camino se hallara siempre á

cubierto, al parecer, de todo atropello á los franceses
con el paso de las divisiones de Drouet y Cafarelli, así
como de las que incesantemente y según apremiaba
Massena con sus reclamaciones de oficio por el vehícu-
lo de Foy ó de alguno de sus ayudantes de campo, se
dirigían de París y Burdeos á Irún, ó de Navarra, ocupada, como dijimos, aunque temporalmente, con las
fuerzas que Reylle dedicó á la persecución de Mina, ni
esas fuerzas, tan numerosas, ni las que algo más tarde
llevaron Bessiéres, Dumonceau y otros generales franceses lograron mantener despejada toda aquella zona.
Eso que, además de las fortificaciones que proseguían
en Burgos, las levantaban también en Logroño, Bri-
viesca, Monasterio y Pancorvo, y establecían depósitos
allí y en otros puntos del tránsito, así para los víveres
que sacaban del país como para los enfermos, heridos
y rezagados que era necesario librar de las garras de
nuestros partidarios. A pesar de todo eso, Longa, tan
perseguido por Dumonceau, Amor, Campillo, Cuevi-
llas, el cura Merino, el canónigo Salazar, Tapia, Padilla y más aún, entre ellos alguna amazona vasconga-
da, tenían invadido todo aquel país, ya peleando,
según su más constante anhelo, aislados y, como vulgarmente se dice, campando por su respeto, ya reuniéndose algunos para dar un gran golpe al enemigo.
A principios de diciembre de 1810, por ejemplo, se
hallaban en el valle de la Tobalina, entre Villarcayo
y Frías, Longa, Mina, Amor y otros con hombres en
número de unos 6.000, esperando, sin duda, caer
sobre los franceses que fueran á cruzar los montes
Obarenes desde Miranda ó Puente Larrá. Con eso y
después con la noticia del desastre de Massena en Por-

tugal, había gran pánico entre los comprometidos por la causa del Intruso en toda aquella tierra, pronunciándose una emigración bastante considerable entre la gente que se sentía con fuerza y recursos para arrostrarla. Para atajarla, sin duda, é inspirar alguna confianza entre los afrancesados, extremó Bessiéres sus violencias con los leales defensores de la independencia española. Todo inútil; á sus atropellos contestaban nuestros guerrilleros con las represalias más duras, muchas veces sin parar mientes en que, por grande que fuera el patriotismo de los pueblos en que á veces se ejercían violencias injustificadas por vía de venganza, habrían éstas de enfriar su entusiasmo por la causa nacional (1).

El cura Merino.

Mezclados á veces con los que campeaban en esa línea de operaciones de los franceses, la más frecuentada por serlo también de comunicación de la frontera con Madrid y la raya de Portugal, en que se estaba puede decirse que decidiendo la suerte de la campaña, recorrían las altas tierras que separan las cuencas del Duero y el Ebro, las sierras de Burgos, Montes de Oca

---

(1) Tenemos á la vista una correspondencia entre el general Mahy y Longa en que este partidario, con ser de los de índole más humana y generosa, apenas si logra templar el disgusto que produjeron en aquella autoridad las demasías de los que componían la entonces poco numerosa partida del herrero vascongado que, pocos años después, habría de ejercer los cargos militares más elevados de nuestro país con aplauso general.

Aun con tan escasos medios, pues que entonces no contaba Longa más que con 100 infantes y 70 jinetes, copó el 26 de octubre en la Peña de Orduña un convoy de 10.000 pares de zapatos, 4.000 vestuarios completos, muchas armas, una silla de montar riquísima del general Bonnet y 2 millones y medio de reales, escoltado todo por 400 franceses de los que sólo 14 lograron salvarse.

y de la Demanda, que constituyen la que generalmente se llama *Cordillera Ibérica*, otras partidas, y de esas,
las que más fama alcanzaron desde su levantamiento
en 1808, fueron la del cura Merino y la del Empecinado. Este peleaba casi siempre en las provincias de
Soria, Guadalajara y Cuenca, atento á cuanto pasaba
en derredor de la corte del Intruso, por lo que habre-
mos de ocuparnos de sus correrías en otra parte, ya
inmediata, de esta obra. No así el famoso cura de Vi-
lloviado que encontró en los campos vecinos á aquélla
su residencia anterior y en las sierras acabadas de citar
amplio teatro para sus hazañas, increíbles á veces si
no estuviesen plenamente testimoniadas.

Dejámosle á fines de 1809 reuniendo gente que sus
protectores de Burgos le proveían de caballos, armas y
municiones. De organización adelantaba, si algo, tan
poco, que muchos de sus subordinados, los estudiantes
particularmente, de que él hacía sumo aprecio, hasta
intentaron abandonarle para trasladarse á los ejércitos
de operaciones. La longanimidad del cura llegó á co-
misionar á algunos de ellos con el pretexto de entregar
en Sevilla un oficial francés prisionero, á quien se dió
en la partida una importancia excepcional que la Junta Central no reconoció después en él. Pero las consecuencias de la batalla de Ocaña y luego las de la rápida invasión de los enemigos en Andalucía, hicieron á
los emisarios de Merino volver á su campo de Burgos,
convencidos de que en él hallarían más alientos que en
aquellos ejércitos, tan ejecutivamente derrotados, y
ocasiones mejores de servir á su patria (1).

_____

(1) Es curiosísima la narración que de aquella jornada á
Sevilla hace el Sr. Santillán que tomó parte en ella. Alargaría,

Por aquel tiempo se había creado una Junta que el marqués de Barriolucio se decidió á proteger con la fuerza de un batallón y dos escuadrones que levantó en la provincia; Junta que, desanimada por el desorden y la discordia de que adolecían las demás partidas, hubo al fin de abandonar para ofrecer sus servicios en el ejército de Valencia. Tales fueron, con todo, las reflexiones que le hicieron sus oficiales á Merino que, aun cuando con la mayor repugnancia, acogió á la Junta en Salas de los Infantes, pero sin ocuparse mucho tiempo de su seguridad en los distintos lugares en que hubo de buscar refugio. Lo que le preocupaba más era la organización de sus infantes, que ya eran 500, puesto que con los 400 ó más caballos de la partida sabía él manejarse para no dejar en paz á los franceses un momento y eludir, sobre todo, sus ataques y persecuciones. Pero tuvo la fortuna entonces de que se incorporara á su fuerza la del gigantesco clérigo D. Juan Tapia que, aun cuando escasa, pues que sólo se componía de unos 50 peones y 30 jinetes, influiría sobremanera en las operaciones de la guerrilla por las excepcionales condiciones de su jefe que, desde su llegada, tomó el mando de la infantería.

Acción de Almazán. La acción de Almazán el 10 de julio de 1810 hubiera así dado un gran fruto, disputada, como fué, por la fuerza de ambos jefes y la de un batallón y un escuadrón, creados por la junta de Soria, que se le unieron, si Merino como Tapia se mostraran más duchos en materia de estratagemas independientes del conoci-

---

sin embargo, este trabajo y no la copiamos de tan interesante manuscrito, con lo que tendremos espacio para otros relatos suyos que encierran mayor interés militar.

miento del terreno. El jefe francés, metido con una fuerte columna, sobre 1.200 hombres, en el arrabal de Almazán, hostilizado de todas partes, con la amenaza de ver cortada su línea de retirada por la caballería de Merino, y muerta, puede decirse, de sed su tropa, apeló al recurso de fingir una rendición que, cándidamente creída por los nuestros, les movió á confundirse con los franceses hasta que, satisfechos éstos de agua, pudieron reponerse, sorprender y aun llevarse algunos prisioneros que el general Dorsenne hizo fusilar colgando después sus cadáveres en Burgos (1). La venganza de esta nueva barbaridad del general francés, ejecutada, se dice, desoyendo los ruegos de los oficiales que por tal ardid habían hecho los prisioneros, fué, como es de suponer, tan terrible como inmediata; venganza fácil, porque, según los cálculos del cronista de quien estamos sacando estos datos, para cada uno de los guerrilleros de Merino que caía en poder de los franceses,

_____

(1) «Por largo rato, cuenta Santillán, que fué allí herido, estuvieron confundidos muchos soldados nuestros con los enemigos, hablando ó más bien entendiéndose por señas ó ademanes como amigos, y aun algunos de nuestros oficiales entraron en el arrabal á preguntar á los franceses si en efecto se rendían. (Los franceses habían presentado un pañuelo blanco). La contestación de éstos no fué muy satisfactoria, dejando conocer que lo que querían era descansar y reponerse. Uno de sus oficiales llegó ya á decir que ellos creían que éramos nosotros los que nos rendíamos.»

Aquel fué día de impresiones para el imperturbable Merino. Presentósele un hermano que hacía muchos años creía muerto. Antonio Merino, famoso contrabandista, conocido por *el Malagueño* y fugado á América, había tenido allí noticias de las hazañas de su hermano; y en el deseo de ofrecerle su ayuda, regresó á España, presentándose en la madrugada, precisamente, del día en que tuvo lugar la acción de Almazán; pero con tan mala fortuna que dos horas después caía muerto por las balas francesas. No pareció sentirlo el cura Merino, presintiendo tal vez que *el Malagueño* le habría servido de estorbo más que de ayuda en su campaña.

caían 200 de éstos en el del inexorable cura. Cogidos unos 30 en las acciones siguientes de Madrigal del Monte y Quintanapalla, fueron llevados á las puertas de Burgos en que Dorsenne pudo comprender adonde le llevarían sus contraproducentes severidades. Ni se limitaron á esos los éxitos obtenidos por las gentes de Merino quienes, poco después, cortaban un gran convoy, cuyos diez últimos carros iban cargados de pólvora que, oculta luego y muy vigilada y defendida, abasteció por mucho tiempo á la guerrilla y aun bastó para proveer á otras de elemento tan necesario para la guerra (1).

Al comenzar el año de 1811 había aflojado mucho en aquel territorio la furia de la poco antes diaria y encarnizada lucha entre los franceses de Burgos y los guerrilleros de las sierras inmediatas. Los imperiales descuidaban toda otra atención que la de allegar á la frontera de Portugal los refuerzos con tal instancia solicitados por Massena, y se atenían en todo el trayecto á mantener la comunicación con el ínclito mariscal asegurando sus posiciones y los puntos fortificados con presidios suficientes, aunque no sobrados para distraer una parte de ellos con expediciones ni siquiera algaras contra las guerrillas. La de Merino pudo así dedicar algún tiempo á la instrucción militar, y su jefe á establecer depósitos de armas, vestuario y equipo en pun-

---

(1) Esto sucedía el 20 de octubre de 1810 y el 24 caían en poder de Merino 2.000 fanegas de trigo y lo que valía más, 40 carros de plomo en barras que con la pólvora constituyeron la presa más deseada y apreciable para unas gentes cuya mayor debilidad consistía en su falta de municiones. Acaso más que en la estratagema de los franceses en Almazán consistió en esa falta el fracaso de aquella acción en que se esperaba no quedaría libre uno solo de ellos.

tos de la sierra que ofreciesen alguna seguridad. Ya quiso, más por consejo de un D. Bonifacio Cortés, que se le había enviado con oficios de *Asesor*, que por deseo propio y espontánea resolución, fundir en la suya las varias guerrillas de Príncipe, Abril, Saornil y Tenderín que recorrían también aquel país ú otros próximos, celebrando con ellos un convenio que no produjo resultado alguno beneficioso (1). Tan desconfiado quedó Merino de la sinceridad de tal concordia que, al retirarse á su campo y viendo que lo había abandonado Tapia, sospechó de una maniobra exigida por la necesidad de racionarse, tomándola por traición, muy agena del leal cura de Astudillo que, libre del arresto impuéstole por su jefe, se volvió á su antiguo teatro de operaciones, donde á los pocos días peleaba á la cabeza de un batallón de infantería y algunos caballos.

Merino, sin embargo, ayudado por algún oficial de infantería que se le envió del ejército de Extremadura, y de los de caballería con Santillán, por supuesto, ayudante siempre de los húsares de Burgos, que se

---

(1) Decía de ellas Santillán: «Andaban por las provincias de Segovia y Valladolid y se nos entraban frecuentemente en la de Burgos, varias partidas de guerrillas, entre las cuales se distinguía por su numerosa fuerza de caballería la llamada de *Borbón*, porque se había formado de soldados desertores de este cuerpo al mando del cabo D. N. Príncipe. Su conducta era fatal para el país y para nosotros mismos, porque se había convertido en un asilo para nuestros desertores estimulados por la licencia que allí se les permitía. Por esta razón los perseguíamos nosotros, con tanto ó más ardor que á los franceses y aun llegamos en una ocasión á desarmarles ciento y cincuenta hombres que sorprendimos en Sepúlveda».

«A pesar, añade, de nuestra persecución, la partida de Príncipe llegó á reunir unos quinientos caballos que causaban menos daño á los franceses que á los pueblos».

empeñó en instruirlos por los principios de la antigua táctica de Ricardos, Merino, repetimos, continuó la campaña, siendo el terror de los franceses que, por su lado, no tardarían en renovar sus anteriores violencias sobre aquellos pueblos y sus legítimas autoridades.

Nueva crea-
ción de Dis-
tritos milita-
res.

Por aquel tiempo se puso en ejecución el decreto expedido en 16 de diciembre de 1810 por nuestro Ministerio de la Guerra creando una división territorial nueva para los ejércitos de operaciones, comprendiendo en ella, así las provincias libres como las ocupadas de los franceses. «Siguiendo, decía aquella disposición, el orden de levante por el sur á poniente en la circunferencia de la España se denominarán los referidos 6 exércitos; primero, el de Cataluña; segundo, el de Aragon y Valencia; tercero, el de Murcia; quarto, el de la Isla y Cádiz; quinto, el de Extremadura y Castilla; y sexto, el de Galicia y Asturias.—La comprehensión, añadía, del primero será todo el Principado de Cataluña.—La del segundo el reyno de Aragon y el de Valencia, excluyendo de éste las gobernaciones de Alicante y Orihuela; la parte de ambas Castillas que se encierra entre las orillas derechas del Ebro y del Tajo y el partido de Cuenca hasta encontrar el camino real de Aranjuez á Albacete.—La del tercero, el reyno de Murcia, el de Granada y Jaen; toda la parte de Castilla y Mancha desde el camino real de Aranjuez á Andalucía hasta el camino real de dicho sitio de Aranjuez á Albacete,. incluyendo los pueblos que se hallan sobre éste, y las gobernaciones de Alicante y Orihuela. —La del quarto, el reyno de Sevilla, comprehendiéndose la Isla y Cádiz, campo de Gibraltar, condado de Niebla, y dependencias de ambos.—La del quinto, la

Extremadura, el reyno de Córdoba, la parte de la Mancha á la derecha del indicado camino real de Aranjuez á Andalucía, comprehendidos los pueblos que se hallan sobre él, el partido de Toledo, el de Ciudad Rodrigo y toda la porción de Castilla á la orilla izquierda del Duero.—La del sexto, Galicia, Asturias, León, y la parte de Castilla á la derecha del Duero. Por manera, así concluía el decreto, que encerrándose en estos seis distritos todo el ámbito de la. Península, estarán baxo el mando del respectivo general en gefe todas las divisiones, cuerpos sueltos y partidas de guerrilla que haya en cada uno; se metodizará el modo de hacer la guerra con más utilidad; se auxiliarán oportunamente según las urgencias y recursos; las relaciones con el gobierno serán precisamente inmediatas y exactas, y se logrará verificar el alistamiento en la forma que corresponde» (1).

No queremos entrar en el examen y juicio de tan desacertada división territorial que afortunadamente no habían de respetar los generales en sus operaciones militares, políticas ni administrativas. No sobra el espacio para una discusión geográfico-militar que habría de ser larga y, por ende, enojosa para nuestros lectores; y sólo haremos notar que en la tal división no se tomaban en cuenta Navarra, las Provincias Vascongadas y la de Santander, tan importante que, poco después, era asiento y cabecera del 7.º ejército, creado en 20 de febrero siguiente para subsanar, sin duda, error tan craso.

Precisamente en el inmediato distrito del 6.º ejér-

Renovales.

_____

(1) *Gaceta de la Regencia* del sábado 26 de enero de 1811.

cito tuvo lugar un choque, pudiera decirse de autoridades, que entonces metió mucho ruido é influyó en la marcha de las operaciones que nuestras tropas ejecutaban en Asturias y en la región toda vigilada desde las márgenes del Duero y del Esla en que se apoyaba la derecha francesa para cubrir desde Castilla al ejército de Massena en sus operaciones, primero, y en su retirada, luego, de Portugal.

Dejamos á Renovales cuando, temiendo la destrucción de los valles navarros que se abren desde el Pirineo al río Aragón en su margen derecha, los del Roncal, Hecho y Ansó, en que los franceses tenían puestas sus miras, se retiró á los inmediatos aragoneses donde Perena, Baget y Pedrosa andaban á las manos con el francés Habert, tan cruel como codicioso. De allí, y viendo que no era aquel teatro propio para sus operaciones, se trasladó á Valencia y Cádiz, donde esperaba obtener destino más conforme con sus instintos, si no talentos, militares. En Cádiz, con efecto, obtuvo de la Regencia la misión de un desembarco en la costa de Santander para con las fuerzas terrestres que llevara levantar aquel país y el inmediato vascongado que, según hemos visto por el número de las guerrillas que se alzaban, era de esperar se convirtiera en foco de insurrección temible para los franceses, como encendido en el camino de sus comunicaciones con el resto de la Península.

Su expedición á Santoña.

Puesto en la Coruña, y de acuerdo con Mahy, que habría de darle la fuerza y los transportes necesarios para su embarque, así como con el comodoro Mends, que iba á servirle de escolta, salía Renovales el 14 de octubre con 1.200 españoles y 800 ingleses en varios barcos de carga, una fragata española, *La Magdalena*, el bergantín *Palomo*, otros buques menores de nuestra nación y cuatro fragatas de la marina real británica (1). El 16 avistaba la escuadra á Gijón, adonde acudía Porlier por tierra con la esperanza de sorprender á unos 700 franceses que guarnecían aquel puerto. Pero no pudiendo los de Renovales desembarcar hasta el 18 por lo agitado del mar, los franceses habían logrado retirarse, aunque con alguna pérdida, en dirección á Oviedo. Bonnet, al tener noticia de aquel suceso, juntó 2.500 hombres de los que se hallaban en los cantones más inmediatos á la capital y, reuniéndose á los fugitivos, volvió á ocupar Gijón, no sin que, antes de reembarcarse, recogiesen los españoles y trasladaran á sus buques un material bastante considerable de velas, cuerdas y otros objetos útiles que habían hallado allí.

El 23 anclaron en la bahía de Santoña; pero con la desgracia de que, siguiendo alborotado el mar, no pudo Renovales tomar tierra hasta el 28, y, al hacerlo, vió un gran número de enemigos que el general Cafarelli, aprovechando aquel tiempo, había logrado reunir en la inmediata población de Laredo. Con eso, y sin esperanza de recibir auxilio alguno de los barcos por embravecerse más y más el Océano y sentirse próxima una gran borrasca, hubo nuestra gente de

(1) Hay en los papeles del general Mahy un despacho de Mends, con fecha del 13, en que le recomienda cuide de la defensa de la Coruña al salir él con las fragatas, porque ha recibido un aviso de que la escuadra francesa de Cherbourg, compuesta de dos navíos de línea, una fragata, un cutter y un brick, se ha hecho al mar con rumbo desconocido, perseguida por la inglesa de tres navíos, que había sido despachada en su seguimiento.

volver á ellos y buscar refugio en el puerto de Vivero.
No debe éste ofrecer una gran seguridad, puesto que,
desencadenándose los vientos la noche del 1.° de Noviembre, varios de los buques chocaron entre sí; la
Magdalena, después de enredarse su aparejo con el de
una fragata inglesa, que llegó á desarbolar en parte,
fué á embestir al *Palomo*, con lo que los dos barcos
españoles se hicieron mil pedazos hundiéndose en las
olas con la mayor parte de sus tripulantes. Un brick
inglés y varias embarcaciones menores se fueron también á pique, y otras se dispersaron, perdidas sus amarras y hechas juguete del huracán (1).

Frustróse, pues, aquella expedición de que tan buenos resultados se esperaban si las fuerzas que la componían hubieran conseguido reunirse á las guerrillas
que ya, y según hemos dicho, pululaban en la Montaña de Santander y el país vascongado. Renovales

Vuelve á la Coruña, y de allí á Santander. volvió con la escuadra á la Coruña, y de allí se dirigió con la gente que le había quedado á Asturias con
el propósito de aprovechar la primera ocasión de, cruzando las líneas enemigas, penetrar en la provincia
de Santander á través de las montañas, ya que se le
había frustrado el de hacerlo desde la costa.

Constante y ruda era la lucha en aquel Principado, como que Losada y Bárcena que allí mandaban,
aunque bajo la dirección suprema de Mahy, tenían á

(1) Ya algunas habían desaparecido en Santoña, abando-
nadas al dejar el puerto ó lanzándose mar adentro para no
perderse. La cañonera *Estrago* fué á parar á Elanchove,
donde su comandante Mella la abandonó metiendo en una
lancha su gente, con la que, tomando tierra, se volvió á Galicia por aquellas montañas, perseguido siempre y acosado
sin cesar por los franceses, que nunca lograron destruirla ni
aun dispersarla.

Bonnet en continua alarma, no tanto por mantener la ocupación de Oviedo como por la seguridad del camino de Pajares que necesitaba para que le llegasen sin estorbo los refuerzos de Castilla. Con Losada y Bárcena estaban Porlier, Castañón, Escandón y algún otro partidario; aquellos generales, cubriendo el Narcea y el Nalón y espiando ocasiones en que provocar la concentración de los franceses para que desalojasen otros puntos importantes de su línea; sus auxiliares, acosando á las guarniciones de Colunga, Lastres, Villaviciosa y Berbés para, aislándolas, poder recibir en la costa inmediata las municiones que se les enviaba de Galicia. Algo distrajeron de aquel combatir continuo la jornada de Porlier á Gijón y la de Renovales á Santander; pero, á pesar de eso, á fines de noviembre y en diciembre, Losada atacaba á Valletaux en Fresno y Grado, Castañón hacía desistir á Bonnet de un movimiento envolvente en Infiesto y de socorrer á Colunga, y hasta penetrar en Oviedo mismo, no consiguiéndolo por haberse entretenido una de sus columnas en foguearse prematuramente con los franceses. Bárcena, además, que debía coadyuvar á la empresa entablando una acción general que pudiera resultar decisiva para la expulsión de los franceses del Principado, halló el puente de Soto tan fuertemente atrincherado, que se vió en la precisión de desistir de su empresa, limitándose así á escaramucear con los que lo defendían, sin resultado, por consiguiente, de importancia para su objeto.

A esta sazón se unió Renovales á Losada con el propósito que hace poco le atribuimos, fin que, con efecto, consiguió enriscándose por las Peñas de Europa, cubiertas entonces de nieve y hielo, para, pocos días más tarde, establecerse en la Liébana, primer objetivo en su tan accidentada expedición. Pero creyóse allí independiente; y á favor de algunas operaciones afortunadas sobre los destacamentos que salían de Santander escoltando convoyes ó para mantener las comunicaciones con Castilla, en uno de cuyos combates, el del Puente de Santa Lucía, fué herido aunque no de gravedad, apoyó la formación de una junta sin que la acordase el gobierno ni siquiera el general en jefe, y se constituyó en autoridad suprema de toda aquella región.

Sucedía eso al crear la Regencia el 7.º ejército, ó advertida de las deficiencias del decreto, ya citado, de la nueva organización de los distritos militares, ó porque la primera expedición fracasada de Renovales sobre Santoña y su posterior establecimiento en Potes, la hubiera hecho comprender cuán conveniente sería en aquellos lugares un gran núcleo de fuerza que, con las partidas que recorrían el país vascongado, la Rioja, Burgos y Navarra, pudiera ser amenaza constante y riesgo grave para los franceses en la línea general de invasión y sus flancos. Al ordenarse la creación de aquel ejército, de cuyo mando se encargaría el general Mendizábal, natural y muy conocedor de las provincias Vascongadas, donde se trataba de promover un gran alzamiento, se había puesto á la cabeza del cuerpo de vanguardia al brigadier Porlier que se hallaba entonces en Rivadeo organizando una brigada cántabra que luego completaría en su nuevo destino. Porlier envió al coronel D. Andrés Marquesta á entregarse en Potes del mando interino de las tropas allí existentes

y preparar el alojamiento y víveres para las que él iba
á llevar; pero aquél, su delegado, halló una oposicicón
que no esperaba á las órdenes é instrucciones que se
le habían transmitido. El teniente coronel D. Pedro
Velarde, encargado de reconocer el país, y los comandantes Aburruza y Tomasa, de los batallones de Gui-
púzcoa y Encartaciones, dirigidos á Potes también, se
hallaban arrestados por Renovales que se había establecido en el próximo pueblo de Perroso para atender á
la curación de su herida. Marquesta pudo entenderse
con Velarde y, en combinación con él y dueño de los
puestos más inmediatos, dirigió á las fuerzas de Renovales una orden del 4 al 6 de abril de 1811 para que
no se obedeciese ninguna que no procediera de él, y á
aquel general una comunicación manifestándole las
que llevaba de Porlier, encargado por la Regencia del
mando de la vanguardia del 7.° ejército y del interino
de toda aquella demarcación militar. Algunos oficiales
de los cuerpos allí establecidos, trataron de resistir las
disposiciones de Marquesta, pero fueron arrestados al
tiempo que eran puestos en libertad Aburruza y Tomasa; y Renovales, que contestó negando á Marquesta y aun á Porlier autoridad alguna ínterin no mostra-
sen sus poderes completamente oficiales, fué también
detenido, con los miramientos, por supuesto, que exigían su carácter militar y el estado de su salud (1). El
pueblo, que parecía dispuesto á secundar la acción de
los rebeldes, se tranquilizó al entrar las nuevas tropas

_____

(1) Tenemos á la vista el expediente íntegro que se refiere
á este asunto con las comunicaciones originales de Marquesta
y Renovales, cuya inclusión aquí, sin dar más luz en él, alargaría demasiado este escrito.

en Potes; y su ayuntamiento y la junta mal llamada de la provincia de Santander se satisficieron con enviar á Cádiz una reclamación que, como es de suponer, no fué atendida. Porlier, noticioso de todo en Asturias, apresuró su marcha á la Liébana, donde se instalaba en mayo con las tropas cántabras para comenzar la organización del 7.º ejército, cuyo mando se disponía también á tomar el general Mendizábal. El cuartel general se estableció en Potes.

El 6.º ejército.

En Galicia y Asturias se dejaban ver los efectos de la unidad de mando, por más que la inquietud de las juntas de aquel reino y del próximo Principado, pretendiendo siempre ejercer de autoridad suprema, y la dulzura característica del general Mahy fueran siempre obstáculo á una acción todo lo enérgica que las circunstancias exigían. Eso que, presente en la Coruña el ya brigadier Moscoso, jefe de estado mayor de aquel ejército, no cesaba un momento en la tarea de organizar y aumentar el número de las tropas, instruirlas y proveerlas de todo género de recursos para dar más vigor á la campaña. Admira la febril actividad que impuso á todos los ramos militares y administrativos aquel jefe que, poseyendo, se conoce, la omnímoda confianza de Mahy, parecía presidir á cuanto pertenecía á la dirección y ejecución de los servicios más importantes en el distrito (1). Todo lo prevenía en forma

----

(1) Todo era necesario en aquellos tiempos en que aun en Galicia, donde parecía que debiera reinar más orden para esos servicios por estar el reino libre de enemigos, manteniéndose la lucha con ellos tan solamente en la frontera de Castilla, se observaban abusos, no pocos punibles, sobre varios ramos de administración y particularmente de disciplina. En cumplimiento de la real orden de 21 de enero de 1810, el gobernador de la Coruña, D. Juan Senén de Contreras, que mandaba inte-

consultiva, unas veces de oficio y otras así como particularmente, puesto que varias comunicaciones iban al general Mahy sin firma y algunas sin fecha. En marzo y abril, sobre todo, trató aquella autoridad de poner remedio á los abusos y errores á que daban lugar la excesiva preponderancia de la junta de gobierno de la provincia y la anarquía que la guerra había de producir. Se puso orden en el servicio de la Intendencia para cuando su jefe saliera á campaña, nombrando comisarios y pagadores; unos, para substituirle en la Coruña, y otros, para representarle en las divisiones, valiéndose de los de Marina de no haber bastantes del ejército. El abono de las pagas y haberes á las tropas, olvidado por las corporaciones á quienes incumbía en Galicia, obtuvo una atención preferente del jefe de Estado Mayor y disposiciones severas del general en jefe del ejército (1). Se principió á poner en ejecución el

---

rinamente en Galicia, publicó el 10 de septiembre un bando para que todos los oficiales y clases de tropa, incluso los asistentes, se presentaran en sus cuerpos, sin disculpa alguna y amenazados con imponérseles las penas más severas.

El bando empieza con esta significativa y elocuente frase: «No siendo posible hacer la guerra sin soldados, ni batir al enemigo si éstos no se mantienen en sus exércitos y regimientos obedeciendo á sus superiores, sin murmurar ni meterse á dirigir.....» Se comprenderá el rigor de las penas señaladas en el bando leyendo el artículo IX, que decía: «Para realizar las intenciones de S. M. en este asunto tan importante y con arreglo á su Real orden de veinte y uno de enero de este año, saldrá la Comisión militar de un oficial, un oidor y la escolta que corresponda á reconocer toda la Galicia llevando el verdugo á fin de quitar la vida á quien lo merezca, sin tardanza alguna.»

(1) En comunicación posterior le decía: «Los oficiales encargados de los Estados Mayores de la 1.ª y 2.ª División me dan parte de hallarse en tal escasez y miseria aquellas tropas que si continúa no se puede responder de su permanencia ó haber de emplear la fuerza para sacar recursos y subsistencias lexos de allí, que no son proporcionados por el ramo de Ha-

proyecto antes estudiado de una Academia militar que
pudo al fin establecerse en Santiago, dando después resultados sumamente útiles. El brigadier Moscoso, creyendo necesaria la formación de un cuerpo de reserva
en Lugo con los regimientos de Mondoñedo, Lugo.
Guardias Nacionales y algún otro, la proponía el 7 de
marzo al general Mahy, aconsejándole su marcha al
teatro de las operaciones en esta forma: «La presencia
de V. E. en el exército, ó su aproximación á la posición central de Lugo, la contemplo tan absolutamente
precisa, que su retardo por cualquiera motivo que sea
va á traer las más perniciosas consequencias.» Otra
propuesta del mismo día iba dirigida á reducir el número de los cuerpos provinciales, completando el restante con los hombres elegidos de los que se suprimie-
ron y enviando los oficiales sobrantes á las Alarmas
del País. Se hizo llevar á la Coruña parte de la artillería del Ferrol, transportándola los prisioneros españoles que tenían los ingleses en sus barcos, procedentes

---

cienda á quien competen. La oficialidad y tropa carece de sus
pagas; la caballería no tiene granos ni forrajes; la infantería
vive ordinariamente de las requisiciones ó presas y poco ó
nada se debe á los auxilios de la provincia y de la Real Hacienda.»

Y añadía luego: «La organización del exército es imposible
si no se echa mano de arbitrios que tenemos dentro de la provincia; el público, influido por ideas sugeridas, murmura sin
cesar ignorando tal vez la verdadera causa; todos quieren
grande y fuerte exército y nadie quiere contribuir con nada
para ello. Así que me persuado ha llegado el caso de que la
Junta superior y el Intendente sepan, como también el público, que de ellos depende absolutamente la vida y subsistencia
del exército, y que ni V. E. ni yo podremos ni dirigirlo ni
organizarlo si ellos no buscan muy prontos y no interrumpidos auxilios para sostenerle, quedando de lo contrario responsables de todo resultado.»

¿Habría aprendido el Sr. Moscoso su papel de los comisarios enviados por la Convención á los ejércitos?

de los juramentados del Intruso. Dictáronse también providencias para poner en estado de defensa la frontera del Miño y las avenidas de Castilla por la parte de Sanabria y Orense, enviando oficiales de ingenieros y material de artillería y puentes á los puntos ó líneas de mayor peligro.

Y no sólo se extendió la actividad de Moscoso á proponer á su, más que jefe, amigo el general Mahy esas medidas y otras muchas sobre detalles, que tan interesantes eran, del servicio, sino que las completó con un proyecto general de campaña, si reducido entonces á reunir y disciplinar en campos de reserva y concentración las tropas que operaban en Asturias y la raya de Galicia, preparatorio de una acción que, con efecto, resultó tan afortunada como eficaz. Era aquel proyecto el complemento del de la creación de una reserva en Lugo, de que acabamos de hacer mención, formando otra entre Castropol y el Navia para operar contra Bonnet en Asturias. Pero el más peregrino de todos los pensamientos que asaltaron la acalorada mente de Moscoso en aquellos días, fué el de la creación de un arma de caballería, nunca hasta entonces imaginada, consistiendo en aparatos mecánicos que la simulasen á la vista del enemigo y aun tuvieran acción útil en los campos de batalla. Qué clase de artefacto sería el inventado por Moscoso y que indica en una carta como ensayado en Oviedo á presencia de Mahy *con muy bueno y favorable resultado,* no podremos decirlo; pero á fin de satisfacer la curiosidad que despertará esta noticia, y siguiendo el procedimiento descriptivo emprendido en el capítulo II del tomo V que trata de «Los proyectos militares», vamos, á riesgo de acabar con la paciencia de nuestros lectores, á trasladarles íntegra la comunicación del infatigable jefe del Estado Mayor del 6.º ejército en 20 de abril de 1811.

Dice así: «Excmo. Sr.:—Siendo tan indispensable el arma de la Caballería, aun despúes de organizado el Exército, para executar cualquiera expedicion ó maniobra descendiendo al llano, y no siendo posible que el número de la nuestra pueda contrarrestar·la superioridad de los enemigos en esta arma, propongo á V. E. la construccion de unas máquinas que puedan suplir esta falta, y con que podamos ponernos en movimiento luego de organizado y preparado este 6.º Exército con los auxilios que espero producirán las facultades concedidas por las Cortes generales á la Junta Superior y al Intendente. »

«La novedad del uso de estas máquinas unida á la fuerza real que en sí deben tener, podrán ocasionar los mejores efectos, como lo han obtenido la invención de los Húsares, la de la Artillería de á caballo, el uso de la Caballería en las montañas, y otras que por este principio han producido en sus primeras épocas los más notables resultados. »

«Para la construccion de esta Caballería de madera se necesitará destinar una cierta cantidad para hacer el acopio de maderas y poder proporcionar sin detención el ensayo que se ofrecerá al público. De este modo, llegando á tener por el pronto esta nueva arma, que no debe darnos las inmensas dificultades de buscar para ella subsistencias, nos proporcionará tal vez favorables sucesos, y dará lugar á la instruccion y aumento de la Caballería verdadera que apoyará con la mayor ventaja todas nuestras ulteriores operaciones. »

«En el tiempo en que debe tardarse en organizar y preparar el Exército para estar en estado de movilidad y fuerza, podrá muy bien aprontarse las máquinas necesarias, sin gran dispendio del Erario, que jamás podrá ascender á lo que se pierde solamente en una pequeña acción de división, y podrá ocasionar ventajas incalculables.»

«Dios guarde á V. E. muchos años.—Coruña 20 de abril de 1811.—Excmo. Sr.:—Juan Moscoso.—Excelentísimo Sr. D. Nicolás Mahy.»

Todo lo que de razonable y hábil y práctico tenía el proyecto de los preliminares convenientes para entrar en campaña inspirados por Moscoso, citado anteriormente, tenía de fantástico, torpe é ilusorio el de aquella caballería que aun cuando hubiera sido automática, que no iba á serlo, ni hubiera producido efecto, ni engañado á enemigos tan avisados como los franceses que, además, si se ensayaba ante el público de la Coruña, estarían el día de la primera acción enterados de tan, digamos la palabra, ridícula superchería.

De todas maneras, las demás medidas produjeron no poco ni desfavorable efecto en la composición de las fuerzas de aquel ejército y en su moral sobre todo; efecto que debía, como veremos más adelante, aprovechar el general Santocildes que en el mes de abril relevaba á Mahy, llamado á Cádiz por reclamación, como diremos más adelante, de Wellington.

Por los confines opuestos á los que sirvieron de teatro á la campaña que acabamos de reseñar en las regiones de Duero y Tajo, ardía también la guerra con fuego tan destructor como intenso. Pero de esos

Situación de Cádiz.

confines el en que se hallaba más fija la atención,
una vez distraída en parte de las fracasadas operaciones de Massena al frente de las líneas de Torres-Vedras,
era en el sitio de Cádiz, si infructuoso hasta entonces
para los franceses, apretado cada día con más fuerzas,
allegadas á ellos, y nuevos tormentos de mayor alcance
y eficacia que los hasta allí empleados. Todos tenían,
así, vueltos los ojos á la ciudad hercúlea. Los españoles los tenían porque era la mayor y más halagadora
esperanza de su independencia, como último reducto
que se consideraba en que defenderla y centro de su actividad gubernamental, política, militar y administrativa, de donde irradiaban las iniciativas más eficaces,
las leyes, la política, la vida, en fin, de la Nación. Los
demás enemigos de la Francia, porque, rendida Cádiz,
calculaban que acabaría la resistencia española y con
ella la esperanza de que, sin base, que tres años de lucha habían demostrado ser muy sólida, acabarían también cuantas energías estaban desplegando ellos para
detener á Napoleón en el camino de sus insaciables
ambiciones.

Cádiz era, pues, el punto del globo á que afluían
los temores, las preocupaciones, las simpatías y esperanzas del mundo vencido, humillado y sujeto á la
férrea voluntad del inexorable Emperador de los franceses. Allí, sin embargo, lo hemos dicho anteriormente, había renacido la confianza, y en vez de limitar
su acción nuestro gobierno á la de una defensa pasiva,
sin riesgo ya grave y mucho menos inminente, se
había decidido á repetir y repetir las salidas, como las
ya recordadas de Ronda y Niebla, amenazando los
flancos y la retaguardia de los sitiadores para distraer-

los de su empresa sobre Cádiz y aun obligarlos á abandonarla.

De ahí la batalla de *Chiclana*, de *La Barrosa, del Cerro de la cabeza del Puerco ó del Pinar*, que con todos esos nombres es conocida en la historia de aquella guerra, según son españoles, franceses ó ingleses los que en sus descripciones se ocupan, ó habitantes de la localidad misma que fué teatro de sus más importantes episodios (1).

Batalla de Chiclana.

No es, ciertamente, el número de los combatientes ni el mayor ó menor de sus elementos materiales lo que da verdadera importancia á una función de guerra. Se la otorgan principalmente su objeto, las condiciones del combate, su éxito y los resultados que proporciona.

En la de Chiclana son relativamente pocas las fuerzas de uno y otro ejército, y no pueden, por lo tanto, operar en las enormes masas que dan grandiosidad al espectáculo de los campos de batalla, característico del ciclo napoleónico, orgullo de la Francia y de su glorioso Emperador. Sin el objeto, pues, con que se provocó, y en las condiciones normales, cabe decir, de otros combates de sus mismas proporciones, numéricas entre los beligerantes, hubiera pasado des-

(1) Escrita la relación de esta batalla para la presente obra, se le pidió al autor para celebrar en *La Ilustración Española y Americana* el aniversario de combate tan glorioso para las armas de la Nación y de sus aliados en la guerra de la Independencia; pensando, sin embargo, reproducir, con la aquiescencia del director de tan apreciable revista, su publicación, como lo hace, aquí, sin el encabezamiento, por supuesto, estampado en un trabajo que, como suelto, ocasional y de efemérides, exigía explicaciones preliminares para su mejor inteligencia.

atendida, olvidada, de todos modos, á los ocho días de haberse librado. ¿Por qué, en vez de la preterición que en tal caso hubiera sufrido en la historia de aquella guerra formidable, obtuvo los honores de tan acaloradas controversias, particularmente entre los aliados, camaradas de un mismo campo, y de medidas gubernativas, ni espontáneas ni eficaces en el de Agramante, pudiéramos añadir, que representó por varios días la isla gaditana? Porque el combate, que á ese rango pretenden rebajarlo los franceses, la batalla, decimos nosotros, del 5 de marzo de 1811 ofrecía un interés excepcional, no sólo para la defensa de Cádiz, sino que mucho mayor aún para el fin de la guerra, si su éxito y sus resultados inmediatos hubieran correspondido á ese mismo objeto, primera de las causas de importancia que hemos señalado á las funciones militares (1).

Iba dirigido ese objeto al de, aprovechando la favorable situación en que la jornada de Massena á Por-

_____

(1) Pocas serán las acciones de guerra para cuya descripción existan tantos, tan interesantes y fidedignos datos como para la de Chiclana. Además de los que pueden sacarse del arsenal, verdaderamente inagotable, de los partes oficiales de uno y otro campo, de los periódicos, de los de Cádiz sobre todo, que llenaron sus columnas en aquellos días con las más detalladas noticias y ardientes polémicas, de las varias relaciones y memorias á que no podía menos de dar lugar una acción cuyos trances fueron tan discutidos entre imperiales, españoles é ingleses, existen juicios y reflexiones de algunos de los actores más conspicuos de aquel breve pero cruentísimo drama, testigos, por consiguiente, de excepción. El general Graham publicó una relación con los partes dirigidos al embajador de Inglaterra en Cádiz, Sir Henry Wellesley, hermano de Wellington, y á su Gobierno, conteniendo una serie de cargos que no por ser muy apasionados dejan de tener importancia, como la tiene también innegable la representación de Lapeña al provocarlos. En el ejército francés combatió un

tugal, la necesidad de que le ayudase en ella Soult, ocupado también en el sitio y conquista de Badajoz, y la escasez de medios en los demás ejércitos franceses de la Península, ponían á la guarnición de Cádiz, hacer un esfuerzo, todo lo potente posible, para levantar el sitio cada día más apretado de aquella plaza, asiento del Gobierno español y tabernáculo, que se la ha llamado tantas veces, de nuestra independencia. Los recursos militares con que podía contarse para fin tan plausible y conveniente, consistían en unos 10.000 infantes, 500 caballos y 24 piezas de artillería de campaña; pues si bien la guarnición de Cádiz y de su isla contaba con algunos más, era preciso, durante las operaciones que iban á emprenderse, dejar en la plaza, sus fuertes y baterías exteriores tropas suficientes con que resistir cualquier ataque del enemigo y cooperar á la acción de los expedicionarios con salidas que sirvieran para acogerlos en caso de un revés, y de refuerzo, en el de una victoria, para proseguirla hasta el levantamiento del sitio. A esa fuerza se reuniría una

---

comandante, Mr. Vigo-Roussillon, que dejó al morir, no hace mucho, unas Memorias sobre la guerra de España, algunos fragmentos de las cuales aparecieron el año de 1891 en la *Revue des deux Mondes*, con la narración del combate á que nos estamos refiriendo, fundada, parece, en la obra de Thiers, pero exornada, según veremos luego, con la fantasía que caracteriza á los escritores de su nación. Por fin añadiremos que por aquellos días se hallaba en Cádiz el coronel Schépeler, tantas veces citado en esta historia. Todo esto sin contar con las muchísimas obras generales referentes á una contienda en que tomaron parte tropas de tantas y tan diversas naciones, donde no faltaron quienes la narrasen y comentaran según sus intereses y pasiones; obras con las que, naturalmente, hay que establecer uno como juicio contradictorio para, depurándolas y comparándolas, extraer de ellas lo que pudiéramos llamar su quinta esencia, la verdad de aquella batalla y la razón de su esterilidad para el fin militar á que se dirigió.

división inglesa de 4.500 hombres, con algunos escuadrones, de los que dos de húsares alemanes, organizada con tropas de las de Cádiz, un batallón portugués, enviado desde Lisboa, y los que ya hemos dicho
acababan de llegar á Gibraltar desde Sicilia, una vez
hecha pública tan imprudentemente la resolución de
no acometer Murat el desembarco de las tropas de
Nápoles en aquella isla (1). El teniente general Don
Manuel de Lapeña mandaría en jefe la expedición, y
el de igual grado, sir Thomás Graham, las tropas británicas, con algunas españolas que se le unirían al
tiempo de organizarse el ejército en el comienzo de
de sus operaciones.

La manera de conseguir ese objeto no podía ser
otro que la de ejecutar una extensa evolución sobre el
flanco izquierdo ó la retaguardia del ejército sitiador,
cogiendo de revés las obras y posiciones que no era
dable asaltar de frente; pues que, aun cruzando el rio
de Sancti Petri, habría que ir venciendo una tras otra
varias baterías enemigas, precisamente establecidas
para hacer impracticable también el paso de aquel
canal. Ideóse, pues, un plan de desembarco en punto

_____

(1)   No existe el cuadro oficial de las tropas del 4.º ejército
destinadas á la expedición; pero hemos calculado á los cuerpos
que iban en ella la fuerza media entre dos estados, el del 15 de
agosto de 1810 y el del 1.º de mayo siguiente, que constan en
la colección de los *arreglados por la Sección de Historia Militar
en* 1821. Así puede comprenderse que nuestras cifras, probablemente exactas, nunca serán inferiores á las verdaderas, mucho, eso sí, á las que señalan los historiadores franceses, tan
dados siempre á multiplicárnoslas, para, vencidos sus compatriotas, serlo tan solamente por la superioridad abrumadora
del número.

del que se hiciera partir la maniobra imaginada; y se
eligió el de Tarifa que, en combinación con Gibraltar, constituiría una excelente base de operaciones, y
serviría, así como de depósito de municiones y víveres, de abrigo, en caso de una desgracia, capaz y seguro para las tropas que á él necesitaran acogerse.

Y, con efecto, el 26 de febrero se daba á la vela
un convoy, que algunos han hecho elevar al número de
200 embarcaciones, con las tropas ya designadas, las
cuales al día siguiente desembarcaron felizmente en el
puerto de Tarifa y sus inmediaciones. Habíalas antes
dirigido su general una calurosa proclama, recordando
las glorias de Menjívar y Bailén, cuyos laureles esperaba
reverdecer ahora con una nueva victoria, peleando al
lado de sus amigos los ingleses, al frente de la nación
entera reunida en Cortes, á la vista del Gobierno y de
los vecinos de Cádiz, que, testigos oculares de su he-
roicidad, esforzarían sus voces de bendición y gloria,
que los soldados oirían entre el estrépito del fusil y
del cañón.

Dos direcciones podían seguirse desde Tarifa,
mejor dicho, desde el inmediato collado de Facinas,
punto de condiciones estratégicas de importancia en
el camino de costa que une aquel puerto con el de
Cádiz, con Medina-Sidonia, Jerez y Sevilla. Esa importancia se ha hecho histórica desde los tiempos más
remotos, particularmente desde la invasión sarracena,
que utilizó mil veces las condiciones de aquel paso,
tanto en las primeras correrías de Tarif como en la
jornada de Tarec, que tuvo su fatal desenlace, al decir de los más eruditos arabistas, en las márgenes próximas del Barbate, no en las más distantes del Guada-

Van las tro-
pas de Cádiz
á Tarifa.

lete. Desde allí, el camino de carros, pero áspero siempre y dificultoso, bifurca en esas dos direcciones á que
acabamos de aludir; uno, el más próximo al mar, que,
cruzando el Barbate en Vejer y el Salado junto á Conil, dirige á Chiclana y la isla de León, y el otro que
se interna por el terreno montuoso donde el primero
de aquellos ríos forma la ancha y fangosa laguna de la
Janda antes de rendir al Océano el caudal no escaso
de sus aguas.

¿Cuál de esos dos caminos debería seguir el ejército para mejor ejecutar el plan de su jefe? El bajo, de
Vejer y Conil, lo llevaría directamente al puente que
se había también convenido en establecer sobre el río
de Sancti Petri para comunicar con la guarnición de
Cádiz después de ganadas las obras que, con el nombre de *Las Flechas*, tenían los sitiadores construídas
en aquella línea al apoyo de Torre Bermeja en la orilla del mar, y del molino de Almansa en un ancho canal interior, y vigiladas además desde un campo francés situado á sus espaldas. El camino alto conducía,
ya hemos dicho por dónde, á Casas Viejas y Medina-
Sidonia, posición, esta última, desde la cual quedaban
envueltas todas las de la izquierda francesa en la extensa línea del bloqueo, que no otra cosa era por aquel
tiempo el sitio de Cádiz. Ocupada Medina con las fuerzas necesarias para impedir á los franceses su recobro,
se les hacía imposible su sostenimiento en las obras
de sitio y en las poblaciones que se alzan en derredor
de la vasta bahía de Cádiz; no quedándoles otro recurso que el de tomar la carretera de Jerez para concentrarse en Sevilla, unidos á sus camaradas de Soult y
Sebastiani, que volarían en su auxilio; abandonando.

aquél, el sitio de Badajoz, y éste su expedición á Murcia.

Si, como es regular y hasta indispensable en la guerra, se buscaba en aquella operación obtener la garantía de una retirada segura para el caso de un revés ó del fracaso de un plan tan de antemano meditado, Medina-Sidonia la ofrecía sin temor á ninguna de las eventualidades que pudieran ocurrir por el otro camino, pues que los aliados tendrían expedito el de la serranía, por la que, de posición en posición, todas formidables, y por entre pueblos, todos también levantados en favor de la buena causa, podrían volver á Gibraltar y Tarifa.

Es evidente que Lapeña y Graham llevaban calculado todo eso; pero desde que emprendieron la marcha, y especialmente desde su detención en Facinas, se vió al primero de aquellos generales, que lo era en jefe, y, de consiguiente, el responsable, vacilar entre una y otra dirección y emprender, por fin, la que ofrecía resultados menos decisivos para el éxito de la expedición. Lapeña había, como ya hemos dicho, mandado echar un puente en el río de Sancti Petri, y contaba con que, al acercarse á él con sus tropas, no sólo estaría expedito su tránsito, sino que la división Zayas, que quedó en la Isla, habría pasado á la margen opuesta, destruído *Las Flechas* y puéstose en disposición de secundar las operaciones para arrojar completamente á los franceses de todo el terreno que ocupaban. Eso, para él, era de tal influjo en el resultado de la jornada, que lo creía sin duda muy superior y mucho más ejecutivo que el que se pudiera ejercer desde Medina-Sidonia ú otra posición cualquiera de la Serranía. Ahí está la prueba,

en la representación que dirigió á las Cortes, en la que
se dice textualmente: «Aunque mi primer objeto era
atacar á Medina y ocupar aquella ventajosa posición,
las noticias que tuve de haber sido reforzado el enemigo en términos de hacernos muy cara su posesión,
pues se hallaba fortificado con siete piezas de artillería,
y las ventajas topográficas de aquel punto le facilitaban
la reunión de sus fuerzas, me fué, por tanto, preciso
desistir y variar mi plan, de acuerdo siempre con el
general Graham, con quien consultaba, guardando en
todo la mejor armonía.» Luego pesaremos lealmente
estos razonamientos.

El ejército se había organizado en tres divisiones,
según el orden de su marcha: una de vanguardia,
mandada por el brigadier D. José Lardizábal; otra en
el centro, á las órdenes del mariscal de campo Príncipe
de Anglona, y la de reserva, en que iban las tropas
inglesas con su jefe el general Graham.

La marcha.   Grandes debieron ser los entorpecimientos que el
ejército encontró en su camino á Facinas, porque habiendo salido el 28 de febrero de Tarifa, el 2 de marzo
se hallaba todavía en aquel collado, esperando la reunión del material de artillería y transportes que debían acompañarle, cuya marcha hicieron muy penosa
y lenta las condiciones y mal estado de la vía. En tan
excelente posición y para que el enemigo, que no se
hallaba lejos, se mantuviera ni confiado ni en alarma
excesiva, nuestras tropas camparon medio ocultas en
una dehesa de la vertiente oriental del estribo que
allí forma la divisoria de aguas, retirando de día sus
grandes guardias y estableciéndolas de noche. Vencidos
ya los obstáculos opuestos á la marcha, Lapeña la hizo

preceder de un ataque á la posición de Casas Viejas, sobre las aguas ya del Barbate, que aun entorpecido por el estado malísimo de los caminos que era preciso recorrer, cortados por los arroyos y barrancos que desaguan en la Janda, se verificó en la mañana del día ya citado del 2. Los húsares alemanes y los carabineros españoles de Whittingham trataron de impedir la retirada al presidio francés de Casas Viejas, que los cañoneó esperando sin duda poder resistir hasta la llegada de algún refuerzo; pero viendo acercarse 500 infantes que marchaban resueltamente al asalto, se retiró, perseguido de tan cerca por el barón de Carondelet y su escuadrón de granaderos, que hubo de dejar en el campo 30 hombres muertos ó heridos y más de otros tantos prisioneros, con dos piezas además, que no pudo llevarse en su fuga.

El mismo día quedaba en poder de los expedicionarios Vejer de la Frontera, donde también se cogieron otras tres piezas de artillería y algunas embarcaciones armadas que tenían los franceses en aquellas aguas.

El estreno de las operaciones no podía ser más feliz: las tropas se hallaban muy animadas por el éxito y por los refuerzos que iban llegándoles, del Campo de San Roque principalmente, de donde se les incorporó el general D. Antonio Begines de los Ríos con 1.600 hombres de su división, la primera del cuarto ejército; los generales parecían caminar en completo acuerdo, decididos, el inglés como el español, á mantenerlo hasta el fin de una empresa que interesaba igualmente á las naciones por ellos representadas; y las noticias, por último, que llevaban á nuestro campo los espías y las avanzadas, hacían augurar el más importante y glorioso resultado (1).

Plan nuevo de Lapeña. Pero allí, precisamente, y en tan favorables circunstancias, comienzan á mostrarse también las contrariedades que habría de encontrar la jornada en la elección del punto de ataque de las posiciones enemigas de la línea del sitio y en el uso, para cada una, de las fuerzas aliadas. Lapeña declara ya abiertamente su pensamiento de seguir el camino de la costa para unirse con Zayas, á quien, después de echado el puente sobre el Sancti Petri, supone dueño de *Las Flechas* y con toda la división preparada para combatir á sus órdenes. Cree que puede rechazarle en el ataque de Medina-Sidonia la fuerza que le dicen guarnece aquella ciudad, que, después de todo, se reduce á la de una brigada de infantería con siete piezas, al apoyo, es verdad, del castillo antiguo, medianamente reparado. No calcula que, aun vencido, tiene que serlo por el cuerpo todo de Víctor, que, al reunirse para rechazar el ataque, ha de abandonar precisamente las obras del sitio, dando lugar á que la división Zayas, ayudada por los buques ingleses y españoles de la bahía, las destruya todas y se apodere de su campo.

----

(1) Ya á fines de enero había salido el general Begines de Cádiz con la misión de tantear las posiciones del enemigo. Reunida á su fuerza alguna que se le incorporó de las que operaban en la Serranía de Ronda, con la que se formó la primera división del 4.º ejército á que pertenecían las tropas de Cádiz, y puesto de acuerdo con el mayor Brown, gobernador inglés de Tarifa en aquel tiempo, avanzó á Medina-Sidonia batiendo á los franceses allí acantonados, á los que hizo 150 prisioneros. Mas no viéndose bien apoyado en posición tan próxima ya al grueso del cuerpo sitiador de Cádiz, retrocedió á las inmediaciones de Gibraltar, donde estaba al desembarcar Peña en Tarifa.

Schépeler hace perfectamente la crítica del plan de Lapeña. Dice así: «Era de precisión que el mariscal batiese al ejército en Medina; vencido, quedaba anonadado, y vencedor, encontraría destruídas muchas de las obras de la línea. Pero, aun con sólo eso, los aliados obtenían una gran fuerza moral, porque las palabras *Los atrincheramientos del frente de Cádiz han sido destruídos* hubieran causado un gran efecto. Además la marcha sobre Medina amenazaba la comunicación con Sevilla, donde el enemigo, por las guerrillas y los serranos que le acosaran, correría un riesgo, tanto mayor cuanto que Ballesteros se dirigía también contra él. El ejército podía además recibir víveres del país al norte de Medina, al dejar el enemigo todas sus posiciones. La razón dada de que se debía antes sacar más caballería y víveres de la Isla, se fundaba en el deseo de proporcionarse una retirada segura; porque es difícil se escapara al talento del cuartel maestre, general Lacy, que, en la marcha á lo largo de la costa, podría el enemigo con un ataque feliz lanzar el ejército al mar. Pero, aun consiguiendo su objeto, ¿qué era lo que se ganaba?»

¿Qué se había de ganar? Nada. Porque reuniéndose el ejército y la división Zayas en *Las Flechas*, esto es, en la salida del puente echado sobre el Sancti Petri, se encontraría frente á la extrema izquierda del enemigo, que, concentrando en ella todas las fuerzas que tenía en las demás posiciones de la línea, ninguna de ellas amenazada, le ofrecería un combate de frente sin ninguno de los inconvenientes y peligros del envolvente que era de temer desde Medina-Sidonia y sus inmediaciones. Por muchas razones que se quieran aducir en favor de la resolución del general Lapeña, nunca serán suficientes para disculparla. Era cuestión de carácter en un hombre que se había distinguido por su valor en cuantas acciones de guerra había tomado parte, pero que, bravo é inteligente como general de una división y á las órdenes de otro, temía las responsabilidades del mando en jefe, abrumadoras, con efecto, para quien no está dotado de las excepcionales condiciones que exige misión tan difícil.

Por fin, decidida la marcha á la Isla, el general en jefe hizo simular un reconocimiento sobre Medina-Sidonia con un batallón y un escuadrón, que, fingiendo también recomponer el camino para el arrastre de la artillería, amenazase al presidio de aquella ciudad con un ataque tan formal como debía esperarlo por las condiciones estratégicas que acabamos de atribuirla para semejante caso. Pero el ejército, valiéndose, para no ser descubierto, de la obscuridad de la noche que en los primeros días de marzo se extiende tan temprano sobre la tierra, emprendió su marcha, combinándola desde la inmediación de Conil con una maniobra sobre su derecha, dirigida á ocupar la altura llamada *Cerro de la cabeza del Puerco* que, dominando de cerca el camino que se seguía junto al mar, avanza tierra adentro, bastante accidentada hasta perderse en los pinares que cubren una gran parte de la llanura en que asienta Chiclana. Un ligero choque con las descubiertas de caballería francesas había contenido algo el movimiento de nuestra vanguardia que, en noche tan lóbrega y con el cansancio que naturalmente había de producir la marcha, ya muy larga y en tales condiciones, hubo de hacer alto esperando

la luz del día y nuevas órdenes. La necesidad de reconocer el terreno con la mayor cautela y el examen de
los espías y descubridores, que vacilaban en sus noticias sobre la verdadera dirección del camino, causaron
ese retardo, el de las dos horas precisamente que se debían aprovechar para que la cabeza de la columna apa-
reciese junto á Sancti Petri al punto de amanecer. Las
Prevenciones que acababa de hacer Lapeña el día antes
en Vejer *para la marcha y ataque del exército combinado en la madrugada del 5,* se habían, como no podía
menos de acontecer, de desvirtuar en parte, ya que
abrazaban numerosísimos detalles, un gran campo de
acción y deberíanse ejecutar de noche; pero en lo esencial, esto es, en las prescripciones preparatorias del
combate que habría de tener lugar aquella mañana,
quedaron subsistentes y hasta obtuvieron un principio de ejecución. «La vanguardia, decían las *Prevenciones*, tendrá por objeto atacar á los que cubran los
atrincheramientos de Sancti Petri, para franquear aquel
paso, y comunicarse con las fuerzas de la Isla que
obrarán por aquel punto». Y en sus últimos párrafos
se añadía: «El cuerpo de batalla tomará posición para
sostener la vanguardia al abrigo del cerro y la laguna
de Cabeza del Puerco, enviando algún batallón en
guerrillas hacia el pinar de su frente y derecha, y por
el camino de la casa de Campano hacia Chiclana.
La reserva se situará á la espalda del cuerpo de batalla, sobre el camino que lleva y en columna cerrada».

La ejecución de esas órdenes en su principal objeto, el indicado en los párrafos acabados de copiar,
pendía, sin embargo, de un factor importante, el de
la cooperación de las tropas que quedaron en la Isla.

El general Zayas estaba en la persuación de que el objeto de Lapeña era atacar la posición de Medina-Sidonia según hemos hecho notar; y al variarse el plan, necesitaría conocer el nuevo para, en consonancia de él, operar desde la Isla. Y comprendiéndolo así Lapeña, le había dirigido desde Vejer, á las ocho y media de la mañana del 4 y embarcado en un falucho, un oficial del ejército que le instruiría de todo, así como de haber llegado el momento de verificarse el ataque á la línea enemiga desde la costa de Poniente á Sancti Petri, *jugando*, le añadió, *á la vez cerca de* 1.000 *cañones*. Pero el falucho fué detenido por un crucero inglés, cuyo capitán, al ver al oficial español sin otro inglés que le abonase ni pasaporte siquiera, lo consideró corsario enemigo, con lo que le impidió llegar á su destino con la oportunidad conveniente. Pronto se tocaron los resultados de esa contrariedad, que, si reconocía por causa el error del capitán inglés, es necesario retrotraerla también y principalmente á la variación de un plan tan bien fijado en un principio, y resuelta en circunstancias tan críticas y cuando era ya inminente el choque con el enemigo.

El ejército llega frente á la Isla.

De todos modos, el general Lapeña aparecía á las ocho de la mañana del 5 en el cerro de la Cabeza del Puerco, llamado también, especialmente por los ingleses, de *la Barrosa*, coronado por un vigía de este nombre, como el de la Torre que yace al pie de la orilla del mar, á la que, con efecto, atalayan y defienden. No fué escasa de emociones su presentación en el cerro, sorprendiéndole sobremanera el silencio que se hacía notar en todo el terreno de las inmediaciones y la inacción que observó en las de Sancti Petri, donde

ni movimientos ni preparativo alguno revelaban la
cooperación de las tropas de la Isla en que se había
convenido. La decepción no pudo ser mayor. No podía tampoco el general comprender tal abandono, porque ignoraba el secuestro inesperado del falucho, que
impidió la llegada del oficial, su comisionado, á Cádiz;
contratiempo que si cabía achacarse á los ingleses, de-
bíase en no pequeña parte á sus vacilaciones anteriores y á la repentina, pero tardía, providencia de variar
tan radicalmente el plan de operaciones.

El general Zayas, según lo tratado al convenir en
el plan con Lapeña, había echado el 3 un puente de
barcas sobre el Sancti Petri; pero, aun habiendo cubierto su cabeza con caballos de frisa y acercado algunas chalupas cañoneras que debían flanquearlo, no bastó para impedir su asalto por los franceses que, de haber
sido, como dice un historiador alemán, de los que formaron la célebre columna de Arcole, hubieran puesto
en peligro hasta la misma Isla. No es esto probable,
puesto que, arrollada y todo la guarnición del puente
y costándole mucho á un batallón de Guardias españolas rechazar el ataque de los franceses, aun tenía Zayas
en aquellos momentos á la mano hasta 3.000 hombres
de los de su división; pero lo bajo de la marea no permitiendo á las chalupas hacer fuego; la sorpresa que
un asalto nocturno produce, pues tuvo lugar á las doce
próximamente; la incertidumbre en que se vieron los
artilleros de las baterías próximas para dirigir sus fuegos, y la ausencia de toda señal de entre las conveni-
das junto á Medina-Sidonia, decidieron á los defensores de la Isla á retirar algunas barcas del puente hasta
recibir nuevas órdenes, noticias, siquiera, del general

en jefe. Y como ni unas ni otras llegaban, detenidas,
como habían sido, en el mar, Zayas no repuso el puente, ni lo pudieron, por consiguiente, cruzar sus tropas
hasta cerca de mediodía del 5, mucho después de haber distinguido á los aliados en el cerro del Puerco y á
su vanguardia dirigiéndose á la Isla.

Era, con efecto, la hora en que Lardizábal acometía con la mayor decisión el campamento enemigo, que
hemos dicho se hallaba á espaldas de *las Flechas*, entre Torre Bermeja y el molino de Almansa.

Fuerza de los franceses. El ejército francés que sitiaba á Cádiz aquel día,
esto es, el primer cuerpo mandado por el mariscal
Víctor, constaba de tres divisiones á las órdenes de los
generales Ruffin, Leval y Villatte, con la fuerza total
de más de 16.000 hombres, repartidos, eso sí, en los
varios fuertes, baterías y guarniciones que exigía una
línea tan vasta como aquélla, expuesta en varios puntos á los ataques de los aliados por mar y salpicada de
pueblos, algunos tan importantes como Rota, el Puerto
de Santa María, Puerto Real y Chiclana. Las tropas
que, aun concentrándose lo posible, cabía á su general
presentar al enemigo en ocasión como aquella, no pa-
sarían de 10 á 12.000 infantes, 500 caballos y varias
piezas de artillería de campaña, hallándose la de sitio
establecida, como era natural, en la primera línea, la
más próxima á Cádiz, la en que pudiera mejor ofender á las embarcaciones mayores y menores de los sitiados. Que estas fuerzas eran insuficientes para la misión á que estaban llamadas, es de todo punto indudable. El mariscal Soult se había llevado tantas á su
expedición de Extremadura, que á Víctor no le quedaba otro recurso frente á Cádiz que el de mantener

el bloqueo, sin pensar, ni por un momento, en operación alguna ofensiva, ni contra la plaza ni contra las partidas que de continuo amenazaban desde la Serranía sus posiciones de retaguardia y su comunicación con Sevilla. Decía Napoleón á Berthier al tener noticia de la batalla de Chiclana: «El Duque de Dalmacia tiene 60.000 hombres á sus órdenes; ha podido dejar 30.000 de ellos á las del Duque de Bellune, y tener más fuerzas aún de las que ha presentado en Badajoz. Esa manera de querer guardar todos los puntos expone en momentos difíciles á grandes reveses.» Y le encargaba dijese á Soult: «El Emperador está muy disgustado de que, mientras el sitio de Cádiz corría el riesgo de haberse de levantar, los regimientos 12.°, 32.°, 58.° y 43.°, formando una división de más de 8.000 hombres, se hallaran diseminados en puntos entonces insignificantes.» Y después de señalar otras fuerzas bastante numerosas de infantería y caballería que debían haberse hallado frente á Cádiz, le añadía aún: «La buena situación de las tropas revela el mayor mérito de un general, y S. M. ve con pena que no se han tomado ahí las disposiciones convenientes para obtenerla.»

Pero nada de eso significa que el cuerpo de ejército de Víctor hubiera quedado con la corta fuerza que le asignan Thiers y los demás historiadores franceses para, como siempre, hacer resaltar lo que no hace falta ninguna, por reconocido universalmente, el valor de sus compatriotas y la pericia de su general, que sólo ellos pusieron en duda aquel día.

Víctor estaba ya sobre aviso de la expedición española al tiempo de su desembarco en Tarifa y, sobre todo, al establecerse en el puerto de Facinas. Pero como no podía abandonar las inmediaciones de Cádiz, se había satisfecho, por lo pronto, con destacar descubiertas y algunas partidas de caballería, cada día más numerosas, según observaba la aproximación de los aliados á su campo. De ahí el choque á que nos hemos referido en la noche del 4, cuando Lapeña avanzaba á apoderarse del cerro del Puerco para cubrir el avance de Lardizábal al campamento francés que sostenía las trincheras de las *Flechas*, la Torre Bermeja y el molino de Almansa. En cuanto á la situación de los franceses, era en aquel día todo lo hábil que debía esperarse de su experto general. La división Villatte se había establecido en ese campamento que acabamos de citar, con la misión de impedir que Zayas, restableciendo el puente echado el 3, y sus tropas, pasándolo, se unieran á las expedicionarias para hacer levantar el sitio. Las otras dos divisiones se situaron entre Medina-Sidonia y Chiclana para atender á la defensa de uno y otro punto, que bien comprendía Víctor encerraban la mayor importancia según el á que se dirigiera el enemigo para flanquear ó envolver sus puestos y cantones.

Lapeña en Cabeza del Puerco.

Así las cosas, apareció el general Lapeña en el cerro, tantas veces nombrado, de la Cabeza del Puerco, clave, que era, de cuantas posiciones le convenían para el éxito de aquel su último pensamiento, el de, en primer lugar, establecer su comunicación con la Isla. Desde allí, con su segunda división y muy cerca, á su retaguardia y en la pendiente misma del cerro, la de Reserva, en que formaban los ingleses, vió que su atención en aquellos momentos debía fijarse en la lucha, que ya se había entablado, entre las fuerzas de

Lardizábal y Villatte, ya que no se descubría en los horizontes del Pinar y de Chiclana ninguna otra enemiga contra quien maniobrar ni defenderse. Por el contrario, las noticias sólo indicaban la presencia de un cuerpo de caballería que marchaba en apoyo de Villatte; por lo que Lapeña reforzó con un escuadrón y alguna otra sección de la misma arma á su vanguardia, que no cesaba de avanzar.

Ya próxima al enemigo, los batallones de Lardizábal, Campomayor y Carmona, rompieron el fuego y se lanzaron valientemente sobre la posición de Torre Bermeja. Eran más numerosos los franceses y rechazaron á los nuestros, cogiéndoles, además, dos piezas que llevaban. Los momentos eran críticos, de los en que un general necesita dar el ejemplo del arrojo que sus tropas deben desplegar para salir airosas en ellos; y Lardizábal, poniéndose á la cabeza del regimiento de Murcia y después de haberle dirigido una enérgica arenga, acometió á los infantes enemigos que, apoyados por un escuadrón y varias piezas, se defendían con igual ardor. Tan tenaz y viva se hizo la lucha de una y otra parte, que ambas llamaron sus reservas ó los refuerzos con que se les acudía por sus jefes; entrando en fuego, por la de los imperiales, aquel cuerpo de caballería que hemos dicho se vió á la vera del pinar, y por la de los españoles los batallones de Canarias, Guardias Españolas y Africa. Lardizábal se empeñó personalmente en la acción á punto de que hubo de sacarle de las manos de los franceses el regimiento de Murcia que, con una violentísima carga á la bayoneta, lo salvó, al mismo tiempo que recobraba las dos piezas perdidas y despedía al enemigo de todo aquel terreno,

Triunfo de la vanguardia.

obligándole á retirarse en dirección de Chiclana (1).

Con eso quedó evacuado el campo francés inmediato; fueron ocupadas por la vanguardia española Torre Bermeja y las Flechas, y se estableció la comunicación con la Isla, principal objetivo entonces de las operaciones del ejército expedicionario.

Era necesario asegurar una conquista tan preciosa para Lapeña, ya que dice en su *Representación* «que á ella se limitaba en su plan la empresa de aquel día, pues conseguía quanto se había propuesto, y motivado lo difícil y penoso del embarco y desembarco para franquear un paso que por el frente hubiera sido sangrientísimo é incierto; subsistencias de que se carecía, mejor retirada en caso de ser rechazados, aumento de fuerzas en infantería, caballería y artillería, todo se lo facilitaba la comunicación con Sancti Petri». Y como si de allí no hubiese de pasar la ejecución de un plan ideado en Cádiz nada menos que para obligar á los franceses al levantamiento del sitio, se empeñó en sostener aquella conquista, desentendiéndose de todo ulterior proyecto, á lo menos hasta asegurarse completamente en ella y constituirla, si hubiese de seguir las operaciones, en su mejor y más sólida base. La prefería á la del cerro del Puerco en que se había establecido; y en consecuencia, y dejando á Graham en libertad para mantenerse allí con su división ó seguirle, emprendió el movimiento hacia el puente, ya recompuesto, de Sancti Petri con la mayor parte de los regimientos españoles, excepto los afectos al cuerpo

---

(1)   Véase el plano de la acción en el Atlas del Depósito de la Guerra.

inglés y Cantabria, Sigüenza y Voluntarios de Valencia que con otro batallón británico, que mandaba el mayor Brown, y la caballería de Whittingham, quedaron en el Cerro ó en su falda meridional á las órdenes de Begines.

Y aquí comienza la acción de las tropas inglesas, una de las glorias más puras de su patria, pero que acabó produciendo en el campo aliado una discordia que se hubiera hecho sumamente grave y transcendental sin la prudencia del Gobierno español y la no menor del representante de Inglaterra en Cádiz. *Combate de las tropas inglesas.*

Deferente Graham con la opinión de Lapeña, se puso en marcha para Torre Bermeja. Ya se hallaba á media falda en la oriental del cerro, cubierta la división por avanzadas y grandes guardias de caballería extendiéndose hacia Chiclana, cuando el general inglés recibió la noticia de que asomaban por el llano varias columnas enemigas en ademán de intentar la ocupación de aquella altura. Lo que nos ha parecido á nosotros le había parecido á Graham; que el cerro del Puerco ó de la Barrosa, como le llama siempre en sus escritos, era la clave de las posiciones inmediatas á Sancti Petri en aquella costa; y temiendo que cayese en poder de los franceses, mandó contramarchar á sus tropas para hacerles frente antes de que alcanzaran su objeto.

Con efecto, el mariscal Víctor había dirigido al cerro una brigada de la división Ruffin con este general á la cabeza y la caballería extendiéndose por su izquierda para envolver la posición hasta la orilla misma del mar. Por la derecha apareció el general Leval con otra brigada y varias piezas, marchando directamente sobre la división Graham, con el objeto, bien visible, de empujar toda la reserva y retaguardia de los aliados hacia Sancti Petri y, en el desorden que esperaba Víctor introducir entre ellos, lanzarlos al agua ó hacerlos sus prisioneros. Pero contenido Ruffin por las tropas españolas y el batallón inglés que habían quedado en lo alto del cerro, Graham, aunque trabajosamente por lo accidentado del terreno y con algún desorden, consecuencia en los primeros momentos de la necesidad de una reacción inesperada, logró disponer el ataque, ya urgentísimo, contra Ruffin y la defensa de la que, al dar frente á retaguardia, resultó izquierda suya contra Leval. «Una retirada á la vista de semejante enemigo, que ya se hallaba al alcance de la fácil comunicación por la playa del mar, dice en su parte el general británico, hubiera expuesto al exército entero aliado al peligro de ser atacado en el momento de la confusión que sería inevitable al llegar casi á un mismo tiempo los diferentes cuerpos sobre la fila angosta de cerros de la Bermeja.» Y confiando en el valor, por nadie disputado, de sus tropas, las lanzó resueltamente á la pelea.

Al apoyo de una batería de diez piezas que estableció en el centro el mayor Duncan, se dirigió al cerro el brigadier Dilkes con la brigada de Guardias, el batallón de flanqueadores, dos compañías de rifles, un destacamento del 67.º y el batallón núm. 28, que con los españoles de lo alto se agregó á la columna de ataque, comprendiendo su jefe, el teniente coronel Brown, ser más eficaces sus servicios en ella. Y mientras otras fuerzas de tiradores, de que también formaban parte algunos portugueses del batallón agregado

á la división inglesa, trababan un combate de guerrillas para dar tiempo y el desahogo posible á la columna que subían flanqueando, el general Dilkes abordó
al enemigo con la gallardía característica de sus compatriotas. La lucha se hizo sumamente tenaz y encarnizada; el general Ruffin y sus batallones se batieron
con gran valor y, causando á los ingleses bajas enormes, mantuvieron por largo rato indecisa la victoria;
pero una carga á la bayoneta del batallón que mandaba Brown, secundaba por el fuego de la artillería, y
un violentísimo ataque del escuadrón inglés de húsares
que se destacó de las fuerzas de Whittingham, acaba-
ron de conmover las columnas francesas, que se vieron
obligadas á ceder el campo y abandonar la altura de
que ya se creían dueñas, dejando dos piezas en poder
del enemigo. A ese tiempo llegaron sobre la derecha
inglesa los batallones españoles que, al bajar del cerro
con el de Brown, había detenido Whittingham para
impedir el movimiento envolvente de los franceses;
y uniendo su acción á la ya vencedora de sus aliados, siguieron á la columna de Ruffin, obligándola entre
todos á retirarse definitivamente, formada en cuadros
que deshicieron dos piezas de la artillería española y
el escuadrón inglés anteriormente citado. El destrozo
de los imperiales fué considerable, y entre los varios
generales y jefes que quedaron en el campo, se halló á
Ruffin que, muy mal herido, murió días después al
ser llevado con otros muchos prisioneros á Inglaterra.

No se mostró la lucha menos obstinada en el otro
flanco de la línea. Mandaba en aquella ala el coronel
Wheatley con tres compañías de los famosos guardias
coldstream y el batallón de flanqueadores de Bernard.

Ni tampoco fueron diferentes los procedimientos que aquella columna usó para combatir á la de Leval, ni los resultados menos ejecutivos y brillantes. Preparado el choque con el fuego, verdaderamente terrible, de la artillería de Duncan, los ingleses no esperaron el ataque de los imperiales que, á su vez, avanzaban resueltos por la llanura, sino que con otra carga á la bayoneta tan enérgica como la de sus camaradas de la derecha, derrotaron también al enemigo, haciendo en él gran estrago y cogiéndole, con una infinidad de prisioneros, un águila, la del regimiento núm. 8.°, y un obús.—El coronel Vigo-Rousillon, de quien hemos dicho habríamos de tomar en cuenta algunas frases, cuenta así el episodio que siguió á ese segundo período de la batalla. «Mientras ejecutábamos aquella maniobra, el ala izquierda de los ingleses, precedida de cuatro piezas de artillería ligera, marchó sobre nosotros, y bien pronto esa artillería, poniéndose en batería á muy corta distancia, disparó á metralla sobre nuestros cuadros.»

Su completa victoria.   De modo que hasta en eso se asemejaron los trances de las dos columnas inglesas en su victoriosa reacción. Tan victoriosa y decisiva, que ese mismo coronel francés añade á su anterior declaración: «El Mariscal, viendo que había hecho plancha (así se suele decir ahora: la palabra francesa es *qu'il avait fait une école*), desapareció.»

¿Se quiere prueba más concluyente de la derrota de los franceses?

Es falso cuanto dice Thiers de que la infantería imperial arrollase la primera línea echándola sobre la segunda, y sólo se detuviera viendo que tenía que

romper todavía tres, porque los anglo-españoles, sin
atender ya al general Villatte, habían formado en masas los unos tras de los otros presentando cuatro líneas
paralelas. Ni allí había más españoles que los citados
al final del episodio de la derecha, ni podían establecerse tales líneas con la escasa fuerza que tenían los
ingleses, que se hubieron de satisfacer con formar una
pequeña reserva al mando de los coroneles Belson y
Prevot. Y si eso no es disculpable en un Thiers, menos lo es aún que, á renglón seguido, añada: «No había medio de batir á 20.000 hombres con 5.000, sobre
todo desde que en esos 20.000 había 9.000 ingleses.»

Algo más justo se muestra su compatriota Vigo-
Roussillon, que allí cayó gravemente herido y fué hecho prisionero después de incidentes tan peregrinos como los extraordinarios y novelescos que nos recuerda de
la batalla en que, por tierra y todo, perdonó la vida á
cuantos soldados y oficiales ingleses le acometían; llegando su magnanimidad á, *retenu par je ne sais quel
sentiment de compassion*, no atravesar con la espada á
un oficial cuyos cabellos blancos, hermosa figura, sangre fría y dignidad detuvieron su brazo.

El general Lapeña, ocupado entretanto en asegu-   Error de
rar la comunicación con la Isla, tenía la mayor parte   Lapeña.
de las fuerzas españolas en derredor suyo, atentas, por
un lado, á impedir cualquier acometida de los de Villatte junto al molino de Almansa, y por el otro, al
movimiento envolvente de Ruffin á espaldas del cerro
del Puerco, para lo que conservaba á Whittingham
frente á Torre Bermeja. Le confirmaron en la necesidad de mantener esas posiciones las noticias que le llegaban de haber sido batidos los ingleses por Ruffin y

Leval, noticias verosímiles por la enorme superioridad
de las fuerzas francesas en tal empeño, y el espectáculo
de las aliadas abandonando el cerro sin conocerse la
dirección que tomaban, ni su destino y objeto. Así es
que Lapeña, más que de reforzar á los ingleses, para
lo que poseía medios sobrados, principalmente desde
que se le incorporó la división Zayas, se preocupó de
la idea de ser el único apoyo que quedaría á sus aliados al verse en la precisión de retirarse á la Isla. «Tan
lejos, se dice en el Diario de aquellas operaciones, tan
lejos se estaba de creer la victoria conseguida por las
tropas aliadas en el cerro del Puerco, que aun se tuvo
por quimérica la primera noticia; pero la continuación
de testigos oculares hicieron reverdecer la satisfacción
por la gloria conseguida en ambos puntos.» (1).

Lo que, de consiguiente, se creía un revés, resultó
ser una victoria, y tan indudable, cuanto que los franceses, que en su retirada y al amparo de la laguna del
Puerco que existe en las últimas descendencias septentrionales del cerro de su mismo nombre, trataron de
rehacerse y aun de renovar el combate, hubieron de
desistir de tal proyecto al considerar las muchas bajas

---

(1) El parte enviado al Ministro de la Guerra desde el campo era el de una victoria.

El *Diario de Sesiones* del 6 consigna «que acababa de llegar
el ayudante primero del estado mayor general, D. Antonio Ramón del Valle (Remón Zarco del Valle), enviado por el general
Lapeña, para que diera parte verbal de la victoria que el ejército combinado había conseguido aquella misma tarde. Se
anunció al público haberse presentado al Congreso en aquella
sesión, con permiso de S. M., el referido ayudante; haberle éste informado desde la barandilla de los pormenores de aquella
acción, y de que el Sr. Presidente le contestó en nombre de
S. M. que las Cortes habían oído con particular agrado las
ventajas conseguidas por el ejército combinado.»

que habían sufrido y ver la resolución con que sus enemigos seguían cargándolos.

El general Lapeña, si fuéramos á dar crédito completo al Conde de Toreno, «habíale escogido la Regencia para el mando de aquella expedición, no tanto por su mérito militar, cuanto por ser de índole conciliadora y dócil bastante para escuchar los consejos que le diese el general inglés, más experto y superior en luces»; y luego le trata de *hombre pusilánime y soldado meticuloso*. D. Antonio Alcalá Galiano lo pinta como «oficial de cortos alcances y débil, aunque, dice después, con prendas de hombre pundonoroso y buen caballero, valor personal y modos afables y corteses.» Los españoles no necesitamos de ningún extraño para desacreditar á nuestros compatriotas, sobre todo si han ocupado altos puestos; pero es lo cierto en este caso que Lapeña no correspondió á la confianza que en él se había puesto.

Ya nos parece haber demostrado el error que cometió al cambiar en Vejer el plan de operaciones; pero es más grave aún y transcendental el de no haber asistido á Graham en la situación apuradísima en que se vió por salvarse y salvar al ejército de un desastre que hubiera podido tener las más terribles consecuencias. Además de no haber disculpa para el general ó jefe que no acude al ruido del cañón en auxilio de sus colegas más ó menos comprometidos en una función de guerra, en el caso de que se trata iba la suerte del ejército y el éxito de una jornada tan laboriosa como la que estaba ejecutando el aliado desde su salida de Cádiz. De haberse presentado Lapeña en el campo de batalla con todas sus fuerzas, puesto que bastaba una parte de las de Zayas para mantener la comunicación con la Isla, no sólo hubiera sido más completa la victoria de la división inglesa, sino que la habría proseguido el ejército hasta expulsar de todas sus posiciones al francés, que bien probado dejó su vencimiento ante una sola parte, la tercera, del aliado. Por el contrario, y no hemos de insistir mucho en nuestros razonamientos por lo evidentes y por falta de espacio; por el contrario, repetimos, de no asistir á Graham, pudo éste ser rechazado, y su retirada hubiera introducido en la posición española del puente de Sancti Petri un desorden muy difícil de dominar. No hay disculpa que satisfaga para tal error, ni han llegado á saberla dar Lapeña, en su *Representación*, ni Lacy, su jefe de Estado Mayor, en el diario de las operaciones.

Conducta de Graham.

Alguna, por lo mismo, hay que conceder á la conducta posterior del general británico, cuando, al dejar victorioso el campo de su brillante. hazaña y después de haber descansado aquella noche junto á Torre Bermeja, se metió el 6 en la Isla con todas las tropas de su nación, sin atender á ruego ni observación de ningún género. Había causado al enemigo pérdidas que ascendían á cerca de 2.000 bajas entre muertos y heridos, y cogídole 400 prisioneros, un águila y seis piezas de artillería; pero las suyas no bajaban de 1.000 de la clase de tropa y 50 oficiales; el cansancio era extremo, y no menor el despecho producido por el aislamiento en que se había visto durante el combate, exceptuando, por supuesto, á los batallones españoles que se habían juntado con la columna de la derecha y tanto habían contribuído á su triunfo.

Graham, hombre de grandes condiciones militares,

tenía, como buen inglés, un carácter violento y orgullo desmedido. Así es que, al entrar en la Isla y en sus comunicaciones después al conde de Liverpool y á Wellesley, reveló esos sentimientos con una viveza, mejor dicho, con acritud sobrada, por más que cuidase de separar de la causa personal de Lapeña la de nuestra nación y sus soldados. Al manifestar su queja por no habérsele sostenido en el combate, dice: «No hay un solo hombre en esta división que no hubiese renunciado gustosamente el título de gloria adquirida por la acción de Barrosa, para participar con los españoles de los resultados felices que estaban en nuestra mano, por decirlo así.»

«Los españoles, añade, hombres de valor y perseverancia, son universalmente apreciados, respetados y elogiados por cuantos aman su libertad y su independencia: los corazones y los brazos de los soldados ingleses estarán siempre con ellos: la causa de España es común á todos.»

Pero el daño estaba hecho con acto, en nuestro concepto, tan poco meditado, imprudente y de tan fatales consecuencias. Porque desde aquel momento se dió por fracasada la expedición, y las tropas españolas hubieron de volver también á la Isla, como los destacamentos que se había hecho desembarcár junto al Puerto de Santa María y en Rota al apoyo de las fuerzas sutiles que mandaba el ilustre D. Cayetano Valdés en la bahía. Los franceses, con eso, repuestos, como su mariscal Víctor, del temor que les había infundido su derrota, volvieron á sus anteriores posiciones, para, pidiendo á Sevilla nuevo y más potente material de artillería, dar al bloque de Cádiz alguna mayor apa-

El ejército se retira á la Isla.

riencia de sitio de la que había ofrecido hasta entonces. No tardaron, con efecto, en llegarles piezas de
grande alcance, con las que consiguieron meter en
Cádiz algún proyectil que, por no haber causado otra
víctima que un perro, provocó en los gaditanos la
canción que tan popular se hizo de

> Tres mil franceses murieron
> En la batalla del Cerro;
> Pero han logrado en desquite
> Que una bomba mate un perro.

Tan ejecutivo fué el revés de los franceses en Chiclana, que el general Begines, que no había entrado
en la Isla de León para volverse á su campo de Gibraltar, halló el que acababa de serlo de las operaciones
tan alarmado y flaco de fuerzas y de espíritu en sus
defensores los franceses, que el día 8 se apoderaba sin
grandes dificultades de Medina-Sidonia, rechazando
luego el ataque de más de 600 enemigos que trataron
de recuperarla.

En Cádiz es donde la discordia de los generales
aliados encendió los ánimos, á punto de temerse que
produjera efectos más desastrosos aún que el del fracaso de la expedición, enfriando, por la menos, la
hasta entonces entusiasta y estrecha alianza de ingleses y españoles. La polémica entablada por los jefes,
que estuvo para agriarse á punto de estallar con un
duelo, que logró evitarse, entre los generales Graham
y Lacy, se extendió á las regiones del gobierno y de
las Cortes mismas que con el embajador inglés Wellesley tuvieron que hacer esfuerzos extraordinarios
de conciliación para que no se llegara, como se temió,
á una ruptura tan escandalosa como perjudicial á los
intereses de ambas naciones aliadas. En un principio

pareció la opinión ponerse del lado de Graham, y se llegó á someter á Lapeña á la de un consejo de generales que no encontraron motivo de censuras para su conducta en la batalla. Luego, la aprobó también la Regencia, concediendo al general español la gran cruz de Carlos III, al mismo tiempo que al inglés un título que, tras algunas vacilaciones, acabó por rehusar. Lo que precisaba hacer también para impedir la continuación de la polémica y nuevos choques, fué relevar á los dos de su respectivo mando; y tomó el de las tropas inglesas el general Cook, y el del 4.º ejército español el Marqués de Coupigny, otro de los héroes de Bailén (1).

---

(1) Los gaditanos se esmeraron en obsequiar á los expedicionarios, arrebatándose los heridos para mejor cuidar de ellos en sus casas y obsequiarlos. La tantas veces citada señorita de Alvear, al describir el espectáculo que ofrecía el regreso de la división inglesa, tan conmovedor como brillante, y condolerse de las causas que motivaron las pérdidas que había sufrido y la inutilidad de sus heróicos esfuerzos, añade: «esmerándose la población entera en mitigar el enojo y el dolor de los aliados con la expresión de los elogios que tan merecidos tenían y el especial cuidado con que atendían á obsequiarlos, asistiendo con el mayor esmero á los heridos, proporcionándoles los consuelos y auxilios que les fuera dar; en lo cual el gobernador (Alvear), como es de suponer, se mostró tan solícito.... que mereció recibir las gracias del mismo general Graham muchas veces de palabra y por escrito.....»

Hay que advertir y recordar á nuestros lectores que, como españoles, no se admirarán de ello, que entre los mismos habitantes de Cádiz y sus defensores se dividió la opinión, excitada con las variaciones que se andaban introduciendo por las Cortes en el anterior modo de ser político de la monarquía española. «En la población de la isla Gaditana, dice Alcalá Galiano (que se hallaba allí), tomaron la parte de los ingleses en general los de la parcialidad opuesta á las reformas, el vulgo de todas opiniones y la parte de los reformadores más acalorada, mientras se allegaban ó inclinaban á defender más ó menos completamente á Lacy y á Lapeña no pocos oficiales del ejército y un corto gremio de hombres entendidos de los favorables á las reformas.»

Los ingleses, no hay que esforzarse en probarlo, se mostraron enojadísimos, y más que los combatientes de Chiclana, sus compatriotas del ejército de Portugal. Lord Wellington en sus despachos no se satisface con atribuir á Graham solo aquella victoria, sino que le supone haber salvado al ejército español de una completa derrota. Los demás escritores de su nación le hacen coro en ese mismo tono, y los hay que le exceden en lo acre, injusto y hasta violento de sus conceptos (1).

En el campo francés, todo fué júbilo al saberse la vuelta de las tropas expedicionarias á la Isla. El duque de Bellune, su jefe, llegó en sus partes hasta á atribuirse la victoria que después los historiadores compatriotas suyos han creído poder autorizar con sus últimos resultados (2).

---

(1) En un párrafo de su contestación al parte de Graham, dice Wellington: «La conducta de los españoles en esa expedición, es precisamente la misma que siempre he observado en ellos. Marchan noche y día, sin provisiones, por supuesto, y abusando cada cuerpo de un descanso momentáneo para sólo proporcionar hambre y fatiga al soldado. Alcanzan así al enemigo en tal estado, que los deja inhábiles para toda acción, para la ejecución de cualquier plan ó como si no se hubiera formado ninguno; y entonces, cuando llega el momento, se hallan incapaces de moverse y se detienen para ver cuál se destruye á sus aliados, culpándolos después de que no continúen, sin apoyo alguno, operando lo que no puede humana naturaleza.»
Por fin, aprueba completamente la conducta de Graham, lo mismo en la batalla que después en su vuelta á la Isla.

(2) Quien preste fe á la descripción que Thiers hace de aquella jornada, á las aseveraciones especialmente, falsas todas, estampadas en la obra que lleva por título el de «*Victoires, conquêtes, etc., etc., des français de 1789 á 1815*», y á otros, no pocos, escritos de nuestros vecinos del Pirineo, creerá, como ellos, que sus tropas *no sólo hicieron prodigios de valor y se cubrieron de gloria, sino que obligaron á los aliados á retirarse cogiéndoles tres banderas y cuatro piezas*, que nadie, por supuesto, ha visto en su poder. El que no se engañó con los partes y noticias que se le dirigieron entonces fué Napoleón, que en un

El ningún resultado que produjo aquella expedi- **La cuestión**
ción de que tantos y tan importantes se esperaban, y **del mando en**
la rendición, que se tuvo por vergonzosa, de las plazas **las Cortes.**
de Tortosa y Badajoz, dieron lugar en las Cortes á
muy acaloradas polémicas y á determinaciones más
dictadas que por la razón, por lo exaltado del patriotismo que caracterizó á aquel célebre Congreso.

Se presentó en él una moción en que se proponía
lo siguiente: «Se dirá al Consejo de Regencia que las
Cortes declaran expresamente que está en sus facultades dar siempre que lo crean conveniente el mando de
los ejércitos, divisiones, regimientos, etc., á cualquier
individuo por inferior que sea su grado.»

Ya comprenderá el lector qué de intereses iría á
promover, á herir y defraudar la aprobación de tal
medida. La discusión se hizo general y acalorada. Propuesta por el Sr. Morales de los Ríos y apoyada por
Morales Gallego, Guridi, Giraldo, Zorraquín, Capmany y algún otro, no obtuvo la aprobación de la Asamblea, combatiéndola con razonamientos harto fundados
Argüelles, el primero, y Llamas, Mejía Caneja, Aner,
Golfín, Esteban y Laguna, después, con otros también
más ó menos elocuentes, alguno con razones y ejemplos vulgares, de mucha fuerza sin embargo. Allí se

---

despacho, del que hemos transcrito algún párrafo, y en otros
posteriores, demostró que tenía por muy otros de los ajustados
á la verdad y á los principios del arte de la guerra los sucesos
de que se le daba conocimiento y las maniobras ejecutadas por
Víctor en aquella batalla.

Ni podía eso escaparse á talento como el de tan gran capitán; que si la jornada de Chiclana dejó de realizar las halagüeñas esperanzas que en ella se fundaban, no contribuyó
poco al sostenimiento del espíritu público en Cádiz, y debe
considerarse como una de las glorias más puras del ejército
aliado en tan gigantesca lucha.

sacaron á plaza en pro á Alejandro, los Escipiones, Camilos y Condés por su juventud y en contra, con los mismos ejemplos, por lo raro de las condiciones que reunían y las circunstancias en que se hallaron. Hubo diputado que veía la conveniencia de entregar el mando de un gran ejército á un soldado y quién veía en el Empecinado, D. Julián Sánchez y otros guerrilleros, generales en jefe que salvarían al país del estado miserable en que lo tenían los veteranos y sabios, pero inútiles, que hasta entonces habían ejercido el mando de las tropas españolas. Pero la robusta argumentación de Argüelles y de los que siguieron sus inspiraciones, técnica y práctica á la vez, tan lógica como sensata y prudente, arrebató á los más y obtuvo la reprobación de la propuesta del Sr. Morales de los Ríos en la misma sesión del 11 de marzo de 1811 en que fué presentada.

Si la cuestión de antigüedad ó elección ofrece tantas dificultades como puntos de vista para su resolución oportuna, justa y conveniente, ¿cuáles no serán los obstáculos que se opongan á la casi siempre errónea y caprichosa, á veces, preferencia dada por hombres y aun colectividades á las muestras de condiciones militares ó científicas, producto quizás de una facundia fácil unida á la osadía de alguno y la ignorancia de sus oyentes? Aun eso se comprende cuando la elección haya de recaer en personas, esto es, en generales de un grado inmediato al de que son llamados á revestirse; pero ¿cómo distinguir las cualidades de un general en jefe en quien sólo ha ejercido mandos inferiores para los que basta el valor y á lo más una mediana inteligencia? Decía Argüelles: Elevado de repente al mando de un ejército un oficial subalterno, aunque su mérito y cualidades sean relevantes, ¿podrá por sí solo desempeñar el grave cargo que se le encomienda? ¿No necesita de la concurrencia de todos sus subalternos? Es menester, por lo mismo, consultar todas las circunstancias, pues de lo contrario no tardaría en hallarse comprometido. La envidia, la rivalidad, la emulación misma de todos éstos, que siendo más antiguos que él se creyesen más acreedores á esta distinción, podrían aventurar el buen éxito de sus operaciones si no se tomaban además precauciones grandes. Harían lo necesario para no comprometer el honor militar de sus personas y no harían más; pero con esto no se lograría el objeto de la proposición, que es conseguir victorias.»

Después de todo, los genios militares se abren paso pronto á los altos puestos del ejército, y eso mostrándose grado por grado hasta el supremo del mando, y sin que, así, pueda achacárseles falta de experiencia, una de las cualidades más necesarias, y del prestigio adquirido entre las tropas.

Satisfecho Víctor con la vuelta de los anglo-españoles á la Isla y Cádiz, no sólo hubo de convertir su vencimiento en triunfo para con Napoleón, sino que, para mejor dar carácter de tal á su acción, redobló, según ya hemos dicho, el fuego de su artillería sobre la ciudad sitiada. Con tal motivo los historiadores de aquellos sucesos mencionan los efectos de la artillería que, á pesar de las varias modificiones que sufría, ha llevado siempre el nombre de su inventor M. de Villantroys. No fué, sin embargo, la primera construída especialmente para el sitio de Cádiz. El general Dedon había hecho fundir en Sevilla dos morteros de á 12 pulgadas, de plancha y recámara esférica, muy semejan-

Los Willantroys en Cádiz.

tes á otros que Napoleón había puesto en acción en su campo de Boulogne, y cuyo alcance nunca pasó de 1.900 toesas. Estos serían los que mataron el perro mencionado en la antes transcrita letrilla gaditana. Sólo más tarde envió Napoleón el diseño del obús de á 8 pulgadas que le fué presentado por el coronel Villantroys. Construyéronse ocho que, disparados con 44 grados de elevación, no alcanzaron distancias mayores de 2.000 toesas, pero reventando, además, sus proyectiles en el aire porque el mixto de las espoletas no podía durar los tiempos ó segundos necesarios hasta el fin de la curva de proyección. No pudiéndose remediar ese defecto por razones cuya explicación se haría aquí enojosa, se propuso modificar la construcción de aquellas piezas el general del arma M. de Ruty, residente en Sevilla por entonces. Hizo fundir obuses de á 10 pulgadas que arrojaron las granadas á 2.400 toesas, pero cuyas espoletas nunca obtenían tampoco la duración conveniente en su incendio, aun habiéndose ensayado de toda especie de maderas y metales y con más de veinte composiciones de mixtos. Esas tres clases de piezas tuvieron los nombres de sus inventores *Dedon, Villantroys y Ruty*, y particularmente á cada una se le impuso el de varios generales, Marmont, por ejemplo, Soult, Víctor, Senarmont y otros, entre los que apareció el de Bengoa, oficial de artillería que desde la entrada de los franceses en Sevilla se había quedado al servicio del Intruso con algunos otros que tenían su destino en la maestranza y la fundición de aquel departamento del cuerpo (1).

_____

(1) D. Domingo Bengoa escribió el año de 1825 en Bayona un opúsculo vindicándose de la voz que corrió por Cádiz de

Ultimamente pusieron algún remedio á lo del alcance rellenando las granadas con plomo, con lo que hubieron de prescindir de la espoleta, cuyos tiempos no sabían alargar, y, de consiguiente, de que reventasen aquéllas.

Y ya que nos adelantamos á la época en que los franceses alcanzaron su tan deseado intento de meter las bombas en Cádiz, aunque provocando el desprecio y las burlas que con tal gracia expresaban las canciones que entonces corrieron por la ciudad y luego por toda España, concluiremos el asunto con el recuerdo de otros dos procedimientos de que también esperaron completo éxito. Creyó Napoleón que podría aplicar al incendio de Cádiz y de las escuadras surtas en su bahía el invento entonces muy celebrado de los cohetes á la *Congreve*. Ensayóse en Tablada y lo mismo que con los Schrapnells, usados por los ingleses en su primera campaña de Portugal, se vió que nó alcanzarían á Cá-

---

ser él quien inventara aquellos obuses; «invento antiguo de un español, dice Toreno, que ahora parece perfeccionó un oficial de artillería también español en servicio de los enemigos, cuyo nombre no estampamos aquí en la duda de si fué ó no cierta acusación tan fea.»

Bengoa dice al enumerar aquellos nombres: «pudo dar la casualidad que el mortero que llevase mi subscripción hiciese más fuego ú con más acierto que otros, casualidad que después del sitio excitó un cierto susurro contra mí que no tuve más parte en su construcción que en la del gigantesco caballo con que Ulises tomó á Troya». Por el contrario, Bengoa añade que sabía muy bien que hubiera obtenido los resultados á que aspiraban los franceses *con un mortero de á 14 pulgadas y dos líneas, recámara cilíndrica, equilateral para bomba de á 14* que habría aventajado á las otras tres piezas; «pero, dice, por mi parte nada les propuse ni enuncié en orden á las ideas facultativas que me ocurrieron ni se hallará en los archivos de la comandancia y de la fundición que yo haya escrito una sola tilde de la materia».

¿Qué habían de consultar los *sabios* artilleros franceses á los *ignorantes* españoles?

diz los cohetes, ni tampoco los que los franceses llamaban *Infiernos* por el sinnúmero de balas encerradas en ellos, producirían efecto alguno en Cádiz y el puerto.

No arredró á los gaditanos ni al Gobierno tampoco el nuevo impulso dado por Víctor á las operaciones del sitio. Asegurada cada día más la suerte de la plaza, la Regencia persistió en el sistema, antes adoptado, de las expediciones á los puntos de la costa de donde pudiera ofenderse mejor y más á los franceses, así en aquellas operaciones como en las á que les obligaban los su-cesos ocurridos en Extremadura y Murcia. Y el 18 de marzo se hacía á la vela una escuadrilla con unas 5.000 bayonetas y 250 caballos con rumbo á la desembocadura del Tinto. Mandaba aquellas fuerzas el general Zayas, cuya conducta en la defensa del puente de barcas, echado en Sancti-Petri para la comunicación con Lapeña, y puesta en tela de juicio hasta en las Cortes, había resultado plenamente justificada. Se ignoraba la caída de Badajoz y, buscando el acuerdo de Ballesteros, á quien se creía sobre Sevilla, se quería hacer una diversión en favor también de aquella plaza.

Expedición de Zayas á Huelva.

Zayas desembarcó en Palos, y luego se avistó con Ballesteros en Beas, por cuyas inmediaciones operaba desde que 10 días antes había batido, á la vista de Villarrasa y Niebla, á una gran fuerza de franceses mandados por Remond, cogiéndole equipajes, dos piezas, municiones y número considerable de prisioneros (1). Arrojado el enemigo de Moguer por nuestra caballería,

---

(1) «Le he cogido, decía Ballesteros en su parte, todo el ba-gaje, la artillería y municiones, muchos caballos y prisioneros; el campo está cubierto de cadáveres.»
Los muertos debieron ser 37, y los prisioneros, 40.

en que iban dos escuadrones alemanes mandados por Schépeler, el distinguido historiador de aquella guerra, pronto volvió el regimiento francés de cazadores número 27 y recuperó la población sin contrarresto alguno por hallarse la infantería de Zayas en Huelva donde se la había desembarcado para ponerse en contacto con las tropas de Ballesteros, establecidas en Gibraleón y Beas. Y como en Huelva se hallaban los grandes transportes, los jinetes tuvieron que valerse de los pequeños anclados junto á Palos para reembarcarse con los equipos y monturas, abandonando los caballos en la orilla izquierda del Tinto (1). Establecido todo el cuerpo de la expedición en la punta Cascagera de la isla Saltes del Delta del Odiel, aún pudo apoyar á Ballesteros amenazado por los franceses que llegaron de Extremadura á las órdenes del de Aremberg y Maransin en auxilio de Remond. Zayas hizo tomar de nuevo tierra al brigadier Polo con tres batallones que se apoderaron de la torre de la Arenilla que había indebidamente abandonado días antes; y además de causar á los franceses junto al molino de la Aceña más de 80 muertos y cogídoles prisioneros, equipajes y raciones abundantes, recuperó muchos de los caballos, varios de manos de los aldeanos de las inmediaciones. Pare-

---

(1) Schépeler dice que varios de los caballos se lanzaron al agua en seguimiento de sus jinetes, cruzando á nado el canal marítimo que separa la Cascagera de la costa. Al referirse á su fuerza, estampa una frase que no entendemos. «Zayas dice, chargea l'auteur de prendre les deux escadrons et de les sauver comme il l'entendrait; mais tous les effort des mains ne purent rien contre l'orage et le vent».

Y entonces, ¿qué se hizo de aquellos escuadrones?

Hay que advertir que la traducción de su libro al francés es obra de él mismo.

ce, por fin, que Zayas había recibido instrucciones para no acometer empresa alguna sin la seguridad de su éxito; y con eso y con no poder operar sin la ayuda eficaz de Ballesteros, demasiado independiente en su acción por aquella provincia que, al decir de alguno, miraba como propiedad suya, reembarcó toda su gente y volvió el 31 á Cádiz á pesar de un recio temporal que hubo de poner la expedición en gran peligro.

Aquella tempestad había producido funestísimos efectos en Cádiz. Muchos barcos, todos mercantes, de los innumerables surtos en la bahía, perdieron sus amarras y fueron á chocar en la costa, de los que cuatro, al hacerlo hacia Rota y cabo Candor, cayeron en poder de los franceses. Se perdieron más de 50; uno, con 850 quintales de pólvora, destinada á Levante, que hubo de reponerse y enviarla luego en otro buque, y sin los esfuerzos de nuestos marinos y de los ingleses de guerra, las desgracias personales hubieran pasado mucho del número de 300 á que llegaron en la noche del 27 al 28 de aquel mes de marzo (1).

Otra de Blake á Niebla. Así como para hacer olvidar tal catástrofe y reparar el fracaso de las expediciones para el logro de la aspiración general en el gobierno y los habitantes de Cádiz, más optimistas que activos para satisfacerla, se hizo salir el 15 de abril al general Blake con dos divisiones de infantería y dos escuadrones de artillería

---

(1) El número de 50 lo señala la *Gaceta*. Schépeler, que llegó á Cádiz cuatro días después, dice que fueron 100 los barcos perdidos. Pinta como grande la irritación de los gaditanos atribuyendo el desastre al ningún resultado de la batalla de Chiclana; porque de otro modo, *la costa hubiera quedado libre y los barcos habrían tenido para anclar un espacio anchuroso y seguro.*

para Ayamonte, donde desembarcaba el 18 para ponerse en combinación también con Ballesteros; reuniéndose efectivamente los dos en Castillejos á fin de operar sobre el condado de Niebla y el flanco de los franceses en sus comunicaciones de Extremadura á Sevilla.

La situación del ejército imperial de Andalucía era verdaderamente crítica. Tenía que mantener sujeta región tan extensa y ya por entonces pronunciada en general por la causa de su independencia; atender al sitio de Cádiz, que bien comprendía le iba á resultar infructuoso desde el momento en que no logró sorprender á los defensores, y dilatar su acción á Badajoz nada menos, cuya conquista, aun felizmente acabada, le habría de distraer fuerzas que, por otra parte, necesitaba para rechazar las continuas expediciones de nuestras tropas á la Serranía de Ronda, que hervía en guerrilleros, y Huelva y Niebla sobre las fronteras de Portugal y Extremadura. Era esa mucha tarea para un ejército que desde la invasión de Andalucía había disminuido considerablemente en fuerza, ya por el regreso, con no poca, de su soberano el Intruso á Madrid, las pérdidas sufridas en la campaña, en el sitio de Cádiz particularmente y el de Olivenza y Badajoz, y la necesidad de ocupar con suficientes guarniciones tantos y tan comprometidos puntos como eran los constantemente amenazados por sus enemigos los españoles. Ahora venían sobre él otros más temibles todavía, los anglo-portugueses, que ya asomaban las cabezas de sus columnas por el Guadiana, amenazando arrebatarle su conquista de Extremadura y obligándole á esfuerzos que debilitarían su acción en las comarcas del Guadalquivir, cuyo dominio y guarda parecían constituir su principal y aun pudiera decirse única misión. No es, pues, de extrañar que Soult, además de fortificar la Cartuja, Alfarache y Triana para poner Sevilla á cubierto de un ataque, solicitara del Rey José le enviase cuantas tropas se reservaba en Madrid pertenecientes al ejército de Andalucía y reforzara en Extremadura á Mortier con las de La Houssaye y La Martiniére que se mantenían en el Tajo (1). No parece sino que Napoleón había comprendido la situación de Soult y adivinado sus preocupaciones y la necesidad de refuerzos que el mariscal iba á solicitar; porque un día antes, el 30 de marzo, parecía atender á todo en un despacho de los más notables entre los dictados durante aquella guerra. Ese despacho abraza cuantas disposiciones creía deber tomar en los ejércitos que operaban en España; contenía la censura más acre pero justa de cuanto había ocurrido en el sitio de Cádiz al tiempo de la batalla de Chiclana, y proveía á corregir tal estado de cosas allí, en Extremadura y Granada, que es lo que ahora nos toca tomar en consideración. Decimos que adivinaba las preocupaciones de Soult y la necesidad que tendría de refuerzos, porque disponía la incorporación al ejército de Andalucía de varios destacamentos de cuerpos que perteneciesen á él, y de unos 5.000 hombres que con igual destino se mante-

---

(1) Entre otras cosas escribía al Intruso: «Un ejército anglo-portugués avanza contra Badajoz; uno anglo español se forma en el condado de Niebla; uno en la Isla amenaza al mariscal duque de Bellune y el de Murcia ha atacado el ala izquierda del 4.º cuerpo. El general Sebastiani maniobra. Cumpliremos con nuestro deber; pero el ejército imperial del Sur está demasiado débil para poder garantir el feliz éxito que V. M. debe esperar de sus ejércitos.»

nían, sin embarco, agregados al del centro en Madrid;
que el duque de Istria enviase 8.000 de infantería
y 2.000 de caballería que, destinados al ejército de
Soult, estaban á sus órdenes en Castilla, y que quince
días después marchasen también á Andalucía 6.000
más que, por su parte, ofrecía. Con eso consideraba
reparadas todas las pérdidas sufridas hasta entonces, repuesto el ejército de Andalucía en estado conveniente y en el de atender á la ocupación de Badajoz
y aun de sostener á Massena en su empresa de Portugal.

«El Rey, añadía Napoleon, debe tener siempre un
cuerpo de 6.000 hombres, de caballería, infantería, y
artillería, entre el Tajo y Badajoz, dispuesto á reunirse
con el cuerpo del duque de Dalmacia y si fuera necesario oponerse á una operacion de los ingleses sobre
Andalucía.»

«Mas, para obtener ese resultado, es necesario desalojar el país, que los hospitales se reunan en Sevilla
y que Cádiz, Sevilla y Badajoz sean los únicos puntos
que deban conservarse, teniendo, además, un cuerpo
de observacion en Granada. En tal caso, el mariscal
duque de Bellune tendría el mando de las tropas que
quedasen en Sevilla, de las que prosiguieran el sitio de
Cádiz y del cuerpo de observación de la parte de Granada, mientras que el duque de Dalmacia mandaría el
cuerpo opuesto á los ingleses. El duque de Dalmacia
tendría además á sus órdenes la división del ejército
del Centro y así podría fácilmente reunir de 30 á
35.000 hombres.»

Napoleón seguía creyendo que con una batalla, y
para eso proporcionaba á Soult medios en su concepto

suficientes, obtendría la sumision de los pueblos que hacía abandonar hasta ganarla. Él, que tanto despreciaba á los ideólogos, caía en el mismo error que ellos, el de no rebajarse á mirar los objetos bajo el punto de vista práctico, y la guerra de España entonces sin el conocimiento ó al menos con el olvido del carácter de los habitantes, de su historia y de la naturaleza física del país en que bien debía haber observado que no sólo fracasaban el valor, la energía y los talentos de sus mejores generales, sino hasta los más sublimes pensamientos de su genio incomparable, por nadie contrarrestados hasta entonces.

Su hermano, el desventurado José, fuese por haber recibido la comunicación de Soult en demanda de rerefuerzos, la cual no consta en sus Memorias, fuese por propia iniciativa al saber cómo iban sus asuntos en Andalucía, se había anticipado á los deseos y mandatos del Emperador que no debieron llegarle hasta el 12 de abril. Así es que contestó inmediatamente á Berthier que ya habían salido de Madrid 2.000 hombres con galleta para Extremadura y que podrían tres ó cuatro días después de aquella fecha salir otros 2.000; no quedando en Madrid más de 1.200, en Cuenca 1.000, y en la Mancha 5.000 alemanes, de los que no podría desprenderse sin comprometer la seguridad de Madrid y perder la comunicación con Andalucía.

Si Soult llegó á tener noticia de nuestro vulgar proverbio sobre el *socorro de España*, habría de lamentar que, al menos en aquella ocasión, no le iba en zaga el de Francia por lo escaso y perezoso.

La guerra en Ronda. Porque la verdad es, y ya lo hemos dicho, su situación era sumamente crítica.

Sin adelantarnos á relatar lo que pasaba en Extremadura, asunto ligado á las operaciones de los ingleses sobre Badajoz especialmente, y, en general, sobre toda aquella provincia, vamos á recordar las á que tenían que atender los franceses en la Serranía de Ronda, donde con la expedición de Lacy y la posterior de Lapeña habían crecido en número, en fuerza y prestigio las partidas de guerrilla que pululaban en tierra tan fragosa y propia para tal género de guerra.

Seguía la Cruzada recorriendo sin cesar la sierra al acecho de toda ocasión que pudiera serla favorable para sorprender á los enemigos y vengar los atropellos que cometían particularmente con los que formaban tan patriótica partida, compuesta, como ya hemos indicado, en su mayor parte de sacerdotes. Después de haber merecido los más calurosos elogios de Lacy, y de su excursión á tierra de Granada batiendo á varios destacamentos franceses y al general Rey á pesar de las superiores fuerzas que llevaba cerca de Antequera, los Cruzados habían vuelto á la Serranía, el teatro perfectamente elegido de sus inverosímiles hazañas. La acción de Alora en que, ayudados por la caballería de Juan Soldado, cargaron á la bayoneta á los franceses por calles y plaza hasta acorralarlos en el fuerte; la del puerto de las Abejas junto á Junquera, y la hecatombe del convento de las Nieves en que, con la confianza de una capitulación, se entregaron ocho cruzados, de los que dos sacerdotes y cuatro frailes fueron sacrificados inhumanamente; todo eso y cien hechos, unos colectivos y otros personales, revelando el valor y la abnegación de hombres, no nacidos, al parecer, para tener tal vida ni arrostrar tamaños riesgos, dieron á la Cruzada. una reputación tan temible para los invasores como honrosa para ellos y su país. Y los allí llamados *Josefinos*, que los había y desgraciadamente en núme-ro superior al de las demás provincias, y los foragidos que aprovechaban tal estado de desorden para ejercer sus fechorías y maldades, no tenían enemigos más vigilantes, perseguidores más activos ni jueces más severos que los Cruzados de la Serranía de Ronda.

Expedición de Lord Blayney. Varios otros guerrilleros, algunos anteriormente citados, recorrían aquella áspera tierra sin cesar un momento en su patriótica tarea, ayudados generalmente por nuestras tropas y aun por los ingleses en la costa, aunque no siempre con la fortuna que merecía causa tan justa. Entre otras expediciones de menor importancia, la que el general Lord Blayney emprendió desde Ceuta fué de las más desgraciadas. Componíanla la fragata inglesa Topaze, una división de cañoneras y un convoy en que salieron de aquella plaza embarcados una brigada de piezas de á 12 con 65 artilleros, un batallón británico del 89.°, un destacamento de desertores extranjeros, y el regimiento español Imperial de Toledo, en suma, sobre 2.500 hombres (1). El objeto á que iba destinado aquel armamento era el de, fingiendo no ser más que el de apoderarse del fuerte de la Fuengirola junto á Marbella, llamar la atención de Sebastiani sobre aquel punto; y, reembarcándose de pronto los aliados, caer sobre

---

(1) Schepeler dice que la expedición iba escoltada por dos navíos de línea, lo cual se prueba con la intervención de uno de ellos en el combate. Napier no los cita y reduce la fuerza á 1.500 hombres. La *Gaceta* del Intruso dice que formaban la escuadra dos navíos de 74, cuatro fragatas, siete bricks, cuatro lanchas cañoneras y varios transportes.

Málaga y apoderarse de la fuerza que allí quedara y de la escuadrilla francesa abrigada en su puerto.

El principio de la jornada ofreció esperanzas de un éxito completo. Dándose la expedición á la vela el 13 de octubre de 1810, se presentaba el día siguiente frente á la Fuengirola, ponía en tierra la gente y plantaba la batería contra el fuerte. Defendiéronlo valientemente 160 franceses que lo guarnecían, sin que les arredrara el fuego de la artillería enemiga, así la echada en tierra como la de los buques de guerra que, eso sí, hicieron muy poco efecto en los muros de la fortaleza. Pronto se supo que acudía en su socorro Sebastiani mismo á la cabeza de 5.000 hombres y dejando en Málaga una fuerza de sólo unos 300, lo cual demostraba que no era la fortuna la que iba á abandonar la causa de los expidicionarios. No; la que les abandonó fué la inteligencia militar de su jefe que, desperdiciando ocasión tan favorable para llevar á feliz remate su bien meditado plan, se detuvo dos días en cañonear el fuerte y dió tiempo, así, á la llegada de Sebastiani cuando parecía quedar abierta la brecha que el general inglés iba á asaltar. Faltaron, pues, á Blayney la actividad, la resolución y sobre todo la prudencia necesarias, indispensables en tales casos, y pagó su torpeza, reconocida por sus mismos compatriotas que no se atreven á disimularla, con un desastre de que sólo los españoles lograron salvarse. Porque saliendo del fuerte sus defensores á la vez que dos escuadrones de los de Sebastiani cargaban de flanco á los aliados, se hicieron dueños de dos de sus piezas de artillería, los arrollaron hasta acorralarlos en la orilla del mar, les hicieron centenares de hombres prisioneros y á su mismo intrépido pero inexperto general. Había intentado sorprender á su enemigo y él fué el sorprendido; pagando con su derrota y la pérdida de su libertad la confianza en el triunfo, tan excesiva que ni siquiera había puesto su campo á cubierto de un ataque, por inesperado que fuera en su concepto, con los reconocimientos y guardias avanzadas con que se hace siempre en campaña.

La desbandada de los ingleses se hizo general en los que habían desembarcado, que procuraron montar de nuevo sus barcos, quedando, por su propia confesión, dos oficiales y treinta soldados tendidos en el campo, y un general, siete oficiales y 200 individuos de tropa prisioneros. Y hubiera sido mayor el desastre sin la oportunísima intervención del navío Rodney que, con su fuego y el de alguna tropa del 82.º de línea que llevaba á bordo, ayudó á los fugitivos á reembarcarse.

Nuestra gente de Toledo fué la que, reunida, en el mayor orden y haciendo siempre cara al enemigo, logró retirarse á las naves, hostilizada, como es de suponer, pero sin arredrarse, por eso, ni un momento (1).

Sebastiani, ya que había deslucido la expedición á Murcia con su atropellada conducta y retirándose atropelladamente al recibir la noticia del crecimiento y

---

(1) Si lo haría bien cuando Nápier dice de ella: «El regimiento español, no participando del terror que experimentaron las demás tropas, ganó los barcos en buen orden y sin ser arrollado.» Y añade: «Así, tan bien preparada expedición y tan apropiada al objeto propuesto, debió á la torpeza de su jefe la ocasión de un revés en vez de la de un éxito.» La *Gaceta* francesa de Madrid dice que Toledo fué destrozado enteramente.

osadía de nuestras guerrillas en derredor de Granada
y Málaga, tomó su desquite en la Fuengirola, cuando
su salida de Málaga podía haberle ocasionado desastre
mayor aún que el con que logró castigar la presunción
y la torpeza de Lord Blayney.

Pero, no lejos de aquel triste teatro de la guerra, **El Alcalde**
recorría á la sazón la sierra granadina un patriota, el **de Otívar.**
ya citado alcalde de Otívar, tan emprendedor y hábil
en aquel género de guerra, tan tenaz é incansable,
que logró hacerse uno como ser legendario, más temible á los enemigos que los batallones que pudieran
oponérseles. Caridad, que es como le llamaban, según
digimos en el capítulo II del tomo anterior, principió
por habérselas con unos Josefinos que, con el nombre
de *Francos de Montaña*, le andaban buscando por la
Alpujarra. La muerte de dos de sus perseguidores y la
prisión de otro á quien concedió la vida, le proporcionaron la fama, no difícil allí de alcanzar en tales circunstancias, y gente aventurera ó que no quería sopor-
tar el para tantos intolerable yugo de la dominación
extranjera. Su segunda hazaña, la de sorprender y
aprisionar una que él llamaba Audiencia del alguacil
mayor, escribano y cirujano, enviada con 44 hombres
para el embargo de sus bienes, y soltarla después desde el monte, á que la condujo, bajo juramento de no
servir más al Intruso, elevó su reputación á punto de
verse á los pocos días á la cabeza de una partida de
200 hombres, algunos pertenecientes á la de otro guerrillero, el *Negro*, atraído por esa misma reputación,
ya extendida por Sierra Nevada, del alcalde de Otívar.
Con 52 de aquellos valientes que prefirieron seguirle á
mantenerse con el Negro, batió Caridad un destaca-

mento de dragones franceses á cuyo jefe mató por su propia mano, y luego se apoderó del castillo de la Herradura y de los 17 soldados que lo presidiaban, 6 piezas de artillería, municiones y víveres.

Para dar á conocer aquí al alcalde de Otivar, á quien puede muy bien compararse con aquellos compatriotas nuestros que tanto dieron que hacer á cartagineses, romanos y alárabes, vamos á copiar un párrafo del Diario que dejó escrito el valiente guerrillero de la Alpujarra (1). «Regresado, dice, á la citada Almijara, á los 3 días pasé al cerro Moscarin y oficié al capitan comandante de la compañía Franca de Cazadores de Montaña, que se hallaba en la ciudad de Almuñécar para que, bajo palabra de honor, viniese á tratar varios puntos interesantes que cumplimentó bajando á un cortijo una legua distante de la ciudad; allí le intimé la entrega de la fortaleza, á que se negó con resolucion de defenderla hasta el último momento de su vida; y, procurando atraerme con razones especiosas á su pérfido partido, ofreció indultarme por medio del general Werlé que se hallaba en la ciudad de Motril; pero yo, siempre discursivo en inventar medios para incomodar y escarmentar al enemigo y sus adictos malos Españoles, trataba de sorprender la guarnicion para lo qual le dí lisonjeras esperanzas exigiendo sólo para ello y verificar mi entrega que había de salir dicha guarnicion media legua distante de la

---

(1) De ese Diario facilitado por el general D. Joaquín Zayas de la Vega, á quien se lo ofreció D. Eduardo Ligero y Fernández, nieto del famoso Alcalde, extractó el autor de esta obra lo más esencial para escribir una de sus NIEBLAS DE LA HISTORIA PATRIA.

ciudad; mas aquel comandante, sospechoso, qual delinqüente, no accedió y me fué forzoso restituirme con mi gente á mi anterior situacion; al quarto día por la noche me dirigí para la ciudad, formé de mi Partida 6 guerrillas, y cogidas las bocacalles, entré haciendo fuego á 43 Cívicos que la patrullaban, les maté dos é hice prisioneros á 41 con sus armas y dos caxas, mandé saquear las casas del capitan de la compañía y la del alcalde mayor que se refugiaron en el castillo con los 93 de la misma de francos que la defendían, y restituido al amanecer á mi citado punto repartí la ropa y dinero resultantes del saqueo entre mis valerosos compañeros á 100 reales cada uno y agregando diez de los prisioneros á mi partida, los restantes 31, que casados é inútiles, los solté juramentados de no tomar las armas ni ocuparse en servicio del enemigo; empeñado en rendir aquella fortaleza me desvelaba, y habiendo entrado en la ciudad el día que hacía quatro, á la una de la tarde volví á intimar la rendicion al comandante D. Salvador García de Morales, cuya contestacion fué que no lo esperase mientras su vida existiese, pues no podía faltar al juramento de fidelidad y defensa que tenía hecho al rey José, y á pesar de haberle yo asegurado (disimulando cuanto me habían incomodado las anteriores razones) que por tan noble accion de reconocimiento patriótico le trasladaría seguro donde fuese de su gusto para recibir el indulto; no pude conseguirlo, antes bien pidiendo 8 días de tiempo, que le negué, se ausentó diciendo que, con 3 piezas de artillería cargadas de metralla y 70 hombres de fusilería que tenía, defendería el castillo y destrozaría mi partida: por momentos se aumentaba mi ar-

doroso deseo, y al inmediato día, á las 12 de él, princi-
pié á hacer vivísimo fuego de fusil correspondiendo
el Castillo con la artillería y fusilería; mas, llegada la
noche sin poder conseguir su rendicion, dispuse traer
un pellejo de alquitrán y una porcion de haces de leña
que repartí uno á cada uno de los más distinguidos de
la ciudad, y, llevando al vicario por guía, les hice caminar delante de mis soldados hasta ponerse debajo
de su artillería, y, sin embargo de ésto, con inhumana
resolucion, dispararon un cañonazo de metralla que
hirió á muchos y murió uno de mis soldados; á
vista de esto, hallándome con 7 fusiles cargados,
maté á dos de los que manejaban los del castillo, con
lo que dí treguas á que los unos consiguiesen meterse
bajo la batería, é incendiando la puerta, al momento pusieron la señal de rendicion franqueando las
llaves. »

A ese relato del alcalde de Otívar, añadíamos nosotros en el escrito citado en la nota anterior lo siguiente, que creemos basta para recordar lo que era y lo que
significaba el héroe granadino á fines de 1810. ¿El
alcalde de Otívar, el áspero serrano á quien su genial
fiereza y rudo patriotismo arrancaran al trabajo del
campo y á la paz doméstica, se había en pocos días
convertido en adalid de la Independencia con ínfulas
de hábil y entendido capitán. Sabía cómo tender un
lazo á los destacamentos enemigos en los desfiladeros
de la montaña y en los bosques que la cubren, atacar
los empinados castillos de aquella tierra escabrosa, y
conquistar de igual modo poblaciones que, por lo numeroso de su vecindario y la importancia de su situación, se hallarían vigiladas y constante y fuertemente

guarnecidas por un enemigo de tiempo atrás establecido en el país y perfectamente organizado. Almuñécar
y Motril, Castel de Ferro y Gualchos le recibieron
como en triunfo; y con sus cerca de 500 partidarios,
las fortalezas de la primera y la última de aquellas localidades, que creyó deber conservar, la fama adquirida y el temor que imponía á los enemigos, el alcalde
de Otívar pasaba en los primeros días de septiembre
de 1810 por un guerrillero insigne, honor de las Alpujarras y sostén firmísimo de su libertad é independencia. »

Aquellos momentos fueron para el alcalde de Otívar los más gloriosos de su primera campaña.

A principios de septiembre mandaba en el Padul
más de 400 hombres, de los que 51 de á caballo, y
batía á los franceses metiéndolos atropelladamente en
Granada. Tenía ya su segundo para el mando, D. Antonio Guerrero y su ayudante, que regían las alas y la
reserva de su línea, en la que ya pudiéramos llamar
batalla del cerro del *Manal*, donde hubo de su parte
ataques de frente y flanco, cargas de caballería, y una,
especialmente, en que mató al que él califica de *famoso comandante Longinos*, jefe de los dragones franceses. No estaba, sin embargo, lejos el día de un desastre
para nuestro alcalde, porque atreviéndose á hacer
frente á una fuerza numerosa de franceses con que el
general Sebastiani salió de Granada contra él, fué
después de ejecutar actos personales de la mayor bizarría, derrotado completamente, dejado por muerto
entre los demás de la acción y metido después por los
suyos en una cueva próxima á Lentegí, en la que hubo
de mantenerse oculto 45 días, hasta el de su cura-

ción (1). Amenazado allí varias veces de ser preso por los enemigos que le espiaban sin cesar por medio de sus confidentes afrancesados, y teniendo, algunas, que abrirse paso entre ellos á fuerza de puños y destreza, lograba á fines de aquel año de 1810 trasladarse á Cádiz dejando á Guerrero al frente de la partida, reducida, con todo eso, á unos 200 hombres.

La desgracia del alcalde de Otívar, enfrió algo el ardimiento de los alpujarreños, apareciendo aquel país en todo el largo tiempo de su enfermedad y ausencia algo más sometido de lo que estaba durante la campaña que acabamos de recordar. Mas luego veremos renacer allí el anterior espíritu con presentarse á sus antiguos amigos el ya coronel D. Juan Fernández, dispuesto á reñir con los franceses hasta verlos desaparecer de su tierra natal.

Campaña de Baza.

Pero si en Granada y Málaga gozaron en ese tiempo de relativa tranquilidad, no fué así por la parte de Murcia donde los españoles tenían concentrada una fuerza, relativamente también, considerable. Ya dijimos que el general Blake había sido llamado á Cádiz al verificarse la primera invasión de Murcia por Sebas-

(1) Fueron 15 las heridas que recibió en aquella acción, de cuyas resultas *fué* como ha dicho Alarcón, el autor de *La Alpujarra, á lamerse sus heridas en una cueva, como un verdadero león, para volver de nuevo á la lucha, todavía chorreando sangre.* Pero inmediatamente después le acometió ruda enfermedad que le llevó postrado á otra cueva hasta que, curado, se trasladó á Cádiz para pedir al gobierno socorros que nunca había pedido y una posición militar que impusiera á sus subordinados la obediencia y el respeto cuya falta le había hecho perder no pocas ocasiones para escarmentar á los enemigos. Lo consiguió con efecto; y el 22 de abril de 1811 obtuvo el despacho de coronel interino hasta nueva orden y á las del general Freire, que lo era en jefe del ejército de Levante. Así lo dijo Caridad en su Diario.

tiani, razón para que fuese Freire el encargado de defender aquella provincia. Mas concluídos los trabajos de organización que se le encomendaron con el acierto que hicimos ver al enumerar los de la Regencia en el primer capítulo, el general Blake volvió á tomar el mando del 4.° ejército, cuya mayor parte, dijimos también, andaba operando en el anchuroso y ameno valle del Segura.

Acababa de llegar á Murcia á fines de octubre cuando, reuniendo su ejército que contaba unos 9.000 hombres, de los que 1.000 de caballería al mando del general Freire, se puso en marcha camino de Granada con la esperanza de sorprender á los franceses y ocupar acaso la ciudad y su Alhambra. El 2 de noviembre pernoctaba en Cullar sin que el enemigo tuviera la menor noticia de tal suceso, tan sigilosa y rápida había sido la marcha, y el 3 se presentaba junto á Baza, donde el general Rey reunió á toda priesa á su fuerza las de los destacamentos más próximos y dió aviso á Sebastiani de la presencia de los españoles en la comarca. Su fuerza consistía en la división de dragones de Milhaud, que acudió luego formando seguidamente en la llanura con cuatro batallones que tenía allí á sus órdenes el general Rey y varias piezas de campaña (1).

El general Blake había dejado, no sabemos para qué, 2.000 hombres en Cullar, y al acometer á los franceses, dejó también la mitad de los que le quedaban, suponemos que de reserva, en las lomas de la

_____

(1) *Victorias y conquistas*... dice que Milhaud, que tomó el mando, no tenía más que 1.200 caballos, dos batallones del 32.°, 400 hombres del 88.° y una compañía de artillería ligera. A Blake le señala la fuerza de 10.000 hombres. Toreno dice que los infantes franceses eran de 2 á 3.000.

hermosa vega que lleva el nombre de *La Hoya de Baza*, formada por esas mismas alturas, derrames occidentales de la sierra de Oria y la que también es conocida con el nombre de aquella ciudad tan celebrada en nuestros fastos militares. De modo que las fuerzas españolas que iban á combatir aquel día, 3 de noviembre de 1810, en Baza no pasaban de 4 á 5.000 hombres inclusos los 1.000 jinetes de Freire.

Poco duró la acción; nada más que un par de horas. A las dos de la tarde la caballería española descendió al llano por el camino de Cullar y, dirigiéndose hacia su derecha, formó en dos líneas, sostenidas en sus flancos por parte de la artillería y algunas guerrillas. Las avanzadas francesas se retiraron hasta situarse al abrigo del grueso de su infantería que iba á recibir el choque de la española que avanzaba formada en columnas cerradas, dos á cada lado del camino. Pero antes de que se entablase la lucha entre los peones de unos y otros, españoles y franceses, al menos de un modo decisivo, los dragones de Milhaud, aprovechando un falso movimiento de nuestra caballería, algo desordenada con él, cargáronla con tal ímpetu, que no tardaron sino minutos en arrollarla y decidir su derrota. A ella siguió, como era de esperar, la retirada de la infantería, incapaz de resistir el huracán con que los dragones la azotaron una vez lograda su tan ejecutiva como rápida victoria sobre los jinetes sus enemigos. Unos y otros, jinetes y peones, corrieron á reunirse á las tropas que habían quedado en las lomas; dejando en el campo ó en poder de los franceses unos 1.000 entre muertos, heridos y prisioneros, 5 piezas de artillería y algunos caballos.

«Descalabro, dice el conde de Toreno, fué el de Baza que causó desmayo y contuvo en cierto modo el vuelo de la insurrección de aquellas comarcas. Adverso era en esto de batallar el hado de D. Joaquín Blake, y vituperable su empeño en buscar las acciones que fuesen campales antes que limitarse á parciales sorpresas y hostigamientos.»

Bien disculpable era en aquella corta campaña el afán de batallar en el general Blake. Veíase á la cabeza de un ejército de 9.000 hombres ante el 4.º Cuerpo francés muy escaso en aquellos días de fuerzas, distraidas muchas en sus difíciles operaciones por la costa de Málaga y la Serranía de Ronda. Y si no hubiera dejado 2.000 de sus peones en Cullar y cerca de 3.000 en las lomas próximas á Baza; si emprendiera el ataque con más precauciones, las que exigía la presencia de la división de dragones de Milhaud tan numerosa, aguerrida y maniobrera, es más que probable, es seguro que los franceses no habrían esperado su ataque hasta que se les uniera Sebastiani, que corrió desde Granada á socorrerlos y llegó á Baza mucho después de haber sus tenientes acabado su victoria.

La ocasión no estaba mal elegida para hacer la punta sobre Granada: los procedimientos fueron los torpes y, por consiguiente, desgraciados.

Lo de la reserva le sirvió al menos para que el 3.er ejército de su mando pudiera retirarse con alguna tranquilidad y en orden, siempre relativo, al punto de su partida, á Murcia, para luego organizar la defensa de la frontera y en tiempos mejores establecerla su sucesor en el campo á que dió nombre la Venta del

Baúl, situada en el alto que separa á Gor de la ciudad de Baza.

El Rey José en Madrid. En la revista que estamos pasando de los sucesos, más ó menos importantes, ocurridos en la mayor parte de la Península, hemos dejado para terminar el presente capítulo los que tuvieron lugar en la corte del Intruso y tierras más próximas á aquel que parece debiera ser centro y base de las operaciones militares de los franceses, y corazón de una monarquía tan enfermiza, ya estaba visto, como falsa y traidoramente implantada.

Vegetaba allí el Rey José ni querido ni respetado, y no decimos que de los españoles sino que ni aun de los franceses, entre los que hacía un papel bien desairado. Desde que llegaron á conocimiento del público los decretos sobre la nueva división territorial militar en que se daban á los mariscales franceses funciones y facultades en sus respectivos distritos con independencia casi absoluta del soberano rey de España, pero, sobre todo, cuando se confió á Soult el mando del ejército de Andalucía, reunión de los cuerpos 1.°, 4.° y 5.°, que era tanto como arrebatar á José todo recurso de fuerza y todo prestigio de autoridad, el papel, repetimos, que le tocaba representar al desgraciado monarca era el de la más despreciable y hasta risible soberanía. Así lo comprendió él y lo demostraron con harta evidencia sus quejas y lamentaciones, lo mismo las amargas dirigidas á Napoleón oficial y privadamente, como las con que trataba de revelar á Julia, su esposa, lo triste de su situación y el propósito de abandonar el trono y retirarse á vivir en Francia, pero lejos de París, con el decoro, al menos, de su dignidad personal.

«¿Qué quiere (Napoleón) de mí y de España?, escribía
á su mujer el 12 de abril de 1810. Que me anuncie su
voluntad de una vez, y no me veré entre lo que tengo
la apariencia de ser y lo que soy realmente en un país
en que las provincias sometidas están entregadas á la
discreción de generales que imponen los tributos á su
capricho y tienen la orden de no atenderme.»

El decreto imperial en que se confería á Soult el
mando del ejército de Andalucía lleva la fecha del 14
de julio, y el 8 de agosto siguiente el Rey José ignoraba toda la extensión del desaire que era evidente se le
infería con él. Para convencerse, sin duda, de tan de-
nigrante desautorización como la que entrañaba una
medida que le dejaría inerme para con sus rebeldes
súbditos y más aún para con sus procaces auxiliares,
los generales de su despótico hermano, envió al duque
de Almenara á París con cartas para Napoleón en que
le manifestaba la ya insoportable posición que se le
había creado si se ejecutaban las órdenes de que se
hacían eco los oficiales recién llegados de la corte imperial (1). Y por si no convencían á su hermano los
razonamientos que le presentaba para demostrarle que,
sin el mando y la administración de Andalucía, única
provincia en España en que podría esperar vivir, iba
á verse reducido á la de Madrid, cuyos rendimientos
(de 800.000 francos mensuales) eran tan inferiores á

---

(1) «Si se verifica cuanto refieren aquí los oficiales que llegan
de París, le decía, hecho verosímil por la carta del príncipe
de Neufchâtel del 14 de julio; si Vuesta Majestad me quita el
mando del ejército de Andalucía y destina exclusivamente al
ejército los rendimientos de aquellas provincias, no me queda
otro recurso que el de abandonar la partida, y esta resolución
es forzosa y no puede serme de modo alguno imputada.»

sus gastos (4.000.000), le anunciaba su propósito de retirarse á Francia. Allí y reunido á su familia, de la que estaba separado hacía 6 años, hallaría en la obscuridad doméstica, el cariño y la calma que le había hecho perder el trono sin darle, en cambio, nada. Desde entonces se fijó en su mente esa idea que se ve como próxima á realizarse en toda su correspondencia, en la seguida principalmente con su mujer, á quien, sin embargo, escribe siempre que, como viviendo cerca del Emperador, trate de sorprender sus proyectos para luego comunicárselos á él. De vez en cuando interrumpen esa agria correspondencia con el Emperador las cartas de felicitación por su enlace con María Luisa, sus días ó el nacimiento del Rey de Roma, en respuesta á las que, anunciando el primero y último do esos faustos sucesos, le dirige su hermano. Porque se ve á Napoleón contestar á las reclamaciones de José, no recta sino indirectamente y entonces por decretos que, en vez de calmar los recelos y el disgusto del rey de España, van á sumirle en la más honda desesperación. En 9 de septiembre de 1810, entablando una negociación para que se le indemnice de los gastos que ha hecho en España y de cuantos sacrificios de todo género le ha costado su conquista, exige Napoleón se le ceda la izquierda del Ebro. Pocos días después se hace á Mollien dar cuenta de los fondos enviados á España, y, tres más tarde, de las contribuciones impuestas y de las sumas que se han entregado á sus ejércitos, haciendo ir á París á los receptores de ellas para, como si fuera nuestro Rey, castigarlos por sus dilapidaciones. En octubre hace saber á Caffarelli y á Reille, aunque en secreto, que piensa agregar á Francia las Provincias Vascongadas y Navarra. Por fin, entre despachos, todos atentatorios á la independencia de España y á la dignidad y prestigio del que se decía su Soberano, que había comisionado á Almenara con el encargo de gestionar la conservación de la única garantía ya que le quedaba de esos caracteres nacidos del tratado de Bayona, el Emperador expide el 7 de noviembre la siguiente comunicación á Laforest, su embajador en Madrid (1).

«El Emperador reunió en Bayona á la nación española y le presentó uno de sus hermanos para rey. La nación española, por el órgano de sus diputados, le prestó juramento de obediencia. Creyendo así de acuerdo á la mayoría de la nación, Su Majestad hizo un tratado con el rey de España.

«Después, la nación española entera corrió á las armas. El rey, arrojado de su capital y de toda España, tuvo á toda España contra él; no fué más que el general de los ejércitos franceses. En tales circunstancias, Su Majestad entró en Madrid á viva fuerza y desde entonces se han dado muchas batallas. Andalucía y Sevilla misma han sido conquistadas por el ejército francés; pero no por eso se ha unido al rey ningún español, no ha habido fuerzas españolas que hayan luchado contra la insurrección y 400.000 franceses solos, sin éllas, han tenido que conquistar todas las provincias, todas las plazas de guerra, todas las aldeas: España pertenece, pues, al Emperador por derecho de conquista.»

_____

(1) La traducimos íntegra por el interés excepcional que ofrece documento tan peregrino, muestra del olímpico despecho del _Grande Hombre_.

«Poca cosa sería el rey de España si no fuese hermano del Emperador y general de sus ejércitos: sería
tan poca cosa que no hallaría un villorrio de 4.000 almas que no fuese más fuerte que todos los partidarios
que pudiera tener en España. Su misma guardia es
toda francesa; y ni un solo oficial español ha vertido
su sangre por el rey.»

«Su Majestad no tiene, por consiguiente, para qué
dudar en sus decisiones sobre los asuntos de España
por los tratados de Bayona. Esos tratados no han sido
ratificados por la nación española y Su Majestad los
considera como no celebrados. Así, creo yo, lo tiene
suficientemente expuesto al entrar en Madrid, é hizo
saber que, si no se sometía el país, tomaría para él
mismo la corona de España.»

«Sin embargo, habiendo leído Su Majestad en los
periódicos ingleses las actas de las sesiones de los insurgentes reunidos en la isla de León con el nombre
de Cortes, ha querido dar una prueba del deseo que
abriga de conciliar todo y hacer más fácil la situación
de su hermano. Para eso, me ha encargado enviar á
Madrid al marqués de Almenara con la misión de
aconsejar al rey y al gabinete de aquella corte que se
entiendan con el de los insurgentes y le propongan el
convenio de Bayona como base de la constitución de
España. Su Majestad reconocerá así ese tratado, si los
insurgentes lo reconocen de buena fe y se muestran
deseosos de ahorrar la sangre que, de otro modo, habría de derramarse aún.»

«Ese es el sentido en que debéis explicaros con los
ministros y con el rey mismo. Y sea que se tome el
partido de insinuarse secretamente con el gobierno de

los insurgentes, sea que esas insinuaciones se apoyen con una declaración pública hecha por el Consejo de la nación, apoyaréis esos pasos y lo aprobaréis todo, pero sin escribir nada. Declararéis que el tratado de Bayona está hace tiempo considerado como nulo, pero que Su Majestad estaría dispuesto á renovarlo si lo adoptara el gobierno de los insurgentes haciendo cesar una lucha que no aprovecha más que á los ingleses. No haréis esa declaración verbal sino en la ocasión de haberse dado el primer paso y en la de que fuera necesario apoyarla con vuestra intervención; y no tengo para qué deciros que esas insinuaciones se harán en el supuesto de que el ejército francés haya entrado en Lisboa y se hayan reembarcado los ingleses. Las últimas noticias que se tienen del ejército de Portugal son del 16 (de octubre); se conocen por los diarios ingleses que suponen á los dos ejércitos uno frente al otro el 15 á cinco leguas de Lisboa.»

«Debo haceros saber las verdaderas intenciones del Emperador para que comprendáis bien el partido que habréis de tomar en circunstancias imprevistas. Su Majestad es sincero; y si, efectivamente, la toma de Lisboa y el paso dado por el gabinete de Madrid lograran decidir á los insurgentes, entre los cuáles hay muchos hombres razonables, á entrar en un arreglo, Su Majestad, además de una rectificación de fronteras que le proporcionase posiciones que cree indispensables, consentiría en la integridad de España, pues que esto dejaría disponible la mejor parte de sus tropas y acabaría una guerra que aún puede costar mucha sangre.»

«Pero si esta tentativa no tuviese éxito, como es de pensar, Su Majestad quiere con ese paso: 1.°, demostrar

y hacer confesar á los españoles que el convenio de
Bayona no existe ya; 2.º, hacer la sinrazón de los insurgentes más patente y dar una prueba de la locura
de la Inglaterra que tendría por qué arrepentirse, y la
falta que cometerán los ministros, responsables de haberse opuesto á la integridad de las Españas; 3.º, en
fin, hacer que Madrid y el gabinete español convengan
en que la insurrección ha sido la causa real de la pérdida de España y no los asuntos de Bayona.»

«Así, conociendo las intenciones del Emperador,
podréis hablar con seguridad.»

Este despacho, dirigido á Laforest por su Ministro
de Estado (des affaires étrangéres), equivale á todo un
libro que se pudiera escribir sobre la conducta de Napoleón en España.

Todo puede explicarse con su lectura: lo inicuo de
los procedimientos usados para arrebatar la corona de
España de las sienes de sus legítimos poseedores, el
arte con que el usurpador ocultó su ambición de dominar la Península entregando á quien tendría que decirse otro él, mejor que la soberanía, que, de reservár-
sela para sí por derecho hereditario ó de conquista,
pudiera concitar los ánimos más aún de lo que ya estaban, una administración que le permitiría disponer
de todas las fuerzas vivas de una nación que todavía
se llamaba grande, el caprichoso juego de quitar y
devolver á su hermano la corona en su jornada de
Madrid á fines de 1808, y el afán con que buscaba
camino para con nuevos engaños, tan torpes como los
anteriormente ensayados, atraerse la sumisión de nuestros padres, incontrastables en su lealtad y patriotismo. La lucha suscitada en su corazón ante la resis-

tencia española, cuyo alcance no podía en su orgullo
sospechar siquiera; los obtáculos que encontraba hasta
en su propio hermano, deseoso, para congraciarse con
los españoles, de hacerles manifiestos sus propósitos
de una independencia cuyo espíritu y cuya proclama-
ción pudieran halagarles; el fracaso, que bien calcula-
ría, de la extraordinaria misión confiada al ejército de
Portugal, que iba á dar asiento sólido ya para toda la
guerra á la intervención inglesa é infundir alientos á
España, si es que los necesitase, para proseguir en su
empeño con tanto calor tomado y con pertinacia sin
ejemplo más que en su mismo seno sostenido; la creación, por fin, que veía en España de un gobierno regular
cuyas disposiciones eran por todas las provincias obede-
cidas, como emanadas de las Cortes, representación la
más genuina de las aspiraciones, los intereses y la fuerza de todas ellas; todo eso, repetimos, explica, sin descender á más detalles, por importantes que son los que
podríamos anunciar, la expedición de un despacho que,
aun así, debía permanecer por mucho tiempo secreto
y que ní la franqueza siquiera ofrecía de presentarse
escrito á las partes más interesadas en la ejecución y
el éxito de las disposiciones gravísimas que encerraba.
Estaba inspirado en el maquiavelismo, no de la fuerza en que parece debía apoyar sus proyectos ambiciosos quien de tanta disponía, sino en el de los obscuros
manejos de la impotencia, considerándose, con todo,
hábil hasta creer que, después de tres años de pruebas,
de sangre y desolación, lograría engañar á las víctimas
de sus desapoderados apetitos.

Es verdad que eran aquéllos días de apremio para
la ejecución de nuevos pensamientos que su ambición

y mala fe le andaban provocando. Empezaba á tomar
cuerpo una crisis inesperada poco antes, amenazando
con otra lucha de las que, por su grandiosidad y consecuencias, para él y en su endiosamiento probables,
halagaban más sus instintos y manera de ser, hecha
tal con los á veces inverosímiles triunfos, providencia-
les, según le parecían, para la regeneración política del
mundo puesto, puede decirse, en sus poderosas manos.
Al entablar esa nueva lucha que sería con la Rusia,
á cuyo emperador, su amigo, había tenido engañado
mientras lo necesitó para dominar en Occidente, y que,
saliendo del estado de fascinación con que pretendía
atraerlo para siempre á sus exclusivos intereses, se le
presentaba armado de un poderío que le sería difícil
humillar, necesitaba poner término á la ya dilatada,
sangrienta y aniquiladora que, tan sin fruto además,
le distraía, como declaraba en su despacho, la mejor
parte de las tropas del Imperio. Sometida España por
arte ya que no por la fuerza, no sólo podría disponer
de aquellas tropas, sino que utilizaría las nuestras, como ya había hecho en el Norte de Alemania con las
del marqués de La Romana y en Portugal con las de
la Península, y como iba á hacerlo con las de todos los
países de Europa anexionados al Imperio, sometidos á
su influjo ó afectos á su alianza. ¿Quién se atreve á calcular los resultados que hubiera podido producir la
sumisión de España á las voluntades de Napoleón,
cuando hay quien atribuye el desastre de Rusia y los
sucesivos de 1813 y 1814 en Alemania y Francia á la
resistencia española, y quien le aconsejaba el abandono de la Península para tener fuerza con que conservar
libre su imperio de la invasión extranjera?

En vez de todo eso, la habilidosa política que inspiraba el despacho de 7 de noviembre á que nos vamos refiriendo, resultó ineficaz y hasta desgraciada. Laforest ¿dió cuenta de aquel documento al rey José? Es lo probable; y, sin embargo, en las Memorias de aquel desdichado Príncipe no se halla ni rastro de un despacho que parecía deber producir resultados sumamente transcendentales. El secreto y las reservas que se recomendaban al embajador francés al ordenarle *que no escribiese nada*, harían quizás que José no lo comunicase ni aun lo mencionara siquiera á su mujer á quien nada ocultaba, su mejor confidente en las penas que le afligían.

Algo singnifica en este sentido la circunstancia de que once días después de expedido el despacho aparezca en una carta á Julia la decisión de su marido, terminante, con todos los caracteres de irrevocable, de abandonar su residencia en España y trasladarse á París, aun cuando permaneciendo á una distancia de 50 leguas hasta que el Emperador le manifieste el deseo de verle. Pero significa aún más el que, habiendo llegado á Madrid Azanza y Almenara, vuelva José á escribir el 12 de diciembre que no cambia de determinación, esperando realizarla en cuanto *pueda hacerlo con honor*, y quejándose, como siempre, de que Napoleón no quiera *escuchar la voz de un amigo, de un buen francés, de un buen hermano.* Le detienen tan sólo la falta de noticias de Massena y la contestación, que espera, de Julia á sus cartas del 18 y 19 de noviembre, en que procuraba por las gestiones que hiciera en París conocer las intenciones del Emperador, así sobre su ulterior destino como sobre el pensamiento del en-

Resuelve retirarse á Francia.

lace proyectado de Tascher con una de sus sobrinas. Otro asunto debió, sin embargo, servir á José para disculpar ante su mujer y para consigo mismo la falta de decisión en sus ideas y proyectos. Si ha de creerse á sus Memorias, un partido en Valencia, á cuya cabeza se hallaba el Arzobispo y suponiéndose representante de la mayoría de los habitantes de aquella ciudad, le había dirigido proposiciones para sometérsele y recibirle como á su soberano. De dejarse llevar de su voluntad y de la convicción de su conveniencia, se habría inmediatamente puesto en marcha para recibir el pleito-homenaje de los valencianos; pero á pesar de su pensamiento de retirarse á Francia, lo cual parece que debía darle ánimo para señalar el término de su reinado con proeza tan insigne ó recuperar el prestigio que hubiera perdido, se detuvo á esperar las órdenes del Emperador, no fuera á contrariar sus disposiciones, esto es, las que pudiera haber dictado á sus mariscales y, en aquel caso, al general Suchet. La comunicación del Intruso no dió resultado alguno, no teniéndose cuenta en París ni después en España de aquellas absurdas noticias, sólo por él creidas. Por el contrario; á las reclamaciones que hacía José para dar fuerza á su autoridad soberana y á su mando militar, se le anticipaba la orden de reponer á Belliard en el gobierno de Madrid, no dando á quien no fuera francés cargo alguno entre las tropas francesas, y se le hacía saber después, aunque indirectamente, que Valencia caería por sí misma cuando Suchet se hubiera apoderado de Tarragona.

Las habilidades, pues, de José no producían efecto alguno.

Todavía pasaron tres meses antes de que José Napoleón se atreviera á significar al Emperador su resolución de retirarse á Francia, y aun entonces con tal timidez, que bien elocuentemente revela ó el respeto que sentía hacia tanta grandeza y carácter tan fuerte ó el ningún deseo que abrigaba de dejar el trono de España si se le hacían concesiones para ocuparlo con alguna dignidad, por escasa que fuera. «Señor, le escribía el 24 de marzo de 1811, mi quebrantada salud en los últimos diez días me obliga á abandonar este país para buscar mi restablecimiento en el seno de la familia.»

«El aire suave de Mortefontaine y la tranquilidad de espíritu me devolverán quizás mi primer vigor.»

«Mi presencia aquí es hoy por hoy completamente inútil; en París me acomodaré á los deseos de Vuestra Majestad.»

«Y le ruego que crea que con buena como con mala salud, en la buena como en la mala fortuna, no tendrá Vuestra Majestad nunca persona que le sea más adicta: rey ó súbdito, seré siempre el mejor amigo de Vuestra Magestad, su más leal servidor y su hermano más amante, y sabré, según Vuestra Magestad lo desee, quererle en silencio y no importunarle con sentimientos de que, sin duda alguna, participa.»

Sin contestación á despacho que tal gravedad parecería entrañar para la marcha de las operaciones militares en España, de ser José tal rey como se proclamaba, y para la política de Napoleón, de tenérsele en algo, el 23 de abril emprendía su jornada para Francia tan desengañado de lo que podía esperar de su hermano, en cuanto á mantenerle en el trono con el

Su marcha.

decoro necesario para hacerse respetar, ya que no querer, de sus súbditos, y que fuera medianamente obedecido de los generales franceses que no hacían de él caso alguno (1). ¿Cómo, así, continuar en Madrid aislado de los que no debieran seguir otra dirección que la que él les imprimiera, y, hostilizado sin cesar de unos enemigos que, conociendo ese aislamiento por el abandono en que le veían, se mostraban á él todos los días á las puertas mismas de su palacio, espiando el momento de atraparlo entre sus garras para sacrificarlo á su furia patriótica?

Las guerrillas en derredor de Madrid. Porque, efectivamente, ya que no grandes ejércitos que amenazasen con la reconquista de Madrid,

---

(1) La *Gaceta* le despedía así: «El Rei nuestro Señor ha salido esta mañana para verse con su augusto hermano el Emperador de los franceses; pero aún no sabemos si la entrevista se tendrá en Vitoria, en Marrac ó en París. S. M. no lleva consigo más que la precisa servidumbre, y una pequeña escolta de su real guardia. Le acompañan en este viaje el ministro de la Guerra y el ministro secretario de Estado; y ha dispuesto que, durante su ausencia, los demás ministros que quedan en esta capital se reunan en el real palacio á lo menos una vez por semana para el despacho de los negocios más urgentes. Según todas las señales no puede dudarse que la ausencia de S. M. no será larga.»

¿Qué había de ser si entre esas señales las había que hacían pensar á los inspiradores de la *Gaceta* que la entrevista de los dos hermanos podría tener lugar en Vitoria ó Bayona?

Después de todo no era fácil que Napoleón contestara á aquel despacho, porque fué interceptado por los españoles. El Suplemento á la *Gaceta de la Regencia* del martes 11 de junio de aquel año de 1811 lo inserta íntegro en francés y castellano, con otras cartas de Azanza á Urquijo y de Reille á Bessiéres.

El comentario puesto al despacho de José dice así: «Esta carta, escrita toda (como se supone) de mano propia de José, muestra que Napoleón se hace dar una especie de adoración hasta de su familia y muestra también el estado de humillación en que tiene á los príncipes que reciben de él el cetro y la corona.—Españoles seducidos, ved el lenguaje que uno que se llama rey vuestro gasta con un príncipe extranjero: esa es la independencia que se os ha ofrecido: no tendréis otra.»

atentos, como estaban los españoles y sus aliados á re-sistir la acción de los del Emperador de los franceses en Cataluña, Portugal y Andalucía, se vería José asediado siempre por las partidas de cien patriotas que lo ten-drían como en reclusión perpetua dentro del palacio de los reyes de España. Esos patriotas, según la frase de un historiador de aquella guerra, defensores mo-dernos del príncipe y del pueblo, volaban á enjam-bres en derredor de la capital como las abejas alrede-dor de las colmenas saqueadas por enemigas manos. ¡Ay del que, temerario ó torpe, se atreviera á traspa-sar los límites fortificados de Madrid, porque un mo-mento después caía herido ó muerto por la lanza de un Empecinado ó un Palarea, ministros de las iras na-cionales, anhelantes por satisfacerlas ofreciendo el sa-crificio de sus enemigos en holocausto á la Patria!

A enjambres decimos; porque no otra cosa eran tantas partidas y tantos guerrilleros como campea-ban por la provincia ó batían las estradas de la ca-pital de España á las provincias. Además del Em-pecinado, que desde los territorios de Guadalajara, Cuenca y Soria, se descolgaba con tanta frecuen-cia sobre Madrid, hacíanlo puede decirse que todos los días sus tenientes D. Nicolás Isidro, Mondedeu, Sardina, Abuín, sacerdote, el primero, y organiza-dor, con un hermano suyo, de los tiradores de Si-güenza y los Voluntarios de Guadalajara. Otros varios, Luzón, Ralla, Bouzas, Hernando y otros y otros, con-tribuían con los anteriores á tener siempre en jaque á la guarnición de Madrid ó volver loco al general Hugo, que si llegaba á descubrir alguna vez al jefe de todos ellos, al impalpable D. Juan Martín, era para perder

gente, convoyes ó puestos militares establecidos en las
poblaciones de mayor importancia militar. Moraleja,
Prieto, Garrido y el Fraile se mantenían generalmente
en la provincia misma de Madrid; en la de Cuenca
campeaba el médico D. José Martínez de San Martín,
uniéndose á veces con su compañero de carrera Palarea
que capitaneaba en los montes de Toledo y el valle del
Tajo, á un Bustamante (el Caracol) á quien siempre se
veía á la zaga ó sobre los flancos de los grandes destacamentos franceses, á Seseña, el Pellejero, y á dos
amazonas, la Martín y la Puerta, que ya hemos citado
anteriormente, peleando en la raya de Extremadura,
más fieras aún y activas que les hombres que habían
reclutado con sus exortaciones patrióticas ó su hacienda. Y no se crea que hemos nombrado á todos los cabecillas que se dedicaban en el centro de la Península.
mejor que á hacer la guerra, á cazar franceses, no pocos independientes de los jefes de las grandes partidas
y algunos exagerando sus demasías hasta hacerse blanco de la persecución de sus mismos compatriotas.

Durante el verano de 1810, los Gómez, Moraleja,
Torres y Abril destrozaron varios destacamentos franceses junto á Toledo, Aranjuez, Almonacid y Añover
castigando la audacia y los atropellos de aquellos famosos dragones, objeto predilecto de nuestros venga-
tivos guerrilleros; y la guarnición del Escorial salió
escarmentada por Palarea en cuantas ocasiones trató
de proveerse en Madrid de municiones ó víveres. En
octubre, las operaciones de los guerrilleros tomaron
carácter más agresivo aún y de mayor importancia.
San Martín, estimulado por el general Bassecourt desde Valencia y con el ayuda de tropas de las que guar-

necían á Cuenca, se dirigió contra la columna del coronel Forestier que desde Tarancón, donde se hallaba,
hubo de retirarse á la derecha del Tajo. Si repasó este
río para avanzar á Uclés, no tardó tampoco á retroceder, sabiendo que á San Martín se habían unido todas las partidas de las inmediaciones; ésto mientras
Palarea y Moraleja sorprendían en Yuncler un convoy destrozando su escolta que trató de defenderse en
una ermita próxima, y hacían fusilar en Añover á varios franceses de aquel destacamento con excepción de
uno solo (1), y mientras *Chaleco* (D. Francisco Abad),
y *Francisquete* (D. Francisco Sánchez), cogían junto á
Consuegra dos convoyes considerables de armas, municiones y ganado.

Gran consternación introdujeron esos sucesos al
ser conocidos en Madrid, donde los partidarios del Intruso se consideraron expuestos al peligro de caer el
día menos pensado en poder de nuestros guerrilleros,
tan escasa era la fuerza conque se podía contar para
rechazar sus ataques. Muchos, hasta hicieron sus preparativos para abandonar la corte, la cual tampoco dejó
de hacerlos por su parte; tal era el desánimo de cuantos la componían, cuya deslealtad, bien lo calculaban,
no habría de quedar impune. El rey José hizo aumentar
el número de las fortificaciones y especialmente puso á
salvo el convento de Atocha, padrastro, en un caso, de
las que en el Retiro constituían la ciudadela de Madrid

---

(1) Aquel francés fué enviado á Madrid con un mensaje en
que, al dar conocimiento del desastre de sus camaradas, mani-
festara á la autoridad que aquello se había hecho en represalias del asesinato de cuatro guerrilleros, cuyas cabezas además
habían los franceses expuesto en los pueblos de la comarca.

y único refugio de la corte si Madrid era invadido.
Llamó además á sí las fuerzas destacadas á la Mancha
con el general Lorge, las de Lahoussaye que andaban
por Toledo, y las de Hugo entretenidas en Guadalajara
y Sigüenza en persecución del Empecinado. Este era
quien con su acción contínua preocupaba más al Intruso, quien nunca conseguía establecer la comunicación, que tan necesaria le era, con Suchet y su cuerpo
de ejército. Por esfuerzos que hacía el general Hugo con
tal objeto desde Guadalajara y desde Brihuega y Trillo para dominar aquel país y mantener los pasos del
Tajo en él, era raro el día en que pudiera considerarse
libre de las agresiones del incansable y tan temido
guerrillero. En una ocasión, el 14 de septiembre, en
que el francés creyó asestar al Empecinado un golpe
acaso decisivo, se dirigió á Cifuentes donde efectivamente le esperaba el guerrillero español. Rudo fué el
combate, durando desde poco después de mediodía
hasta la noche sin que nuestros patriotas desalojaran
del todo la población, una parte de la cual ocuparon
los franceses entregándose, como de costumbre, al pillaje y, lo que fué peor, al incendio del caserío. Al
amanecer del 15 se hizo manifiesto aquel estrago; y furiosos los empecinados se lanzaron á la persecución de
los franceses que se retiraban, después de tal hazaña,
al punto de su partida (1).

_____

(1) Véase cómo explicaba la *Gaceta* del Intruso aquel acto
de barbarie. Dice así: «Posteriormente, dada otra acción en las
inmediaciones de Cifuentes, y arrolladas las partidas insurgentes en todos los puntos que ocupaban por la brigada de las
tropas francesas y españolas al mando del mismo general Hugo, advirtió éste desde la capilla inmediata á la villa, donde
tomó posición con sus tropas, la explosión de un almacén de
municiones pertenecientes al enemigo, y que arrojando varias

Ya para entonces la Regencia, conocedora de los servicios que estaba prestando el Empecinado y de su victoria del 29 de agosto en Retortillo, donde destruyó una columna muy numerosa de los imperiales, le había conferido el empleo de brigadier, *atendiendo*, decía, *á sus servicios y modestia en no haber solicitado cosa alguna*. Esta recompensa, si extraordinaria para hombre de las condiciones de cultura del guerrillero castellano, era justa; y si aún necesitara acreditarla más, luego acometió empresas que serían increibles sin el sello rigurosamente histórico que las certifica. Porque, lo mismo que el 23 de noviembre sofocaba con su sola presencia una sublevación de las fuerzas que se le iban agregando, atizado el fuego de la discordia en éllas por un miserable traidor, tránsfuga fingido del campo francés, rechazaba las proposiciones que en diciembre le dirigía el general Hugo para que abandonara la causa de la patria (1). Bloqueó, así puede decirse, Guadalajara, Brihuega y Torija en octubre, no permitiendo á sus presidios comunicar

---

teas encendidas, comunicaban éstas el fuego á otros edificios, que ardieron con violencia toda la noche por razón del excesivo viento que por desgracia corría. En vano intentó el general el apagar el incendio. Antes bien le fué preciso abandonar el pueblo con pérdida de algunos hombres y caballos, víctimas de las llamas, que se habían extendido á todo él, variando aquella noche su posición, y dando lugar á sus vecinos para que al siguiente día pudieran apagarlo.»

¿Se concibe tal torpeza para explicar la derrota y la venganza ruín de las gentes del general Hugo? ¡Sus hombres y, sobre todo, sus caballos víctimas del incendio! ¡Guerrilleros con almacenes de municiones en Cifuentes, como si fuera en una plaza de guerra ó un punto escondido de la sierra!

(1) La correspondencia del Empecinado y Hugo es interesante para la historia del célebre guerrillero; en la general de aquella guerra ocuparía un espacio necesario para atender á tantos asuntos como comprende.

entre sí, aun hallándose tan próximos, sino con fuerzas que á veces fué necesario llevar de Madrid. Ni la fuerza, ni la intriga y seducciones lograron vencerle; y si cuando Belliard, atendiendo á los ruegos de Hugo, le enviaba tropas y cañones y caballos, se veía en la precisión de abandonar el campo á los enemigos, como el 9 de diciembre, por ejemplo, en Cogolludo, no bien se dividían para mejor perseguirle, atacaba sus cantones y convoyes de que por lo regular se hacía dueño ó destruía. Díganlo Jadraque y Atienza que en aquel mes obtuvieron su liberación, siquier poco duradera, á favor de energía en el primero de aquellos pueblos y de estratagemas en el segundo que honrarían al general más experto. «Sensible, dice un *su admirador*, á los males que sufrirían los vecinos de Atienza con tener allí la columna enemiga sin poder ir en su socorro, mandó un paisano á Hugo para que le avisase de lo que ocurría en Jadraque; y con este ardid le hizo desocupar el pueblo para venir en auxilio de sus camaradas: cuando ya estaba cerca emprendió el héroe Martín su marcha por el camino de Brihuega; y creyéndose aquel general que iba con ánimo de atacar la guarnición fué en su seguimiento, pero el *Empecinado* mudando en tiempo de dirección pasó á Sigüenza, y consiguió que la columna francesa, después de fatigada y de sufrir la pérdida de una tercera parte de su fuerza, desistiese del empeño de destruirlo, y se volviese á descansar en el seguro que le ofrecía la artillería de las murallas de Guadalaxara.»

No es extraño que á pocas como aquélla se le trastornara el juicio al fogoso, impresionable y petulante padre de Víctor Hugo.

Las guarniciones después, ya en enero de 1811, de Tarancón, Villarejo de Salvanés y Arganda se vieron amenazadas por el Empecinado, más que por secuestrarlas, para impedir sus correrías, siempre asoladoras, en la izquierda del Tajo, sin que eso obstara para que, revolviendo sobre Sigüenza, escarmentara al sanguinario Roquet que había salido para aquel punto desde su abrigo de Aranda. Ya desde allí, volvió al Tajo á proteger la retirada de Villacampa que, perseguido desde Aragón por el general París, se dirigía á Checa y la Hoya del Infantado, donde lo hubiera pasado muy mal si el Empecinado con sutilezas militares, las más ingeniosas, y por fin con las lanzas de sus valientes no hubiera estorbado la asistencia de los franceses de Tarancón á la cita que se les había dado al mismo tiempo que á los de Guadalajara y otros puntos de las márgenes del Tajo. De Priego, luego, ya en marzo, de donde, aunque vencedor, creyó deber retirarse D'Armagnac, que con cerca de 3.000 hombres y algunas piezas había acudido á aquel campo de concentración de las partidas que la junta patriótica de Guadalajara y las autoridades de Cuenca habían mandado se reunieran, así como de Molina, cuya guarnición no logró sorprender en el fuerte á que se había recogido, el Empecinado volvió al Tajo para, en unión con Villacampa, apoderarse del puente de Auñón, único que dejaron los enemigos libre para su paso de una orilla á otra. Era importante el conseguirlo después de la destrucción de los de Pareja, Trillo y Valtablado; así es que los dos jefes españoles acometieron la empresa llevándola á ejecución con toda felicidad el 23 de marzo. Los franceses tenían fortificado el puente con un reducto

guarnecido por fuerzas del Real Extranjero que cayeron en poder de los nuestros que las atacaron, unos de
frente, bayoneta calada, y otros de flanco después de
haber vadeado el río. El coronel Hugo, que mandaba
allí, se retiró al pueblo; y al verse de nuevo atacado
por los españoles se encerró con sus dos batallones en
la iglesia, en la que hubiera sido también asaltado sin
la llegada del general Hugo, su pariente, que acudió
apresuradamente desde Brihuega donde se hallaba en
aquellos momentos. Aun así, los franceses todos abandonaron luego el puesto, y el puente quedó libre, y expedito el paso del Tajo para en adelante. Las pérdidas
fueron considerables de una y otra parte en tan obstinado y largo combate; no, empero, las que aparecen en
los respectivos partes, exagerados á todas luces (1).
Lo cierto es y lo glorioso para nuestros guerrilleros
del centro de la Península, que por algún tiempo no
se ejercitó la iniciativa francesa contra ellos; y, por
el contrario, las tropas imperiales se redujeron á mantener los puestos que les eran necesarios para sus comunicaciones con los demás ejércitos. Sólo un mes después
apareció por la provincia de Cuenca el general Blan-
deau con fuerzas tan numerosas que ni Villacampa, que

---

(1) En el de Hugo, eleva las bajas de los españoles al número de 700 á 800 y el de 100 prisioneros; las suyas las reduce
á la de 21 muertos, 30 heridos y otros 25, también heridos, que
habían quedado prisioneros. No recuerda que acaba de decir
que sólo en el reducto habían sido cogidos todos sus presidiarios.

Es verdad que, sumadas las bajas de nuestras guerillas en
derredor de Madrid según aparecen en la *Gaceta* del Intruso,
representan una cifra superior, podríamos decir, no sólo á la
de los que las componían sino de los habitantes varones de
las provincias en que se habían levantado y operaban.

¡Achaque común de los beligerantes en sus partes oficiales!

aún permanecía en la izquierda del Tajo, ni el Empecinado pensaron en hostilizarle; dejándole acabar lo que él llamó un paseo militar por Priego y Valdeolivas.

Tal era el estado de la lucha en las provincias inmediatas á Madrid cuando José Napoleón emprendió su marcha á Francia, si no más inclinado á establecerse con su familia en Mortefontaine que en seguir reinando en España, pretendiendo de su hermano recursos, facultades y autoridad con que sobreponerse á los altaneros é indisciplinados generales franceses y gobernar un país que en ocasiones creía bien dispuesto para aceptarle como soberano capaz de hacerlo feliz y respetado.

Los progresos, sin embargo, de las armas francesas, que hacían suponer la invasión de Andalucía y la entrada de Massena en Portugal, quedaron paralizados en Cádiz y Lisboa, cuyas líneas en ambos puntos bien y pronto se vió que eran inconquistables. Galicia estaba libre de mucho tiempo atrás y Portugal lo estaría muy pronto del todo; Asturias esperaba de un momento á otro ver á Bonnet traspasar la cordillera pirenáica para unirse á Serás ó Kellermán, á quienes se mandaba desde París apoyasen las operaciones del Príncipe de Essling ó le ampararan en su retirada. Los demás ejércitos franceses harto harían con mantener la ocupación de los países invadidos, alarmados, como estaban, con el sinnúmero de guerrillas que cada día los acosaban de todos modos y con el mayor encarnizamiento.

En Cataluña, y eso en las márgenes del Ebro tan sólo, era donde el talento y la prudencia del general

Suchet habían conseguido, además de alguna tranquilidad, relativa siempre, en Aragón, su base de operaciones y depósito general de los recursos que pudieran serle necesarios, ir paulatina, metódica y progresivamente asegurándose de plazas que, como Lérida y Tortosa, encerrarían á la sublevación catalana en su territorio, privándola de los socorros que se tratara de hacerla llegar para su mejor defensa. Por que si la conquista de Badajoz representaba un progreso, ni se había intentado con otro objeto que con el de establecer la comunicación del ejército de Andalucía con el de Portugal y unirse después á él, ni había dado sino un resultado efímero, puesto que á los pocos días de la toma de aquella plaza y de la portuguesa de Campo Mayor, asomaban las tropas aliadas que no tardarían en reconquistarlas para sus señores naturales.

No había, pues, para qué los franceses y menos su soberano se forjaran ilusiones de ningún género sobre la sumisión completa de la Península, y una campaña más, la que vamos á recordar en el tomo próximo, les haría comprender la ya decisiva y hasta rápida decadencia de sus armas en guerra tan larga ya é infructuosa para ellos como la de la Independencia española.

APÉNDICES

NÚMERO 1

ESTADO *de la organizacion y fuerza efectiva y disponible que tenía en 1.º de abril de 1810 la parte del ejército de Extremadura que concurrió á la defensa de Cádiz é Isla de Leon.*

Divisiones y sus comandantes	Cuerpos que las componían	DISPONIBLE			BAJAS			FUERZA TOTAL		
		Jefes y oficiales...	Tropa....	Caballos..	Jefes y oficiales..	Tropa....	Caballos.	Jefes y oficiales..	Tropa....	Caballos..
VANGUARDIA — Brigadier, Don José Javier Lardizábal...	*Infantería.*—Murcia.—Canarias.—Campo mayor.—Trujillo.—Imperiales de Toledo.—Universidad de Toledo...	158	3184	»	47	1051	»	200	4235	»
1.ª DIVISION — Brigadier, Don José Latorre.	*Infantería.*—2.º batallon de Reales Guardias Españolas.—4.º idem.—Irlanda.—Valencia y Alburquerque.—Provincial de Guadix.—Reina............	137	1849	»	38	1127	»	175	2976	»
2.ª DIVISION — Brigadier, don Ramon Polo.	*Infantería.*—Fernando 7.º—2.º de voluntarios de Cataluña.—Idem de Sevilla.—Voluntarios de Madrid.—Idem de la Patria.—Provincial de Ciudad-Rodrigo.—Idem de Sigüenza...............	247	3897	»	52	2052	»	299	5949	»
CABALLERÍA....	*Caballería.*—Calatrava.—Villaviciosa.—Voluntarios de España.—Cazadores de Sevilla.—Perseguidores de Andalucía.—2.º de Lusitania.—Príncipe.—Desmontados.—Carabineros reales........	299	2088	1167	40	810	583	339	2898	1750

RESUMEN GENERAL

DIVISIONES	DISPONIBLE			BAJAS			FUERZA TOTAL		
	Jefes y oficiales...	Tropa....	Caballos..	Jefes y oficiales...	Tropa....	Caballos.	Jefes y oficiales...	Tropa....	Caballos..
Vanguardia..........................	153	3184	»	47	1051	»	200	4235	»
1.ª división	137	1849	»	38	1127	»	175	2976	»
2.ª idem	247	3897	»	52	2052	»	299	5949	»
Division de Caballería............	299	2088	1167	40	810	583	339	2898	1750
SUMA TOTAL.............	836	11018	1167	177	5040	583	1013	16058	1750

NÚMERO 2

—

«El Rey, y á su nombre la Suprema Junta Central de España é Indias. —Como haya sido uno de mis primeros cuidados congregar la nacion española en Córtes generales y estraordinarias, para que representada en ella por individuos y procuradores de todas las clases, órdenes y pueblos del Estado, despues de acordar los estraordinarios medios y recursos que son necesarios para rechazar al enemigo que tan pérfidamente la ha invadido, y con tan horrenda crueldad va desolando algunas de sus provincias, arreglase con la debida deliberacion lo que más conveniente pareciese para dar firmeza y estabilidad á la constitucion y el órden, claridad y perfeccion posibles á la legislacion civil y criminal del reino, y á los diferentes ramos de la administracion pública; á cuyo fin mandé por mi real decreto de 13 del mes pasado, que la dicha mi Junta Central Gubernativa se trasladase desde la ciudad de Sevilla á la Isla de Leon, donde pudiese preparar mas de cerca, y con inmediatas y oportunas providencias, la verificacion de tan gran designio: considerando:—1.º Que los acaecimientos que despues han sobrevenido y las circunstancias en que se halla el reino de Sevilla por la invasion del enemigo, que amenaza ya los demas reinos de Andalucía, requieren las mas prontas y enérgicas providencias.—2.º Que entre otras ha venido á ser en gran manera necesaria la de reconcentrar el ejercicio de toda mi autoridad real en pocas y hábiles personas que pudiesen emplearla con actividad, vigor y secreto en defensa de la patria; lo cual he verificado ya por mi real decreto de este dia, en que he mandado formar una regencia de cinco personas, de bien acreditados talentos, probidad y celo público.—3.º Que es muy de temer que las correrías del enemigo por varias provincias, antes libres, no hayan permitido á mis pueblos hacer las elecciones de diputados á córtes con arreglo á las convocatorias que les hayan sido comunicadas en 1.º de este mes, y por lo mismo que no pueda verificarse su reunion en esta isla para el dia 1.º de marzo próximo, como estaba por mi acordado.—4.º Que tampoco sería fácil, en medio de los grandes cuidados y atenciones que ocupan al gobierno, concluir los diferentes trabajos y planes de reforma, que por personas de conocida instruccion y probidad se habían emprendido y adelantado bajo la inspeccion y autoridad de la comision de córtes, que á este fin nombré por mi real decreto de 15 de junio del año pasado, con deseo de presentarla al exámen de las próximas córtes.—5.º Y considerando, en fin, que en la actual crisis no es fácil acordar con sosiego y detenida reflexion las demás providencias y órdenes que tan nueva é importante operacion requiere, ni por la mi Suprema Junta Central, cuya autoridad, que hasta ahora ha ejercido en mi real nombre, va á trasferirse en el consejo de regencia, ni por este, cuya atencion será enteramente arrebatada al grande objeto de la defensa nacional:—Por tanto yo, y á mi real nombre la Suprema Junta Central, para llenar mi ardiente deseo de que la nacion se congregue libre y legalmente en córtes generales y estraordinarias, con el fin de lograr los grandes bienes que en esta deseada reunion están cifrados, he venido en mandar y mando lo siguiente:—1.º La celebracion de las córtes generales y estraordinarias que están ya convocadas para esta isla de Leon, y para el primer dia de marzo próximo, será el primer cuidado de la regencia que acabo de crear, si la defensa del reino, en que desde luego debe ocuparse, lo permitiere.—2.º En consecuencia, se espedirán inmediatamente convocatorias individuales á todos los RR. arzobispos y obispos que están en ejercicio de sus funciones, y á todos los grandes de España en propiedad, para que concurran á las córtes en el día y lugar para que están convocadas, si las circunstancias lo permitieren.—3.º No serán admitidos á estas córtes los grandes que no sean cabezas de familia, ni los que no tengan la edad de 25 años, ni los prelados y grandes que se hallasen procesados por cualquiera delito, ni los que se hubiesen sometido al gobierno francés.—4.º Para que las provincias de América y Asia, que por estrechez del tiempo no pueden ser representadas por diputados nombrados por ellas mismas, no carezcan enteramente de representación en estas córtes, la Regencia formará una junta electoral compuesta de seis sugetos de carácter, naturales de aquellos dominios, los cuales, poniendo en cántaro los nombres de los demas naturales que se hallan residentes en España y constan de las listas formadas por la comision de córtes, sacarán á la suerte el número de cuarenta, y volviendo á sortear estos cuarenta solos, sacarán en segunda suerte veintiseis, y estos asistirán como diputados de córtes en representacion de aquellos vastos paises.—5.º Se formará asimismo otra junta electoral, compuesta de seis personas de carácter, naturales de las provincias de España que se hallen ocupadas por el enemigo, y poniendo en cántaro los nombres de los naturales de cada una de dichas provincias, que asimismo constan de las listas formadas por la comision de córtes, sacarán de entre ellos en primera suerte hasta el número de diez y ocho nombres, y volviéndolos á sortear solos, sacarán de ellos cuatro, cuya operacion se irá repitiendo por cada una de dichas provincias, y los que salieren en suerte serán diputados de córtes por representacion de aquellas para que fueren nombrados.—6.º Verificadas estas suertes, se hará la convocacion de los sugetos que hubieren salido nombrados por medio de oficios que se pasarán á las juntas de los pueblos en que residieren, á fin de que concurran á las córtes en el día y lugar señalado, si las circunstancias lo permitieren.—7.º Antes de la admision á las córtes de estos sugetos, una comision nombrada por ellas mismas examinará si en cada uno concurren ó no las cualidades señaladas en la instruccion general y en este decreto para tener voto en las dichas córtes.—8.º Libradas estas convocatorias, las primeras córtes generales y estraordinarias se entenderán legítimamente convocadas; de forma que, aunque no se verifique su reunion en el día y lugar señalado para ellas, pueda verificarse en cualquiera tiempo y lugar en que las circunstancias lo permitan, sin necesidad de nueva convocatoria: siendo de cargo de la Regencia hacer á propuesta de la diputacion de córtes el señalamiento de dicho día y lugar, y publicarle en tiempo oportuno por todo el reino.—9.º Y para que los trabajos preparatorios puedan continuar y concluirse sin obstáculo, la Regencia nombrará una diputacion de córtes compuesta de ocho personas, las seis naturales del continente de España, y las dos últimas naturales de América, la cual diputacion será subrogada en lugar de la comision de córtes nombrada por la misma Suprema Junta Central, y cuyo instituto será ocuparse en los objetos relativos á la celebracion de las córtes, sin que el gobierno tenga que distraer su atencion de los urgentes negocios que la reclaman en el día.—10.º Un individuo de la diputacion de córtes de los seis nombrados por España, presidirá la junta electoral que debe nombrar los diputados por las provincias cautivas, y otro individuo de la misma diputacion de los nombrados por la

América, presidirá la junta electoral que debe sortear los diputados naturales y representantes de aquellos dominios.—11.º Las juntas formadas
con los títulos de juntas de medios y recursos para sostener la presente
guerra, junta de hacienda, junta de legislacion, junta de instruccion pública, junta de negocios eclesiásticos y junta de ceremonial de congregacion,
las cuales por autoridad de la mi Suprema Junta, y bajo la inspeccion de
dicha comision de córtes, se ocupan en preparar los planes de mejoras
relativas á los obgetos de su respectiva atribucion, continuarán en sus trabajos hasta concluirlos en el mejor modo que sea posible, y fecho, las re-
mitirán á la diputacion de córtes, á fin de que despues de haberlos exami-
nado, se pasen á la Regencia y esta lo ponga á mi real nombre á la deliberacion de las córtes.—12.º Serán estas presididas á mi real nombre, ó por
la Regencia en cuerpo, ó por su presidente temporal, ó bien por el individuo á quien delegaren el encargo de representar en ellas mi soberanía.—
18.º La Regencia nombrará los asistentes de córtes que deban asistir y
aconsejar al que las presidiere á mi real nombre de entre los individuos de
mi consejo y cámara, segun la antigua práctica del reino, ó en su defecto
de otras personas constituidas en dignidad.—14.º La apertura del sólio se
hará en las córtes en concurrencia de los Estamentos eclesiásticos, militar
y popular, y en la forma y con la solemnidad que la Regencia acordará á
propuesta de la diputacion de córtes.—15.º Abierto el sólio, las córtes se
dividirán para la deliberacion de las materias en dos solos Estamentos,
uno popular compuesto de todos los procuradores de las provincias de
España y América y otro de dignidades, en que se reunirán los prelados y
grandes del reino.—16.º Las proposiciones que á mi real nombre hiciere la
Regencia á las córtes, se examinarán primero en el Estamento popular, y
si fueren aprobadas en él, se pasarán por un mensajero de Estado al Estamento de dignidades, para que las examine de nuevo.—17.º El mismo
método se observará con las proposiciones que se hicieren en uno y otro
Estamento por sus respectivos vocales, y pasando siempre la proposicion
del uno al otro, para su nuevo exámen y deliberacion.—18.º Las proposiciones no aprobadas por ambos Estamentos se entenderán como si no fueren hechas.—19.º Las que ambos Estamentos aprobaren serán elevadas por los
mensajeros de Estado á la Regencia para mi real sancion.—20.º La Regencia
sancionará las proposiciones así aprobadas, siempre que graves razones de
pública utilidad no le persuadan á que de su ejecucion pueden resultar
graves inconvenientes y perjuicios.—21.º Si tal sucediere, la Regencia sus-
pendiendo la sancion de la proposicion aprobada, la devolverá á las córtes
con clara esposicion de las razones que hubiere tenido para suspenderla.
—22.º Así devuelta la proposicion, se examinará de nuevo en uno y otro
Estamento, y si los dos tercios de los votos de cada uno no conformaren la
anterior resolucion, la proposicion no se podrá renovar hasta las futuras
córtes.—28.º Si los dos tercios de votos de cada Estamento ratificaren la
aprobacion anteriormente dada á la proposicion, será elevada de nuevo por
mensajeros de Estado á la sancion real.—24.º En este caso la Regencia
otorgará á mi nombre la real sancion en el término de tres días; pasados
los cuales, otorgada ó no, la ley se entenderá legítimamente sancionada, y
se procederá de hecho á su publicacion en la forma de estilo.—25.º La
promulgacion de las leyes así formadas y sancionadas se hará en las mismas córtes antes de su disolucion.—26.º Para evitar que en las córtes se
forme algun partido que aspire á hacerlas permanentes, ó prolongarlas en
demasía, cosa que sobre trastornar del todo la Constitucion del reino, po-

dría acarrear otros muchos graves inconvenientes; la Regencia podrá señalar un término á la duracion de las córtes, con tal que no baje de seis meses. Durante las córtes y hasta tanto que estas acuerden, nombren é instalen el nuevo gobierno, ó bien confirmen el que ahora se establece, para que rija la nacion en lo sucesivo, la Regencia continuará ejerciendo el poder ejecutivo en toda la plenitud que corresponde á mi soberanía.—En consecuencia, las córtes reducirán sus funciones al ejercicio del poder legislativo, que propiamente les pertenece, y confiando á la Regencia el del poder ejecutivo, sin suscitar discusiones que sean relativas á él, y distraigan su atencion de los graves cuidados que tendrá á su cargo, se aplicarán del todo á la formacion de las leyes y reglamentos oportunos para verificar las grandes y saludables reformas que los desórdenes del antiguo gobierno, el presente estado de la nacion y su futura felicidad hacen necesarias: llenando así los grandes objetos para que fueron convocadas. Dado etc. en la real isla de Leon á 29 de Enero de 1810»

(Copia del que estampa en su obra D. Miguel Agustin Príncipe).

NÚMERO 3

—

Don Nicolás María de Sierra, secretario de estado y del despacho universal de gracia y justicia, é interino de hacienda y marina, notario mayor de los reynos &c. &c.

Digo: que constituido en esta real Isla de Leon el Consejo de Regencia desde el día 22 del corriente á esperar el momento deseado de la instalacion de las presentes extraordinarias Cortes generales, despues de haber reiterado la convocatoria acordada ya, y circulada por la Junta central, y prefixado para su apertura el presente dia; habiendo hecho que precediera una solemnísima rogativa pública por 3 dias, para implorar del Padre de las luces las que exigen para el acierto los sublimes objetos de un congreso, de que no hay exemplar en los siglos que han antecedido, por la generalidad y universalidad de la representacion nacional con que se ha procurado convocar y organizar; habiéndose dispuesto que para llenar en lo posible la que corresponda á las provincias desgraciadamente ocupadas por el enemigo, se practicasen elecciones de diputados suplentes entre los emigrados de ellas, presidiéndolas los primeros magistrados de la nacion; subsiguiéndose á esto el implorar de nuevo la inspiración divina por medio de la misa del Espíritu Santo, que acordó el Consejo de Regencia, y debia celebrar de pontifical el cardenal de Scala, arzobispo de Toledo, en virtud de un decreto formal del dia de ayer con otros actos de religion análogos al intento; llegado ya el instante en que debia realizarse la instalacion, se dispuso que congregados todos los señores diputados de las provincias libres, y suplentes de las ocupadas, en el real palacio de la Regencia, saliesen formados con el Consejo supremo, y se dirigiesen á la iglesia parroquial de esta Isla, donde habia de celebrarse la misa votiva del Espíritu Santo, cantarse ántes ó despues el himno *Veni Sancte Spiritus*, y en seguida, precediendo una ligera insinuacion exhortatoria, se hiciese por los señores diputados y suplentes la profesion de la fé y el juramento que debian prestar. Todo lo qual se preparó y executó con el aparato magestuoso que requeria el interes y sublimidad del objeto, habiéndose congregado en dicho palacio y sala destinada para su recibo los Señores D. Benito Ramon de Hermida, diputado por el reyno de Galicia: el Marques de Villafranca, por el de Murcia: D. Felipe Amat, por el principado de Cataluña: D. Antonio Oliveros, por la provincia de Extremadura: D. Ramon Povér, por la isla de Puerto Rico: D. Ramon Sans, por la ciudad de Barcelona: D. Juan Valle, por Cataluña: D. Plácido de Montolni, por la ciudad de Tarragona: D. José Alonso y Lopez, por la junta superior de Galicia: D. José María Suarez de Rioboo, por la provincia de Santiago: D. José Cerero, por la de Cádiz: Don Manuel Ros, por la de Santiago: D. Francisco Papiol, por Cataluña: Don Pedro María Ric, por la junta superior de Aragon: D. Antonio Abadin y Guerra, por la provincia de Mondoñedo: D. Antonio Payán, por la de la Coruña: D. Juan Bernardo de Quiroga, por la de Orense: D. Josef Ramon Becerra y Llamas, por la de Lugo: D. Pedro Ribera y Pardo, por la de Betanzos: D. Luis Rodriguez del Monte, por idem: D. Antonio Vazquez de Parga, por la de Lugo: D. Manuel Varcárcel, por idem: D. Francisco Morrós, por Cataluña: D. José Vega y Sentmenat, por la ciudad de Cervera: Don

Félix Aytés, por Cataluña: D. Ramon Utgés, por idem: D. Salvador Viñals, por idem: D. Jayme Creus, por idem: D. Ramón de Lledós, por idem: Don José Antonio Castellarnau, por idem: D. Antonio María de Parga, por la provincia de Santiago: D. Francisco Pardo, por idem: D. Vicente Terrero, por la de Cádiz: D. Francisco María Riesco, por la junta superior de Extremadura: D. Gregorio Laguna, por la ciudad de Badajoz: D. Vicente de Castro Lavandeyra, por la provincia de Santiago: D. Domingo García Quintana, por la de Lugo: D. Andres Morales de los Rios, por la ciudad de Cádiz: D. Antonio Llaneras, por la isla de Mallorca: D. Ramon Lázaro de Dou, por Cataluña: D. Alonso María de la Vega y Pantoja, por la ciudad de Mérida: D. Antonio Capmani, por Cataluña: D. Juan María Herrera, por Extremadura: D. Manuel María Martinez, por idem: D. Alfonso Nuñez de Haro, por la provincia de Cuenca: D. Pedro Antonio de Aguirre, por la junta superior de Cádiz: D. Joaquin Tenreyro Montenegro, por la provincia de Santiago: D. Benito María Mosquera, por la ciudad de Tuy: D. Bernardo Martinez, por la provincia de Orense: D. Pedro Cortiñas, por idem; D. Diego Muñoz Torrero, por la de Extremadura: D. Manuel Luxan, por idem: D. Antonio Durán de Castro, por la de Tuy: D. Agustin Rodriguez Bahamonte, por idem: D. Francisco Calvet y Rivacoba, por la ciudad de Gerona: D. José Salvador Lopez del Pan, por la ciudad de la Coruña: Don José María Couto, suplente por Nueva España: D. Francisco Munilla, suplente por idem: D. Andres Savariego, suplente por idem: D. Salvador S. Martin, suplente por idem: D. Octaviano Obregon, suplente por idem: D. Máximo Maldonado, suplente por idem: D. José María Gutierrez de Terán, suplente por idem: D. Pedro Tagle, suplente por Filipinas: D. José Manuel Couto, suplente por idem: D. José Caicedo, suplente por el vireynato de Santa Fe: Marques de S. Felipe y Santiago, suplente por la isla de Cuba: D. Joaquín Santa Cruz, suplente por idem: Marques de Puñoenrostro, suplente por Santa Fe: D. José Mexia, suplente por idem: D. Dionisio Inca Yupangui, suplente por el vireynato del Perú: D. Vicente Morales, suplente por idem: D. Ramon Feliu, suplente por idem: D. Antonio Suazo, suplente por idem: D. Joaquin Leyba, suplente por Chile: D. Miguel Riesco, suplente por idem: D. Francisco Lopez Lisperguer, suplente por el vireynato de Buenos-Ayres: D. Luis Velasco, suplente por idem: D. Manuel Rodrigo, suplente por idem: D. Andres de Llano, suplente por Goatemala: D. Manuel de Llano, suplente por idem: D. José Alvarez de Toledo, suplente por la isla de Santo Domingo: D. Agustin Argüelles, suplente por el principado de Asturias: D. Rafael Manglano, suplente por la provincia de Toledo: Don Antonio Vazquez de Aldana, suplente por la de Toro: D. Manuel de Aróstegui, suplente por la de Alava: D. Francisco Gutierrez de la Huerta, suplente por la de Burgos: D. Juan Gallego, suplente por la de Zamora: Don José Valcarcel, suplente por la de Salamanca: D. José Zorraquin, suplente por la de Madrid: D. Manuel Garcia Herreros, suplente por la de Soria: D. José de Cea, suplente por la de Córdoba: D. Juan Clímaco Quintano, suplente por la de Palencia: D. Gerónimo Ruiz, suplente por la de Segovia: D. Francisco de la Serna, suplente por la de Avila: D. Francisco Eguía, suplente por el señorío de Vizcaya: D. Evaristo Perez de Castro, suplente por la provincia de Valladolid: D. Domingo Dueñas, suplente por la de Granada: D. Francisco de Sales Rodriguez de Bárcena, suplente por la de Sevilla. D. Francisco Escudero, suplente por la de Navarra: D. Francisco Gonzalez, suplente por la de Jaen: D. Estéban Palacios, suplente por la de Çaracas: D. Fermin de Clemente, suplente por Caracas: y D. Francisco

Fernandez Golfin, diputado por Extremadura. Salieron todos á las 9 y media en punto de esta mañana formados con el Consejo de Regencia, estando tendida toda la tropa de casa real y la del exército acantonado, y dirigiéndose á la iglesia parroquial, se celebró por aquel prelado la misa, en la qual despues del evangelio y de una breve y sencilla exhortacion, que hizo el serenísimo señor presidente D. Pedro Quevedo, obispo de Orense, se pronunció por mí por dos veces en alta voz la siguiente fórmula del juramento: ¿Jurais la santa religion católica, apostólica, romana, sin admitir otra alguna en estos reynos? ¿Jurais conservar en su integridad la naciones pañola, y no omitir medio para libertarla de sus injustos opresores? ¿Jurais conservar á nuestro muy amado soberano el Sr. D. FERNANDO VII todos sus dominios, y en su defecto á sus legitimos sucesores, y hacer quantos esfuerzos sean posibles para sacarlo del cautiverio y colocarlo en el trono? ¿Jurais desempeñar fiel y legalmente el encargo que la nacion ha puesto á vuestro cuidado, guardando las leyes de España, sin perjuicio de alterar, moderar y variar aquellas que exigiese el bien de la nacion? Y habiendo respondido todos los señores diputados: sí juramos, pasaron de dos en dos á tocar el libro de los santos Evangelios, y el señor presidente, concluido este acto, dixo: si así lo hiciereis; Dios os lo premie; y si no, os lo demande. Se siguió inmediatamente el himno Veni Sancte Spiritus y el Te Deum entonado con gravedad y solemnidad, y finalizada esta funcion, desde la iglesia baxo la misma formacion caminaron á la sala de Córtes, y habiendo ocupado sus lugares los señores diputados y suplentes, y constituídose sobre el trono el Consejo de Regencia, dixo el señor presidente en discurso muy enérgico, aunque breve, en que manifestando el estado de alteracion, desorganizacion y de confusion del tiempo en que se instaló, y los obstáculos al parecer invencibles, que presentaban entónces las circunstancias, para desempeñar dignamente y con los ventajosos efectos que se apetecían, un encargo tan grave y peligroso, concluyó dando el testimonio mas irrefragable del patriotismo y sentimientos generosos del Consejo de Regencia, expresando que dexaba al mas alto discernimiento y luces de las Córtes la eleccion y nombramiento de presidente y secretarios de aquel augusto congreso. Con lo cual se finalizó el acto, quedaron instaladas las Córtes, y se retiró el Consejo de Regencia á su palacio, habiéndose observado en todos esos actos la magestad y circunspeccion propia de la mas noble, generosa y esforzada de las naciones, y un regocijo y aplausos en el pueblo muy difíciles de explicarse. De todo lo qual certifico como tal notario mayor. Real Isla de Leon 24 de setiembre de 1810.— *Nicolas María de Sierra.*

NÚMERO 4

—

He aquí lo que refiere acerca de este asunto el manifiesto ó sea diario manuscrito de la primera regencia que tenemos presente, extendido por Don Francisco de Saavedra, uno de los regentes y principal promotor de la venida del duque.

Día 10 de marzo de 1810. «En este día se concluyó un asunto grave sobre que se había conferenciado largamente en los días anteriores. Este »asunto que traía su origen de dos años atrás, tuvo varios trámites, y se »puede reducir en substancia á los términos siguientes.

«Luego que se divulgó en Europa la feliz revolucion de España acaecida »en mayo de 1808, manifestó el duque de Orleans sus vivos deseos de ve- »nir á defender la justa causa de Fernando VII: con la esperanza de lograr- »los pasó á Gibraltar en agosto de aquel año, acompañando al príncipe Leo- »poldo de Nápoles que parece tenía igual designio. Las circunstancias per- »turbaron los deseos de uno y otro; pero no desistió el duque de su intento. »A principios de 1809, recien llegada á Sevilla la junta central, se presentó »allí un comisionado suyo para promover la solicitud de ser admitido al »servicio de España, y en efecto la promovió con la mayor eficacia, compo- »niendo varias memorias que comunicó á algunos miembros de la central, »especialmente á los Sres. Garay, Valdés y Jovellanos. No se atuvieron estos »á proponer el asunto á la junta central como se pedia, por ciertos reparos »políticos; y á pesar de la actividad y buen talento del comisionado no lle- »gó este asunto á resolverse, aunque se trató en la sesion de estado; pero »no se divulgó.»

«En julio de dicho año escribió por sí propio el duque de Orleans, que »se hallaba á la sazon en Menorca, repitiendo la oferta de su persona; y »expresando su anhelo de sacrificarse por la bella causa que los españoles »habían adoptado. Entonces redobló el comisionado sus esfuerzos, y para »prevenir cualquier reparo, presentó una carta de Luis XVIII aplaudiendo »la resolucion del duque, y otra del lord Portland, manifestándole en nom- »bre del rey británico no haber reparo alguno en que pusiese en práctica »su pensamiento de pasar á España ó Nápoles á defender los derechos de »su familia.»

«En esta misma época llegaron noticias de las provincias de Francia »limítrofes á Cataluña, por medio del coronel D. Luis Pons, que se hallaba »á esta sazon en aquella frontera, manifestando el disgusto de los habitan- »tes de dichas provincias, y la facilidad conque se sublevarían contra el »tirano de Europa, siempre que se presentase en aquellas inmediaciones »un príncipe de la casa de Borbon, acaudillando alguna tropa española.»

«De este asunto se trató con la mayor reserva en la seccion de estado de »la junta, que comisionó á D. Mariano Carnerero oficial de la secretaría »del consejo, mozo de muchas luces y patriotismo, para que pasando á Ca- »taluña, conferenciando con el general de aquel ejército y con D. Luis »Pons, y observando el espíritu de aquellos pueblos, examinase si sería »acepta á los habitantes de la frontera de Francia la persona del duque de »Orleans, y si sería bien recibido en Cataluña. Salió Carnerero á mediados »de septiembre, y en menos de dos meses evacuó la comision con exactitud, »sigilo y acierto. Trató con el coronel Pons y el general Blake que se halla-

»ban sobre Gerona, y observó por sí mismo el modo de pensar de los habi-
»tantes y de las tropas. El resultado de sus investigaciones de que dió pun-
»tual cuenta fué, que el duque de Orleans, educado en la escuela del céle-
»bre Dumourier y único príncipe de la Casa de Borbon que tiene reputacion
»militar, sería recibido con entusiasmo en las provincias de Francia, y que
»en Cataluña, donde se conservan los monumentos de la gloria de su bisa-
»buelo y la reciente memoria de las virtudes de su madre, encontraría ge-
»neral aceptacion.»

«Mientras Carnerero desempeñaba su encargo, el comisionado del du-
»que se marchó á Sicilia, adonde le llamaban á toda priesa. En el mismo
»intervalo se creó en la junta central la comision ejecutiva, encargada, por
»su constitucion, del gobierno. En esta comision pues, donde apenas había
»un miembro que tuviese la menor idea de este negocio, se examinaron los
»papeles relativos á la comision de Carnerero. Todo fué aprobado y quedó
»resuelto se aceptase la oferta del duque de Orleans, y se le convidase con
»el mando de un cuerpo de tropas en la parte de Cataluña que se aproxima
»á las fronteras de Francia; que se previniese á aquel capitan general lo
»conveniente por si se verificaba; que se comisionase para ir á hacer pre-
»sente á dicho príncipe la resolucion del gobierno al mismo Carnerero, y
»que se guardase el mayor sigilo ínterin se realizase la aceptacion y aun la
»venida del duque por el gran riesgo de que la trasluciesen los franceses.»

«Ya todo iba á ponerse en práctica, cuando la desgraciada accion de
»Ocaña y sus fatales resultados suspendieron la resolucion de este asunto,
»y sus documentos orijinales, envueltos en la confusion y trastorno de Se-
»villa, no se han podido encontrar. Por fortuna se salvaron algunas copias
»y por ellas se pudo dar cuenta de un negocio nunca más interesante que
»en el día.»

«El consejo, pues, de regencia enterado de estos antecedentes, y persua-
»dido por las noticias recientemente llegadas de Francia de todas las fron-
»teras, y por la consideracion de nuestro estado actual, de lo oportuna que
»sería la venida del duque de Orleans á España, determinó: que se lleve á
»debido efecto lo resuelto y no ejecutado por la comision ejecutiva de la
»central en 30 de noviembre de 1809; que en consecuencia condescendien-
»do con los deseos y solicitudes del duque, se le ofrezca el mando de un
»ejército en las fronteras de Cataluña y Francia; que vaya para hacérselo
»presente al mismo Don Mariano Carnerero encargado hasta ahora de esta
»comision, haciendo su viage con el mayor disimulo para que no se tras-
»cienda su objeto; que para el caso de aceptar el duque esta oferta, hasta
»cuyo caso no deberá revelarse en Sicilia el asunto á nadie, lleve el comi-
»sionado cartas para nuestro ministro en Palermo, para el rey de Nápoles y
»para la duquesa de Orleans madre; que se comunique desde luego todo á
»Don Enrique Odonnell general del ejército de Cataluña y al coronel Don
»Luis Pons, encargándoles la reserva hasta la llegada del duque. Ultima-
»mente para que de ningún modo pueda rastrearse el objeto de la comision
»de Carnerero, se dispuso que se embarcase en Cádiz para Cartagena, don-
»de se previene esté pronta una fragata de guerra que le conduzca á Paler-
»mo, y traiga al Duque á Cataluña.»

Día 20 de junio. «A las siete de la mañana llegó á Cádiz Don Mariano
»Carnerero comisionado á Palermo para acompañar al Duque de Orleans
»en caso de venir, como lo había solicitado repetidas veces y con el mayor
»ahinco, á servir en la justa causa que defendía la España. Dijo que la fra-
»gata Venganza en que venía el duque iba á entrar en el puerto; que ha-

»bian salido de Palermo en 22 de mayo y llegado á Tarragona que era el
»puerto de su destino; que puntualmente hallaron la Cataluña en un lasti-
»moso estado de convulsion y desaliento con la derrota del ejército delante
»de Lérida, la pérdida de esta plaza y el inesperado retiro que había hecho
»del ejército el general Odonnell; que sin embargo que en Tarragona fué
»recibido el duque con las mayores muestras de aceptacion y de júbilo por
»el ejército y el pueblo, que su llegada reanimó las esperanzas de aquellas
»gentes, y que aun clamaban porque tomase el mando de las tropas, él juz-
»gó no debía aceptar un mando que el gobierno de España no le daba, y que
»aun su permanencia en aquella provincia en una circunstancia tan crítica,
»podría atraer sobre ella todos los esfuerzos del enemigo. En vista de todo
»se determinó á venir con la fragata á Cádiz á ponerse á las órdenes del
»gobierno. En efecto, el duque desembarcó, estuvo á ver á los miembros
»de la regencia y á la noche se volvió á bordo.»

Día 28 de julio. «El duque de Orleans se presentó inesperadamente al
»consejo de regencia, y leyó una memoria en que tomando por fundamento
»que había sido convidado, y llamado para venir á España á tomar el man-
»do de un ejército en Cataluña; se quejaba de que habiendo pasado más de
»un mes despues de su llegada, no se le hubiese cumplido una promesa tan
»solemne; que no se le hubiese hablado sobre ningun punto militar, ni aun
»contestado á sus observaciones sobre la situacion de nuestros ejércitos, y
»se le mantuviese en una ociosidad indecorosa. Se quiso conferenciar sobre
»los varios particulares que incluía el papel, y satisfacer á las quejas del
»duque; pero pidió se le respondiese por escrito, y la regencia resolvió se
»ejecutase así reduciendo la repuesta á tres puntos: 1.º Que el duque no
»fué propiamente convidado sino admitido, pues habiendo hecho varias
»insinuaciones, y aun solicitudes por sí, y por su comisionado Don Nicolás
»de Broval, para que se le permitiese venir á los ejércitos españoles á defen-
»der los derechos de la augusta causa de Borbon; y habiendo manifestado
»el beneplácito de Luis XVIII y del Rey de Inglaterra, se había condes-
»cendido á sus deseos con la generosidad que correspondía á su alto carác-
»ter; explicando la condescendencia en términos tan urbanos, que más pa-
»recía un convite que una admision. 2.º Que se ofreció dar al duque el
»mando de un ejército en Cataluña cuando nuestras armas iban voyantes en
»aquel principado y su presencia prometía felices resultados; pero que des-
»graciadamente su llegada á Tarragona se verificó en un momento crítico,
»cuando se había trocado la suerte de las armas, y se combinaron una mul-
»titud de obstáculos que impidieron cumplirle lo prometido, y que tal vez
»se hubieran allanado si el duque no dándose tanta priesa á venir á Cádiz,
»hubiese permanecido allí algun tiempo más. 3.º Que el gobierno se ha ocu-
»pado y ocupa seriamente en proporcionarle el mando ofrecido, ú otro equi-
»valente; pero que las circunstancias no han cuadrado hasta ahora con sus
»medidas.»

Día 2 de Agosto. «A primera hora se trató acerca del duque de Orleans,
»á quien por una parte se desea dar el mando del ejército, y por otra parte
»se halla la dificultad de que la Inglaterra hace oposicion á ello. En efecto,
»el embajador Wellesley ha insinuado ya, aunque privadamente, que en el
»instante que á dicho duque se confiera cualquiera mando ó intervencion en
»en nuestros asuntos militares ó políticos, tiene orden de su corte para re-
»clamarlo.....»

Día 30 de setiembre. «El duque de Orleans vino á la Isla de León y
»quiso entrar á hablar á las córtes; pero se excusaron de admitirle, y sin

»avisar ni darse por entendido con la regencia, se volvió en seguida á Cádiz. »Casi al mismo tiempo se pasó órden al gobernador de aquella plaza para »que con buen modo apresurase la ida del duque. Se recibió respuesta »de éste al oficio que se le pasó en nombre de las cortes, y decía en subs- »tancia en términos muy políticos que se marcharía el miércoles 3 del pró- »ximo mes.»

Dia 5 de octubre. «A la noche se recibió parte de haberse hecho á la ve- »la para Sicilia la fragata *Esmeralda* que llevaba al duque de Orleans, y se »comunicó inmediatamente á las cortes.»

NÚMERO 5

—

«En aquel tiempo se suponía que el ejército invasor sería doble en número que el de la defensa y que, dividido en dos cuerpos iguales y formidables, operaría á la vez en la orilla derecha y en la izquierda del Tajo para rechazar rápidamente á sus adversarios sobre Lisboa; ó que, si resistían, intentaría probablemente destruirlos en combates sucesivos y sangrientos. No se podía, pues, admitir la probabilidad de una resistencia coronada por el éxito; así es que el primer objeto que se debía proponer era, el de asegurar los puntos de embarque, fuera para el caso en que el ejército experimentase algún desastre, fuera para el en que el enemigo se presentase ante las líneas antes de que hubieran adquirido bastante fuerza para que se las pudiera ocupar sin peligro. El segundo objeto, que merecía seria atención, era el del establecimiento de fuertes cerrados, destinados á defender los desfiladeros y que permitiesen, con tropas poco aguerridas, rechazar ó detener una columna enemiga en las tentativas que hiciese para perturbar la retirada del ejército regular. Una vez alcanzado este doble objeto, cuya importancia no podía ponerse en duda, se trataría exclusivamente de fortificar en cuanto lo permitiera el tiempo de que se podía disponer, las series de alturas por donde debiera pasar la línea de atrincheramientos en cuya ejecución se había convenido.»

«Las costas de Portugal, erizadas de rocas, ofrecen pocos puntos favorables para la comunicación con el mar; y en todo el espacio que deberían cubrir las líneas proyectadas, no se halló más que uno que conviniese; una pequeña bahía que no tiene mayor profundidad de la de 180 metros y que no está sino en parte abrigada de las tempestades del Océano por el fuerte de San Julián, situado en la desembocadura del Tajo. Aun allí, el mar está á veces tan agitado que días enteros una barca no podría acercarse sin riesgo (1).»

«Los atrincheramientos destinados á cubrir el punto de embarque debían satisfacer á tres fines:»

«1.º A formar una posición de extensión tal que el ejército entero pudiera establecerse en ella poniendo en seguridad su artillería y sus almacenes en el caso de que el mal tiempo retardase su embarque.»

«2.º A contener una obra cerrada que sirviese como de reducto á la línea principal, de tal extensión y fuerza tal que pudiera ser defendido por un corto número de tropas si un vendabal llegaba á contrariar la operación después de haberse embarcado una parte de las tropas y aun en la hipótesis de que el ejército experimentara en su movimiento de retirada pérdidas bastante graves para quitarle la posibilidad de ocupar el recinto exterior.»

(*) «Es tan mala la costa que en buena estación, de fines de abril á mediados de junio de 1810, las rompientes impidieron echar embarcación alguna al mar en la grande aldea de Ericeira, poblada casi enteramente por pescadores.»

«En 1811, se construyeron bajo la dirección del capitán Holloway cuatro escolleras destinadas á cubrir el punto de embarque de San Julián. Aquellos trabajos costaron 15.000 libras esterlinas (375.000 francos); á pesar de la desventaja de las localidades y de la opinión desfavorable de los marinos acerca de su estabilidad, aquellas obras resistieron los golpes de mar más violentos durante la guerra y ofrecieron un embarque practicable con todo tiempo y en todas las estaciones.»

«3.º En fin, á proporcionar en la ribera un pequeño puesto de fuerza suficiente para proteger á la retaguardia del ejército y asegurar su embarque.»

«Se llenó el primer objeto con una línea de reductos destacados y de obras intermedias, cuya derecha se apoyaba en el Tajo cerca del fuerte das Maias, y la izquierda en el Océano, á espaldas del canal, en la torre ó fuerte fortín de la Junqueira. Las obras de la línea exterior dominaban el pueblo d'Oeiras y comprendían dentro de su trazado, cuyo desarrollo era de 3.000 yardas (2.700 metros), todo el promontorio á cuya extremidad está el fuerte de San Julián. Se obtuvo el segundo objeto de la defensa construyendo una grande obra irregular y cerrada en la cima de la altura, cerca y enfrente del fuerte San Julián; y, en fin, ese mismo fuerte de San Julián satisfizo al tercer objeto por la desmesurada altura de sus escarpas y la gran profundidad de sus fosos que lo ponían al abrigo de todo ataque á viva fuerza á la menor resistencia que opusieran sus defensores.»

«En la hipótesis de una serie de operaciones en la izquierda del Tajo, se había formado en Setúbal, como punto secundario de embarque, una línea de obras destinadas á cubrir la orilla derecha de aquel puerto y asegurar su comunicación con el mar. Esas obras, formando en parte una línea continua y en parte reductos destacados, tenían su derecha defendida á corta distancia por el fuerte San Felipe y su izquierda apoyada en un escarpe. El desarrollo de su frente era á lo más de 1.500 yardas (1.350 metros), y como ocupaban los puntos más favorables para la construcción de baterías que pudieran incomodar á los transportes, formaban con el fuerte San Felipe un puesto imponente en que una división podría mantenerse durante el embarque del cuerpo de ejército principal y efectuar en seguida su retirada sacrificando una débil retaguardia en el fuerte.»

«La principal línea de defensa, que tomó el nombre de segunda línea, se había establecido bajo estas consideraciones:»

«1.º Que no hay más que cuatro carreteras que conduzcan á Lisboa entre el mar y el Tajo por bajo del punto en que este río, con anchura ya y profundidad considerables, llega á ser en concepto militar barrera insuperable para un ejército.»

«2.º Que tres de esos caminos, en puntos casi en línea recta, pasan por collados ó entre alturas que ofrecen grandes medios de defensa; á saber: en los desfiladeros de Mafra, de Montachique y Bucellas.»

«3.º Que el cuarto, que bordea el Tajo, en que el terreno ofrece menos recursos para la defensa, pasa en Alhandra al pie de una áspera cadena de montañas que se hallan á cerca de dos leguas frente á la derecha de la línea de desfiladeros de que se acaba de hablar.»

«4.º En fin, que el país situado entre esos caminos, siendo montuoso y accidentado, no podría un ejército, sin sufrir los mayores retardos y extremas dificultades, atravesarlo por ninguna parte con artillería.»

«Se propuso que se cerrasen los pasos por entre las montañas con obras muy fuertes y que en las varias cadenas de montes que se extienden entre un paso y otro se elevara una línea de atrincheramientos que presentase una barrera continua á través de la península; de modo que un ejército invasor se hallara en la precisión de forzar aquella línea con un ataque de frente antes de poder dirigirse sobre Lisboa.»

«La naturaleza se prestaba mucho á la ejecución de tal proyecto.»

«Comenzando por la izquierda, en la choza de Ribamar, orilla del Océano y delante de Ericeira, remontando el riachuelo de San Lorenzo hasta Cacheca junto al desfiladero de Mafra, el terreno en una extensión de siete millas presenta un barranco profundo, escarpado, inaccesible en varios puntos y en que rara vez se halla sitio para la marcha de un batallón en columna. Ese flanco no ofrece, pues, al enemigo ventaja que le pueda animar á elegirlo para su línea principal de ataque. En un principio se pensó que destruyendo los senderos que existen por aquella parte y estableciendo artillería en las obras cerradas 88 á 94 sobre los puntos salientes de las alturas á fin de flanquear la parte más accesible de la subida, bastaría un pequeño cuerpo de observación para asegurar la posesión de aquel trozo de la línea hasta el momento en que fuera posible reforzarlo.»

«Se dedicó esmero particular á la fortificación del desfiladero de Mafra. Ese punto exigió trabajos considerables; porque aun cuando la subida principal, considerada como paso aislado, sea muy fuerte, tiene sobre su derecha un espacio muy extenso de terreno, cerrado con tapias, como de un parque real (Tapada), cuyos accesos no son muy difíciles; y además dos caminos casi paralelos que rodean, el uno al norte y el otro al sur, el recinto de la Tapada y ofrecen grandes facilidades al enemigo para maniobrar y forzar el paso con un ataque de flanco.»

«Después de haber asegurado la defensa de la subida principal por medio de reductos y baterías, dispuestas de modo que enfilasen el camino y concentraran su fuego en los puntos del mismo, en que debían en momento oportuno practicar anchas y profundas cortaduras y oponer otros obstáculos, se trató de fortificar los flancos del desfiladero. Los muros de la Tapada, ó parque real, recibieron una banqueta en su interior, y se establecieron buenos flanqueos con aspilleras y cañoneras en toda la extensión de su frente. Se levantó una cadena de reductos, 74 á 77, en los puntos culminantes del interior del recinto para barrer los barrancos é impedir el paso por el camino á retaguardia. Los varios puntos del terreno que despejaban la proximidad de la Tapada, fueron, además, ocupados con los reductos 62, 63 y 64, armados con formidable artillería.»

«Las altas montañas por encima de Gradil, llamadas Serra de Chypre, situadas en el camino de Torres Vedras y á propósito para estorbar igualmente la marcha de una columna que avanzase por el desfiladero principal de Mafra y los brazos colaterales sobre la izquierda de Morugueira, fueron también ocupadas con los reductos del 78 al 81.»

«Un poco atrás y á la izquierda de la aldea de Morugueira, se establecieron los fuertes 82, 83 y 84, destinados á defender el desfiladero menos considerable de Checheca y á formar uno de los anillos de la cadena de comunicación entre Mafra y el extremo izquierdo de la línea.»

«Además, para impedir que fuesen envueltos esos importantes puntos con la artillería hacia la izquierda, y para que la seguridad del considerable cuerpo destinado á la defensa del desfiladero principal de Mafra no dependiese del éxito de la defensa en la vasta línea formada por el barranco de entre Morugueira y Ribamar, se estableció un puesto á retaguardia, 96 y 97, en Carvoireira, sobre la izquierda del valle de Chilleros, para dominar el solo camino marítimo de Ericeira á Cintra, San Julián y Lisboa en el descenso de la vertiente opuesta del valle: los sitios de aquel camino que se encontraban más sometidos al fuego de los reductos, deberían ser destruidos con minas. La obra núm. 95, situada en una fuerte posición sobre la derecha del valle ocurría á esos diferentes objetos.»

«Por fin, se hizo del pueblo de Mafra un puesto defensivo del lado de Ericeira y con ese objeto se le cubrió con un sistema de obras 85, 86 y 87, que cerraban los aproches laterales practicables para la artillería.»

«Lo que en seguida debía llamar la atención era el paso ó desfiladero de Cabeça-de-Montachique. Las alturas que forman sus lados inmediatos eran naturalmente fuertes, y siendo á la vez favorables á la defensa que se pudiera desear, necesitaron poco trabajo, siendo la primer atención la de cerrar el camino. Con ese objeto, se plantaron 25 piezas de artillería en los reductos del 52 al 61 inclusive, alzados en los puntos salientes cuya mayor parte se hallaban delante de la cadena principal de alturas, á derecha ó izquierda de la gran comunicación empedrada de Torres Vedras y Sobral á Zibreira; esas piezas, que enfilaban completamente una extensión considerable del camino que llevaría el enemigo, debían, según se supuso, hacer extremadamente aventurado su paso por aquella vía. El sistema de aquellos reductos se adaptó á la forma del terreno cuyos salientes ocupaban; si llegaban perfectamente entre sí y formaban una cadena de puestos colectivamente más fuertes que las partes más difíciles del desfiladero. Esta es, sin embargo, una manera de aplicar la fortificación de campaña que no se debe imitar sino con suma circunspección, porque es opuesta á los buenos principios de la defensa toda cadena de pequeños puestos delante de una posición principal; es transformar la defensa en acciones parciales sucesivas, lo cual es inadmisible para la defensa de un desfiladero cuando el terreno permita al enemigo operar por fuera de la carretera.»

«Desde el desfiladero de Mafra hasta el de Cabeça-de-Montachique, las posiciones defensivas del terreno son menos notables que en cualquiera otra parte de la línea; pero las alturas, aunque interrumpidas y cortadas, son elevadas, escabrosas y se adelantan al campo: cubrían un camino paralelo á la posición y que ligaba entre sí los dos desfiladores. Se ocuparon las alturas con reductos aislados 62 á 73, que atalayaban el país difícil situado á su frente, dominaban todos los aproches del camino lateral citado y aseguraban aquella comunicación á sus defensores. De esa manera, eran ellas puestos exteriores y guardias avanzadas de una cadena de alturas más formidables detras del camino. Estas últimas, así cubiertas, ofrecían un campo de batalla ventajoso para el caso en que el enemigo creyese poder arriesgar el ataque que no le conduciría, para facilitar sus ulteriores movimientos, más que á la posesión de un camino sobradamente malo para la Artillería, y del cual no se aprovecharía sino después de haber forzado las obras levantadas cerca de Gradil en la Serra de Chypre, ó las defensas avanzadas del desfiladero de Montachique.»

«Desde Montachique hasta el desfiladoro de Bucellas, la naturaleza de las montañas no hace necesaria la construcción de obras si no es con el designio de cerrar un camino á la caballería y quizás á los carruajes en la cima de la altura de Freixal, lo que se consigue con los atrincheramientos 49, 50 y 51.»

«El desfiladero de Bucellas ofrece medios formidables de defensa, porque el camino pasa por entre dos montañas altas y escarpadas que no dejan sino un intervalo de algunos centenares de metros. La defensa de ese desfiladero está, pues, asegurada mientras las tropas estén en posesión de los lados de las montañas; y todo cuanto puede hacer allí un ingeniero es levantar para la artillería baterías que enfilen el paso, minar el puente en su entrada para destruirlo en caso de necesidad y crear otros obstáculos en el camino para detener á las columnas que intentasen avanzar bajo el fuego. Se trató de impedir los aproches con las obras 43 á 47; y para el caso de un revés, la 45 estaba destinada á proteger la retirada de los defensores.»

«Del desfiladero de Bucellas al Tajo, la Serra de Servés, cadena de altas montañas y de pendientes rápidas, que apenas ofrece un barranco accesible, ocupa un frente de más de dos millas de desarrollo hasta el camino de Villa de Rey que la cruza. Su flanco derecho domina y desciende gradualmente á una llanura hasta el borde del Tajo. Ese espacio es de dos millas y media, ó 4 kilómetros, desde el flanco derecho de la montaña hasta el río; ofrece una acción libre al ingeniero para aplicar en él los recursos del arte. En el centro se multiplicaron las obras. Las números 34 á 39 fueron construídas á vanguardia de Vía-Longa y, por consiguiente, en los últimos ramales de la Serra de Servés. Por encima de Portella, se establecieron las números 40, 41 y 42 formando el flanco izquierdo de la posición. Su flanco derecho se apoyaba en el Tajo, en un fuerte reducto, el número 33. Se decidió aumentar después las defensas de aquella parte de la línea con anchas y profundas cortaduras hechas en las salinas de delante y trazadas de modo de enfilarlas con el fuego de las lanchas cañoneras. Sin embargo, á pesar de todas las precauciones que se tomaron para perfeccionar aquella parte de los atrincheramientos, se consideró siempre como la más débil, poniéndodose una gran confianza en el auxilio que podría proporcionarse de una cadena separada de montañas abruptas que formaba, por decirlo así, una posición aislada cerca de Alhandra á distancia de cerca de cinco millas á su frente. Se tuvo el propósito de disputar la posesión de aquellas alturas con un cuerpo de tropas avanzado, y se establecieron las obras números 1 á 4 para enfilar el camino principal, flanquear el terreno bajo y obtener un equilibrio de fuerza en toda la línea. Los reductos 5, 7 y 8 fueron construídos para impedir al enemigo envolver la posición con su artillería.»

«Las diversas posiciones que se acaban de describir y que ocupaban una extensión de 22 millas (7 leguas), ligadas entre sí y fortificadas con 59 reductos, contenían 232 piezas de artillería y necesitaban 17.500 hombres para sus guarniciones. Formaban la principal línea de defensa á través de la península y llenaban cuantas condiciones se podían imponer para la elección de una línea destinada á cubrir Lisboa.»

«Las obras que en la primera hipótesis de que el ejército operaría su retirada á Extremadura se habían levantado en las alturas de Torres Vedras y Monte Agraça, 14 á 17 y 20 á 27, servían como puestos avanzados útiles para aquella línea defensiva, á la distancia de 6 á 9 millas á su frente batiendo los aproches principales, y aseguraban á las tropas el tiempo necesario para operar su retirada y ocupar las nuevas defensas antes de que el enemigo pudiera atacarlas fuertemente. Aquellas obras avanzadas eran puestos enteramente aislados con una sola excepción: como á la izquierda de Torres Vedras el terreno es abierto y ofrece al enemigo acceso fácil que pudiera animarle á envolver aquel desfiladero y las obras construídas para su defensa, se guardó ó, por mejor decir, se vigiló el paso del riachuelo de Zizandra con tres reductos, contruídos en la orilla izquierda en San Pedro de Cadeira y detrás de Ponte de Rol, 30, 31 y 32. Con intención semejante respecto á Monte Agraça se levantaron los reductos 9 á 13 en el desfiladero d'Arruda.»

«Dos posiciones fuertes y aisladas que dominan los caminos principales á los puntos intermedios d'Ajuda y Enxarra dos Caballeiros, fueron también atrincheradas con las obras números 18 y 20, 28 y 29 que deben considerarse como obstáculos adicionales destinados á contener la marcha rápida del enemigo sobre la línea principal.»

«Con la idea de asegurar una comunicación expedita entre aquellas diversas obras destacadas y en general en todo el frente de la línea de defensa, se establecieron puestos de señales en los puntos que ofrecían más seguridad y de donde se pudiera descubrir mayor extensión de terreno.»

«Lisboa, el premio de la guerra en la Península, situada á doce millas detrás de Vía Longa, quince á retaguardia también del desfiladero de Bucellas, doce lo mismo del desfiladero de Montachique y 28 del desfiladero de Mafra, es de grande extensión y está ventajosamente situada, tanto en el concepto de la defensa como en el de la subsistencia de las tropas, en la orilla derecha del Tajo. Sus casas, construidas sólidamente con piedra, son tan poco combustibles que un bombardeo no causaría sino débiles efectos. Sus avenidas, generalmente angostas y hundidas, se hallan flanqueadas por casas de piedra, cuyas puertas y ventanas están guarnecidas de rejas de hierro; otros pasos practicables hacen los arrabales particularmente susceptibles de una defensa regular. No se juzgó, pues, necesario fortificar el recinto de aquella capital; pero se ayudó á los habitantes en la construcción de barreras y traveses en las principales salidas, en el establecimiento de puestos interiores y en el armamento del castillo, del convento de la Pegna y de otros puntos dominantes. Tomadas esas disposiciones se consideraba la ciudad de Lisboa como al abrigo de un golpe de mano cuando fuese ocupada por las fuerzas que se tenía la intención de hacer entrar en el momento del peligro.»

«San Julián, el punto de embarque en el caso de un revés ó de una derrota, está situado 24 millas detrás de Carvoeira y 27 detrás del desfiladero de Mafra. La carretera que desde los otros desfiladeros conduce á aquel puerto, atraviesa Lisboa, pero es posible llegar á él desde cada uno de ellos por caminos de traviesa que ofrecen bastante buenas comunicaciones sin pasar por aquella ciudad.»

(Traducido de la obra de John T. Jones).

NÚMERO 6

—

MEMORÁNDUM AL MARQUÉS DE LA ROMANA

Cartaxo 20 de Enero de 1811.

«La situación de las cosas en Extremadura ha llegado á ser muy crítica é importante; y lo será doblemente más si es verdad que Badajoz no se halla provista de víveres. Es muy difícil, á consecuencia de los escasos informes recibidos de Extremadura, conocer bien las posiciones que ha ocupado el enemigo ni el plan de operaciones que debe adoptarse para el socorro de Olivenza.»

«Los generales españoles habrán pensado, sin embargo, en que el último cuerpo de ejército que tiene su país es el del mando del Marqués de la Romana y que no deben arriesgar operaciones difíciles ni de dudoso resultado. El socorro de los batallones que hay en Olivenza es el principal objeto de consideración. Si es verdad, como se ha dicho, que el enemigo tiene fuerzas considerables tanto en la orilla derecha como en la izquierda del Guadiana, la operación que debe ejecutarse se hace crítica y puede envolver no sólo la pérdida de las tropas que se empleen para conseguirlo, sino que también, como consecuencia inmediata, el sitio mismo de Badajoz.»

«Para poner en evidencia esa posibilidad, debo hacer observar que no hay para los españoles ahora en el Guadiana otro paso que el de Badajoz. Entonces, si el total de la fuerza disponible que hay en Extremadura ha de echarse sobre el Guadiana en Badajoz y el grueso del enemigo de la derecha de aquel río toma posiciones en los altos que hay entre aquella plaza y el río Caya no sólo seguirá sitiado Olivenza, si las medidas que se tomen para hacer levantar el sitio no dan resultado, sino que Badajoz también, y con el inconveniente, además, de que aumentará el número de bocas en la plaza con el aumento de la fuerza que se haya empleado en el socorro de Olivenza y que como es de suponer, en caso de no lograrlo, se retire á Badajoz.»

«El procedimiento que yo recomendaría como remedio para tal inconveniente, sería, de hacerse posible, atacar á las tropas enemigas de la derecha del Guadiana al mismo tiempo que se intentara socorrer á Olivenza. Si fueran tan escasas de fuerza que se viesen obligadas á retirarse de la margen derecha del Guadiana, entonces los puentes de Mérida y Medellín deberían destruirse como tengo recomendado anteriormente.»

«Si la fuerza de los españoles no es suficiente para atacar al enemigo en la orilla derecha al mismo tiempo que se intente el socorro de Olivenza, á todo evento pienso que debe destruirse el Ponte d' Evora y que se ocupen las alturas por parte de la guarnición de Badajoz comunicando con el fuerte de San Cristóbal y extendiéndose de Badajoz á Campo Maior. Estas medidas retardarán las operaciones del enemigo y proporcionarán el poder reforzar las tropas para su vuelta y paso á través de Badajoz antes de que el enemigo ocupe la posición, que se supone, entre Badajoz y el Caya. Pero el socorro de Olivenza y las operaciones que deben ejecutarse con ese objeto, en todo caso importante, valen poco si se comparan con la consideración de lo que se necesita hacer para salvar á Badajoz, mucho más si aquella plaza no está bien provista.»

«Si el enemigo tiene la fuerza que se le supone y se propone mantenerse en Extremadura, es necesario llevar esas provisiones de Portugal: y en todo caso el ejército español debe conservar su comunicación con este reino. Yo, además, recomiendo las siguientes medidas á la consideración de los generales españoles.»

«1.ª Si es posible, ocupar la orilla derecha del Guadiana y destruir los puentes de Mérida y Medellín. Si esta medida no responde á otro propósito, de todos modos hará ganar tiempo aun cuando se restableztan los puentes; pero, si no pueden repararse, se obligará al enemigo á hacer uso de sus propios puentes para el paso del río y se le reducirá á que sólo tenga uno.»

«2.ª Debe establecerse un campó atrincherado y prepararlo para la fuerza disponible del ejército del Marqués de la Romana en las alturas de entre Badajoz y Campo Maior teniendo su derecha en San Cristóbal.»

«3.ª La división del general Ballesteros deberá unirse al ejército del Marqués de la Romana.»

«4.ª Las barcas para un puente, existentes ahora en Badajoz, deben llevarse á Elvas para proporcionar al Marqués de la Romana la facilidad de cruzar el Guadiana por bajo de Jurumenha, darle ocasión de atacar al enemigo en la orilla izquierda del Guadiana, suponiendo que el enemigo echará su puente agua abajo de Badajoz, entre aquella plaza y Elvas, y así desalojarle de su posición atrincherada.»

«Todas estas medidas son sencillas y practicables si se empieza inmediatamente á ejecutarlas; pero si este plan ú otro cualquiera de su clase no se adopta en el momento, y entra en el del enemigo el sitiar Badajoz con la fuerza que ahora tiene en Extremadura, llegará á ocupar aquella plaza que no tiene probabilidades de salvarse á menos de que Massena se vea obligado á abandonar sus posiciones de Portugal.»

(Traducido de los Despachos de Lord Wellington).

NÚMERO 7

EsTADO *de la organización y fuerza efectiva y disponible del quinto ejército en 1.º de febrero de 1811*

Divisiones y sus comandantes	Cuerpos de que se componian	DISPONIBLE			BAJAS			FUERZA TOTAL		
		Jefes y oficiales..	Tropa....	Caballos..	Jefes y oficiales..	Tropa....	Caballos..	Jefes y oficiales..	Tropa....	Caballos..
DIVISION DE VANGUARDIA Brig.r D. Cárlos España......	*Infantería.*—Reg. Principe, 8 bat.ª—1.º de Cataluña, 1 bat.—2.º de Idem, 1 bat.—Gerona, 1 bat.—Vitoria, 1 bat.— Total, 7 batallones....	137	2550	»	31	1074	»	168	3624	»
1.ª DIVISION Mariscal de campo don Juan José Garcia......	*Infantería.*— Reg. Leon, 8 bat.ª—Idem del General, 3 bat.ª—Idem de la Union, 2 bat.ª—1.º de Barcelona, 1 bat.— Voluntarios catalanes, 1 bat.—Provincial de Valladolid, 1 bat.—1.º de Sevilla, 2 bat.ª—Id. de Osuna, 1 bat.—Cazadores de Zafra, 1 bat.—Serena, 1 bat.—Total, 16 batallones.....	357	5594	»	83	1504	»	440	7098	»
2.ª DIVISIÓN Mariscal de campo don José Virues..	*Infantería.*—Inmemorial del Rey, 2 bat.ª—1.º de la Princesa, 2 bat.ª— Lobera, 3 bat.ª — Voluntarios de Navarra, 1 bat.—Zamora 2 batallones.—Toledo, 2 batallones.— Hibernia, 2 bat.ª—2.º de Sevilla, 1 bat.— Leales de Fernando 7.º, 2 bat.ª—Tiradores de Castilla, 1 bat.—Total 18 bat.ª....	282	4926	»	130	2010	»	412	6936	»
Guarnición de Badajoz, dependiente del ejército......	*Infantería.*—2.º de Mallorca, 2 bat.ª—Id. de Badajoz, 1 bat.—Provincial de Trugillo, 1 bat.—Id. de Plasencia, 1 bat.—Caballería desmontada, 3 bat.ª—Total, 8 batallones......	116	4126	»	47	483	»	168	4609	»
Caballería.....	*Caballería.*—Carabineros de Estremadura—Reina.—Infante.—Borbon. —Algarve.—Sagunto.— Lusitania.— Voluntarios.—Húsares de Estremadura.—Perseguidores.—Imperiales.— Granada de Llerena.— Cruzada de Alburquerque.—Total, 18 cpos ..	387	3361	2595	78	1969	564	467	5330	3159
Artillería......	*Artillería.*—En las divisiones.—Con 25 piezas de varios calibres.....	19	498	»	»	»	»	19	498	»

RESUMEN GENERAL

DIVISIONES	Batallones.	Cuerpos de caballería.	DISPONIBLE			BAJAS			FUERZA TOTAL		
			Jefes y oficiales.	Tropa.	Caballos.	Jefes y oficiales.	Tropa.	Caballos.	Jefes y oficiales.	Tropa.	Caballos.
Vanguardia.....................	7	»	137	2550	»	31	1074	»	168	3624	»
1.ª división....................	16	»	357	5594	»	83	1504	»	440	7098	»
2.ª ídem......................	18	»	282	4926	»	130	2010	»	412	6936	»
Guarnición de Badajoz..........	8	»	116	4126	»	47	483	»	163	4609	»
Caballería.....................	»	13	387	8361	2595	78	1969	564	465	5330	3159
Artillería.....................	»	»	19	498	»	»	»	»	19	498	»
TOTAL GENERAL..........	49	13	1298	21055	2595	369	7040	564	1667	28095	3159

Plana mayor

General en gefe................. El Escmo. Sr. D. Francisco Javier Castaños.
General en 2.º .... El Escmo. Sr. D. Gabriel de Mendizabal.
Gefe de Estado mayor........... El Mariscal de campo D. Martin de la Carrera.
Comandante general de artillería. El Brigadier D. José García Paredes.

ESTADO DE LAS TROPAS EMPLEADAS EN EL SITIO DE BADAJOZ

Estado Mayor.

El mariscal Soult, duque de Dalmacia, comandante en jefe del ejército del Mediodía.

El mariscal Mortier, duque de Treviso, comandante del quinto Cuerpo.

Gazán, general de división, jefe del estado mayor general.

Gouré, coronel, jefe del estado mayor del quinto Cuerpo.

Moquery, ayudante, comandante.

Hulot, coronel, ayudante de campo del mariscal Soult.

Brun, comandante de escuadrón, íd.

Saint-Chamans, capitán, íd.

Tholosé, capitán, íd.

Petiet, capitán, íd.

Ricard, capitán, íd.

De Choiseul, capitán, íd.

Laffite, capitán, íd.

Lapointe, coronel, ayudante de campo del mariscal Mortier.

Lapierre, com. de escuadrón, íd.

Duriveau, capitán, íd.

Beaumets, capitán, íd.

De Choisy, capitán, íd.

Bory de St-Vincent, capitán, adjunto al estado mayor general.

La Colombière, capitán, íd.

Lapoterie, capitán, íd.

Pressac, capitán, íd.

Infantería

1.ª *División, general Girard.*

1.ª brigada, general Phi- { 34.º de línea... 3 bat.s .... 1.475 h.s próxim.te
lippon.............. { 40.º íd........ 3 »   1.406
2.ª brigada, general Bra- { 64.º íd........ 2 »   1.039
yer.. .... { 68.º íd........ 3 »   1.515

2.ª *División*.

1.ª brigada, general Pe-{	21.º ligero.....	3	»	1.469
pin................{	28.º íd.......	3	»	1.413
2.ª brigada, general Ma-{	100.º de línea..	3	»	1.410
ransin............{	103.º íd.......	3	»	1.483

TOTAL............. 11.210 h.ª

Caballería

División de dragones, general Latour-Maubourg.

Brig. general Bou-{	14.º de drag....	2 esc.ª.....	353	h.ª....	278	cab.ª
vier des Eclats...{	26.º íd.........	2	»	417	»	471	»
	4.º íd.........	4	»	562	»	517	»
	27.º de caz......	4	»	990	»	1.041	»
	4.º caz. españoles	2	»	246	»	203	»
	Gendarmes.....	»	»	25	»	25	»
Brigada de caballe-{	2.º de húsares..	2	»	405	»	433	»
ría ligera, gene-{	10.º íd.........	2	»	504	»	416	»
ral Briche......{	21.º de caz.....	2	»	367	»	374	»

TOTAL.......... 3.868 h.ª 3.918 cab.ª

Artillería

Estado Mayor.

El barón Bourgeat, general de brigada, comandante de la artillería del quinto Cuerpo y del sitio.

El barón Bouchu, coronel, jefe del estado mayor.

Lambert, jefe de batallón.	André Saint Víctor, capitán.
Colin, íd.	Morlaincourt, íd.
Moron, capitán, director del parque.	Pernet, capitán, ayudante de campo
Desjobert, cap., inspector del tren.	del general Bourgeat.
Benotte, capitán.	Hamelin, capitán.
Dubois, íd.	González, mayor español.
Musnier, íd. (herido).	Horré, capitán español.

Tropas.

Artillería á pie..{	1.ᵉʳ regimiento.	9.ª comp.ª...	3 of.ª	80 h.ª
	5.º regimiento.{	1.ª comp.ª....	3	»	98 »
		20.ª comp.ª...	4	»	90 »
	6.º regimiento.{	2.ª comp.ª....	2	»	81 »
		11.ª comp.ª...	3	»	57 »
		19.ª comp.ª...	3	»	70 »

Art.ª á caballo..	3.ᵉʳ regimiento.	2.ª comp.ª....	3	»	91	»	83	cab.ˢ
	6.º regimiento.	4.ª comp.ª....	4	»	90	»	98	»
Pontoneros.....	1.ᵉʳ batallón...	6.ª comp.ª....	3	»	58	»		
Obreros...... .	»	4.ª comp.ª...	1	»	37	»		
Tren..........	5.º batallón....	1.ª, 2.ª, 4.ª, 5.ª y 6.ª comp.ˢ	5	»	470	»	760	»

TOTAL........ 34 of.ˢ 1.227 h.ˢ 941 cab.ˢ

Ingenieros

Estado Mayor.

El barón Léry, general de división, comandante de ingenieros del ejército del Mediodía y del sitio.

Cazín, comandante de batallón, jefe del ataque, (muerto).

Lamare comandante de batallón.
Vainsot, capitán (herido).
Andoneaud, íd.
Lemut, íd. (herido).
Lefaivre, íd.
Bagnac, íd. (herido).

Amillet, capitán.
Juchereau de Saint-Denys, cap. ayudante de campo del general Léry.
Léry (Alejandro), capitán, íd.
Gregorio, capitán español.
Riffa, teniente español.

Tropas.

Minadores....	1.ᵉʳ bón.	2.ª comp.ª..	Gillet, capitán.........	1 of.ª	106 h.ˢ		
Zapadores....	2.º bón..	1.ª comp.ª...	Martín, capitán........ Lesard, teniente.......	2 »	95	»	
		2.ª comp.ª...	Cortes, cap. (herido).... Bruchon, ten. (muerto).	2 »	106	»	
	3.ᵉʳ bón.	3.ª comp.ª...	Marcelot, ten........... Fortin, íd.............	2 »	85	»	
	5.º bón..	4.ª comp.ª...	Lamorliette, capitán....	1 »	75	»	
	Polacos..	....	Szwaser, capitán....... Muller, teniente........ Jasinski íd.............	3 »	122	»	
Obreros de marina.....	2.º bón..	1.ª comp.ª..	Royon, capitán.........	1 »	60	»	
Tren........	....	Destac.º....	....	» »	37	»	58 cab.ˢ

TOTAL............. 12 of.ˢ 685 h.ˢ 58 cab.ˢ

(NOTA.) Estas tropas han tenido, en el sitio, 13 hombres muertos y 50 heridos.

(Sacado de la obra de Belmas).

Estado *de la fuerza presente que había en la plaza de Badajoz en 4 de marzo de 1811, seis días antes de su rendición*

ARMAS	CUERPOS	FUERZA PRESENTE			FUERZA TOTAL		
		Jefes y oficiales.	Tropa.	Caballos.	Jefes y oficiales.	Tropa.	Caballos.
Infantería........	Regimiento de Mallorca............	48	466	»	310	7414	»
	Príncipe................	58	870	»			
	Osuna................	23	428	»			
	1.º de Sevilla............	34	582	»			
	1.º de Badajoz............	20	876	»			
	Cazadores de la Serena	22	577	»			
	Idem de Zafra...........	29	482	»			
	Voluntarios catalanes...........	15	226	»			
	Provincial de Trujillo............	27	694	»			
	Idem de Plasencia........	20	687	»			
	Idem de Valladolid.........	24	485	»			
	Infantería de León..........	»	586	»			
	1.º de Cataluña............	»	238	»			
	2.º de Sevilla............	»	409	»			
	1.º de Barcelona...........	»	168	»			
	Partidas sueltas...........	»	145	»			
Artillería........	Real cuerpo de Artillería..........	»	1024	»	»	1024	»
Zapadores	Zapadores...........	»	173	»	»	178	»
Caballería desmontada...........	1.ᵉʳ escuadrón de Carabineros reales	3	42	»	29	781	22
	Infante............	4	158	»			
	Reina............	1	10	»			
	2.º escuadrón de Algarbe........	3	80	»			
	Húsares de Extremadura............	6	226	»			
	Granada de Llerena...........	4	81	»			
	Imperiales de Toledo..........	4	25	»			
	Dragones de Sagunto.........	2	97	»			
	Idem de Lusitania...........	2	50	»			
	Cruzada de Alburquerque..........	»	12	»			
	Total de infantería, artillería, zapadores y caballería....				339	9392	22

Nota. No había más que 22 caballos de tropa.

NÚMERO 8

Oficio del gobernador Imaz

Excelentísimo Señor: «Con el mas justo sentimiento anuncio á V. E. que el mariscal Mortier acaba de intimar la rendicion á esta plaza: abierta brecha con mas de 32 varas de ancho, y practicable ya para un asalto, adelantaba mis obras con bastante aceleracion; pero la grande extension de la cortadura del frente atacado, no permite la terminacion de la segunda línea en muchos dias: esta razon, y la de no tener un punto de retirada, me han hecho convocar á los generales, cuerpos facultativos de artillería é ingenieros, y gefes principales de los cuerpos que cubren este recinto, quienes instruidos del papel parlamentario, votaron la mayor parte debia capitular la plaza con todos los honores. según prueba el papel núm. 1.º. A pesar de esto hice los mayores esfuerzos para seguir la defensa hasta perder la vida, pero se me opusieron, haciendome ver que esta podia durar lo mas dos dias, y con ella perdia á un pueblo que ha manifestado generosidad, y á una valiente guarnicion que se ha portado bizarramente: con estos obstáculos, me he visto en la ruda precision de capitular en la forma que indica la copia núm. 2.º Por último, debo recomendar á V. E. los gefes, oficiales y soldados que han permanecido en este sitio 45 dias sin descanso. Su valor ha dado pruebas nada equívocas de la gran parte que se tomaban por el bien de la patria, y espero que V. E. recomendará á la superioridad muy particularmente su mérito.—Dios guarde á V. E. muchos años. Badajoz once de la noche del dia 10 de marzo de 1811.—Excmo. Sr.—*José de Imaz.*—Excmo. Sr. D. José de Heredia.»

Votos de los oficiales que asistieron al consejo de guerra

N. 1.º «Habiéndose reunido en el aposento del mariscal de campo D. José Imaz, gobernador de esta plaza, los generales, gefes facultativos de artillería é ingenieros, y los principales de los regimientos existentes en la misma, con objeto de tratar sobre la brecha abierta que tiene el enemigo en la cortina de Santiago, y con presencia del parlamento que acaba de recibirse, acordaron los puntos siguientes, despues de haber extendido cada uno su voto.

Del director de ingenieros

La brecha se halla abierta con el ancho de treinta á treinta y dos varas y casi accesible en ángulo de 45º á 50º: el resto del recinto tiene intactas sus murallas y fuegos, el frente del Pilar tiene formada su cortadura, y la del frente atacado se halla muy atrasada á causa de su gran extension, á que ha obligado el ser los baluartes vacíos y muy baxo el terreno inmediato. El estado de la guarnición en cuanto á su número y calidad le reconocerán mejor que-yo sus gefes naturales: solo diré que para guarnecer convenientemente el recinto en el momento del asalto se necesitan lo menos 5000 hombres firmes; que resistiendo los asaltos, solo podremos retardar dos ó tres dias la rendicion; por lo que si hay evidencia de ser socorridos en este tiempo debemos resistir los asaltos hasta perecer el último de nosotros; pero sin esta probabilidad soy de parecer no se sacrifique esta heróica guarnicion y vecindario. El enemigo ha practicado sus ataques en toda regla y la guarnicion ha sostenido la defensa hasta el punto de llenar sus deberes y aun mas, si se reflexionan los inumerables defectos de las fortificaciones de esta plaza.—*Julian Alvo.*

Del comandante de artillería

No teniendo el enemigo apagados aun los fuegos de la plaza, estando en estado de defensa los flancos que baten la subida de la brecha, y estando esta minada y prontos los barriles de brecha, y cubierta su entrada por el parapeto que se formó anoche; soy de dictámen á pesar de no tenerse concluida la cortadura por las razones que lleva expuestas el señor comandante de ingenieros, de que se pruebe un asalto, ó de abrirnos paso para unirnos al cuerpo mas inmediato ó á plazas vecinas.—*Joaquin Caamaño y Pardo.*

Del sargento mayor graduado de teniente coronel D. Pedro Ponce de León, comandante accidental del batallón 1.º de Barcelona, infantería ligera

En atencion á hallarse la plaza con brecha abierta accesible de treinta y dos varas medidas, y hallarse la guarnición en una total decadencia, es de mi parecer no ser defendible.—*Pedro Ponce.*

Del coronel D. Joaquin Villanueva, sargento mayor y actual comandante del regimiento de infantería 1.º Sevilla

Hallándome convencido de hallarse la brecha abierta al ancho de mas de treinta varas, y que para resistir los ataques que puedan dar los enemigos, no se halla formalmente construida una segunda línea para refugiarse en caso de ser desgraciado alguno de los ataques de la trinchera; y asímismo considerando no tener la guarnicion aquel número de tropa necesaria y hallarse esta bastante cansada por llevar tantos dias de un continuo trabajo, es mi dictámen debe tratarse de capitular; bien entendido que esta debe ser mas honrosa que la de Olivencia, persuadido de merecerlo la expresada guarnicion y pueblo.—*Joaquin Villanueva.*

Del coronel D. Manuel Marco, comandante accidental del batallón de voluntarios catalanes

Respecto hallarse la brecha capaz de asaltarse por 60 hombres de frente, la poca y endeble guarnición de la plaza, y el no haber un punto donde, despues de asaltar la brecha el enemigo, poder hacer mas defensa, soy de opinion no se debe resistir mas.—*Manuel Maria Marco.*

Del teniente coronel D. Juan Ocharan, comandante del 1.º de Badajoz

En atencion á lo expuesto por los gefes facultativos y la decadencia de la corta guarnicion que defiende la plaza respecto del número que necesita para una completa defensa, como no tener un punto de apoyo en segunda línea, es mi sentir se trate de capitular, sacando todo el partido que sea posible á favor de este vecindario y honor de la guarnicion.—*Juan Ocharan*.

Del teniente coronel D. Luis Zamora, comandante de Zafra

En atencion á que se halla una brecha en todo hoy practicable, que comprehende un ángulo de 45 grados en la cortina contigua al baluarte de Santiago; que el señor gobernador de esta plaza no asegura un próximo ó inmediato auxilio, tanto que pueda ser socorrida esta plaza en todo el dia de mañana; que la dificultad de haber conocido el verdadero ataque del enemigo hace que no se haya podido concluir la cortadura á espaldas de la brecha, que debia servirnos de apoyo despues de sufrir uno ó más asaltos; que el ignorar las fuerzas disponibles del enemigo, y la calidad de las nuestras que no es de la primera clase en general, ya por bisoñas cómo por la fatiga excesiva á que por la corta guarnicion se han visto constituidas por mas de dos meses que ha sufrimos el bloqueo y sitio, impelen imperiosamente á entrar en negociaciones con el enemigo que acaba de intimarnos la rendicion; por todo ello es mi dictámen, que pues creo ha llenado esta guarnicion su deber segun las máximas de la defensa de las plazas y del honor de las armas del rey é individual, se haga una capitulacion que garantice lo expuesto: sin cuyo requisito tambien es mi dictámen que no se sucumba á confundirnos con los débiles que careciendo de tan justos motivos, hayan cooperado á la rendicion de otra plaza.—*Luis Manuel Zamora*.

Del brigadier D. Rafael Hore, teniente coronel y comandante principal del regimiento infanteria del Principe

Respecto á que la brecha está formada, que no tenemos tropa para defenderla por su corto número y cansancio, y menos cuando no tiene una retirada, soy de parecer no se sacrifique mas tiempo á este leal vecindario y bizarra guarnicion, y que se trate de capitular; pero con condiciones mas honrosas que las concedidas á la de Olivencia, por considerarla muy acreedora á ella.—*Rafael Hore*.

Del coronel D. Nicanor Ibañez Girón, que lo es del regimiento provincial de Valladolid

Con treinta y tantas varas de brecha abierta accesible, y sin que haya contramuro que forme segunda línea con la muralla batida; la cortá guarnicion, el excesivo trabajo y fatiga que ha sufrido en las cuatro salidas, y demas servicio en que ha acreditado su animosidad, y otras circunstancias que se han meditado; me hacen votar que atendiendo no puede haber buen resultado de sacrificar esta bizarra guarnicion sobre la brecha, se haga capitulacion de salir por la misma brecha con todos los honores de la guerra; uso de caballos y equipages de oficiales, y trenes con dos cañones cada batallon, y que estando sobre la campaña se de libertad á toda esta guarnicion, para que libremente pueda pasar á incorporarse en el mas inmediato exército español, en el cual pueda continuar el servicio que hasta ahora ha estado haciendo á la patria; y no concediéndolo, se continúe con la hostilidad.—*Nicanor Ibañez Giron.*

Del coronel D. Juan Campos, comandante del batallón de la Serena

Hallándose la brecha con mas de 30 varas accesibles, la corta guarnicion bien fatigada, y no haber probabilidad de socorro en 7 ú 8 dias, que no es fácil poder defender esta plaza; es mi dictámen que concediéndose una capitulacion honrosa debe tratarse, cuando no tenemos esperanzas que nos puedan auxiliar.—*Juan Campos.*

Del brigadier D. Juan Francisco Garcia, coronel del regimiento Infanteria de Osuna

Habiendo visto el parecer del comandante de ingenieros, y estar abierta la brecha de 32 varas de frente casi practicable, y que no se halla formada la línea de retirada, ni puede verificarse su conclusion por falta de manos; soy de sentir que admitiendo unas capitulaciones las mas honrosas que puedan exigirse, se capitule, y no asintiendo á ellas, nos defendamos hasta perder las vidas.—*Juan Francisco Garcia.*

Del brigadier D. Antonio Hernando, coronel del regimiento Infanteria segundo de Mallorca

Abierta la brecha y practicable segun mi sentir, estoy persuadido que el enemigo llenará sus descos por no estar perfeccionada nuestra obra, como lo afirma el señor director de ingenieros: para contener el asalto que debe suponerse muy breve, son menester fuerzas considerables; no tenemos punto de apoyo, y el soldado, cansado ya de la mucha fatiga, trataria de salvarse buscando su propia ruina; por esto soy de opinion que tratando de capitular con todos los honores que son debidos á la bizarría de esta guarnicion, y separándose de la que se concedió á la plaza de Olivencia, cuyo punto no tiene comparacion con este, se corten las hostilidades; pero de no alcanzarla asi, se principie el fuego, y perezcamos antes de ser vencidos.—*Antonio Hernando.*

Del brigadier D. Manuel Iturrigaray, capitán de Carabineros reales de Extremadura

No teniendo la menor noticia oficial de que será la plaza socorrida, y hallándose esta con 30 varas de brecha abierta, y sin tener un punto de apoyo en donde sostenerse, y la tropa sumamente fatigada por el extraordinario servicio que ha hecho en la defensa; enterado al mismo tiempo del parecer del comandante de ingenieros, el qual asegura la dificultad de poder defender la plaza, es mi dictamen que se capitule con las condiciones mas honoríficas: y de lo contrario que se haga la mas obstinada defensa.—*Manuel de Iturrigaray.*

De D. Diego Carbajal, coronel del provincial de Truxillo

Respecto á haber brecha para 70 hombres de frente, la poca y endeble guarnicion de la plaza, y el no haber un punto donde despues de asaltar la brecha el enemigo, poder hacer mas defensa, soy de opinion no se debe resistir mas.—*Diego de Carbajal, Florez y Rocos.*

Del mariscal de campo D. Juan Mancio

No teniendo el enemigo apagados aun los fuegos de la plaza, estando en estado de defensa los flancos que baten la subida de la brecha, y estando esta minada, y prontos los barriles de brecha, y cubierta su entrada por el parapeto que se formó anoche; soy de dictamen, á pesar de no tener concluida la cortadura por las razones que lleva expuestas el señor comandante de ingenieros, de que se pruebe un asalto, ó de abrirnos paso para unirnos al cuerpo mas inmediato ó plazas vecinas.—*Juan Gregorio Mancio.*

Del mariscal de campo D. José de Imaz, gobernador de la plaza

A pesar no tener formada nuestra segunda línea de defensa, con muy pocos fuegos en las baterías de Santiago, S. José y S. Juan, y ningun apoyo para sostener el asalto, soy de parecer que á fuerza de valor y constancia se defienda la plaza hasta perder la vida.—*José de Imaz.*

Del Excmo. Sr. D. Juan José García, teniente general de los reales exércitos

A pesar de no tener formada nuestra segunda línea de defensa, con muy pocos fuegos en las baterías de Santiago, S. José y S. Juan, y ningun apoyo para sostener el asalto, soy de parecer que á fuerza de valor y constancia se defienda la plaza hasta perder la vida.—*Juan José García.*—Badajoz 10 de marzo de 1811.—*Imaz.*»

———

NÚMERO 9

N. 2.º *«Capitulacion entre el Sr. Luis Gouré, oficial de la legión de honor y gefe del estado mayor general del 5.º cuerpo del exército imperial del mediodia de España, autorizado por S. E. el mariscal duque de Treviso, comandante del exército sitiador, y el Sr. D. Rafael Hore, brigadier de los reales exércitos, y teniente coronel del regimiento de infantería del Príncipe, autorizado por el mariscal de campo D. José Imaz, gobernador de Badajoz.*

Art. I. La ciudad de Badajoz, la plaza y obras exteriores dependientes de ella se entregarán mañana 11 de marzo á las 9 de ella á las armas de S. M. el emperador y rey.

II. La artillería, las armas, las municiones, almacenes del gobierno, tesorerías, planos, apuntaciones y archivos, sean de la artillería ó de ingenieros, del gobierno militar ó el de la provincia, se entregarán á los oficiales franceses comisionados para recibirlos.

III. La guarnicion saldrá con los honores de la guerra, tambor batiente, mecha encendida, con dos piezas de campaña á la cabeza de la columna. SS. EE. el general en gefe duque de Dalmacia, y el mariscal duque del Treviso, queriendo dar pruebas de su consideracion á esta guarnicion por su bizarra defensa, se conforman en que salga por la brecha. Las tropas de la guarnicion rendirán las armas y entregarán las dos piezas de artillería sobre el glasis, conforme vayan saliendo, y serán conducidas prisioneras de guerra á Francia.

IV. Los señores generales, gefes y oficiales de todas graduaciones conservarán sus equipages y propiedades particulares, y la tropa sus mochilas.

V. Habiendo varios gefes y oficiales de la guarnicion casados, que tienen consigo sus mugeres y familias, se les darán los bagages necesarios, siempre que haya proporcion.

VI. Los que sirven sin armas en la mano, como los comisarios de guerra, médicos, cirujanos y empleados en la administracion, serán enviados á sus casas, aun cuando sea en pais que no ocupen las tropas francesas, para lo que se les franquearán los correspondientes pasaportes.

VII. Sin embargo de la conocida tolerancia francesa de que hacen profesion todos los franceses, y que no hay necesidad de estipulaciou particular, se declara que los habitantes de Badajoz no serán molestados por sus operaciones políticas, y siendo su religion la misma que la de los franceses, la protegerán mas bien que la estorbarán, y no serán obligados, como ningun otro español, á tomar las armas contra sus compatriotas.

VIII. Lo mas pronto posible desde esta noche las tropas francesas tomarán posesion del fuerte de S. Cristóbal, de la cabeza del puente, y de la puerta de la Trinidad. El Sr. gobernador dará las órdenes para que se haga la entrega á las tropas francesas.

IX. Los oficiales ó miembros de la administracion francesa que en consecuencia del artículo segundo de la presente capitulacion se hallen en el caso de venir á la plaza, se les permitirá la entrada á la hora que mejor le parezca al mariscal duque de Treviso.

X. Será permitido al Sr. general Imaz, gobernador de la plaza, enviar un oficial al Excmo. Sr. D. Gabriel de Mendizabal, general en gefe interino del 5.º exército, con una copia de la presente capitulacion.

Hecho en Badajoz el dia 10 de marzo de 1811, á las ocho y media de la noche.—*Gouré.*—*Hore.*—Es copia á la letra de la que obra en mi poder.—*Imaz.*»—

Sin embargo de la conducta recomendable que ha observado la guarnicion de aquella plaza desde el 26 de enero que empezaron su ataque los enemigos, no solo en el desempeño regular de su servicio en un sitio, sino en las acciones particulares con motivo de salidas vigorosas, correspondiendo al deseo y fatigas de su valiente gobernador D. Rafael Menacho, de eterna y apreciable memoria, que fué muerto sobre el muro el dia 4 de este mes, dando exemplo de constancia y bizarría á sus súbditos; sin embargo de que el leal vecindario ha hecho llegar al mas alto punto su firmeza y constancia, ya dando cuantos auxilios tenia en su arbitrio, ya peleando con los enemigos; y finalmente, aunque se hallase la plaza con una brecha de 30 varas, el Consejo de Regencia, no satisfecho por lo que aparece en estas noticias recibidas, y en la duda de si el gobernador hubiera podido llevar adelante su defensa, ha dado órden al general en gefe del quinto exército para que se proceda en este caso con arreglo á ordenanza; y así lo ha hecho presente á las Córtes generales y extraordinarias, al dar á S. M. noticia de este sensible acaecimiento.

NÚMERO 19

—

Tarragona 18 de octubre.—Relacion circunstanciada de los sucesos del 12 y 14 de setiembre en la Bisbal y costa cercana, remitida al congreso provincial por el general en gefe D. Enrique O-Donell.

«Excmo. Sr.: El movimiento que hizo el exército del mariscal Macdonald hácia la ciudad de Cervera, me hizo conocer que su objeto era situarse en un punto céntrico de observacion, que pudiese cubrir las operaciones del de Suchet que se halla sobre Tortosa y riberas del Ebro; amenazar por la retaguardia la línea del Llobregat, y ocupar al mismo tiempo una extension de pais que le proporcionase subsistencias.—La clase de guerra que nos conviene hacer, me habia decidido á atacar todos los puestos que habia dexado el enemigo á su retaguardia, y por la distancia en que se hallaban de nuestras posiciones, los consideraba seguros de toda sorpresa; y consecuente á lo que resultase de ellos, seguir mis operaciones, no perdonando en ellas la mas mínima ocasion que me proporcionase lograr alguna ventaja sobre el enemigo: y para verificar este plan, dispuse se embarcasen en este puerto algunas piezas de artillería, pertrechos y un pequeño destacamento de tropas, convoyadas por la fragata de S. M. británica la *Cambrian*, 4 faluchos de este apostadero, y la fragata española la *Diana* que se les reunió al paso de su crucero sobre Barcelona.—El indicado movimiento del enemigo sobre Cervera, tan léjos de hacerme variar este plan, me proporcionó poderlo hacer mas ventajosamente, ocultando al enemigo la verdadera causa de la marcha de las tropas, dirigiéndolas hácia los puntos que les indicasen que mi intencion era defender los caminos que debian tomar para dirigirse sobre Barcelona: y por lo tanto dispuse que los cuerpos de infantería de Tarragona, Iliberia, América, Gerona y Aragon, y los de caballería de húsares españoles y dragones de Numancia al mando del mariscal de campo marques de Campoverde, marchasen sobre Villafranca, á cuyo punto me dirigí desde la plaza de Tarragona el dia 6 del actual, poniéndome á la cabeza de la expresada division.—El 7 mandé seguir la marcha hácia Esparraguera; y por donde pasa el antiguo camino carretero de Barcelona á Aragon, y en el pueblo de la Beguda alta, mandé al marques de Campoverde tomase la posicion que le indiqué, verificando inmediatamente algunas cortaduras en el expresado camino y varios atrincheramientos para defender su paso: y dexándole instrucciones de lo que debia obrar en caso de intentar penetrar el enemigo por aquel punto, me dirigí á Esparraguera con la caballería y voluntarios de Aragon.—El dia 8, practiqué un reconocimiento en el Bruch y Casamasanas, y le señalé al brigadier Baron de Eroles la posicion que debia ocupar, dispuse varias cortaduras y le dexé igualmente mis instrucciones: y tambien comuniqué las que debian observar las divisiones del brigadier D. Bartolomé de Georget y mariscal de campo D. José Obispo: la primera mandé que desde Sta. Coloma viniese á situarse en Mombuy inmediato á Igualada; y la segunda que desde Momblanch, forzando su marcha, se colocase en las alturas de derecha é izquierda de las inmediaciones de Martorell.—En la misma noche del 8, mandé á Campoverde se pusiese en marcha en la madrugada del 9 para San Cuigat del Vallés, enviando un batallon de América de refuerzo al brigadier Georgét, con la órden de que ninguno sino él debia saber el destino, la que verificó aumentando la division con el regimiento de Almería; y se reunió conmigo y con la caballería que igualmente se habia aumentado con los cuerpos de la Maestranza y Olivencia en Martorell.—El 10 llegué con toda la division á Mataró, y al dia inmediato á Pineda, en cuyo punto separé los batallones de Tarragona y América y 60 caballos á las órdenes del coronel graduado del real cuerpo de ingenieros D. Honorato de Fleyres con la órden de que, dirigiendo su marcha por la costa, tomase posicion aquella noche en la hermita de S. Grau; y yo dirigí la mia con lo restante de la division por el pueblo de Tordera, saliendo ámbos de Pineda en la madrugada del 12.—A fin de contener las guarniciones de Hostalrich y Gerona que iba á dexar á mi retaguardia con la marcha que me habia propuesto executar, envié desde Tordera sobre la primera los flanqueadores de Numancia y una compañía de cazadores de Iliberia á las órdenes del teniente coronel graduado del real cuerpo de artillería D. José Ceró; y sobre la segunda, á mi ayudante de campo el teniente coronel D. Manuel Llauder con 86 caballos, 12 de los de mis ordenanzas y los 24 de los cuerpos de Maestranza y Olivencia, con el objeto de hacer creer á los enemigos se practicaba un reconocimiento para embestirlos con mas fuerza.—Yo seguí mi marcha desde Tordera al pueblo de Vidreras con las tropas restantes, un cañon y un obus que mandé desembarcar en Calella, y se reunió á la division sobre la marcha; é hice noche en el expresado pueblo de Vidreras, donde se me reunieron á poco rato de mi llegada, las partidas destacadas sobre Hostalrich y Gerona que desempeñaron bien su comision, trayéndose la primera 9 prisioneros tomados en las mismas casas del arrabal de Hostalrich, sin mas desgracia por nuestra parte que un caballo muerto, no obstante el fuego que les hizo la compañía de la Briballa de Sta. Coloma y algunos tiros de cañon y obus del castillo: y la segunda traxo 11 prisioneros hechos á las inmediaciones del foso de la plaza; dentro del que dexó muerto de un pistoletazo el mismo Llauder á uno que se echó en él, á fin de librarse de caer prisionero; sin que de sus murallas los enemigos les llegasen á disparar un solo tiro de fusil.—Cierto de que el feliz resultado de todas las operaciones militares consiste muy particularmente en los movimientos rápidos y de lo mucho que convenia hacerlo así en el que iba á realizar de atacar aquella mañana misma al general Schwartz, que se hallaba en la Bisbal, no dándole lugar á que supiese nuestro movimiento, para impedir fuese á socorrer los puntos de S. Felio de Guixols y Palamós, que debia atacar Fleyres en la expresada mañana saliendo de la posicion de S. Grau, y tomados los necesarios conocimientos de la fuerza enemiga en dichos puntos; dispuse mi marcha al amanecer con el regimiento de Numancia, 60 caballos de húsares españoles y hasta 100 hombres de infantería que hice salir voluntarios de los cuerpos de Iliberia, Aragon y Gerona, que debian seguir la marcha á un trote largo de la caballería en toda ella, ménos el regimiento de Iliberia que habia de seguirme en la suya, aunque no tan apresurada; y lo restante de la division á las órdenes de Campoverde, mandé la emprendiese por Llagostera á situarse en la Valle de Aro, á fin de que sirviese de cuerpo de reserva, y cortase toda comunicacion á los enemigos en caso de retirarse de los puntos que ocupaban. Yo me dirigí por Cassá de la Selva, y no obstante la distancia de 8 horas desde Vidreras hasta la Bisbal, y ser ademas desfiladeros mucha parte del camino, me puse con la caballería y los 100 hombres indicados en poco mas de 4.—Apenas me presenté á su frente, mandé al brigadier D. José Sanjuan se tomasen por la caballería todas las avenidas del pueblo para impedir saliesen de él los enemigos, respecto á haberse encerrado en una casa fuerte ó castillo antiguo, situado en el mismo pueblo; pero dexando un cuerpo de ella de reserva con el objeto de acudir adonde conviniese. Este movimiento se verificó con una celeridad increíble, pues que en menos de 10 minutos se tomaron todos los puntos.—La infantería, sin atender al número de los enemigos, penetró inmediatamente en el pueblo, y se colocó en las casas de los alrededores del castillo, como también en el campanario, desde donde rompieron el fuego contra dicha fortaleza.—En este intermedio algunas partidas de coraceros que se hallaban patrullando exteriormente, fueron tomadas todas por nuestra caballería, que se portó con el mayor valor, llegando á batirse algunos cuerpo á cuerpo, sin que los amedrentase la diferencia de armas con que habían de pelear.—Viendo que se alargaba la toma del castillo por solo el medio del tiroteo; atentida mi poca fuerza de infantería, que consistia en unos 100 hombres, y algunos paisanos que tomaron las armas, de resultas del somaten que se tocó, les intimé la rendicion, que no admitieron: por lo tanto me determiné á probar la tentativa de poner fuego á sus puertas, adelantándome al efecto con el fin de reconocerlo; mas apenas llegué á su inmediacion, fuí herido de una bala de fusil en la pierna derecha. Despues de mi herida, se presentó un cuerpo de infantería de unos 100 hombres y 32 coraceros, que venian de la parte de Torruella en socorro de los de la Bisbal; pero en el momento que se divisaron, el brigadier Sanjuan los hizo cargar por los dragones de Numancia (que eran el cuerpo de reserva): lo que descubierto por los coraceros, huyeron precipitadamente á Gerona, abandonando su infantería que quedó por lo mismo prisionera sin tirar un tiro: se les tomó igualmente un convoy con algun ganado y otros víveres, haciendo prisionera la pequeña escolta que lo conducia. El regimiento de Iliberia llegó á poco rato despues de mi herida.—Al anochecer, intimándoles nuevamente la rendicion, accedí, para evitar toda efusion de sangre, á la capitulacion de quedar prisioneros de guerra, saliendo con los honores militares, dexando á los soldados sus mochilas, y al general Schwartz y oficiales el uso de su espada y equipages, cuya entrega se verificó en la misma noche del 14, quedando prisioneros de guerra 650 hombres, el general Schwartz un coronel y 42 oficiales que al amanecer del 15 salieron para embarcarse en S. Felio de Guixols.—Lo ocurrido en los felices ataques de Palamós y S. Felio, se evidencia con los partes cuyas copias acompaño á V. E. —El resultado de la pérdida total del enemigo en este dia glorioso para nuestras armas, es un general de brigada, 2 coroneles, 56 oficiales y 1183 soldados prisioneros, 17 piezas de artillería de varios calibres, entre ellas un mortero y un obus: muchos fusiles, fornituras, sables, municiones, una grande porcion de trigo y ganado, y muchos otros efectos, sin contar unos 200 hombres entre muertos y heridos entre todos los puntos.—Seria faltar á la justicia si no manifestase á V. E. los conocimientos militares que desplegaron en las marchas y movimientos que hicieron con la division el mariscal de campo marques de Campoverde y brigadier D. Ramon Pirez, que unidos á sus buenos deseos, los hacen unos gefes dignos del mayor aprecio: y lo mismo el brigadier D. José Sanjuan, particularmente al llegar á la Bisbal, por las acertadas órdenes que dió para que la caballería maniobrase arreglado á las órdenes que le tenia comunicadas, como á gefe de ella.— El brigadier D. Manuel Velasco que venia con el regimiento de Iliberia por el camino que yo llevé, apénas supo estaba empeñado el fuego en la Bisbal, activó la marcha de suerte que hizo ver sus deseos en poder participar

quanto ántes de las glorias que estaban adquiriendo las tropas que condu-
xe tan rápidamente á dicho punto.—Todos los oficiales de estado mayor y
mis ayudantes de campo desempeñaron tan distinguidamente sus deberes,
que me es imposible particularizar á unos ni otros sin agraviarlos, haciendo indistintamente el servicio de caballería, infantería y el de su instituto
con la mayor exâctitud y puntualidad; y lo mismo el coronel D. Luis Hiver
Pons, de quien quedé muy satisfecho.—El coronel D. Honorato de Fleyres
á quien confié la expedicion contra S. Felio y Palamós, se evidencia de sus
felices resultados, la exâctitud y conocimientos militarés con que desempeñó las instrucciones que le comuniqué al efecto: debiendo igualmente manifestar á V. E. que todos los demas gefes, oficialidad y tropa manifestaron
su entusiasmo y deseos que les animaban, en medio de las penalidades de
unas tan precipitadas marchas que sufrian con la mayor alegría; siendo
dignas estas tropas del aprecio y consideración de toda la nación.—Dios
guarde á V. E. muchos años.—Tarragona 19 de setiembre de 1810.—*Enrique O-Donell.*

P. D. Debo manifestar igualmente á V. E. la atencion y cuidado que
he merecido no tan solo del capitan Fanc de la fragata de S. M. B. la *Cambrian* en los dias de navegacion que he empleado desde Palamós á este
puerto, sino tambien de toda la oficialidad, tropa y marinería que componen su tripulacion, propio todo del carácter noble y generoso de su digna y
grande nacion, nuestra mas fiel aliada, habiendo sido testigo esta ciudad
del modo como me conduxeron la marinería de las lanchas, que no permitieron dexarme hasta estar en mi habitacion.—*O-Donell.*

**Copia de los partes dados al Excmo. Sr. general en gefe de este
exército y principado sobre las operaciones hechas en la costa.**

I. Excmo. Sr.: En cunplimiento de la órden que V. E. se sirvió darme
de sorprehender á un mismo tiempo las guarniciones de S. Felio de Guixols y de Palamós; salí de S. Grau á las dos de la mañana del dia 14 del
corriente, habiendo dividido la division del modo siguiente:..250 hombres
del regimiento de América al mando del teniente coronel D. Juan María de
Gamiz, y 20 caballos para atacar conmigo á S. Felio: 300 hombres del batallon de Tarragona y 20 caballos con el acreditado teniente coronel D. Tadeo Aldea para la empresa de Palamós, y 150 hombres de ambos cuerpos á
las órdenes del capitan de Tarragona D. Victoriano Boubire para servir de
reserva á ámbas columnas de operacion.—Emprendimos la marcha por San
Baudilio al valle de Aro, en donde la columna de Aldea tomó el camino de
Palamós; la reserva se colocó sobre las alturas del camino de la Zeroles, y
la tercera, siguiendo el valle, se presentó encima de S. Felio por el camino
de la Bisbal sin haber sido sentida del enemigo.—Poco ántes de llegar, encontré á un propio del enemigo que llevaba á toda priesa un pliego al gene-
rol Schwartz, por el qual supe que los enemigos habian desmontado y embarcado en la noche anterior los cañones del fortin de la izquierda del
puerto, y el de S. Telmo. Estábamos á un tiro de pistola de la primera centinela francesa, quando esta nos descubrió, cuya proximidad le persuadió
éramos de los suyos.—Hice tomar posicion á 40 hombres sobre la altura
del molino que está en el camino de Gerona para servir de punto de retirada: una guerrilla de 30 hombres se dirigió á la altura de Pachot, que se halla en medio de la huerta, á la salida del pueblo, con una casa que hice as-

pillerear el año pasado: otra guerrilla de 20 hombres fué por la izquierda á entrar por el camino de Palamós: con lo restante de la infantería mandada por el teniente coronel Gamiz, con dos ordenanzas de húsares españoles, el capitan D. Joaquin de Arespacochaga, mayor general de la division, y el capitan D. Marcos Iglesias, que en toda la accion han dado las mayores pruebas de valor, entré en la villa tocando á degüello, dirigiéndome en derechura á la playa. Al principio de esta operacion la centinela desengañada nos hizo fuego con toda la guardia, y huyó. El enemigo tomó precipitadamente la posicion de Pachet, y principió un fuego vivísimo en todas las calles que desembocan en el camino real de Gerona: la tropa de Gamiz sufrió este fuego sin tirar un tiro, y siguió rápidamente hasta la playa en donde hizo alto, formándose en columna al pie de la rampa del fortin de la izquierda del puerto, que subió en seguida con el mayor denuedo: ántes de precipitarse con bayoneta calada sobre los defensores del fortin, me avancé á ellos y les intimé la rendicion, ofreciéndoles en nombre del general O-Donell, que serian tratados con humanidad y con todo el respeto que se merecian unos hombres valientes como lo eran. Al oir el nombre respetado de V. E. rindieron las armas, y subieron sobre la cumbre superior en donde formaron en batalla: los varios destacamentos enemigos que defendian la villa y la altura de Pachot, temiendo ser cortados, volvieron sucesivamente al fortin, su punto de reunion, á cuyo pie rindieron sucesivamente las armas. Quatro barcas cargadas con un cañon de á 24, balas y pertrechos de artillería volvieron á la playa en donde se entregaron: una pequeña partida se hizo fuerte en una casa; pero el arrojo de los nuestros no le dió tiempo para la defensa.—Hemos tomado al enemigo dos cañones de á 24, uno de hierro de á 4, muchas balas y pólvora, 8 oficiales y 270 prisioneros, que con unos 36 muertos eleva á 314 la pérdida del enemigo en dicho punto. De nuestra parte, hemos perdido el valiente cabo de húsares Francisco Baños atravesado con 5 balas. América ha tenido 4 heridos.—El teniente coronel D. Juan María de Gamiz por su valor y serenidad en el peligro, su nobleza y generosidad en la victoria, ha acreditado de nuevo la fama que tiene de ser uno de los oficiales mas distinguidos del exército. Los capitanes D. Joaquin de Arespacochaga, y D. Marcos Iglesias, el teniente de granaderos de América D. Eduardo Bret y Huet, el trompeta de húsares españoles, y los ordenanzas del mismo cuerpo Antonio García y Alexo Carretero se han distinguido á mis ojos, y los considero acreedores á los favores de V. E.—Dios guarde á V. E. muchos años.—Tarragona 19 de setiembre de 1810.—Excmo. Sr.—*Honorato de Fleyres.*—Excmo. Sr. D. Enrique O-Donell.

II. Excmo. Sr.—En oficio de hoy el teniente coronel D. Tadeo Aldea, sargento mayor del batallon de voluntarios infantería ligera de Tarragona, me da el parte siguiente del resultado del ataque de Palamós, que á la letra copio.—«El comandante de las tropas destinadas á atacar los enemigos que se hallaban en la villa de Palamós, da parte á V. S. de haberlo verificado con 300 hombres del batallon de voluntarios de Tarragona, y 20 húsares españoles en los términos siguientes.—Siéndome indispensable para conseguir la empresa atacar á los enemigos por la altura del molino que domina dicho pueblo, por hallarse bastante fortificados, y con fuerzas superiores, rodeé por el pueblo de Calonge para no ser visto de ellos; pero ántes de llegar á este punto encontré una guardia avanzada de los enemigos, la que fué atacada por nuestra guerrilla, y dispersada haciendo 9 prisioneros y 2 muertos. Inmediatamente seguí mi derrota para Palamós, y tomé la posicion del molino, enviando por los flancos y centro del pueblo

guerrillas, las que se han portado con bizarría; pero los enemigos con todas
sus fuerzas las atacaron con tanta intrepidez que retrocedieron aunque poco: entonces baxé de la altura con la compañía de granaderos y tercera con
sus oficiales á la cabeza de ellas, y formados en batalla, sin disparar un
fusil, los atacamos á la bayoneta hasta encerrarlos en el castillo, desde
donde nos hacian un fuego muy vivo de cañon y fusil, el que duró 8 horas.
Viendo que mi tropa no tenia municiones, y que si lo conocia el enemigo,
podia aventurarse la accion, mandé tocar ataque y asaltar el castillo, lo que
se verificó con tanto denuedo y prontitud, que no tuvieron tiempo para
disparar los cañones ya cargados, y los hicimos prisioneros sin escapar uno
solo.—El ayudante mayor D. José Verdugo, que mandaba 30 hombres por
la derecha, atacó la batería del puerto, que constaba de un obus real y un
cañon de 16, la que abandonaron los enemigos, habiendo sido clavados los
cañones por el soldado de la quinta compañía Mariano Fauset, el que despues fué herido gloriosamente.—La fragata de S. M. B. la *Cambrian* y la española la *Diana*, segundaron el ataque con los fuegos de los botes y faluchos,
habiendo tenido la primera uno de sus expresados botes echado á pique por
el enemigo.—Hemos tomado á este en esta accion 2 cañones de á 24, uno
de á 16, un mortero y un obus real; 7 oficiales y 255 prisioneros, sin incluir
los muertos y heridos que han tenido, que seguramente pasan de 60: de
nuestra parte, hemos perdido 9 soldados muertos, un teniente graduado de
capitan y 26 soldados heridos.—No puedo menos de recomendar á V. S. al
subteniente graduado de teniente D. José Masip, el que se ha portado con
el mayor valor y bizarría, no atreviéndome á particularizar á otro por haberse todos portado con tanto valor y acierto, que haria agravio á la justicia, si así lo hiciera. En las demas clases se han distinguido los sargentos
primeros Jayme García y Felipe Agulló, los de segunda clase José Cabré,
Antonio Traysen y Jacinto Arjó, los granaderos Gerónimo Sans, Manuel
Palau, Hipólito Pujol, Francisco Soler segundo, Joaquin Pujol y Francisco
Gras, y los voluntarios Francisco Gabaldá y Manuel Cabrera, los que recomiendo á V. S. particularmente, y en general todo el batallon, pues no ha
habido uno que no haya llenado sus deberes, y acreditado el valor y confianza que tiene adquirida en el exército. Dios guarde á V. S. muchos años.
Bisbal á 16 de setiembre de 1810.—*Tadeo Aldea.*»—V. E. graduará todo el
mérito de dicho gefe por la sencillez de esta relacion verdaderamente militar, en la que se olvida de decir que subió el primero al asalto, rindió y dió
la vida á los enemigos que se dexáron asaltar.—Dios guarde á V. E. muchos años. Tarragona 20 de setiembre de 1810.—Excmo. Sr.—*Honorato de
Fleyres.*—Excmo. Sr. D. Enrique O-Donell.

III. Excmo. Sr.: Siguiendo el plan de operaciones que V. E. se habia
dignado trazarme, salí á las 12 del dia de ayer de Palamós con el batallon
de Tarragona y 45 caballos, para posesionarme del castillo de Calonge, en
donde los enemigos se habian hecho fuertes, y de allí pasar á la Bisbal.
Antes de echar abaxo las puertas del castillo, envié de parlamentario al
ayudante general de esta division el capitan D. Joaquin Arespacochaga para intimarles la rendicion en nombre de V. E. Informado de la rendicion
de S. Felio, de Palamós y de la Bisbal, el gobernador se entregó á discre-
cion con 67 hombres y 2 oficiales: han conservado su equipage y caballos
los oficiales, y las mochilas los soldados; y han sido conducidos á Palamós
con un destacamento del batallon de Tarragona. Dios guarde á V. E. muchos años. La Bisbal á 16 de setiembre de 1810.—Excmo. Sr.—*Honorato de
Fleyres.*—Excmo. Sr. general en gefe.

Copia de los partes dados por el general D. Cárlos Doyle

I. *A bordo de la fragata Cambrian frente de Bagur 11 de setiembre de 1810.*
—Mi querido general: Reconocida la posicion de los enemigos en la costa,
me persuadí no seria dificil, por medio de un golpe de mano, destruir la
batería que tenian baxo de Bagur, y coger el destacamento que la sostenia.
Para executar mi proyecto, desembarqué ayer á las 6 y media de la mañana
en la cala de Sarriera sin la menor oposicion, porque la tropa que baxó para oponerse al desembarco se retiró precipitamente, y fué á encerrarse en
el castillo.—Para observar este destacamento y oponerme á qualquiera otro
que pudiera mandar el general Schwartz en auxilio de los del castillo que
está situado desde la Bisbal á tres horas de él, dexé las dos terceras partes
de mi gente y me adelanté hasta la Tuna, en donde encontré á los enemigos formados para recibirnos, y la tropa á pesar de mis mas terminantes
órdenes, contestó al fuego que le hizo el enemigo; pero logré cessase inmediatamente por nuestra parte, y cargar al enemigo, animadas las tropas con
repetidos vivas, mas como nos hayan permitido acercarnos tanto, de los 53
que eran, los 42 quedaron prisioneros, y uno de ellos mal herido: cogimos
4 cañones de á 24 y uno de á 4, quedando prisioneros todos los artilleros,
ménos uno, con sus municiones y víveres; teniendo la gran satisfaccion de
haber logrado mi proyecto sin la menor pérdida de nuestra parte.—El destacamento que se hallaba á mis inmediatas órdenes y que cargó al enemigo,
consistia en 39 hombres, siendo la fuerza total que desembarcó, de 130.—
Tengo la complacencia de asegurar á V. que el destacamento de voluntarios de Zaragoza al mando del subteniente D. Vicente Lagarda, se
portó perfectamente, en especial dicho oficial y los cabos primeros Mariano Los-
cas, Miguel Lázaro y el soldado Francisco Gracia: tambien se comportaron
con la misma distincion el teniente de marina de S. M. británica M. La-
wrié, el sargento Nall, el cabo Rayner, y los soldados Fitzgerald, Gerrett,
Hill, Mawley, Mizen y Morris, que puestos á la cabeza del ataque se arrojaron al enemigo á la bayoneta.—La buena voluntad y el deseo ansioso de
llegar á las manos con el enemigo, que manifestaron todos los del destacamento, me fueron sumamente gratos; pues que sufrieron las fatigas aquel
dia con alegría y constancia, á pesar de haber sido estas muy grandes, y
particularmente para el teniente de marina inglesa Robuison, que persiguió al enemigo en su retirada, y le cogió 13 prisioneros.—El capitan de
navío D. José Salas, comandante de la fragata *Diana*, envió una partida de
su bordo, la que participó de las fatigas y peligros del dia con suma complacencia.—V. conoce el carácter del capitan Fanc, omitiendo repetirle
quanto le debo en este dia: pero no puedo dexar de decirle, que no obstante el estado de su quebrantada salud, no me fué posible lograr que dexase
de acompañarme todo el dia; y me es preciso decir que sin su ayuda y la
del teniente de navío de su bordo Baynton con los botes de su fragata la
Cambrian, dudo hubiese sido posible destruir la batería.—Es igualmente
escusado el decir á V. lo bien que se portó el teniente coronel Arco, el capitan Caylleaux y el teniente Malvehi.—Me han sido igualmente muy útiles en tierra el cirujano Duke, el contador Waters, ámbos de la fragata
Cambrian, y el joven irlandes Galway que me acompañó en clase de volun-
tario, los que se portaron con la misma bizarría que si hubiesen sido militares de profesion.—Me hallo aun bastante enfermo: á mi salida me hallaba estropeado é inválido, pero con todo estoy siempre pronto á ser útil á la

causa comun, y á un querido y estimado general como su verdadero amigo.
—*Deyle.*—P. D. Recomiendo á V. el subteniente, los cabos y el soldado de Zaragoza.

II. Mi querido general: Con sumo gusto participo á V. que sus deseos ya quedan cumplidos con el mas feliz suceso.—Las guarniciones de S. Feliu, Calonge, la Bisbal, Palamós, Torruella y Bagur quedan prisioneras de guerra, y embarcadas para ser transportadas á Tarragona, componiendo el total de un general, dos coroneles, y unos 60 oficiales militares y civiles, y mas de 1200 hombres, 17 piezas de artillería, las municiones, efectos, pertrechos, víveres y granos de los almacenes franceses, como tambien las maderas útiles para las obras de fortificacion: los buques apresados estan tambien listos, de modo que solo falta la órden de V. para que el capitan Fanc lo envie todo á Tarragona.—Los 23 heridos españoles estan á bordo de la fragata *Diana*, y unos 80 de los del enemigo, acompañados por un cirujano aleman, en un buque muy grande: tambien he dexado otro cirujano de la misma nacion con los prisioneros, que por la gravedad de sus heridas, es forzoso queden en tierra.—He hecho destruir y volar completamente todas las baterías, torres, casas fuertes y castillos de la costa, de modo que no les queda á los enemigos un solo punto de apoyo hasta Rosas.—Nada diré de la conducta exemplar de la tropa española que atacó á Palamós, refiriéndome al parte de su bizarro gefe D. Tadeo Aldea; pero me es preciso noticiar á V. la valiente entrada del capitan Fanc con los botes de su fragata y de los faluchos de guerra españoles, sosteniendo un fuego vivísimo y destructivo sobre los enemigos: uno de los botes ingleses fué echado á pique en la inmediacion del muelle por una bala de cañon, la que hirió á dos individuos de la tripulacion; esta se echó al agua y se agregó á la tropa de Aldea, entrando en el castillo por asalto, donde tuvieron otro herido.— No puedo ponderar lo mucho que se debe al infatigable zelo é incesantes esfuerzos del capitan Fanc, y de todos los oficiales y tripulacion de su bordo; y así seria faltar á la justicia el no hacer pública mencion de ello.— Como el comandante de la *Diana* habrá dado parte de los esfuerzos y conducta de su gente y de la de los faluchos, no me corresponde hablar de ellos; pero puedo asegurar á V. que para efectuar el embarco tan eficazmente, ha sido menester que todos cumpliesen sus deberes con los mayores esfuerzos. Palamós 16 de setiembre de 1810 á las 6 de la mañana.—Queda de V. su verdadero amigo y compañero—*Cárlos Guillermo Doyle.*

He sabido que el oficial que mandaba en Bagur ha muerto: habiendo caido en su fuga en un barranco, le encontraron hecho pedazos. Tambien hemos encontrado otra pieza de á 24 escondida en la Tuna.

———

NÚMERO 11

A las ocho de esta noche reunidos en mi casa todos los que me habia prevenido el Gobernador, mandó que cada xefe de los cuerpos facultativos expusiese el estado en que se hallaba la Plaza, por lo respectivo á su ramo, y á los xefes de puesto lo que hubiese cada uno que decir sobre el que mandaba.

Antes habia dispuesto que un coronel de Ingenieros con otros oficiales del mismo cuerpo, y todos los que quisiesen acompañarlos pasasen á reconocer la brecha de la cortina para con este conocimiento poder entrar en deliveracion.

Vueltos estos dixeron que la brecha estaba practicable, y que por la parte interior le faltarían como unas dos toesas para llegar á estar abierta hasta el pie.

Preguntado el comandante de Artilleria sobre el estado en que esta se hallaba, recursos y medios que tenia á su disposicion dixo: que ya no podia remediar la destruccion de las piezas del frente atacado. Que no tenia artilleros, que la mayor parte habian sido heridos ó muertos, que en aquella misma tarde una bomba le habia inutilizado á todos los del lavoratorio de mistos, y que los pocos artilleros que le quedaban estaban rendidos de fatiga.

El comandante de Ingenieros dixo que no tenia sacos á tierra para remediar las ruinas de los merlones: Que los trabajadores nada adelantaban, por estar desfallecidos con el servicio continuo de armar y obrar, y que ningun paisano parecia á los trabajos del parque, habiendosele escondido hasta los maestros carpinteros y albañiles.

Tambien propuso que perfeccionando la caponera podria defenderse la brecha, pero no dió los medios de perfeccionarla. El comandante del Temple manifestó hallarse practicable la brecha de la cortina, desmontada casi toda la artilleria, los merlones destruidos, los sitiadores aloxados en el camino cubierto y en la Plaza de armas de la derecha, sus minadores practicando dos galerias al pie del valuarte, dos brechas empezadas que se aumentaban por momentos en la cara derecha del Temple, y la otra en San Pedro, que los rastrillos del Barrio de Pescadores algunos estaban destruidos; y que el rio habia bajado de tal modo, que dexando en seco toda la estension de la Plaza de armas, las cortaduras quedaban inútiles pues facilmente serian atacadas por la espalda al mismo tiempo que por el frente en caso de asalto, que por este lado podian darlo á cubierto de todo fuego.

Tambien expresó faltarle de su cuerpo sobre cuatrocientos hombres que se le habian escondido, no pudiendo descubrirlos á pesar de todas las providencias que habia tomado.

El comandante de Orleans expuso que ya no tenia arbitrio alguno para defenderse con dos brechas practicables, que habiendose estas reparado en la noche anterior una ora de fuego habia destruido todo este trabajo, que le faltaban más de doscientos hombres de su guarnicion porque todos los que hiban á conducir heridos no bolvian quedándose ocultos en la Ciudad.

Los demás Xefes de puestos cada uno dixo lo que habia, que restablecer ó reparar en el suyo.

El Ministro de Real Hacienda presentó sus estados de existencia de víveres los que llegarian á unos catorce dias de pan siguiendo á media racion, y veintitantos de menestras.

Los vocales de la Junta Corregimental y Regidores, habiendo sido preguntados sobre si podrian hacer acudir los paisanos al trabajo y defensa de las brechas, dixeron que estando el vecindario atemorizado con el bombardeo, les seria imposible contar con todos ellos pero que si cesaba el fuego darian hasta mil.

Luego que se profundizaron bien estos antecedentes, espuse á la Junta que deseando el Gobernador conciliar la duracion de la defensa con los víveres que existian, y estando próximo á recibirse un asalto, no queria ser responsable de las funestas consecuencias que resultarian al vecindario en el caso de no poderse sostener, que con este fin los habia reunido de su orden para que enterados de los dictamenes estampados en el libro de Providencias, dixesen cual era el que debia seguirse.

Casi todos fueron de opinion de que se propusiese la suspension de armas por veinte dias para ganar tiempo y que si en este término, no eramos socorridos que se capitularia.

Algunos siguieron mi parecer de que se tratase solo por la Ciudad por no exponer al numeroso vecindario al resultado fatal de un asalto de improbable defensa, pero que el castillo y fuerte Tenaz siguiesen defendiéndose.

Uno propuso que saliese la guarnicion, se abriese paso y abandonase la Plaza.

Otro que se le fortificase la altura de Quarteles y que el la defenderia.

Y otros dos que se defendiesen las brechas y no se hiciese caso del vecindario.

Los Vocales de la Junta Corregimental y Regidores reclamaron altamente contra estos últimos dictamenes siendo el resultado á pluralidad de votos, de que se propusiese la suspension de armas por veinte dias, y la Junta concluyó á las dos de la mañana.

NÚMERO 12

—

«Cortiço, 22 de marzo, á las dos de la tarde.

»Príncipe,—Por las disposiciones que V. E. acaba de tomar para dirigir á Guarda todo el material de la artillería y enviar á España todos los heridos y enfermos, parece que V. E. se prepara á marchar por su izquierda á fin de aproximarse al Tajo hacia Alcántara. Esa maniobra, que abriría las comunicaciones de Castilla abandonando á sus débiles recursos las plazas de Almeida y Ciudad Rodrigo, me parece muy extraña en las circunstancias actuales en que ignoramos si lord Wellington continuará su marcha á la frontera de España. Yo ruego á V. E. me diga si ha recibido órdenes especiales del Emperador para semejante resolución que compromete de nuevo al ejército, lo aleja de todo medio de renovar su vestuario y calzado y expone gratuitamente, lo repito, las fronteras de España y de Castilla sin obtener objeto alguno esencial; me parece que sería muy preferible esperar en las inmediaciones de Almeida y Ciudad Rodrigo nuevas órdenes del Emperador que no pueden tardar más de 15 ó 20 días en llegarnos. De aquí á esa época se sabrían también de una manera indudable las intenciones de lord Wellington; y si el ejército inglés osara avanzar hasta España, las reservas que el Emperador ha situado en las cercanías de Salamanca podrían unirse á nosotros y nos permitirían dar al enemigo una batalla decisiva que, á no dudarlo, nos sería ventajosa; mientras que si V. E. se aleja de Castilla, va, por decirlo así, á extenderse por la valla en un desarrollo inmenso sin otro objeto, así al menos pienso, que ocupar pronto el terreno á que debimos dirigirnos partiendo del Zézere, lo cual no hubiera causado ninguna pérdida al ejército en su marcha retrógrada y nos habría permitido extender nuestra derecha cubriendo así las dos plazas que no tenemos razón para abandonar antes de que V. E. sea autorizado por nuevas instrucciones. ¿Qué sucedería si el enemigo marchase entre Almeida y Ciudad Rodrigo sobre Salamanca ó Valladolid, necesitando poca gente para bloquear aquellas primeras plazas que no le detendrían ni un solo momento? Que todas las tropas francesas empleadas en el norte de España se verían en la precisión de concentrarse en Valladolid, ó á retaguardia de este punto, y que si el enemigo llegaba á hacerse dueño de aquella posicion importante y central, se encontraría, con eso, en libertad de operar sobre el cuerpo que juzgase conveniente sin que los ejércitos franceses pudieran concentrarse en ninguna parte y maniobrar combinadamente para rechazarlo. El enemigo podría además cerrar con pocas tropas el paso del Puerto de Baños, lo que obligaría á V. E. á remontar el Tajo hasta Talavera para dirigiros á Madrid; y si al mismo tiempo se apoderase de Guadarrama, paralizaría la acción del ejército del Centro y llegaría á poder destruir con todas sus fuerzas al ejército del mariscal duque de Istria. Yo debo entretanto observar á V. E. que en todas estas hipótesis el enemigo no va á arriesgar nada; porque, aun suponiendo que no pueda volver, ¿no tiene detrás y en su izquierda la carretera de Galicia? Me son sugeridas todas estas observaciones en bien del servicio del Emperador, y espero que V. E. no las considerará en otro concepto. Le ruego me participe lo que se proponga hacer antes de recibir nuevas órdenes: la infantería inglesa, así como se lo he comunicado á V. E. esta mañana, ocupa Villacortes:

es probable que mañana haga el enemigo alguna demostración de ataque, y lo confieso, sería cosa verdaderamente inconcebible el emprender de nuevo una marcha de flanco que podría acarrear la completa ruina de nuestros asuntos en España.

»Recibid, Príncipe, las seguridades de mi mayor consideración.

»MARISCAL DUQUE D'ELCHINGEN.»

«El príncipe de Essling, dice Fririon, contestó á esa carta con la órden categórica al 6.º cuerpo para que se preparase al nuevo movimiento que había decidido. Y recibió á las 4 de la tarde el despacho siguiente del duque de Elchingen.»

«*Cortiço, 22 de marzo de 1811, á las 4 de la tarde.*

»Príncipe,—Acabo de recibir la carta que V. E. me hace el honor de escribirme con fecha de hoy, en la que me participa el plan que ha resuelto de dirigir el ejército de Portugal sobre Coria y Plasencia: aunque esta mañana no conociese yo sino indirectamente sus intenciones en ese punto, entré en materia contra ese proyecto en la carta que le dirigí hace pocas horas; ahora que me son conocidas de un modo positivo, protesto formalmente en contra y declaro á V. E. que, á menos de que el Emperador le haya hecho llegar nuevas instrucciones relativas á un movimiento que deba efectuarse hacia el Tajo, lo cual no puedo creer en las circunstancias actuales, el 6.º cuerpo no ejecutará el de que V. E. me habla en su carta de este día. El ejército necesita descansar á espaldas de las plazas de Almeida y Ciudad Rodrigo, que le lleguen sus efectos de vestuario y calzado de que absolutamente carece y que se hallan amontonados en los depósitos de Valladolid. Es preciso que V. E. se desengañe si piensa hallar víveres abundantes en Coria y Plasencia. He recorrido aquel país y nada se parece á su esterilidad ni al mal estado de sus comunicaciones. No podrá V. E. jamás llevar una pieza de artillería hasta allí con los atalajes que acabamos de traer de Portugal. Además, esa maniobra, tan singular en estos momentos, dejaría á Castilla enteramente á descubierto y podría, como le he dicho á V. E. esta mañana, comprometer todas nuestras operaciones en España. Sé que, oponiéndome tan formalmente á vuestros proyectos, cargo con una gran responsabilidad; pero, aun cuando-hubiese de verme destituído ó perder la vida, no seguiría el movimiento, de que V. E. me habla, sobre Coria y Plasencia, á menos, repito, de que no esté dispuesto por el Emperador.

»Recibid, Príncipe, las seguridades de mi mayor consideración.

»MARISCAL DUQUE D'ELCHINGEN.»

«Dos horas después, añade Fririon, el mariscal Ney escribió nuevamente al príncipe d'Essling.»

«*Cortiço, 22 de marzo de 1811, á las 6 de la tarde.*

»Príncipe,—Varias noticias anuncian que el enemigo se refuerza considerablemente cerca de Fornos, en la derecha del Mondego, y aun parece que las fuerzas de lord Wellington han pasado el Mondego en Mangualde para dirigirse á Celórico: esa maniobra, que puede ejecutarse mañana, y de consiguiente, cortarme la retirada á Almeida obligándome á echarme sobre Guarda, como V. E. no quiere tomar determinación alguna para la marcha de las tropas y espera siempre al momento del peligro más inminente, prevengo á V. E. que mañana salgo de mi posición de Carrapinhana y Cortiço para ir á escalonar mis tropas desde Celórico á Freixeda y Almeida. Esta disposición es forzada para que el soldado no se desbande enteramente, con el pretexto de proporcionarse víveres tan necesarios para su subsistencia y de que absolutamente carece.

»Os renuevo, Príncipe, las seguridades de mi mayor consideración.

»MARISCAL DUQUE D'ELCHINGEN.»

El príncipe de Essling, ya lo hemos dicho en el texto del capítulo, quitó el mando del 6.º cuerpo al mariscal Ney, confiándolo al general Loison y enviando á París al comandante Pelet con instrucciones confidenciales y una carta para el príncipe Berthier.

(Traducido de la obra del general Fririon).

ÍNDICE DEL TOMO IX

Lightning Source UK Ltd.
Milton Keynes UK
UKOW05f0607150817
307328UK00008B/534/P